1 MONTH OF
FREE
READING

at

www.ForgottenBooks.com

By purchasing this book you are eligible for one month membership to ForgottenBooks.com, giving you unlimited access to our entire collection of over 1,000,000 titles via our web site and mobile apps.

To claim your free month visit:
www.forgottenbooks.com/free896836

ISBN 978-0-266-83712-1
PIBN 10896836

TITUS LIVIUS.

SELECTIONS

FROM

THE FIRST FIVE BOOKS,

TOGETHER WITH

THE TWENTY-FIRST AND TWENTY-SECOND BOOKS ENTIRE.

CHIEFLY FROM THE TEXT OF ALSCHEFSKI.

WITH

ENGLISH NOTES FOR SCHOOLS AND COLLEGES.

BY J. L. LINCOLN,

PROFESSOR OF LATIN IN BROWN UNIVERSITY.

WITH AN ACCOMPANYING PLAN OF ROME, AND A MAP OF THE
PASSAGE OF HANNIBAL.

FOURTH EDITION, REVISED.

NEW YORK:

D. APPLETON & COMPANY, 200 BROADWAY.

PHILADELPHIA:

G. S. APPLETON, 148 CHESNUT STREET.

M DCCC XLVIII.

PREFACE.

THE present edition of a part of the History of Livy, has been undertaken with the hope of supplying a deficiency, which has been for some time experienced by teachers and students in American colleges. The work now in common use, prepared by Mr. Folsom, though containing a copious and judicious selection of passages, and exhibiting, especially in its mechanical execution, the well-known taste and accuracy of its editor, yet, from the extreme paucity of the notes, is generally believed to be scarcely suited to the purpose for which it was intended.

In regard to the principle of selection in the present volume, it has been the object of the editor to furnish, in the extracts from the first Five Books, those passages in the writings of Livy which best illustrate the poetic character of the early Roman history; and, by giving the Twenty-first and the Twenty-second Books entire, to present, in connection, a portion of authentic history, which yields to none in the entire work in point of interest and excellence. These extracts provide, it is believed, an amount of reading in Livy sufficient, for the purposes of instruction in our colleges ; and it was deemed inexpedient to increase unnecessarily the size of the volume.

The text is chiefly that of Alschefski ; whose excellent edition,* not yet completed, is understood to mark a new era in the history of the text of Livy, and, in the judgment of distinguished European scholars, will unquestionably attain and long hold the rank of the standard critical edition of Livy.   Wherever other readings have been preferred to those of Alschefski, the reasons for the preference are usually given in the Notes.

The Notes have been prepared with chief reference to the grammatical study of the language ; to the illustration of its forms, constructions, idioms, of its usages in general, and in particular, of the usage of Livy. Wherever it was possible, it has been thought best, simply to furnish apt references to such grammars and auxiliary works as were supposed to be in the hands of the student ; but important difficulties, which required more ample means of investigation and study, have been more fully discussed and explained.   It is hoped that the Notes will be also found to embrace all necessary information relating to history, geography, and antiquities, together with useful references to such standard works as are accessible to the student.   A list of such works as are commonly referred to, may be found on the page immediately preceding the Notes.   It has

---

* Titi Livii Rerum Romanarum ab urbe condita libri ad codicum manu scriptorum fidem emendati ab C. F. S. Alschefski, Vol. i. ii., primæ decadis part. prior. et part. alteram cont. 8 maj., Berolini, 1841, 43.   Dümmler. Vol. iii. Libros Livianos, xxi. xxii. xxiii., cont. 8 maj. ibid. 1846.—With the same title. Ps. i.–iv. (Schul-Ausgabe) 8 maj. ibid. 1843.

been the aim of the editor to furnish such assistance in the Notes as is needful to facilitate the progress of the diligent student; but above all things to avoid giving that pernicious help, whether in the form of indiscriminate translation, or of unnecessary explanation, which precludes all effort on the part of the pupil, and cripples his mental energies, by fostering habits of dependence and inaction.

The editions which have been consulted, besides Drakenborch's, have been those of Crevier, Ruperti, Bekker and Raschig, Twiss, Dymock by W. M. Gunn, Fabri, and Alschefski. In the preparation of the notes upon the Twenty-first and Twenty-second Books, the editor has been greatly indebted to the excellent edition of Fabri and the larger edition of Alschefski; but in the remainder, he is not aware that he has derived important aid from previous editions. In all cases he has aimed to acknowledge whatever direct assistance he has gained from the labors of others.

The Geographical Index has been partly translated from the edition of Fabri, and partly prepared from general sources. The Index to the Notes has been made with much care, and it is hoped, will be found useful.

The Plan of Rome, which accompanies the volume, has been taken from Professor W. A. Becker's recent work on Roman Antiquities; an account of the Map will be found on the page which faces it.

The Editor avails himself of this occasion to acknowledge his obligations to his friends who have encouraged him in the preparation of this volume, and in particular to Professor Johnson of the New York University, for the generous interest manifested in his labors, and for the use of a valuable work which was essential to the prosecution of his undertaking.

With these remarks, the present volume is submitted to the public, with the hope that it will be of some service in promoting the study of Livy, and of the noble language in which he wrote.

BROWN UNIVERSITY, *August*, 1847

the Little St. Bernard   ...

the shorter passage into Italy by the Cottian Alps, or Mont Ge
Hist. 2, Note L.

The same view is taken by Dr. Schmitz, in his History of Rome, p

In the notes which have reference to the passage of Hannibal, I have followed the route as originally made out by General Melville, the correctness of which cannot be doubted. Gen. Melville's account of the march of Hannibal may be found in M. de Luc's *Histoire du Passage des Alpes par Hannibal*, Genève et Paris, 1818; and in Wickham and Cramer's Dissertation on the Passage of Hannibal over the Alps; London, 1828. The Map, which accompanies this edition of Livy, is copied, with some corrections, from that prefixed to the latter of the above-mentioned works.

It may be well to give here a brief statement of Hannibal's route. After crossing the Pyrenees, he went to Nimes. From Nimes he marched to the Rhone, which he crossed at Roquemaure, and then went up the river to Vienne. From thence, he marched across the flat country of Dauphiné, and rejoined the Rhone at St. Genis d'Aouste. He then crossed the Mont du Chat to Chambery, joined the Isere at Montmeillan, ascended it as far as Scez, crossed the Little St. Bernard, and descended upon Aosta and Ivrea by the river Doria Baltea. After halting a short time at Ivrea, he marched upon Turin, which he took, and then prepared himself for operations against the Romans.

The following is a summary of the distances, (after the passage of the Pyrenees,) as given by Polybius, in B. 3, ch. 39 :—

From Emporium to the passage of the
    Rhone, ... 1,600 stadia, or 200 Roman miles.
From the Rhone to the ascent of the
    Alps, ... 1,400 " 175 " "
The Alps themselves, ... 1,200 " 150 " "

I add here Dr. Arnold's view of Hannibal's route :—

"On the whole, it appears to me most probable, that the pass by which Hannibal entered Italy, was that which was known to the Romans by the name of the Graian Alps, and to us as the Little St. Bernard. Nor was this so circuitous a line as we may at first imagine. For Hannibal's object was not simply to get into Italy, but to arrive in the country of those Cisalpine Gauls with whom he had been corresponding. Now these were the Boii and Insubrians; and as the Insubrians, who were the more westerly of the two, lived between the Addi and the Ticinus, the pass of the Little St. Bernard led more directly into the country of his allies, than the shorter passage into Italy by the Cottian Alps, or Mont Genevre."— Hist. 2, Note L.

The same view is taken by Dr. Schmitz, in his History of Rome, p. 199.

TITI LIVII

PRÆFATIO.

FACTURUSNE operæ pretium sim, si a primordio urbis
res populi Romani perscripserim, nec satis scio, nec, si
sciam, dicere ausim; quippe qui, cum veterem, tum vul-
gatam esse rem, videam, dum novi semper scriptores aut
in rebus certius aliquid allaturos se, aut scribendi arte 5
rudem vetustatem superaturos credunt. Utcumque erit,
juvabit tamen, rerum gestarum memoriæ principis terrarum populi pro virili parte et ipsum consuluisse: et, si in
tanta scriptorum turba mea fama in obscuro sit, nobilitate
ac magnitudine eorum me, qui nomini officient meo, con- 10
soler. Res est præterea et immensi operis, ut quæ supra
septingentesimum annum repetatur, et quæ, ab exiguis
profecta initiis, eo creverit, ut jam magnitudine laboret
sua; et legentium plerisque haud dubito quin primæ origines proximaque originibus minus præbitura voluptatis 15
sint, festinantibus ad hæc nova, quibus jam pridem præ-
valentis populi vires se ipsæ conficiunt. Ego contra hoc
quoque laboris præmium petam, ut me a conspectu malorum, quæ nostra tot per annos vidit ætas, tantisper certe,
dum prisca illa tota mente repeto, avertam, omnis expers 20
curæ, quæ scribentis animum etsi non flectere a vero,
sollicitum tamen efficere posset. Quæ ante conditam
condendamve urbem poeticis magis decora fabulis quam
incorruptis rerum gestarum monumentis traduntur, ea nec
affirmare nec refellere in animo est. Datur hæc venia 25

antiquitati, ut miscendo humana divinis, primordia urbium
augustiora faciat. Et, si cui populo licere oportet conse-
· crare origines suas, et ad deos referre auctores, ea belli
gloria est populo Romano, ut, cum suum conditorisque sui
5 parentem Martem potissimum ferat, tam et hoc gentes
humanæ patiantur æquo animo, quam imperium patiuntur.
Sed hæc et his similia, utcumque animadversa aut existi-
mata erunt, haud in magno equidem ponam discrimine.
Ad illa mihi pro se quisque acriter intendat animum, quæ
10 vita, qui mores fuerint; per quos viros, quibusque artibus,
domi militiæque, et partum et auctum imperium sit: labente deinde paulatim disciplina, velut dissidentes primo
mores sequatur animo; deinde ut magis magisque lapsi
sint; tum ire cœperint præcipites; donec ad hæc tem-
15 pora, quibus nec vitia nostra, nec remedia pati possumus,
perventum est. Hoc illud est præcipue in cognitione rerum salubre ac frugiferum, omnis te exempli documenta
in illustri posita monumento intueri: inde tibi tuæque reipublicæ, quod imitere, capias: inde fœdum inceptu, fœ-
20 dum exitu, quod vites. Ceterum aut me amor negotii
suscepti fallit, aut nulla unquam res publica nec major,
nec sanctior, nec bonis exemplis ditior fuit; nec in quam
civitatem tam seræ avaritia luxuriaque immigraverint;
nec ubi tantus ac tam diu paupertati ac parsimoniæ honos
25 fuerit: adeo, quanto rerum minus, tanto minus cupiditatis
erat. Nuper divitiæ avaritiam, et abundantes voluptates
desiderium, per luxum atque libidinem pereundi perdendi-
que omnia, invexere. Sed querelæ, ne tum quidem gratæ futuræ, cum forsitan necessariæ erunt, ab initio certe
30 tantæ ordiendæ rei absint. Cum bonis potius ominibus
votisque et precationibus deorum dearumque, si, ut poetis,
nobis quoque mos esset, libentius inciperemus, ut orsis
tanti operis successus prosperos darent.

ARGUMENTUM LIBRI PRIMI.

I, II. Adventus Æneæ in Italiam et res gestæ. III. Ascanii regnum Albæ et deinceps Silviorum. IV. Numitoris filia a Marte compressa nati Romulus et Remus. V. Amulius obtruncatur. VI. Urbs a Romulo condita. VIII. Senatus lectus. X. Opima spolia Feretrio Jovi lata. XI. Cum Sabinis bellatum. XIII. In curias populus divisus. XIV, XV. Fidenates et Veientes victi. XVI. Romulus consecratus. XVIII, &c. Numa Pompilius ritus sacrorum tradidit, Jano templum constituit, ejusque portam, pacatis omnibus circa populis, primus clausit. Cum dea Egeria sibi congressus nocturnos esse simulans, feroces populi animos ad religionem perpulit. XXII, &c. Tullus Hostilius Albanos bello petiit. XXV. Trigeminorum pugna. XXVI. Horatius absolutus. Mettii Fuffetii supplicium. Alba diruta. Albani in civitatem recepti. Sabinis bellum indictum. Ad postremum fulmine Tullus absumptus. XXXII. Ancus Marcius cærimonias a Numa institutas renovavit. XXXIII. Latinis victis et ad civitatem adscitis montem Aventinum assignavit. Politorium, urbem Latinorum bello repetitam, quam Prisci Latini occupaverant, diruit: pontem sublicium in Tiberim fecit: Janiculum collem urbi addidit: fines imperii protulit: Ostiam condidit. Regnavit annos viginti quatuor. XXXIV. Eo regnante, Lucumo Demarati Corinthii filius, a Tarquiniis, Etruriæ civitate, Romam venit, et, in amicitiam Anci receptus, Tarquinii nomen ferre cœpit, et post mortem Anci regnum excepit. XXXV. Centum additis patrum numerum auxit. Latinos subegit, circum designavit, ludos edidit. Sabinorum bello petitus, equitum centurias ampliavit. Hic tentandæ scientiæ Attii Navii auguris causa fertur eum consuluisse, an id, de quo cogitaret, effici posset; quod cum ille fieri posse respondisset, jussisse eum novacula cotem præcidere, idque ab eo protinus factum. Sabinos præterea acie vicit. Urbem muro circumdedit, cloacas fecit. XL. Occisus est ab Anci filiis, cum regnasset annos triginta octo. XLI. Successit ei Ser. Tullius, natus ex captiva nobili Corniculana: cui puero, adhuc in cunis posito, caput arsisse traditum est. Veientes atque Etruscos prælio fudit. Censum primus egit et lustrum condidit, quo civium capita censa octoginta millia esse dicuntur

Classes centuriasque descripsit. Pomerium protulit. Colles urbi Quirinalem, Viminalem, Esquilinumque adjecit. XLV. Templum Dianæ
cum Latinis in Aventino fecit. XLVII, XLVIII. Interfectus est a
L. Tarquinio, Prisci filio, consilio filiæ suæ Tulliæ, cum regnasset
annos quadraginta quatuor. XLIX. Post hunc L. Tarquinius Superbus, neque patrum, neque populi jussu, regnum invasit. Quo die
scelerata Tullia per patris jacentis corpus carpentum egit. Armatos
circa se ad custodiam corporis sui habuit. Turnum Herdonium fraude
interemit. LIII. Bellum cum Volscis gessit; et ex eorum præda
templum Jovi in Capitolio fecit. Terminus et Juventas non addixere,
quorum aræ moveri non potuerunt. Filii Sexti Tarquinii dolo, Gabios
in potestatem suam redegit. LVI. Hujus filiis Delphos profectis, et
consulentibus, quis eorum regnaturus esset Romæ, dictum est, eum
regnaturum, qui primus matrem osculatus esset. Quod responsum
cum ipsi aliter interpretarentur, Junius Brutus, qui cum iis profectus
erat, prolapsum se simulavit, et terram osculatus est. Idque factum
ejus eventus rei comprobavit. Nam cum, impotenter se gerendo,
Tarquinius Superbus omnes in odium sui adduxisset, ad ultimum,
propter expugnatam nocturnâ vi a Sexto filio ejus Lucretiæ pudicitiam,
quæ, vocato patre ad se Tricipitino, et viro Collatino, obtestata, ne
inulta mors ejus esset, cultro se interemit. LIX. Bruti opera maxime
expulsus est, cum regnasset annos viginti quinque. LX. Tunc consules primum creati sunt L. Junius Brutus et L. Tarquinius Collatinus.
—[u. c. 1–245. a. c. 751–507.]

LIBRI PRIMI

I. Jam primum omnium satis constat, Troja capta, in
ceteros sævitum esse Trojanos: duobus, Æneæ Antenorique, et vetusti jure hospitii et quia pacis reddendæque
Helenæ semper auctores fuerunt, omne jus belli Achivos
abstinuisse.   Casibus deinde variis Antenorem cum mul- 5
titudine Enetûm, qui seditione ex Paphlagonia pulsi, et
sedes et ducem, rege Pylæmene ad Trojam amisso, quæ-
rebant, venisse in intimum Hadriatici maris sinum: Eu-
ganeisque, qui inter mare Alpesque incolebant, pulsis,
Enetos Trojanosque eas tenuisse terras: et in quem pri- 10
mum egressi sunt locum, Troja vocatur, pagoque Trojano
inde nomen est; gens universa Veneti appellati.   Ænean
ab simili clade domo profugum, sed ad majora rerum initia
ducentibus fatis, primo in Macedoniam venisse, inde in
Siciliam quærentem sedes delatum, ab Siciliæ classe ad 15
Laurentem agrum tenuisse.   Troja et huic loco nomen
est.   Ibi egressi Trojani—ut quibus ab immenso prope
errore nihil præter arma et naves superesset—cum prædam ex agris agerent, Latinus rex Aboriginesque, qui
tum ea tenebant loca, ad arcendam vim advenarum armati 20
ex urbe atque agris concurrunt.   Duplex inde fama est:
alii, prœlio victum Latinum, pacem cum Ænea, deinde
affinitatem junxisse tradunt: alii, cum instructæ acies
constitissent, priusquam signa canerent, processisse Latinum inter primores, ducemque advenarum evocasse ad 25
colloquium: percunctatum deinde, qui mortales essent,
unde, aut quo casu profecti domo, quidve quærentes in
agrum Laurentinum exissent; postquam audierit, multitudinem Trojanos esse, ducem Æneam, filium Anchisæ
et Veneris, cremata patria et domo profugos, sedem con- 30
dendæque urbis locum quærere, et nobilitatem admiratum
gentis virique, et animum vel bello vel paci paratum, dex-

1*

tera data fidem futuræ amicitiæ sanxisse. Inde fœdus
ictum inter duces, inter exercitus salutationem factam:
Æneam apud Latinum fuisse in hospitio; ibi Latinum
apud penates deos domesticum publico adjunxisse fœdus,
5 filia Æneæ in matrimonium data. Ea utique res Trojanis
spem affirmat tandem stabili certaque sede finiendi erroris:
oppidum condunt: Æneas ab nomine uxoris Lavinium appellat. Brevi stirps quoque virilis ex novo matrimonio
fuit, cui Ascanium parentes dixere nomen. ·II. Bello
10 deinde Aborigines Trojanique simul petiti. Turnus, rex
Rutulorum, cui pacta Lavinia ante adventum Æneæ fuerat, prælatum sibi advenam ægre patiens, simul Æneæ
Latinoque bellum intulerat. Neutra acies læta ex eo certamine abiit: victi Rutuli, victores Aborigines Trojanique
15 ducem Latinum amisere. Inde Turnus Rutulique, diffisi
rebus, ad florentes opes Etruscorum Mezentiumque, regem
eorum, confugiunt; qui, Cære opulento tum oppido impe-
ritans, jam inde ab initio minime lætus novæ origine urbis,
et tum nimio plus, quam satis tutum esset accolis, rem
20 Trojanam crescere ratus, haud gravatim socia arma Ru-
tulis junxit. Æneas, adversùs tanti belli terrorem, ut
animos Aboriginum sibi conciliaret, nec sub eodem jure
solum, sed etiam nomine, omnes essent, Latinos utramque
gentem appellavit. Nec deinde Aborigines Trojanis stu-
25 dio ac fide erga regem Æneam cessere: fretusque his
animis coalescentium in dies magis duorum populorum
Æneas, quamquam tanta opibus Etruria erat, ut jam non
terras solum, sed mare etiam per totam Italiæ longitudi-
nem, ab Alpibus ad fretum Siculum, fama nominis sui
30 implesset, tamen, cum mœnibus bellum propulsare posset,
in aciem copias eduxit. Secundum inde prœlium Latinis,
Æneæ etiam ultimum mortalium operum fuit. Situs est
—quemcumque eum dici jus fasque est—super Numicum
fluvium: Jovem indigetem appellant.
35 III. Nondum maturus imperio Ascanius Æneæ filius
erat: tamen id imperium ei ad puberem ætatem incolume
mansit: tantisper tutelâ muliebri—tanta indoles in Laviniâ
erat—res Latina et regnum avitum paternumque puero
stetit. Haud ambigam—quis enim rem tam veterem pro
40 certo affirmet?—hiccine fuerit Ascanius, an major quam
hic, Creusâ matre Ilio incolumi natus, comesque inde paternæ fugæ, quem Iulum eundem Julia gens auctorem
nominis sui nuncupat. Is Ascanius, ubicumque et quacumque matre genitus—certe natum Ænea constat—

abundante Lavinii multitudine, florentem jam, ut tum res erant, atque opulentam urbem matri seu novercæ relinquit; novam ipse aliam sub Albano monte condidit, quæ, ab situ porrectæ in dorso urbis, Longa Alba appellata. Inter Lavinium et Albam Longam deductam coloniam triginta 5 ferme interfuere anni. Tantum tamen opes creverant, maxime fusis Etruscis, ut ne morte quidem Æneæ, nec deinde inter muliebrem tutelam rudimentumque primum puerilis regni, movere arma aut Mezentius Etruscique, aut ulli alii accolæ ausi sint. Pax ita convenerat, ut 10 Etruscis Latinisque fluvius Albula, quem nunc Tiberim vocant, finis esset. Silvius deinde regnat, Ascanii filius, casu quodam in silvis natus : is Ænean Silvium creat, is deinde Latinum Silvium : ab eo coloniæ aliquot deductæ, Prisci Latini appellati : mansit Silviis postea omnibus 15 cognomen, qui Albæ regnaverunt. Latino Alba ortus, Alba Atys, Atye Capys, Capye Capetus, Capeto Tiberi-nus, qui, in trajecto Albulæ amnis submersus, celebre ad posteros nomen flumini dedit. Agrippa inde, Tiberini filius, post Agrippam Romulus Silvius, a patre accepto 20 imperio, regnat : Aventino, fulmine ipse ictus, regnum per manus tradidit : is, sepultus in eo colle, qui nunc pars Romanæ est urbis, cognomen colli fecit. Proca deinde regnat. Is Numitorem atque Amulium procreat, Numitori, qui stirpis maximus erat, regnum vetustum Silviæ 25 gentis legat. Plus tamen vis potuit, quàm voluntas patris aut verecundia ætatis : pulso fratre, Amulius regnat. Addit sceleri scelus : stirpem fratris virilem interemit, fratris filiæ Reæ Silviæ per speciem honoris, cùm Vestalem eam legisset, perpetuâ virginitate spem partus adimit. 30

IV. Sed debebatur—ut opinor—fatis tantæ origo urbis, maximique secundùm deorum opes imperii principium. Vi compressa Vestalis, cùm geminum partum edidisset, seu ita rata, seu quia deus auctor culpæ honestior erat, Martem incertæ stirpis patrem nuncupat. Sed nec dii, 35 nec homines, aut ipsam aut stirpem a crudelitate regia vindicant : sacerdos vincta in custodiam datur ; pueros in profluentem aquam mitti jubet. Forte quâdam divinitus super ripas Tiberis effusus lenibus stagnis, nec adiri usquam ad justi cursum poterat amnis ; et, posse quamvis 40 languidâ mergi aquâ infantes, spem ferentibus dabat : ita, velut defuncti regis imperio in proxima alluvie, ubi nunc ficus Ruminalis est—Romularem vocatam ferunt,—pueros exponunt. Vastæ tum in his locis solitudines erant. Te-

net fama, cum fluitantem alveum, quo expositi erant pueri,
tenuis in sicco aqua destituisset, lupam sitientem, ex montibus qui circa sunt, ad puerilem vagitum cursum flexisse:
éam submissas infantibus adeo mitem præbuisse mammas,
5 ut linguâ lambentem pueros magister regii pecoris invene-
rit.   Faustulo fuisse nomen ferunt: ab eo ad stabula La-
rentiæ uxori educandos datos.   Sunt, qui Larentiam, vul-
gato corpore, lupam inter pastores vocatam putent: inde
locum fabulæ ac miraculo datum.   Ita geniti, itaque edu-
10 cati, cum primum adolevit ætas, nec in stabulis nec ad
pecora segnes, venando peragrare saltus: hinc, robore
corporibus animisque sumpto jam non feras tantum subsistere, sed in latrones, prædâ onustos, impetus facere,
pastoribusque rapta dividere; et cum his, crescente in dies
15 grege juvenum, seria ac jocos celebrare. // V. Jam tum in
Palatio monte Lupercal hoc fuisse ludicrum ferunt—et a
Pallanteo, urbe Arcadica, Pallantium, dein Palatium,
montem appellatum:—ibi Evandrum, qui ex eo genere
Arcadum multis ante tempestatibus tenuerit loca, sollemne
20 allatum ex Arcadia instituisse, ut nudi juvenes, Lycæum
Pana venerantes, per lusum atque lasciviam currerent:
quem Romani deinde vocaverunt Inuum.   Huic deditis
ludicro, cùm sollemne notum esset, insidiatos ob iram prædæ amissæ latrones, cùm Romulus vi se defendisset, Re-
25 mum cepisse, captum regi Amulio tradidisse, ultrò accu-
santes.   Crimini maxime dabant, in Numitoris agros ab
iis impetum fieri: inde eos collectâ juvenum manu hosti-
lem in modum prædas agere.   Sic ad supplicium Numitori Remus deditur.   Jam inde ab initio Faustulo spes
30 fuerat, regiam stirpem apud se educari: nam et expositos
jussu regis infantes sciebat, et tempus, quo ipse eos sustulisset, ad id ipsum congruere: sed rem immaturam, nisi
aut per occasionem aut per necessitatem, aperire noluerat.
Necessitas prior venit: ita, metu subactus, Romulo rem
35 aperit.   Forte et Numitori, cùm in custodiâ Remum haberet, audissetque geminos esse fratres, comparando et
ætatem eorum, et ipsam minime servilem indolem, tetigerat animum memoria nepotum: sciscitandoque eodem pervenit, ut haud procul esset, quin Remum agnosceret.   Ita
40 undique regi dolus nectitur.   Romulus non cum globo
juvenum—nec enim erat ad apertam vim par—sed aliis
alio itinere jussis certo tempore ad regiam venire pastoribus, ad regem impetum facit: et a domo Numitoris alia
comparatâ manu adjuvat Remus: ita regem obtruncant.

VI. Numitor inter primum tumultum hostes invasisse
urbem atque adortos regiam dictitans, cùm pubem Albanam in arcem præsidio armisque obtinendam avocasset,
postquam juvenes perpetratâ cæde pergere ad se gratulantes vidit, extemplo advocato concilio, scelus in se fratris, 5
originem nepotum, ut geniti, ut educati, ut cogniti essent,
cædém deinceps tyranni, seque ejus auctorem ostendit.
Juvenes, per mediam concionem agmine ingressi, cùm
avum regem salutassent, secuta ex omni multitudine con-
sentiens vox ratum nomen imperiumque regi efficit. Ita 10
Numitori Albanâ re permissâ, Romulum Remumque cupido cepit, in his locis, ubi expositi, ubique educati erant,
urbis condendæ. Et supererat multitudo Albanorum La-
tinorumque: ad id pastores quoque accesserant, qui omnes
facile spem facerent, parvam Albam, parvum Lavinium, 15
præ ea urbe, quæ conderetur, fore. Intervenit deinde his
cogitationibus avitum malum, regni cupido, atque inde
fœdum certamen coortum a satis miti principio: quoniam
gemini essent, nec ætatis verecundia discrimen facere
posset, ut dii, quorum tutelæ ea loca essent, auguriis lege- 20
rent, qui nomen novæ urbi daret, qui conditam imperio
regeret, Palatium Romulus, Remus Aventinum, ad inau-
gurandum, templa capiunt. VII. Priori Remo augurium
venisse fertur sex vultures, jamque, nuntiato augurio, cùm
duplex numerus Romulo sese ostendisset, utrumque regem 25
sua multitudo consalutaverat: tempore illi præcepto, at hi numero avium, regnum trahebant. Inde,   v. c.
cum altercatione congressi, certamine irarum ad   1.
cædem vertuntur: ibi in turba ictus Remus ceci-   a. c.
dit. Vulgatior fama est, ludibrio fratris Remum   751. 30
novos transiluisse muros: inde ab irato Romulo,
cùm verbis quoque increpitans adjecisset "sic deinde, quicumque alius transiliet mœnia mea," interfectum. Ita
solus potitus imperio Romulus; condita urbs conditoris
nomine appellata.   35
    Palatium primum, in quo ipse erat educatus, muniit:
sacra diis aliis Albano ritu, Græco Herculi ut ab Evandro
instituta erant, facit. Herculem in ea loca, Geryone inter-
empto, boves mirâ specie abegisse memorant, ac prope
Tiberim fluvium, qua, præ se armentum agens, nando 40
trajecerat, loco herbido, ut quiete et pabulo læto reficeret
boves, et ipsum fessum viâ procubuisse. Ibi cum eum
cibo vinoque gravatum sopor oppressisset, pastor accola
ejus loci, nomine Cacus, ferox viribus, captus pulchritu-

dine boum, cùm avertere eam prædam vellet, quia, si
agendo armentum in speluncam compulisset, ipsa vestigia
quærentem dominum eò deductura erant, aversos boves
eximium quemque pulchritudine caudis in speluncam
5 traxit.″ Hercules ad primam auroram somno excitus
cum gregem perlustrasset oculis, et partem abesse numero
sensisset, pergit ad proximam speluncam, si forte eò vestigia ferrent. Quæ ubi omnia foras versa vidit, nec in
partem aliam ferre, confusus atque incertus animi ex loco
10 infesto agere porro armentum occepit. Inde cum actæ
boves quædam ad desiderium, ut fit,· relictarum mugissent,
reddita inclusarum ex spelunca boum vox Herculem con-
·vertit. Quem cùm ad speluncam vadentem Cacus vi
prohibere conatus esset, ictus clavà, fidem pastorum ne-
15 quidquam invocans, morte occubuit. Evander tum ea,
profugus ex Peloponneso, auctoritate magis quam imperio
regebat loca : venerabilis vir miraculo litterarum, rei novæ
inter rudes artium homines ; venerabilior divinitate creditâ
Carmentæ matris, quam fatiloquam, ante Sibyllæ in Italiam
20 adventum, miratæ eæ gentes fuerant. Is tum Evander,
concursu pastorum trepidantium circa advenam manifestæ
reum cædis excitus, postquam facinus facinorisque causam
audivit, habitum formamque viri aliquàntum ampliorem
augustioremque humanâ intuens, rogitat, qui vir esset.
25 Ubi nomen patremque ac patriam accepit, "Jove nate,
Hercules, salve" inquit : " te mihi mater, veridica inter-
pres deûm, aucturum cælestium numerum cecinit, tibique
aram hic dicatum iri, quam opulentissima olim in terris
gens maximam vocet tuoque ritu colat."″Dextrâ Her-
30 cules datâ, accipere se omen impleturumque fata, arâ condita ac dicatâ, ait. Ibidum primum bove eximia capta de
grege, sacrum Herculi, adhibitis ad ministerium dapemque
Potitiis ac Pinariis, quæ tum familiæ maxime inclytæ ea
loca incolebant, factum. Forte ita evenit, ut Potitii ad
35 tempus præsto essent hisque exta apponerentur, Pinarii,
extis adesis, ad ceteram venirent dapem : inde institutum
mansit, donec Pinarium genus fuit, ne extis sollemnium
vescerentur. Potitii ab Evandro edocti, antistites sacri
ejus per multas ætates fuerunt, donec, tradito servis publi-
40 cis sollemni familiæ ministerio, genus omne Potitiorum
interiit. Hæc tum sacra Romulus una ex omnibus pere·
grina suscepit, jam tum immortalitatis virtute partæ, ad
quam eum sua fata ducebant, fautor.

. VIII. Rebus divinis rite perpetratis, vocataque ad con

cilium multitudine, quæ coalescere in populi unius corpus
nulla re præter quam legibus poterat, jura dedit: quæ
ita sancta generi hominum agresti fore ratus, si se ipse
venerabilem insignibus imperii fecisset, cum cetero habitu
se augustiorem, tum maxime lictoribus duodecim sumptis, 5
fecit. Alii ab numero avium, quæ augurio regnum por-
tenderant, eum secutum numerum putant: me haud pæ-
nitet eorum sententiæ esse, quibus et apparitores et hoc
genus ab Etruscis finitimis, unde sella curulis unde toga
prætexta sumpta est, numerum quoque ipsum ductum 10
placet: et ita habuisse Etruscos, quod ex duodecim populis communiter creato rege singulos singuli populi lictores
dederint. Crescebat interim urbs munitionibus alia atque
alia appetendo loca, cum in spem magis futuræ multitudinis, quam ad id, quod tum hominum erat, munirent. 15
Deinde, ne vana urbis magnitudo esset, adjiciendæ multitudinis causâ, vetere consilio condentium urbes, qui ob-
scuram atque humilem conciendo ad se multitudinem, natam e terrâ sibi prolem ementiebantur, locum, qui nunc
septus descendentibus inter duos lucos est, asylum aperit. 20
Eò ex finitimis populis turba omnis sine discrimine—liber
an servus esset—avida novarum rerum perfugit, idque
primum ad cœptam magnitudinem roboris fuit. Cùm jam
virium haud pæniteret, consilium deinde viribus parat:
centum creat senatores, sive quia is numerus satis erat, 25
sive quia soli centum erant, qui creari patres possent:
patres certè ab honore, patriciique progenies eorum appellati. // IX. Jam res Romana adeo erat valida, ut cuilibet
finitimarum civitatum bello par esset: sed penuriâ mulierum hominis ætatem duratura magnitudo erat, quippe 30
quibus nec domi spes prolis, nec cum finitimis connubia
essent. 'Tum ex consilio patrum Romulus legatos circa
vicinas gentes misit, qui societatem connubiumque novo
populo peterent: urbes quoque, ut cetera, ex infimo
nasci: dein, quas sua virtus ac dii juvent, magnas opes 35
sibi magnumque nomen facere: satis scire, origini Romanæ
et deos adfuisse, et non defuturam virtutem: proinde ne
gravarentur homines cum hominibus sanguinem ac genus
miscere. Nusquam benigne legatio audita est, adeo simul
spernebant, simul tantam in medio crescentem molem 40
sibi ac posteris suis metuebant: ac plerisque rogitantibus
dimissi, ecquod feminis quoque asylum aperuissent, id
enim demum compar con. bium fore. Ægre id Romana
pubes passa, et haud dubie ad vim spectare res cœpit. Cui

tempus locumque aptum ut daret Romulus, ægritudinem animi dissimulans, ludos ex industriâ parat, Neptuno equestri sollemnes Consualia : indici deinde finitimis spe-ctaculum jubet, quantoque apparatu tum sciebant, aut po-
5 terant, concelebrant, ut rem claram exspectatamque face-rent. Multi mortales convenere, studio etiam videndæ novæ urbis, maxime proximi quique, Cæninenses, Crustu-mini, Antemnates : jam Sabinorum omnis multitudo cum liberis ac conjugibus venit : invitati hospitaliter per domos,
10 cùm situm mœniaque et frequentem tectis urbem vidissent, mirantur tam brevi rem Romanam crevisse. Ubi specta-culi tempus venit, deditæque eò mentes cum oculis erant, tum ex composito orta vis ; signoque dato, juventus Ro-mana ad rapiendas virgines discurrit. Magna pars forte,
15 in quem quæque inciderat, raptæ : quasdam formâ excel-lentes, primoribus patrum destinatas, ex plebe homines, quibus datum negotium erat, domos deferebant. Unam, longe ante alias specie ac pulchritudine insignem, a globo Thalassii cujusdam raptam ferunt, multisque sciscitanti-
20 bus, cuinam eam ferrent, identidem, ne quis violaret, Thalassio ferri clamitatum : inde nuptialem hanc vocem factam. Turbato per metum ludicro, mæsti parentes vir-ginum profugiunt, incusantes violati hospitii fœdus, deum-que invocantes, cujus ad sollemne ludosque, per fas ac
25 fidem decepti, venissent. Nec raptis aut spes de se melior, aut indignatio est minor : sed ipse Romulus circumibat, docebatque patrum id superbiâ factum, qui connubium finitimis negassent : illas tamen in matrimonio, in societate fortunarum omnium civitatisque, et, quo nihil carius hu-
30 mano generi sit, liberûm fore : mollirent modo iras, et, quibus fors corpora dedisset, darent animos : sæpe ex in-juriâ postmodum gratiam ortam, eoque melioribus usuras viris, quod adnisurus pro se quisque sit, ut, cùm suam vicem functus officio sit, parentium etiam patriæque ex-
35 pleat desiderium. Accedebant blanditiæ virorum factum purgantium cupiditate atque amore, quæ maxime ad mu-liebre ingenium efficaces preces sunt.

X. Et jam admodum mitigati animi raptis erant. At raptarum parentes tum maxime sordida veste lacrimisque
40 et querelis civitates concitabant : nec domi tantum indigna-tiones continebant, sed congregabantur undique ad Titum Tatium, regem Sabinorum : et legationes eò, quòd maxi-mum Tatii nomen in iis regionibus erat, conveniebant. Cæninenses Crustuminique et Antemnates erant, ad quos

ejus injuriæ pars pertinebat : lente agere his Tatius Sabinique visi sunt : ipsi inter se tres populi communiter bellum parant. Nec Crustumini quidem atque Antemnates, pro ardore iraque Cæninensium, satis se impigre movent : ita per se ipsum nomen Cæninum in agrum Romanum impe- b tum facit. Sed effuse vastantibus fit obvius cum exercitu Romulus, levique certamine docet, vanam sine viribus iram esse : exercitum fundit fugatque, fusum persequitur : regem in prœlio obtruncat et spoliat : duce hostium occiso, urbem primo impetu capit. Inde exercitu victore reducto, 10 ipse, cum factis vir magnificus, tum factorum ostentator haud minor, spolia ducis hostium cæsi suspensa fabricato ad id apte ferculo gerens, in Capitolium escendit, ibique ea cum ad quercum pastoribus sacram deposuisset, simul cum dono designavit templo Jovis fines cognomenque ad- 15 didit deo : "Juppiter Feretri," inquit, " hæc tibi victor Romulus rex regia arma fero, templumque his regionibus, quas modo animo metatus sum, dedico, sedem opimis spoliis, quæ regibus ducibusque hostium cæsis, me auctorem sequentes, posteri ferent." Hæc templi est origo, quod 20 primum omnium Romæ sacratum est. Ita deinde diis visum, nec irritam conditoris templi vocem esse, qua laturos eò spolia posteros nuncupavit, nec, multitudine compotum, ejus doni vulgari laudem : bina postea, inter tot annos tot bella, opima parta sunt spolia, adeo rara ejus 25 fortuna decoris fuit. XI. Dum ea ibi Romani gerunt, Antemnatium exercitus per occasionem ac solitudinem hostiliter in fines Romanos incursionem facit. Raptim et ad hos Romana legio ducta palatos in agris oppressit : fusi igitur primo impetu et clamore hostes, oppidum captum : 30 duplicique victoria ovantem Romulum Hersilia conjux, precibus raptarum fatigata, orat, ut parentibus earum det veniam, et in civitatem accipiat : ita rem coalescere concordiâ posse. Facile impetratum. Inde contra Crustuminos profectus, bellum inferentes. Ibi minus etiam, quòd 35 alienis cladibus ceciderant animi, certaminis fuit. Utroque coloniæ missæ : plures inventi, qui, propter ubertatem terræ, in Crustuminum nomina darent. Et Romam inde frequenter migratum est, a parentibus maxime ac propinquis raptarum.   40

Novissimum ab Sabinis bellum ortum ; multoque id maximum fuit : nihil enim per iram aut cupiditatem actum est : nec ostenderunt bellum prius quàm intulerunt. Consilio etiam additus dolus : Spurius Tarpeius Romanæ

præerat arci: hujus filiam virginem, auro corrumpit Tatius, ut armatos in arcem accipiat: aquam forte ea tum
sacris extra mœnia petitum ierat.   Accepti obrutam armis
necavere; seu ut vi capta potius arx videretur, seu pro-
5 dendi exempli causâ, ne quid usquam fidum proditori esset.
Additur fabulæ, quòd vulgo Sabini aureas armillas magni
ponderis brachio lævo, gemmatosque magnâ specie annu-
los habuerint, pepigisse eam, quod in sinistris manibus
haberent: eò scuta illi pro aureis donis congesta.   Sunt,
10 qui eam, ex pacto tradendi quod in sinistris manibus esset,
de recto arma petisse dicant; et, fraude visam agere, suâ
ipsam peremptam mercede.   XII. Tenuere tamen arcem
Sabini: atque inde postero die, cùm Romanus exercitus
instructus, quod inter Palatinum Capitolinumque collem
15 campi est, complesset, non prius descenderunt in æquum,
quàm, irä et cupiditate recuperandæ arcis stimulante animos, in adversum Romani subiere.   Principes utrimque
pugnam ciebant, ab Sabinis Mettius Curtius, ab Romanis
Hostius Hostilius.   Hic rem Romanam iniquo loco ad
20 prima signa animo atque audaciâ sustinebat: ut Hostius
cecidit, confestim Romana inclinatur acies, fusaque est ad
veterem portam Palatii.   Romulus, et ipse turbâ fugientium actus, arma ad cælum tollens, "Juppiter, tuis," inquit
"jussus avibus hìc in Palatio prima urbi fundamenta jeci:
25 arcem jam scelere emptam, Sabini habent: inde huc armati, superatâ media valle, tendunt.   At tu, pater deum
hominumque, hinc saltem arce hostes, deme terrorem Romanis, fugamque fœdam siste: hìc ego tibi templum Sta-
tori Jovi, quod monumentum sit posteris, tua præsenti ope
30 servatam urbem esse, voveo."   Hæc precatus, velut si
sensisset auditas preces, "hinc" inquit, "Romani, Juppiter optimus maximus resistere atque iterare pugnam jubet."   Restitere Romani, tamquam cœlesti voce jussi:
ipse ad primores Romulus provolat.   Mettius Curtius ab
35 Sabinis princeps ab arce decucurrerat, et effusos egerat
Romanos, toto quantum foro spatium est: nec procul jam
a portâ Palatii erat, clamitans "vicimus perfidos hospites,
imbelles hostes: jam sciunt longe aliud esse virgines rapere, aliud pugnare cum viris."   In eum, hæc gloriantem
40 cum globo ferocissimorum juvenum Romulus impetum
facit.   Ex equo tum forte Mettius pugnabat: eò pelli facilius fuit: pulsum Romani persequuntur, et alia Romana
acies, audaciá regis accensa, fundit Sabinos.   Mettius in
paludem sese, strepitu sequentium trepidante equo, con-

jecit: averteratque ea res etiam Sabinos tanti periculo
viri: et ille quidem, adnuentibus ac vocantibus suis, favore multorum addito animo, evadit.   Romani Sabinique
in mediâ convalle duorum montium redintegrant prœlium,
sed res Romana erat superior.   XIII. Tum Sabinæ mu- 5
lieres, quarum ex injuriâ bellum ortum erat, crinibus pas-
sis scissâque veste, victo malis muliebri pavore, ausæ se
inter tela volantia inferre, ex transverso impetu facto, dirimere infestas acies, dirimere iras; hinc patres, hinc viros
orantes, ne sanguine se nefando soceri generique resperge- 10
rent, ne parricidio macularent partus suos, nepotum illi,
hi liberum progeniem: "si affinitatis inter vos, si connubii
piget, in nos vertite iras: nos causa belli, nos vulnerum ac
cædium viris ac parentibus sumus: melius peribimus,
quàm sine alteris vestrûm viduæ aut orbæ vivemus." 15
Movet res cum multitudinem, tum duces: silentium
et repentina fit quies: inde ad fœdus faciendum   ʊ. c.
duces prodeunt, nec pacem modò, sed civitatem   7.
unam ex duabus faciunt; regnum consociant, im-   ᴀ. c.
perium omne conferunt Romam. Ita geminatâ   745. 20
urbe, ut Sabinis tamen aliquid daretur, Quirites a
Curibus appellati.   Monumentum ejus pugnæ, ubi primum
ex profundâ emersus palude equum Curtius in vado statuit, Curtium lacum appellarunt.

Ex bello tam tristi læta repente pax cariores Sabinas 25
viris ac parentibus, et ante omnes Romulo ipsi, fecit: itaque, cùm populum in curias triginta divideret, nomina
earum curiis imposuit.   Id non traditur, cùm haud dubie
aliquanto numerus major hoc mulierum fuerit, ætate, an
dignitatibus suis virorumve, an sorte lectæ sint, quæ nomi- 30
na curiis darent.   Eodem tempore et centuriæ tres equitum conscriptæ sunt: Ramnenses ab Romulo, ab T. Tatio
Titienses appellati: Lucerum nominis et originis causa
incerta est.   Inde non modo commune, sed concors etiam,
regnum duobus regibus fuit. XIV. Post aliquot annos, 35
propinqui regis Tatii legatos Laurentium pulsant, cumque
Laurentes jure gentium agerent, apud Tatium gratia suorum et preces plus poterant.   Igitur illorum pœnam in se
vertit: nam Lavinii, cùm ad sollemne sacrificium eo venisset, concursu facto, interficitur.   Eam rem minus ægre 40
quàm dignum erat, tulisse Romulum ferunt; seu ob infi-
dam societatem regni, seu quia haud injuriâ cæsum credebat. Itaque bello quidem abstinuit: ut tamen expiarentur
legatorum injuriæ regisque cædes, fœdus inter Romam

Laviniumque urbes renovatum est. Et cum his quidem
insperata pax erat: aliud multo propius, atque in ipsis
prope portis, bellum ortum. Fidenates, nimis vicinas prope se convalescere opes rati, priusquam tantum roboris
5 esset quantum futurum apparebat, occupabant bellum facere. Juventute armata immissa, vastatur agri quod inter
urbem ac Fidenas est: inde ad lævam versi, quia dextrâ
Tiberis arcebat, cum magna trepidatione agrestium popu-
lantur: tumultusque repens, ex agris in urbem illatus, pro
10 nuntio fuit. Excitus Romulus—neque enim dilationem
pati tam vicinum bellum poterat—exercitum educit, castra
a Fidenis mille passuum locat. Ibi modico præsidio relicto, egressus omnibus copiis, partem militum locis circa
densa obsita virgulta obscuris subsidere in insidiis jussit:
15 cum parte majore atque omni equitatu profectus,—id quod
quærebat—tumultuoso et minaci genere pugnæ, adequi-
tando ipsis prope portis, hostem excivit. Fugæ quoque,
quæ simulanda erat, eadem equestris pugna causam minus
mirabilem dedit: et cùm, velut inter pugnæ fugæque con-
20 silium trepidante equitatu, pedes quoque referret gradum,
plenis repente portis effusi hostes, impulsâ Romanâ acie,
studio instandi sequendique trahuntur ad locum insidiarum.
Inde subito exorti Romani transversam invadunt hostium
aciem: addunt pavorem mota e castris signa eorum, qui
25 in præsidio relicti fuerant: ita multiplici terrore perculsi
Fidenates, prius pæne, quàm Romulus, quique cum eo
equites erant, circumagerent frenis equos, terga vertunt;
multoque effusius—quippe vera fuga—qui simulantes
paulo ante secuti erant, oppidum repetebant. Non tamen
30 eripuere se hosti: hærens in tergo Romanus, prius quam
fores portarum objicerentur, velut agmine uno irrumpit.
XV. Belli Fidenatis contagione irritati Veientium animi
et consanguinitate—nam Fidenates quoque Etrusci fuerunt,—et quòd ipsa propinquitas loci, si Romana arma om-
35 nibus infesta finitimis essent, stimulabat, in fines Romanos
excucurrerunt, populabundi magis quàm justi more belli:
itaque non castris positis, non exspectato hostium exercitu,
raptam ex agris prædam portantes Veios rediere. Romanus contra, postquam hostem in agris non invenit, dimica-
40 tioni ultimæ instructus intentusque, Tiberim transit. Quem
postquam castra ponere, et ad urbem accessurum Veientes audivere, obviam egressi, ut potius acie decernerent,
quàm inclusi de tectis mœnibusque dimicarent. Ibi, viribus nulla arte adjutis, tantùm veterani robore exercitus

rex Romanus vicit, persecutusque fusos ad mœnia hostes, urbe, valida muris ac situ ipso munita, abstinuit: agros rediens vastat, ulciscendi magis, quàm prædæ, studio: eaque clade, haud minus quam adversa pugna, subacti Veientes pacem petitum oratores Romam mittunt. Agri parte 5 multatis in centum annos induciæ datæ.

Hæc ferme, Romulo regnante, domi militiæque gesta; quorum nihil absonum fidei divinæ originis divinitatisque post mortem creditæ fuit, non animus in regno avito recuperando, non condendæ urbis consilium, non bello ac pace 10 firmandæ: ab illo enim profecto viribus datis tantùm valuit, ut in quadraginta deinde annos tutam pacem haberet. Multitudini tamen gratior fuit quàm patribus, longe ante alios acceptissimus militum animis: trecentosque armatos ad custodiam corporis, quos Celeres appellavit, non 15 in bello solùm sed etiam in pace habuit. XVI. His immortalibus editis operibus, cùm ad exercitum recensendum concionem in campo ad Capræ paludem haberet, subitò coorta tempestas cum magno fragore tonitribusque tam denso regem operuit nimbo, ut conspectum   u. c. 20 ejus concioni abstulerit: nec deinde in terris Romu-   37. lus fuit. Romana pubes, sedato tandem pavore,   A. c. postquam ex tam turbido die serena et tranquilla   715. lux rediit, ubi vacuam sedem regiam vidit, etsi satis credebat patribus, qui proximi steterant, sublimem raptum 25 procellâ; tamen velut orbitatis metu icta, mæstum aliquamdiu silentium obtinuit. Deinde, a paucis initio facto, deum deo natum, regem parentemque urbis Romanæ salvere universi Romulum jubent: pacem precibus exposcunt, uti volens propitius suam semper sospitet proge- 30 niem. Fuisse credo tum quoque aliquos, qui discerptum regem patrum manibus taciti arguerent: manavit enim hæc quoque sed perobscura fama: illam alteram admiratio viri et pavor præsens nobilitavit. Et consilio etiam unius hominis addita rei dicitur fides: namque Proculus Julius 35 —sollicitâ civitate desiderio regis et infensâ patribus— gravis, ut traditur, quamvis magnæ rei auctor, in concionem prodit: "Romulus" inquit, "Quirites, parens urbis hujus, primâ hodiernâ luce cælo repente delapsus, se mihi obvium dedit. Cùm, perfusus horrore venerabundus, ad- 40 stitissem, petens precibus, ut contra intueri fas esset: abi, nuntia, inquit, Romanis, cælestes ita velle ut mea Roma caput orbis terrarum sit: proinde rem militarem colant, sciantque et ita posteris tradant, nullas opes humanas ar-

2*

mis Romanis resistere posse. Hæc" inquit "locutus, sublimis abiit." Mirum, quantum illi viro, nuntianti hæc fides fuerit; quamque desiderium Romuli apud plebem exercitumque, factà fide immortalitatis, lenitum sit.

XVII. Patrum interim animos certamen regni ac cupido versabat: necdum a singulis, quia nemo magnopere eminebat in novo populo, pervenerat: factionibus inter ordines certabatur. Oriundi ab Sabinis, ne, quia post Tatii mortem ab sua parte non erat regnatum, in societate æqua
10 possessionem imperii amitterent, sui corporis creari regem volebant: Romani veteres peregrinum regem aspernabantur. In variis voluntatibus, regnari tamen omnes volebant, libertatis dulcedine nondum experta. Timor deinde patres incessit, ne civitatem sine imperio, exercitum sine
15 duce, multarum circa civitatium irritatis animis, vis aliqua externa adoriretur: et esse igitur aliquod caput placebat, et nemo alteri concedere in animum inducebat. Ita rem inter se centum patres, decem decuriis factis, singulisque in singulas decurias creatis, qui summæ rerum præessent,
20 consociant. Decem imperitabant, unus cum insignibus imperii et lictoribus erat: quinque dierum spatio finiebatur imperium, ac per omnes in orbem ibat: annuumque intervallum regni fuit. Id ab re, quod nunc quoque tenet nomen, interregnum appellatum. Fremere deinde plebs,
25 multiplicatam servitutem, centum pro uno dominos factos: nec ultra nisi regem, et ab ipsis creatum, videbantur passuri. Cùm sensissent ea moveri patres, offerendum ultro rati, quod amissuri erant, ita gratiam ineunt, summa potestate populo permissa, ut non plus darent juris, quàm
30 detinerent: decreverunt enim, ut, cum populus regem jussisset, id sic ratum esset, si patres auctores fierent. Hodie quoque in legibus magistratibusque rogandis, usurpatur idem jus, vi adempta: priusquam populus suffragium ineat, in incertum comitiorum eventum patres auctores fi-
35 unt. Tum interrex concione advocata, "Quod bonum, faustum, felixque sit," inquit, "Quirites, regem create: ita patribus visum est. Patres deinde, si dignum, qui secundus ab Romulo numeretur crearitis, auctores fient." Adeo id gratum plebi fuit, ut, ne victi beneficio viderentur,
40 id modo sciscerent juberentque, ut senatus decerneret, qui Romæ regnaret.

XVIII. Inclyta justitia religioque ea tempestate Numæ Pompilii erat. Curibus Sabinis habitabat consultissimus vir, ut in illa quisquam esse ætate poterat, omnis divini atque humani juris. Auctorem doctrinæ ejus, quia non exstat alius, falso Samium Pythagoram edunt ; quem, Servio Tullio regnante Romæ, centum amplius post annos, in ultima Italiæ ora, circa Metapontum Heracleamque et Crotonam, juvenum æmulantium studia cœtus habuisse 5 constat. Ex quibus locis—etsi ejusdem ætatis fuisset— quæ fama in Sabinos, aut quo linguæ commercio, quemquam ad cupiditatem discendi excivisset, quove præsidio unus per tot gentes, dissonas sermone moribusque, pervenisset ? Suopte igitur ingenio temperatum animum virtuti- 10 bus fuisse opinor magis, instructumque non tam peregrinis artibus quam disciplina tetrica ac tristi veterum Sabinorum, quo genere nullum quondam incorruptius fuit. Audito nomine Numæ, patres Romani, quamquam inclinari opes ad Sabinos, rege inde sumpto, videbantur, tamen, neque 15 se quisquam, nec factionis suæ alium, nec denique patrum aut civium quemquam præferre illi viro ausi, ad unum omnes Numæ Pompilio regnum deferendum decernunt. // Accitus, sicut Romulus augurato urbe   u. c. condenda regnum adeptus est, de se quoque deos   39. 20 consuli jussit. Inde ab augure, cui deinde hono-   a. c. ris ergo publicum id perpetuumque sacerdotium   713. fuit, deductus in arcem, in lapidem ad meridiem versus consedit : augur ad lævam ejus, capite velato, sedem cepit, dextra manu baculum sine nodo aduncum 25 tenens, quem lituum appellarunt. Inde ubi, prospectu in urbem agrumque capto, deos precatus, regiones ab oriente ad occasum determinavit, dextras ad meridiem partes, lævas ad septemtrionem esse dixit, signum contra, quo longissime conspectum oculi ferebant, animo finivit : tum 30 lituo in lævam manum translato, dextra in caput Numæ imposita, precatus ita est : " Juppiter pater, si est fas hunc Numam Pompilium, cujus ego caput teneo, regem Romæ esse, uti tu signa nobis certa adclarassis inter eos fines, quos feci." Tum peregit verbis auspicia, quæ mitti 35 vellet : quibus missis, declaratus rex Numa de templo descendit.

XIX. Qui regno ita potitus, urbem novam, conditam vi et armis, jure eam legibusque ac moribus de integro condere parat. Quibus cùm inter bella assuescere videret 40 non posse, quippe efferari militiâ animos, mitigandum ferocem populum armorum desuetudine ratus. Janum ad infimum Argiletum, indicem pacis bellique, fecit, apertus ut in armis esse civitatem, clausus pacatos circa omnes

populos, significaret. Bis deinde post Numæ regnum clausus fuit, semel T. Manlio consule, post Punicum primum perfectum bellum, iterum, quod nostræ ætati dii dederunt ut videremus, post bellum Actiacum, ab imperatore
5 Cæsare Augusto, pace terrâ marique partâ. Clauso eo, cùm omnium circa finitimorum societate ac fœderibus junxisset animos, positis externorum periculorum curis ne luxuriarent otio animi, quos metus hostium disciplinaque militaris continuerat, omnium primum, rem ad multitudi-
10 nem imperitam, et illis sæculis rudem, efficacissimam, deorum metum injiciendum ratus est. Qui cum descendere ad animos sine aliquo commento miraculi non posset, simulat sibi cum dea Egeria congressus nocturnos esse: ejus se monitu, quæ acceptissima diis essent, sacra insti-
15 tuere ; sacerdotes suos cuique deorum præficere. Atque omnium primum, ad cursus lunæ, in duodecim menses describit annum : quem, quia tricenos dies singulis mensibus luna non explet, desuntque dies solido anno, qui solstitiali circumagitur orbe, intercalares mensibus interpo-
20 nendo ita dispensavit, ut vicesimo anno ad metam eandem solis, unde orsi essent, plenis omnium annorum spatiis dies congruerent. Idem nefastos dies fastosque fecit, quia aliquando nihil cum populo agi utile futurum erat. XX. Tum sacerdotibus creandis animum adjecit, quamquam
25 ipse plurima sacra obibat, ea maxime quæ nunc ad Dialem flaminem pertinent. Sed, quia in civitate bellicosa plures Romuli quam Numæ similes reges putabat fore, iturosque ipsos ad bella, ne sacra regiæ vicis desererentur, flaminem Jovi assiduum sacerdotem creavit, insignique eum veste
30 et curuli regia sella adornavit : huic duos flamines adjecit, Marti unum, alterum Quirino. Virginesque Vestæ legit, Albâ oriundum sacerdotium, et genti conditoris haud alienum : iis, ut assiduæ templi antistites essent, stipendium de publico statuit, virginitate aliisque cærimoniis venera-
35 biles ac sanctas fecit. Salios item duodecim Marti Gradivo legit ; tunicæque pictæ insigne dedit, et super tunicam æneum pectori tegimen ; cælestiaque arma, quæ ancilia appellantur, ferre ac per urbem ire canentes carmina cum tripudiis sollemnique saltatu jussit. Pontificem deinde
40 Numam Marcium, Marci filium, ex patribus legit, eique sacra omnia exscripta exsignataque attribuit ; quibus hostiis, quibus diebus, ad quæ templa, sacra fierent, atque unde in eos sumptus pecunia erogaretur. Cetera quoque omnia publica privataque sacra pontificis scitis subjecit, ut

esset, quo consultum plebes veniret, ne quid divini juris, negligendo patrios ritus, peregrinosque adsciscendo, turbaretur. Nec cælestes modo cærimonias, sed justa quoque funebria, placandosque manes, ut idem pontifex edoceret, quæque prodigia, fulminibus aliove quo visu missa, susci- 5 perentur atque curarentur. Ad ea elicienda ex mentibus divinis Jovi Elicio aram in Aventino dicavit, deumque consuluit auguriis, quæ suscipienda essent.

XXI. Ad hæc consultanda procurandaque multitudine omni a vi et armis conversa, et animi aliquid agendo oc- 10 cupati erant, et deorum assidua insidens cura, cùm interesse rebus humanis cæleste numen videretur, ea pietate omnium pectora imbuerat, ut fides ac jusjurandum, proximo legum ac pœnarum metu, civitatem regerent : et cùm ipsi se homines in regis velut unici exempli mores forma- 15 rent, tum finitimi etiam populi, qui antea castra non urbem positam in medio ad sollicitandam omnium pacem crediderant, in eam verecundiam adducti sunt, ut civitatem totam in cultum versam deorum, violare ducerent nefas. Lucus erat, quem medium ex opaco specu fons perenni 20 rigabat aquâ: quò quia se persæpe Numa sine arbitris, velut ad congressum deæ, inferebat, Camenis eum lucum sacravit; quod earum ibi concilia cum conjuge sua Egeria essent. Et soli Fidei sollemne instituit : ad id sacrarium flamines bigis, curru arcuato, vehi jussit, manuque ad 25 digitos usque involuta rem divinam facere ; significantes fidem tutandam, sedemque ejus etiam in dexteris sacratam esse. Multa alia sacrificia locaque sacris faciendis, quæ Argeos pontifices vocant, dedicavit. Omnium tamen maximum ejus operum fuit tutela, per omne regni tempus, 30 haud minor pacis, quàm regni. Ita duo deinceps reges, alius aliâ viâ, ille bello, hic pace, civitatem auxerunt. Romulus septem et triginta regnavit annos, Numa tres et quadraginta. Cum valida tum temperata et belli et pacis artibus erat civitas.   35

XXII. Numæ morte ad interregnum res rediit. Inde Tullum Hostilium, nepotem Hostilii, cujus in infima arce clara pugna adversus Sabinos fuerat, re-   u. c. gem populus jussit: patres auctores facti. Hic   82. non solum proximo regi dissimilis, sed ferocior   a. c. 40 etiam quàm Romulus fuit : cum ætas viresque, tum   670. avita quoque gloria animum stimulabat. Senescere igitur civitatem otio ratus, undique materiam excitandi belli quærebat. Forte evenit, ut agrestes Romani ex

Albano agro, Albani ex Romano, prædas in vicem agerent. Imperitabat tum Gaius Cluilius Albæ. Utrimque
legati fere sub idem tempus ad res repetendas missi. Tullus præceperat suis, ne quid prius quam mandata agerent :
5 satis sciebat negaturum Albanum : ita pie bellum indici
posse. Ab Albanis socordiüs res acta : excepti hospitio
ab Tullo blande ac benigne, comiter regis convivium ce-
lebrant. Tantisper Romani et res repetiverant priores,
et neganti Albano bellum in tricesimum diem indixerant.
10 Hæc renuntiant Tullo. Tum legatis Tullus dicendi potestatem, quid petentes venerint, fecit. Illi, omnium ignari,
primum purgando terunt tempus : se invitos quidquam,
quod minus placeat Tullo, dicturos, sed imperio subigi :
res repetitum se venisse : ni reddantur, bellum indicere
15 jussos. Ad hæc Tullus "nuntiate" inquit "regi vestro,
regem Romanum deos facere testes, uter prius populus res
repetentes legatos aspernatus dimiserit, ut in eum omnes
expetant hujusce clades belli." XXIII. Hæc nuntiant
domum Albani. Et bellum utrimque summa ope paraba-
20 tur, civili simillimum bello, prope inter parentes natosque,
Trojanam utramque prolem, cum Lavinium ab Troja, ab
Lavinio Alba, ab Albanorum stirpe regum oriundi Romani essent. Eventus tamen belli minus miserabilem
dimicationem fecit ; quod nec acie certatum est, et, tectis
25 modo dirutis alterius urbis, duo populi in unum confusi
sunt. Albani priores ingenti exercitu in agrum Romanum
impetum fecere. Castra ab urbe haud plus quinque millia
passuum locant, fossa circumdant : fossa Cluilii ab nomine
ducis per aliquot sæcula appellata est, donec cum re no-
30 men quoque vetustate abolevit. In his castris Cluilius
Albanus rex moritur : dictatorem Albani Mettium Fufe-
tium creant. Interim Tullus ferox, præcipue morte regis,
magnumque deorum numen, ab ipso capite orsum, in omne
nomen Albanum expetiturum pœnas ob bellum impium
35 dictitans, nocte, præteritis hostium castris, infesto exercitu
in agrum Albanum pergit. Ea res ab stativis excivit
Mettium : ducit, quam proxime ad hostem potest. Inde
legatum præmissum nuntiare Tullo jubet, priusquam dimicent, opus esse colloquio : si secum congressus sit, satis
40 scire, ea se allaturum, quæ nihilo minus ad rem Romanam
quam ad Albanam pertineant. Haud aspernatus Tullus,
tametsi vana afferebantur, in aciem educit. Exeunt contra et Albani. Postquam structi utrimque stabant, cum
paucis procerum in medium duces prodeunt. Ibi infit

Albanus : "injurias et non redditas res, ex fœdere quæ
repetitæ sint, et ego regem nostrum Cluilium, causam
hujusce esse belli, audisse videor : nec te dubito, Tulle,
eadem præ te ferre. Sed, si vera potius quàm dictu speciosa, dicenda sunt, cupido imperii duos cognatos vicinos- 5
que populos ad arma stimulat. Neque, recte an perperam,
interpretor : fuerit ista ejus deliberatio, qui bellum suscepit. Me Albani gerendo bello ducem creavere. Illud te,
Tulle, monitum velim : Etrusca res, quanta circa nos
teque maxime sit, quo propior es Tuscis, hoc magis scis. 10
Multum illi terra, plurimum mari pollent. Memor esto,
jam, cùm signum pugnæ dabis, has duas acies spectaculo
fore, ut fessos confectosque, simul victorem ac victum,
aggrediantur. Itaque, si nos dii amant, quoniam non
contenti libertate certa, in dubiam imperii servitiique 15
aleam imus, ineamus aliquam viam, qua, utri utris impe-
rent, sine magna clade, sine multo sanguine utriusque
populi, decerni possit." Haud displicet res Tullo, quamquam, cum indole animi, tum spe victoriæ, ferocior erat.
Quærentibus utrimque ratio initur, cui et fortuna ipsa 20
præbuit materiam. ·· XXIV. Forte in duobus tum exercitibus erant trigemini fratres, nec ætate nec viribus dispares.
Horatios Curiatiosque fuisse satis constat, nec ferme res
antiqua alia est nobilior : tamen in re tam clara nominum
error manet, utrius populi Horatii, utrius Curiatii fuerint : 25
auctores utroque trahunt : plures tamen invenio, qui Romanos Horatios vocent : hos ut sequar, inclinat animus.
Cum trigeminis agunt reges, ut pro sua quisque patria
dimicent ferro : ibi imperium fore, unde victoria fuerit.
Nihil recusatur. Tempus et locus convenit. Priusquam 30
dimicarent, fœdus ictum inter Romanos et Albanos est his
legibus, ut, cujusque populi cives eo certamine vicissent,
is alteri populo cum bona pace imperitaret. Fœdera alia
aliis legibus, ceterum eodem modo omnia fiunt. Tum ita
factum accepimus, nec ullius vetustior fœderis memoria 35
est : fetialis regem Tullum ita rogavit : "jubesne me, rex,
cum patre patrato populi Albani fœdus ferire ?" jubente
rege, "sagmina" inquit "te, rex, posco." Rex ait :
"puram tollito." Fetialis ex arce graminis herbam puram
attulit. Postea regem ita rogavit : "rex, facisne me tu 40
regium nuntium populi Romani Quiritium, vasa, comites-
que meos ?" rex respondit : "quod sine fraude mea popu-
lique Romani Quiritium fiat, facio." Fetialis erat M.
Valerius. Is patrem patratum Spurium Fusium fecit,

verbena caput capillosque tangens. Pater patratus ad
jusjurandum patrandum, id est, sanciendum fit fœdus,
multisque id verbis, quæ longo effata carmine non operæ
est referre, peragit. Legibus deinde recitatis "audi"
5 inquit, "Juppiter, audi, pater patrate populi Albani, audi
tu, populus Albanus: ut illa palam prima postrema ex
illis tabulis cerave recitata sunt, sine dolo malo, utique ea
hic hodie rectissime intellecta sunt, illis legibus populus
Romanus prior non deficiet: si prior defexit publico
10 consilio, dolo malo, tum tu illo die Juppiter populum
Romanum sic ferito, ut ego hunc porcum hic hodie feriam,
tantoque magis ferito, quanto magis potes pollesque." Id
ubi dixit, porcum saxo silice percussit. Sua item carmina
Albani suumque jusjurandum per suum dictatorem suosque
15 sacerdotes peregerunt. XXV. Fœdere icto, trigemini,
sicut convenerat, arma capiunt. Cùm sui utrosque ad-
hortarentur, deos patrios, patriam ac parentes, quidquid
civium domi, quidquid in exercitu sit, illorum tunc arma,
illorum intueri manus, feroces et suopte ingenio, et pleni
20 adhortantium vocibus, in medium inter duas acies proce-
dunt. Considerant utrimque pro castris duo exercitus,
periculi magis præsentis, quam curæ, expertes: quippe
imperium agebatur in tam paucorum virtute atque fortuna
positum: itaque ergo erecti suspensique in minime gratum
25 spectaculum animo intenduntur. Datur signum, infestisque
armis, velut acies, terni juvenes, magnorum exercituum
animos gerentes, concurrunt. Nec his nec illis periculum
suum, publicum imperium servitiumque obversatur animo,
futuraque ea deinde patriæ fortuna, quam ipsi fecissent.
30 Ut primo statim concursu increpuere arma, micantesque
fulsere gladii, horror ingens spectantes perstringit, et
neutro inclinata spe, torpebat vox spiritusque. Consertis
deinde manibus, cùm jam non motus tantum corporum,
agitatioque anceps telorum armorumque, sed vulnera
35 quoque et sanguis spectaculo essent, duo Romani, super
alium alius, vulneratis tribus Albanis, exspirantes cor-
ruerunt. Ad quorum casum cùm conclamasset gaudio
Albanus exercitus, Romanas legiones jam spes tota, nondum
tamen cura, deseruerat, exanimes vice unius, quem tres
40 Curiatii circumsteterant. Forte is integer fuit, ut universis
solus nequaquam par, sic adversus singulos ferox. Ergo,
ut segregaret pugnam eorum, capessit fugam, ita ratus
secuturos, ut quemque vulnere affectum corpus sineret.
Jam aliquantum spatii ex eo loco, ubi pugnatum est,

aufugerat, cum respiciens videt magnis intervallis sequentes, unum haud procul ab sese abesse : in eum magno
impetu rediit, et, dum Albanus exercitus inclamat Curiatiis,
uti opem ferant fratri, jam Horatius, cæso hoste victor,
secundam pugnam petebat.   Tunc clamore, qualis ex 5
insperato faventium solet, Romani adjuvant militem suum,
et ille defungi prœlio festinat.   Prius itaque, quam alter,
qui nec procul aberat, consequi posset, et alterum Curiatium
conficit.   Jamque, æquato Marte, singuli supererant, sed
nec spe nec viribus pares : alterum intactum ferro corpus, 10
et geminata victoria, ferocem in certamen tertium dabat,
alter, fessum vulnere fessum cursu trahens corpus, vi-
ctusque fratrum ante se strage, victori objicitur hosti.   Nec
illud prœlium fuit : Romanus exsultans "duos" inquit
"fratrum Manibus dedi, tertium causæ belli hujusce, ut 15
Romanus Albano imperet, dabo :"   male sustinenti arma
gladium superne jugulo defigit, jacentem spoliat.   Romani
ovantes ac gratulantes Horatium accipiunt eò majore cum
gaudio, quò prope metum res fuerat.   Ad sepulturam inde
suorum nequaquam paribus animis vertuntur, quippe im- 20
perio alteri aucti, alteri ditionis alienæ facti.   Sepulchra
exstant quo quisque loco cecidit, duo Romana uno loco
propius Albam, tria Albana Romam versus sed distantia
locis, ut et pugnatum est.   XXVI. Priusquam inde di-
grederentur, roganti Mettio, ex fœdere icto quid imperaret, 25
imperat Tullus, uti juventutem in armis habeat : usurum
se eorum operâ, si bellum cum Veientibus foret.   Ita
exercitus inde domos abducti.   Princeps Horatius ibat,
trigemina spolia præ se gerens : cui soror virgo, quæ
desponsa uni ex Curiatiis fuerat, obvia ante portam Cape- 30
nam fuit : cognitoque super humeros fratris paludamento
sponsi, quod ipsa confecerat, solvit crines et flebiliter
nomine sponsum mortuum appellat. Movet feroci juveni
animum comploratio sororis in victoriâ suâ tantoque gaudio publico : stricto itaque gladio, simul verbis increpans 35
transfigit puellam : "abi hinc cum immaturo amore ad
sponsum" inquit, "oblita fratrum mortuorum vivique,
oblita patriæ : sic eat, quæcumque Romana lugebit hostem."   Atrox visum id facinus patribus plebique : sed
recens meritum facto obstabat.   Tamen raptus in jus ad 40
regem.   Rex, ne ipse tam tristis ingratique ad vulgus
judicii, ac secundùm judicium, supplicii auctor esset,
concilio populi advocato, "duumviros" inquit, "qui Horatio perduellionem judicent, secùndum legem facio."

3

Lex horrendi carminis erat: "duumviri perduellionem judicent: si a duumviris provocarit, provocatione certato: si vincent, caput obnubito, infelici arbori reste suspendito, verberato vel intra pomerium vel extra pomerium." Hac
5 lege duumviri creati, qui se absolvere non rebantur ea lege, ne innoxium quidem, posse, cùm condemnassent, tum alter ex his "Publi Horati, tibi perduellionem judico" inquit: "lictor, colliga manus." Accesserat lictor injiciebatque laqueum. Tum Horatius, auctore Tullo, clemente
10 legis interprete, "provoco," inquit. Ita de provocatione certatum ad populum est. Moti homines sunt in eo judicio, maxime Publio Horatio patre proclamante, se filiam jure cæsam judicare: ni ita esset, patrio jure in filium animadversurum fuisse. Orabat deinde, ne se, quem paulo
15 ante cum egregia stirpe conspexissent, orbum liberis facerent. Inter hæc senex, juvenem amplexus, spolia Curiatiorum fixa eo loco, qui nunc Pila Horatia appellatur, ostentans, "hunccine," aiebat, "quem modo decoratum ovantemque victoriâ incedentem vidistis, Quirites, eum
20 sub furca vinctum inter verbera et cruciatus videre potestis, quod vix Albanorum oculi tam deforme spectaculum ferre possent? i, lictor, colliga manus, quæ paulo ante armatæ imperium populo Romano pepererunt: i, caput obnube liberatoris urbis hujus: arbori infelici suspende:
25 verbera vel intra pomerium—modo inter illa pila et spolia hostium—vel extra pomerium—modo inter sepulchra Curiatiorum. Quò enim ducere hunc juvenem potestis, ubi non sua decora eum a tanta fœditate supplicii vindicent?" Non tulit populus nec patris lacrimas, nec ipsius parem in
30 omni periculo animum, absolveruntque, admiratione magis virtutis, quàm jure causæ. Itaque, ut cædes manifesta aliquo tamen piaculo lueretur, imperatum patri, ut filium expiaret pecuniâ publicâ. Is quibusdam piacularibus sacrificiis factis, quæ deinde genti Horatiæ tradita sunt,
35 transmisso per viam tigillo, capite adoperto, velut sub jugum misit juvenem. Id hodie quoque publice semper refectum manet, sororium tigillum vocant. Horatiæ sepulchrum, quo loco corruerat icta, constructum est saxo quadrato.
40 XXXII. Mortuo Tullo, res, ut institutum jam inde ab initio erat, ad patres redierat, hique interregem nominaverant: quo comitia habente, Ancum Marcium regem populus creavit: patres fuere auctores. Numæ Pompilii regis nepos, filia ortus, Ancus Marcius erat: qui, ut re-

gnare cœpit, et avitæ gloriæ memor, et quia proxi-   v. c.
mum regnum—cetera egregium—ab una parte   114.
haud satis prosperum fuerat, aut neglectis religi-   A. c.
onibus, aut prave cultis, longeque antiquissimum   638.
ratus, sacra publica, ut ab Numa instituta erant,   5
facere, omnia ea ex commentariis regis pontificem in
album elata proponere in publico jubet. Inde et civibus
otii cupidis, et finitimis civitatibus, facta spes, in avi mores
atque instituta regem abiturum. Igitur Latini, cum quibus
Tullo regnante ictum fœdus erat, sustulerant animos : et, 10
cum incursionem in agrum Romanum fecissent, repetenti-
bus res Romanis superbe responsum reddunt, desidem
Romanum regem inter sacella et aras acturum esse regnum rati. Medium erat in Anco ingenium, et Numæ et
Romuli memor : et, præterquam quod avi regno magis 15
necessariam fuisse pacem credebat, cum in novo, tum
feroci populo, etiam, quod illi contigisset otium, sine injuria
id se haud facile habiturum : tentari patientiam, et tentatam contemni, temporaque esse Tullo regi aptiora quam
Numæ. Ut tamen, quoniam Numa in pace religiones 20
instituisset, a se bellicæ cærimoniæ proderentur ; nec gererentur solum, sed etiam indicerentur bella aliquo ritu, jus
ab antiqua gente Æquicolis, quod nunc fetiales habent,
descripsit, quo res repetuntur. Legatus, ubi ad fines
eorum venit, unde res repetuntur, capite velato filo—lanæ 25
velamen est—" audi, Juppiter," inquit, " audite, fines,"—
cujuscumque gentis sunt, nominat—" audiat fas : ego sum
publicus nuntius populi Romani : juste pieque legatus
venio, verbisque meis fides sit." Peragit deinde postulata.
Inde Jovem testem facit : " si ego injuste impieque illos 30
homines illasque res dedier mihi exposco, tum patriæ com-
potem me numquam siris esse." Hæc, cum fines supra-
scandit, hæc, quicumque ei primus vir obvius fuerit, hæc,
portam ingrediens, hæc, forum ingressus, paucis verbis
carminis concipiendique jurisjurandi mutatis, peragit. Si 35
non deduntur, quos exposcit, diebus tribus et triginta—tot
enim sollemnes sunt—peractis, bellum ita indicit : " Audi
Juppiter et tu Juno, Quirine diique omnes cælestes, vosque
terrestres, vosque inferni audite : ego vos testor, populum
illum"—quicumque est, nominat—" injustum esse neque 40
jus persolvere. Sed de istis rebus in patria majores natu
consulemus, quo pacto jus nostrum adipiscamur." Cum
his nuntius Romam ad consulendum redit. Confestim rex
ex his ferme verbis patres consulebat : " quarum rerum,

litium, causarum condixit pater patratus populi Romani
Quiritium patri patrato Priscorum Latinorum hominibusque Priscis Latinis, quas res nec dederunt nec solverunt
nec fecerunt, quas res dari solvi fieri oportuit, dic" inquit
5 ei, quem primum sententiam rogabat, "quid censes?"
Tum ille: "puro pioque duello quærendas censeo, itaque
consentio consciscoque." Inde ordine alii rogabantur,
quandoque pars major eorum, qui aderant, in eandem sententiam ibat, bellum erat consensum. Fieri solitum, ut
10 fetialis hastam ferratam aut sanguineam præustam ad fines
eorum ferret, et non minus tribus puberibus præsentibus
diceret: "quod populi Priscorum Latinorum hominesque
Prisci Latini adversus populum Romanum Quiritium fecerunt, deliquerunt, quod populus Romanus Quiritium bellum
15 cum Priscis Latinis jussit esse, senatusque populi Romani
Quiritium censuit, consensit, conscivit, ut bellum cum Priscis Latinis fieret, ob eam rem ego populusque Romanus
populis Priscorum Latinorum hominibusque Priscis Latinis
bellum indico facioque." Id ubi dixisset, hastam in fines
20 eorum emittebat. Hoc tum modo ab Latinis repetitæ res
ac bellum indictum; moremque eum posteri acceperunt.
XXXIII. Ancus, demandata cura sacrorum flaminibus
sacerdotibusque aliis, exercitu novo conscripto, profectus
Politorium urbem Latinorum vi cepit, secutusque morem
25 regum priorum, qui rem Romanam auxerant hostibus in
civitatem accipiendis, multitudinem omnem Romam traduxit: et, cum circa Palatium, sedem veterum Romanorum, Sabini Capitolium atque arcem, Cælium montem
Albani implessent, Aventinum novæ multitudini datum.
30 Additi eodem haud ita multo post, Tellenis Ficanaque
captis, novi cives. Politorium inde rursus bello repetitum,
quod vacuum occupaverant Prisci Latini: eaque causa
diruendæ urbis ejus fuit Romanis, ne hostium semper
receptaculum esset. Postremo, omni bello Latino Medul-
35 liam compulso, aliquamdiu ibi Marte incerto, varia victoria, pugnatum est, nam et urbs tuta munitionibus, præsi-
dioque firmata valido erat, et, castris in aperto positis,
aliquoties exercitus Latinus cominus cum Romanis signa
contulerat: ad ultimum, omnibus copiis connisus Ancus
40 acie primum vincit, inde, ingenti præda potens, Romam
redit, tum quoque multis millibus Latinorum in civitatem
acceptis; quibus, ut jungeretur Palatio Aventinum, ad
Murciæ datæ sedes. Janiculum quoque adjectum, non
inopia loci, sed ne quando ea arx hostium esset. Id non

muro solum, sed etiam, ob commoditatem itineris, ponte sublicio, tum primum in Tiberi facto, conjungi urbi placuit. Quiritium quoque fossa, haud parvum munimentum a planioribus aditu locis, Anci regis opus est. Ingenti incremento rebus auctis, cum in tanta multitudine homi- 5 num, discrimine recte an perperam facti confuso, facinora clandestina fierent, carcer ad terrorem increscentis audaciæ media urbe, imminens foro ædificatur. Nec urbs tantum hoc rege crevit, sed etiam ager finesque: silva Mæsia Veientibus adempta, usque ad mare imperium pro- 10 latum, et in ore Tiberis Ostia urbs condita: salinæ circa factæ, egregieque rebus bello gestis, ædis Jovis Feretrii amplificata.

XXXIV. Anco regnante, Lucumo vir impiger ac divitiis potens, Romam commigravit, cupidine maxime ac spe 15 magni honoris, cujus adipiscendi Tarquiniis—nam ibi quoque peregrina stirpe oriundus erat—facultas non fuerat. Demarati Corinthii filius erat, qui, ob seditiones domo profugus, cum Tarquiniis forte consedisset, uxore ibi ducta, duos filios genuit. Nomina his Lucumo atque 20 Arruns fuerunt. Lucumo superfuit patri, bonorum omnium heres, Arruns prior quam pater moritur, uxore gravida relicta. Nec diu manet superstes filio pater: qui cum ignorans nurum ventrem ferre, immemor in testando nepotis decessisset, puero post avi mortem in nullam sor- 25 tem bonorum nato, ab inopia Egerio inditum nomen. Lucumoni contra, omnium heredi bonorum, cum divitiæ jam animos facerent, auxit ducta in matrimonium Tanaquil, summo loco nata, et quæ haud facile his, in quibus nata erat, humiliora sineret ea, quibus innupsisset. Sper- 30 nentibus Etruscis Lucumonem, exsule advena ortum, ferre indignitatem non potuit, oblitaque ingenitæ erga patriam caritatis, dummodo virum honoratum videret, consilium migrandi ab Tarquiniis cepit. Roma est ad id potissimum visa: in novo populo, ubi omnis repentina 35 atque ex virtute nobilitas sit, futurum locum forti ac strenuo viro: regnasse Tatium Sabinum, arcessitum in regnum Numam a Curibus, et Ancum Sabina matre ortum, nobilemque una imagine Numæ esse. Facile persuadet, ut cupido honorum, et cui Tarquinii materna 40 tantum patria esset: sublatis itaque rebus, commigrant Romam. Ad Janiculum forte ventum erat: ibi ei, carpento sedenti cum uxore, aquila suspensis demissa leviter alis, pileum aufert, superque carpentum cum magno clan-

gore volitans, rursus, velut ministerio divinitus missa,
capiti apte reponit: inde sublimis abit. Accepisse id
augurium læta dicitur Tanaquil, perita, ut vulgo Etrusci,
cælestium prodigiorum mulier: excelsa et alta sperare
5 complexa virum jubet: eam alitem ea regione cæli et ejus
dei nuntiam venisse, circa summum culmen hominis auspicium fecisse, levasse humano superpositum capiti decus,
ut divinitus eidem redderet. Has spes cogitationesque
secum portantes, urbem ingressi sunt, domicilioque ibi
10 comparato, L. Tarquinium Priscum edidere nomen.
Romanis conspicuum eum novitas divitiæque faciebant, et
ipse fortunam benigno alloquio, comitate invitandi, bene-
ficiisque quos poterat sibi conciliando, adjuvabat; donec
in regiam quoque de eo fama perlata est: notitiamque eam
15 brevi, apud regem liberaliter dextereque obeundo officia,
in familiaris amicitiæ adduxerat jura, ut publicis pariter ac
privatis consiliis bello domique interesset, et, per omnia
expertus, postremo tutor etiam liberis regis testamento
institueretur.
20   XXXV. Regnavit Ancus annos quattuor et viginti, cuilibet superiorum regum belli pacisque et artibus et gloria
par. Jam filii prope puberem ætatem erant: eo magis
Tarquinius instare, ut quam primum comitia regi creando
fierent. Quibus indictis, sub tempus pueros venatum
25 ablegavit: isque primus et petisse ambitiose regnum, et
orationem dicitur habuisse ad conciliandos plebis animos
compositam, cum, se non rem novam petere, quippe qui
non primus, quod quisquam indignari mirarive posset, sed
tertius Romæ peregrinus regnum affectet: et Tatium non
30 ex peregrino solum, sed etiam ex hoste, regem factum, et
Numam, ignarum urbis, non petentem, in regnum ultro
accitum: se, ex quo sui potens fuerit, Romam cum conjuge ac fortunis omnibus commigrasse: majorem partem
ætatis ejus, quam civilibus officiis fungantur homines,
35 Romæ se quam in vetere patria vixisse: domi militiæque
sub haud pænitendo magistro—ipso Anco rege—Romana
se jura, Romanos ritus didicisse: obsequio et observantia
in regem cum omnibus, benignitate erga alios cum rege
ipso certasse. Hæc eum haud falsa memorantem
40 u. c.   ingenti consensu populus Romanus regnare jussit.
138.   Ergo virum cetera egregium secuta, quam in
A. c.   petendo habuerat, etiam regnantem ambitio est:
614.   nec minus regni sui firmandi quam augendæ rei
publicæ memor, centum in patres legit, qui deinde

minorum gentium sunt appellati, factio haud dubia regis,
cujus beneficio in curiam venerant. Bellum primum cum
Latinis gessit, et oppidum ibi Appiolas vi cepit: prædaque
inde majore, quam quanta belli fama fuerat, revecta, ludos
opulentius instructiusque quam priores reges fecit. Tunc 5
primum circo, qui nunc maximus dicitur, designatus locus
est: loca divisa patribus equitibusque, ubi spectacula sibi
quisque facerent, fori appellati: spectavere, furcis duode-
nos ab terra spectacula alta sustinentibus pedes: ludicrum
fuit equi pugilesque ex Etruria maxime acciti: sollemnes 10
deinde annui mansere ludi, Romani magnique varie appellati. Ab eodem rege et circa forum privatis ædificanda
divisa sunt loca, porticus tabernæque factæ. _ _ .

XXXIX. Eo tempore in regia prodigium visum even-
tuque mirabile fuit: puero dormienti, cui Servio Tullio 15
fuit nomen, caput arsisse ferunt multorum in conspectu.
Plurimo igitur clamore inde ad tantæ rei miraculum orto
excitos reges: et, cum quidam familiarium aquam ad
restinguendum ferret, ab regina retentum: sedatoque jam
tumultu moveri vetuisse puerum, donec sua sponte exper- 20
rectus esset: mox cum somno et flammam abisse. Tum
abducto in secretum viro Tanaquil "viden' tu puerum
hunc" inquit, "quem tam humili cultu educamus? scire
licet, hunc lumen quondam rebus nostris dubiis futurum
præsidiumque regiæ afflictæ: proinde materiam ingentis 25
publice privatimque decoris omni indulgentia nostra nutri-
amus." Inde puerum liberum loco cœptum haberi erudi-
rique artibus, quibus ingenia ad magnæ fortunæ cultum
excitantur. Evenit facile, quod diis cordi esset: juvenis
evasit vere indolis regiæ, nec, cum quæreretur gener Tar- 30
quinio, quisquam Romanæ juventutis ulla arte conferri
potuit; filiamque ei suam rex despondit. Hic, quacumque
de causa, tantus illi honos habitus, credere prohibet, serva
natum eum parvumque ipsum servisse. Eorum magis
sententiæ sum, qui, Corniculo capto, Servii Tullii—qui 35
princeps in illa urbe fuerat—gravidam viro occiso uxorem,
cum inter reliquas captivas cognita esset, ob unicam nobilitatem ab regina Romana prohibitam ferunt servitio partum
Romæ edidisse, Prisci Tarquinii domo: inde tanto beneficio et inter mulieres familiaritatem auctam et puerum, ut 40
in domo a parvo eductum, in caritate atque honore fuisse:
fortunam matris, quod capta patria in hostium manus
venerit, ut serva natus crederetur, fecisse.

XL. Duodequadragesimo ferme anno, ex quo regnare

cœperat Tarquinius, non apud regem modo sed apud
patres plebemque longe maximo honore Servius Tullius
erat. Tum Anci filii duo, etsi antea semper pro indi-
gnissimo habuerant se patrio regno tutoris fraude pulsos,
5 regnare Romæ advenam non modo vicinæ sed ne Italicæ
quidem stirpis, tum impensius iis indignitas crescere, si ne
ab Tarquinio quidem ad se rediret regnum, sed præceps
inde porro ad servitia caderet, ut in eadem civitate post
centesimum fere annum quam Romulus, deo prognatus,
10 deus ipse, tenuerit regnum, donec in terris fuerit, id Servius serva natus possideat: cum commune Romani nominis, tum præcipue id domus suæ, dedecus fore, si, Anci
regis virili stirpe salva, non modo advenis, sed servis
etiam, regnum Romæ pateret. Ferro igitur eam arcere
15 contumeliam statuunt: sed et injuriæ dolor in Tarquinium
ipsum magis quam in Servium eos stimulabat: et quia
gravior ultor cædis, si superesset, rex futurus erat quam
privatus: tum, Servio occiso, quemcumque alium generum
delegisset, eundem regni heredem facturus videbatur.
20 Ob hæc ipsi regi insidiæ parantur: ex pastoribus duo
ferocissimi delecti ad facinus, quibus consueti erant uterque agrestibus ferramentis, in vestibulo regiæ, quam potu-
ere tumultuosissime, specie rixæ in se omnes apparitores
regios convertunt: inde, cum ambo regem appellarent,
25 clamorque eorum penitus in regiam pervenisset, vocati ad
regem pergunt. Primo uterque vociferari, et certatim alter
alteri obstrepere, coerciti ab lictore, et jussi in vicem
dicere, tandem obloqui desistunt: unus rem ex composito
orditur: dum intentus in eum se rex totus averteret, alter
30 elatam securim in caput dejecit, relictoque in vulnere telo
ambo se foras ejiciunt. XLI. Tarquinium moribundum
cum, qui circa erant, excepissent, illos fugientes lictores
comprehendunt. Clamor inde concursusque populi miran-
tium, quid rei esset. Tanaquil inter tumultum claudi
35 regiam jubet, arbitros ejecit: simul, quæ curando vulneri
opus sunt, tamquam spes subesset, sedulo comparat: simul,
si destituat spes, alia præsidia molitur. Servio propere
accito cum pæne exsanguem virum ostendisset, dexteram
tenens orat, ne inultam mortem soceri, ne socrum inimicis
40 ludibrio esse sinat: "tuum est" inquit, "Servi, si vir es,
regnum, non eorum qui alienis manibus pessimum facinus
fecere: erige te, deosque duces sequere, qui clarum hoc
fore caput divino quondam circumfuso igni portenderunt:
nunc te illa cælestis excitet fiamma, nunc expergiscere

vere: et nos peregrini regnavimus: qui sis, non unde
natus sis, reputa: si tua re subita consilia torpent, at tu
mea consilia sequere." Cum clamor impetusque multitudinis vix sustineri posset, ex superiore parte ædium
per fenestras in novam viam versus—habitabat enim rex 5
ad Jovis Statoris—populum Tanaquil alloquitur: jubet
bono animo esse: sopitum fuisse regem subito ictu, ferrum
haud alte in corpus descendisse: jam ad se redisse: in-
spectum vulnus absterso cruore, omnia salubria esse: confidere, prope diem ipsum eos visuros. Interim Servio 10
Tullio jubere populum dicto audientem esse: eum jura
redditurum obiturumque alia regis munia esse. Servius
cum trabea et lictoribus prodit, ac sede regia sedens alia
decernit, de aliis consulturum se regem esse simulat: itaque per aliquot dies, cum jam exspirasset Tarquinius, 15
celata morte, per speciem alienæ fungendæ vicis
suas opes firmavit. Tum demum palam factum: u. c.
et comploratione in regia orta, Servius, præsidio 176.
firmo munitus, primus injussu populi voluntate A. C.
patrum regnavit. Anci liberi jam tum compre- 576. 20
hensis sceleris ministris, ut vivere regem et tantas
esse opes Servii nuntiatum est, Suessam Pometiam exsulatum ierant.

XLV. Aucta civitate magnitudine urbis, formatis omnibus domi et ad belli et ad pacis usus, ne semper armis 25
opes acquirerentur, consilio augere imperium conatus est,
simul et aliquod addere urbi decus. Jam tum erat inclytum Dianæ Ephesiæ fanum. Id communiter a civitatibus
Asiæ factum fama ferebat. Eum consensum deosque
consociatos laudare mire Servius inter proceres Latinorum, 30
cum quibus publice privatimque hospitia amicitiasque de
industria junxerat: sæpe iterando eadem, perpulit tandem,
ut Romæ fanum Dianæ populi Latini cum populo Romano
facerent. Ea erat confessio, caput rerum Romam esse,
de quo toties armis certatum fuerat. Id quamquam omis- 35
sum jam ex omnium cura Latinorum, ob rem toties infeliciter tentatam armis videbatur, uni se ex Sabinis fors dare
visa est privato consilio imperii recuperandi. Bos in
Sabinis nata cuidam patrifamiliæ dicitur, miranda magnitudine ac specie. Fixa per multas ætates cornua in 40
vestibulo templi Dianæ monumentum ei fuere miraculo.
Habita, ut erat, res prodigii loco est, et cecinere vates,
cujus civitatis eam cives Dianæ immolassent, ibi fore
imperium: idque carmen pervenerat ad antistitem fani

Dianæ. Sabinusque, ut prima apta dies sacrificio visa
est, bovem Romam actam deducit ad fanum Dianæ et
ante aram statuit. Ibi antistes Romanus, cum eum magnitudo victimæ celebrata fama movisset, memor responsi
5 Sabinum ita alloquitur: " quidnam tu, hospes, paras"
inquit " inceste sacrificium Dianæ facere? quin tu ante
vivo perfunderis flumine? infima valle præfluit Tiberis."
Religione tactus hospes, qui omnia, ut prodigio responderet
eventus, cuperet rite facta, extemplo descendit ad Tiberim:
10 interea Romanus immolat Dianæ bovem. Id mire gratum
regi atque civitati fuit.

XLVI. Servius, quamquam jam usu haud dubium regnum possederat, tamen, quia interdum jactari voces a
juvene Tarquinio audiebat, se injussu populi regnare,
15 conciliata prius voluntate plebis, agro capto ex hostibus
viritim diviso, ausus est ferre ad populum, vellent jube-
rentne se regnare: tantoque consensu, quanto haud quisquam ·alius ante, rex est declaratus. Neque ea res
Tarquinio spem affectandi regni diminuit: immo eo im-
20 pensius, quia de agro plebis adversa patrum voluntate
senserat agi, criminandi Servii apud patres crescendique
in curia sibi occasionem datam ratus est,—et ipse juvenis
ardentis animi, et domi uxore Tullia inquietum animum
stimulante. Tulit enim et Romana regia sceleris tragici
25 exemplum, ut tædio regum maturior veniret libertas,
ultimumque regnum esset, quod scelere partum foret.
Hic L. Tarquinius—Prisci Tarquinii regis filius neposne
fuerit, parum liquet: pluribus tamen auctoribus filium
ediderim—fratrem habuerat Arruntem Tarquinium mitis
30 ingenii juvenem. His duobus, ut ante dictum est, duæ
Tulliæ regis filiæ nupserant, et ipsæ longe dispares moribus. Forte ita inciderat, ne duo violenta ingenia matrimonio jungerentur, fortuna, credo, populi Romani, quo
diuturnius Servii regnum esset, constituique civitatis mores
35 possent. Angebatur ferox Tullia, nihil materiæ in viro
neque ad cupiditatem neque ad audaciam esse: tota in
alterum aversa Tarquinium, eum mirari, eum virum
dicere ac regio sanguine ortum, spernere sororem, quod
virum nacta muliebri cessaret audacia. Contrahit celeriter
40 similitudo eos, ut fere fit malum malo aptissimum: sed
initium turbandi omnia a femina ortum est: ea secretis
viri alieni assuefacta sermonibus nullis verborum contu-
meliis parcere de viro ad fratrem, de sorore ad virum: et
se rectius viduam et illum cælibem futurum fuisse con-

tendere quam cum impari jungi, ut elanguescendum
aliena ignavia esset: si sibi eum, quo digna esset, dii
dedissent virum, domi se prope diem visuram regnum
fuisse, quod apud patrem videat. Celeriter adolescentem
suæ temeritatis implet: Lucius Tarquinius et Tullia minor 5
prope continuatis funeribus cum domos vacuas novo matrimonio fecissent, junguntur nuptiis—magis non prohi-
bente Servio quam approbante.

XLVII. Tum vero in dies infestior Tullii senectus,
infestius cœpit regnum esse: jam enim ab scelere ad aliud 10
spectare mulier scelus, nec nocte nec interdiu virum conquiescere pati, ne gratuita præterita parricidia essent:
non sibi defuisse, cui innupta diceretur, nec cum quo
tacita serviret: defuisse, qui se regno dignum putaret,
qui meminisset se esse Prisci Tarquinii filium, qui habere 15
quam sperare regnum mallet: " si tu is es, cui nuptam
esse me arbitror, et virum et regem appello : sin minus,
eo nunc pejus mutata res est, quod istic cum ignavia est
scelus. Quin accingeris? non tibi ab Corintho, nec ab
Tarquiniis, ut patri tuo, peregrina regna moliri necesse 20
est: dii te penates patriique, et patris imago, et domus
regia, et in domo regale solium, et nomen Tarquinium
creat vocatque regem. Aut si ad hæc parum est animi—
quid frustraris civitatem? quid te ut regium juvenem
conspici sinis? facesse hinc Tarquinios aut Corinthum, 25
devolvere retro ad stirpem, fratris similior quam patris."
Iis aliisque increpando juvenem instigat, nec conquiescere
ipsa potest, si, cum Tanaquil, peregrina mulier, tantum
moliri potuisset animo, ut duo continua regna viro, ac
deinceps genero, dedisset, ipsa, regio semine orta, nullum 30
momentum in dando adimendoque regno faceret. His
muliebribus instinctus furiis Tarquinius circumire et
prensare, minorum maxime gentium, patres, admonere
paterni beneficii ac pro eo gratiam repetere, allicere donis
juvenes, cum de se ingentia pollicendo, tum regis crimini- 35
bus omnibus locis crescere: postremo, ut jam agendæ rei
tempus visum est, stipatus agmine armatorum, in forum
irrupit: inde, omnibus perculsis pavore, in regia sede pro
curia sedens, patres in curiam per præconem ad regem
Tarquinium citari jussit. Convenere extemplo, alii jam 40
ante ad hoc præparati, alii metu, ne non venisse fraudi
esset, novitate ac miraculo attoniti, et jam de Servio actum
rati. Ibi Tarquinius, maledicta ab stirpe ultima orsus;
servum servaque natum post mortem indignam parentis

sui, non interregno ut antea inito, non comitiis habitis, non
per suffragium populi, non auctoribus patribus—muliebri
dono regnum occupasse: ita natum ita creatum regem,
fautorem infimi, generis hominum, ex quo ipse sit, odio
5 alienæ honestatis ereptum primoribus agrum sordidissimo
cuique divisisse: omnia onera, quæ communia quondam
fuerint, inclinasse in primores civitatis: instituisse censum,
ut insignis ad invidiam locupletiorum fortuna esset et
parata, unde, ubi vellet, egentissimis largiretur. XLVIII.
10 Huic orationi Servius cum intervenisset, trepido nuntio
excitatus, extemplo a vestibulo curiæ magna voce, "quid
hoc," inquit, "Tarquini, rei est? qua tu audacia, me
vivo, vocare ausus es patres, aut in sede considere mea?"
cum ille ferociter ad hæc, se patris sui tenere sedem,
15 multo, quam servum, potiorem filium regis regni heredem,
satis illum diu per licentiam eludentem insultasse dominis:
clamor ab utriusque fautoribus oritur: et concursus populi
fiebat in curiam, apparebatque regnaturum, qui vicisset.
Tum Tarquinius—necessitate jam etiam ipsa cogente
20 ultima audere—multo et ætate et viribus validior, medium
arripit Servium, elatumque e curia in inferiorem partem
per gradus dejecit: inde ad cogendum senatum in curiam
rediit. Fit fuga regis apparitorum atque comitum: ipse
prope exsanguis, cum sine regio comitatu domum se reci-
25 peret, ab iis, qui missi ab Tarquinio fugientem consecuti
erant, interficitur. Creditur, quia non abhorret a cetero
scelere, admonitu Tulliæ id factum: carpento certe—id
quod satis constat—in forum invecta, nec reverita cœtum
virorum, evocavit virum e curia, regemque prima appel-
30 lavit: a quo facessere jussa ex tanto tumultu cum se
domum reciperet, pervenissetque ad summum Cyprium
vicum, ubi Dianium nuper fuit, flectenti carpentum dextra
in Urbium clivum, ut in collem Esquiliarium eveheretur,
restitit pavidus atque inhibuit frenos is, qui jumenta age-
35 bat, jacentemque dominæ Servium trucidatum ostendit.
Fœdum inhumanumque inde traditur scelus, monumento-
que locus est—Sceleratum vicum vocant,—quo amens,
agitantibus furiis sororis ac viri, Tullia per patris corpus
carpentum egisse fertur, partemque sanguinis ac cædis
40 paternæ cruento vehiculo, contaminata ipsa respersaque,
tulisse ad penates suos virique sui, quibus iratis, malo
regni principio similes prope diem exitus sequerentur.
Servius Tullius regnavit annos quattuor et quadraginta
ita, ut bono etiam moderatoque succedenti regi difficilis

æmulatio esset : ceterum id quoque ad gloriam accessit, quod cum illo simul justa ac legitima regna occiderunt : id ipsum tam mite ac tam moderatum imperium tamen, quia unius esset, deponere eum in animo habuisse, quidam auctores sunt ; ni scelus intestinum liberandæ patriæ con- 5 silia agitanti intervenisset.

XLIX. Inde L. Tarquinius regnare occepit, cui Superbo cognomen facta indiderunt, quia socerum gener sepultura prohibuit, Romulum quoque inse- ᴜ. ᴄ. pultum perisse, dictitans, primoresque patrum, quos 220. 10 Servii rebus favisse credebat, interfecit. Conscius ᴀ. ᴄ. deinde, male quærendi regni ab se ipso adversus 522. se exemplum capi posse, armatis corpus circum- sæpsit : neque enim ad jus regni quidquam præter vim habebat, ut qui neque populi jussu, neque auctoribus 15 patribus, regnaret. Eo accedebat, ut in caritate civium nihil spei reponenti metu regnum tutandum esset : quem ut pluribus incuteret, cognitiones capitalium rerum sine consiliis per se solus exercebat, perque eam causam occi- dere, in exsilium agere, bonis multare poterat, non suspe- 20 ctos modo aut invisos, sed unde nihil aliud, quam prædam, sperare posset. Præcipue ita patrum numero imminuto, statuit nullos in patres legere, quo contemptior paucitate ipsa ordo esset, minusque per se nihil agi indignarentur. Hic enim regum primus traditum a prioribus morem de 25 omnibus senatum consulendi solvit, domesticis consiliis rem publicam administravit : bellum, pacem, fœdera, so- cietates per se ipse, cum quibus voluit, injussu populi ac senatus, fecit diremitque. Latinorum sibi maxime gentem conciliabat, ut peregrinis quoque opibus tutior inter cives 30 esset, neque hospitia modo cum primoribus eorum sed affinitates quoque jungebat : Octàvio Mamilio Tusculano —is longe princeps Latini nominis erat, si famæ credimus, ab Ulixe deaque Circa oriundus—ei Mamilio filiam nuptum dat, perque eas nuptias multos sibi cognatos amicosque 35 ejus conciliat.

LIII. Nec, ut injustus in pace rex, ita dux belli pravus fuit : quin ea arte æquasset superiores reges, ni degenera- tum in aliis huic quoque decori offecisset. Is primus Volscis bellum in ducentos amplius post suam ætatem 40 annos movit, Suessamque Pometiam ex his vi cepit. Ubi cum divendita præda quadraginta talenta argenti refecisset, concepit animo eam amplitudinem Jovis templi, quæ digna deûm hominumque rege, quæ Romano imperio, quæ ipsius

4

etiam loci majestate esset : captivam pecuniam in ædifica-
tionem ejus templi seposuit. . . .

LVI. Intentus perficiendo templo, fabris undique ex
Etruria accitis, non pecunia solum ad id publica est usus,
5 sed operis etiam ex plebe. Qui cum haud parvus et ipse
militiæ adderetur labor, minus tamen plebs gravabatur, se
templa deum exædificare manibus suis, quam postquam et
ad alia, ut specie minora, sic laboris aliquanto majoris,
traducebantur opera, foros in circo faciendos, cloacamque
10 maximam, receptaculum omnium purgamentorum urbis,
sub terram agendam : quibus duobus operibus vix nova
hæc magnificentia quidquam adæquare potuit. His labori-
bus exercita plebe, quia et urbi multitudinem, ubi usus
non esset, oneri rebatur esse, et colonis mittendis occupari
15 latius imperii fines volebat, Signiam Circeiosque colonos
misit, præsidia urbi futura terra marique. Hæc agenti
portentum terribile visum : anguis, ex columna lignea
elapsus, cum terrorem fugamque in regiam fecisset, ipsius
regis non tam subito pavore perculit pectus, quam anxiis
20 implevit curis. Itaque cum ad publica prodigia Etrusci
tantum vates adhiberentur, hoc velut domestico exterritus
visu, Delphos ad maxime inclytum in terris oraculum
mittere statuit : neque responsa sortium ulli alii committere ausus, duos filios per ignotas ea tempestate terras,
25 ignotiora maria, in Græciam misit. Titus et Arruns profecti : comes iis additus L. Junius Brutus, Tarquinia
sorore regis natus, juvenis longe alius ingenio, quam cujus
simulationem induerat. Is, cum primores civitatis, in quibus fratrem suum ab avunculo interfectum audisset, neque
30 in animo suo quidquam regi timendum, neque in fortuna
concupiscendum relinquere statuit, contemptuque tutus
esse, ubi in jure parum præsidii esset. Ergo ex industria
factus ad imitationem stultitiæ, cum se suaque prædæ esse
regi sineret, Bruti quoque haud abnuit cognomen, ut, sub
35 ejus obtentu cognominis, liberator ille populi Romani animus latens opperiretur tempora sua. Is tum ab Tarquiniis ductus Delphos,—ludibrium verius quam comes—
aureum baculum, inclusum corneo cavato ad id baculo,
tulisse donum Apollini dicitur, per ambages effigiem inge-
40 nii sui. Quo postquam ventum est, perfectis patris mandatis, cupido incessit animos juvenum sciscitandi, ad quem
eorum regnum Romanum esset venturum. Ex infimo
specu vocem redditam ferunt : " imperium summum
Romæ habebit, qui vestrum primus, O juvenes, osculum

matri tulerit." Tarquinius Sextus, qui Romæ relictus
fuerat, ut ignarus responsi expersque imperii esset, rem
summa ope taceri jubent: ipsi inter se, uter prior, cum
Romam redissent, matri osculum daret, sorti permittunt.
Brutus, alio ratus spectare Pythicam vocem, velut si pro- 5
lapsus cecidisset, terram osculo contigit, scilicet, quod ea
communis mater omnium mortalium esset.   Reditum inde
Romam, ubi adversus Rutulos bellum summa vi para-
batur.

LVII. Ardeam Rutuli habebant, gens, ut in ea regione 10
atque in ea ætate, divitiis præpollens: eaque ipsa causa
belli fuit, quod rex Romanus cum ipse ditari, exhaustus
magnificentia publicorum operum, tum præda delenire
popularium animos studebat, præter aliam superbiam regno
infestos etiam, quod se in fabrorum ministerio ac servili 15
tam diu habitos opere ab rege indignabantur.   Tentata
res est, si primo impetu capi Ardea posset: ubi id parum
processit, obsidione munitionibusque cœpti premi hostes.
In his stativis—ut fit longo magis quam acri bello—satis
liberi commeatus erant, primoribus tamen magis quam 20
militibus: regii quidem juvenes interdum otium conviviis
comisationibusque inter se terebant.   Forte potantibus his
apud Sex. Tarquinium, ubi et Collatinus cenabat Tarquinius, Egerii filius, incidit de uxoribus mentio: suam
quisque laudare miris modis: inde certamine accenso, 25
Collatinus negat, verbis opus esse, paucis id quidem horis
posse sciri, quantum ceteris præstet Lucretia sua: "quin,
si vigor juventæ inest, conscendimus equos invisimusque
præsentes nostrarum ingenia?   Id cuique spectatissimum
sit, quod necopinato viri adventu occurrerit oculis." In- 30
caluerant vino: "Age sane," omnes: citatis equis avolant
Romam.   Quo cum, primis se intendentibus tenebris, per-
venissent, pergunt inde Collatiam, ubi Lucretiam, haudquaquam ut regias nurus, quas in convivio luxuque cum
æqualibus viderant tempus terentes, sed nocte sera dedi- 35
tam lanæ inter lucubrantes ancillas in medio ædium
sedentem inveniunt.   Muliebris certaminis laus penes
Lucretiam fuit.   Adveniens vir Tarquiniique excepti
benigne: victor maritus comiter invitat regios juvenes.
Ibi Sex. Tarquinium mala libido Lucretiæ per vim stu- 40
prandæ capit: cum forma, tum spectata castitas incitat.
Et tum quidem ab nocturno juvenali ludo in castra redeunt. LVIII. Paucis interjectis diebus, Sex. Tarquinius,
inscio Collatino, cum comite uno Collatiam venit.   Ubi

exceptus benigne ab ignaris consilii, cum post cenam in
hospitale cubiculum deductus esset, amore ardens—postquam satis tuta circa sopitique omnes videbantur—stricto
gladio ad dormientem Lucretiam venit, sinistraque manu
5 mulieris pectore oppresso "tace Lucretia" inquit, "Sex.
Tarquinius sum: ferrum in manu est: moriere, si emiseris
vocem." Cum pavida ex somno mulier nullam opem, prope
mortem imminentem, videret, tum Tarquinius fateri amorem, orare, miscere precibus minas, versare in omnes partes
10 muliebrem animum. Ubi obstinatam videbat, et ne mortis
quidem metu inclinari, addit ad metum dedecus: cum
mortua jugulatum servum nudum positurum ait, ut in sordido adulterio necata dicatur. Quo terrore cum vicisset
obstinatam pudicitiam velut victrix libido, profectusque
15 inde Tarquinius ferox expugnato decore muliebri esset,
Lucretia, mæsta tanto malo, nuntium Romam eundem ad
patrem Ardeamque ad virum mittit, ut cum singulis fide-
libus amicis veniant: ita facto maturatoque opus esse, rem
atrocem incidisse. Spurius Lucretius cum P. Valerio
20 Volesi filio, Collatinus cum L. Junio Bruto venit, cum quo
forte Romam rediens ab nuntio uxoris erat conventus.
Lucretiam sedentem mæstam in cubiculo inveniunt. Adventu suorum lacrimæ obortæ: quærentique viro "satin'
salve?" "Minime" inquit: "quid enim salvi est muli-
25 eri, amissa pudicitia: vestigia viri alieni, Collatine, in
lecto sunt tuo. Ceterum corpus est tantum violatum,
animus insons: mors testis erit. Sed date dexteras fidemque, haud impune adultero fore: Sex. est Tarquinius, qui
hostis pro hospite, priore nocte vi, armatus, mihi sibique,
30 si vos viri estis, pestiferum hinc abstulit gaudium." Dant
ordine omnes fidem: consolantur ægram animi, avertendo
noxam ab coacta in auctorem delicti: mentem peccare,
non corpus, et, unde consilium abfuerit, culpam abesse.
"Vos" inquit "videritis, quid illi debeatur: ego me etsi
35 peccato absolvo, supplicio non libero: nec ulla deinde im-
pudica Lucretiæ exemplo vivet." Cultrum, quem sub
veste abditum habebat, eum in corde defigit, prolapsaque
in vulnus moribunda cecidit. Conclamat vir paterque.

LIX. Brutus, illis luctu occupatis, cultrum ex vulnere
40 Lucretiæ extractum, manantem cruore præ se tenens
"per hunc" inquit "castissimum ante regiam injuriam
sanguinem juro, vosque, dii, testes facio, me L. Tarquinium Superbum cum scelerata conjuge et omni liberorum stirpe ferro igni, quacumque dehinc vi possim, exse-

cuturum, nec illos, nec alium quemquam regnare Romæ passurum." Cultrum deinde Collatino tradit, inde Lucretio ac Valerio stupentibus miraculo rei, unde novum in Bruti pectore ingenium. Ut præceptum erat, jurant, totique ab luctu versi in iram, Brutum, jam inde ad expu- 5 gnandum regnum vocantem, sequuntur ducem. Elatum domo Lucretiæ corpus in forum deferunt, concientque miraculo, ut fit, rei novæ atque indignitate homines. Pro se quisque scelus regium ac vim queruntur. Movet cum patris mæstitia, tum Brutus castigator lacrimarum atque 10 inertium querelarum auctorque, quod viros quod Romanos deceret, arma capiendi adversus hostilia ausos. Ferocissimus quisque juvenum cum armis voluntarius adest: sequitur et cetera juventus. Inde, pari præsidio relicto Collatiæ ad portas, custodibusque datis, ne quis 15 eum motum regibus nuntiaret, ceteri armati, duce Bruto, Romam profecti. Ubi eo ventum est, quacumque incedit armata multitudo, pavorem ac tumultum facit: rursus, ubi anteire primores civitatis vident, quidquid sit, haud temere esse rentur. Nec minorem motum ani- 20 morum Romæ tam atrox res facit, quam Collatiæ fecerat: ergo ex omnibus locis urbis in forum curritur. Quo simul ventum est, præco ad tribunum Celerum—in quo tum magistratu forte Brutus erat—populum advocavit: ibi oratio habita, nequaquam ejus pectoris ingeniique, quod 25 simulatum ad eam diem fuerat, de vi ac libidine Sex. Tarquinii, de stupro infando Lucretiæ et miserabili cæde, de orbitate Tricipitini, cui morte filiæ causa mortis indignior ac miserabilior esset: addita superbia ipsius regis miseriæque et labores plebis in fossas cloacasque exhauri- 30 endas demersæ: Romanos homines, victores omnium circa populorum, opifices ac lapicidas pro bellatoribus factos: indigna Servii Tullii regis memorata cædes, et invecta corpore patris nefandoque vehiculo filia, invocatique ultores parentum dii. His atrocioribusque, credo, aliis, quæ præ- 35 sens rerum indignitas haudquaquam relatu scriptoribus facilia subjicit, memoratis incensam multitudinem perpulit, ut imperium regi abrogaret exsulesque esse juberet L. Tarquinium cum conjuge ac liberis. Ipse, junioribus, qui ultro nomina dabant, lectis armatisque, ad concitandum 40 inde adversus regem exercitum Ardeam in castra est profectus: imperium in urbe Lucretio, præfecto urbis jam ante ab rege instituto, relinquit. Inter hunc tumultum Tullia domo profugit, exsecrantibus, quacumque incede-

4*

bat, invocantibusque parentum furias viris mulieribusque.
LX. Harum rerum nuntiis in castra perlatis, cum re nova
trepidus rex pergeret Romam ad comprimendos motus,
flexit viam Brutus—senserat enim adventum—ne obvius
5 fieret, eodemque fere tempore, diversis itineribus, Brutus
Ardeam, Tarquinius Romam venerunt. Tarquinio, clau-
sæ portæ, exsiliumque indictum : liberatorem urbis læta
castra accepere, exactique inde liberi regis. Duo patrem
secuti sunt, qui exsulatum Cære in Etruscos ierunt. Sex-
10 tus Tarquinius, Gabios, tamquam in suum regnum, profectus, ab ultoribus veterum simultatium, quas sibi ipse
cædibus rapinisque concierat, est interfectus. L. Tarquinius Superbus regnavit annos quinque et viginti. Regnatum Romæ ab condita urbe ad liberatam annos
15 u. c. ducentos quadraginta quattuor. Duo consules inde
245. comitiis centuriatis a præfecto urbis ex commen-
A. c. tariis Servii Tullii creati sunt, L. Junius Brutus et
507. L. Tarquinius Collatinus.

LIBRI SECUNDI

CAP. I–X, XII, XIII, XXXIV–XL.

ARGUMENTUM LIBRI SECUNDI.

I. Brutus jurejurando populum adstrinxit neminem regnare Romæ passuros; II. Tarquinium Collatinum collegam suum, propter affinitatem Tarquiniorum suspectum, coegit consulatu se abdicare et civitate cedere; V. Bona regum diripi jussit; agrum Marti consecravit, qui Campus Martius nominatus est; adolescentes nobiles, in quibus suos quoque et sororis filios, quia conjuraverant de recipiendis regibus, securi percussit; servo indici, cui Vindicio nomen fuit, libertatem dedit: ex cujus nomine vindicta appellata; VI. Cum adversus reges, qui contractis Veientium et Tarquiniensium copiis bellum intulerant, exercitum duxisset in aciem cum Arrunte, filio Superbi, commortuus est; VII. Eumque matronæ annum luxerunt. VIII. P. Valerius consul legem de provocatione ad populum tulit. Capitolium dedicatum est. IX. X. Porsina, Clusinorum Rex, bello pro Tarquiniis suscepto, cum ad Janiculum venisset, ne Tiberim transiret virtute Coclitis Horatii prohibitus est; qui, dum alii pontem sublicium rescindunt, solus Etruscos sustinuit; et, ponte rupto, armatus in flumen se misit et ad suos transnavit. XII. Alterum accessit virtutis exemplum a Mucio; qui, cum ad feriendum Porsinam castra hostium intrasset, occiso scriba quem regem esse putabat, comprehensus, impositam altaribus manum in quibus sacrificatum erat exuri passus est, dixitque esse tales trecentos conjuratos in mortem ipsius regis. Quorum admiratione coactus Porsina pacis conditiones ferre, bellum omisit, acceptis obsidibus. XIII. Ex quibus virgo una Clœlia, deceptis custodibus, per Tiberim ad suos transnavit; et, cum reddita esset, a Porsina honorifice remissa, equestri statua donata est. Ap. Claudius ex Sabinis Romam transfugit; ob hoc Claudia tribus adjecta est, numerusque tribuum ampliatus est, ut essent viginti una. Adversus Tarquinium Superbum cum Latinorum exercitu bellum inferentem, A. Postumius dictator prosperè pugnavit apud lacum Regillum. Plebs, cum propter nexos ob æs alienum in Sacrum montem secessisset, consilio Menenii Agrippæ a seditione revocata est. Idem Agrippa, cum decessisset, propter paupertatem publico impendio elatus est. XXXIII. Tribuni plebis quinque creati sunt. Oppidum Volscorum Corioli captum est virtute et opera C. Marcii, qui ob hoc Coriolanus vocatus est. XXXVI, &c. Ti. Latinius, vir de plebe, cum in visu admonitus ut de quibusdam religionibus ad senatum perferret et neglexisset, amisso filio, debilis factus, postquam delatus ad senatum lectica eadem illa indicaverat, usu pedum recepto domum reversus est. XXXIX, XL. Cum C. Marcius Coriolanus qui in exsilium erat pulsus, dux Volscorum factus, exercitum hostium urbi admovisset, et missi ad eum primum legati, postea sacerdotes, frustra deprecati essent ne bellum patriæ inferret, Veturia mater et Volumnia uxor impetraverunt ab eo ut recederet. Lex agraria primum lata est. Sp. Cassius consularis regni crimine damnatus est necatusque. Oppia, virgo Vestalis, ob incestum viva defossa est. Cum vicini hostes Veientes, incommodi magis quam graves, essent, familia Fabiorum id bellum gerendum depoposcit, misitque eo trecentos sex armatos, qui ad Cremeram ad unum ab hostibus cæsi sunt, uno impubere domi relicto. Ap. Claudius consul, cum adversus Volscos contumacia exercitus male pugnatum esset, decimum quemque militum fuste percussit. Res præterea adversum Volscos, et Æquos, et Veientes, et seditiones inter Patres plebemque continet.— [u. c. 245–286. a. c. 507–466.]

I. LIBERI jam hinc populi Romani res pace belloque gestas, annuos magistratus, imperiaque legum potentiora quam hominum, peragam. Quæ libertas ut lætior esset, proximi regis superbia fecerat : nam priores ita regnarunt, ut haud immerito omnes deinceps conditores partium certe urbis, quas novas ipsi sedes ab se auctæ multitudinis addiderunt, numerentur : neque ambigitur, quin Brutus idem, qui tantum gloriæ Superbo exacto rege meruit, pessimo publico id facturus fuerit, si libertatis immaturæ cupidine priorum regum alicui regnum extorsisset. Quid enim futurum fuit, si illa pastorum convenarumque plebs—transfuga ex suis populis—sub tutela inviolati templi aut libertatem aut certe impunitatem adepta, soluta regio metu, agitari cœpta esset tribuniciis procellis et in aliena urbe cum patribus serere certamina, priusquam pignera conjugum ac liberorum caritasque ipsius soli, cui longo tempore assuescitur, animos eorum consociasset ? dissipatæ res nondum adultæ discordia forent, quas fovit tranquilla moderatio imperii eoque nutriendo perduxit, ut bonam frugem libertatis maturis jam viribus ferre posset. Libertatis autem originem inde magis, quia annuum imperium consulare factum est, quam quod diminutum quidquam sit

u. c.
245.

5 a. c.
507.

10

15

20

ex regia potestate, numeres : omnia jura, omnia insignia primi consules tenuere : id modo cautum est, ne, si ambo fasces haberent, duplicatus terror videretur. Brutus prior concedente collega fasces habuit, qui non acrior vindex libertatis fuerat, quam deinde custos fuit. Omnium pri- 5 mum avidum novæ libertatis populum, ne postmodum flecti precibus aut donis regiis posset, jurejurando adegit, neminem Romæ passuros regnare. Deinde, quo plus virium in senatu frequentia etiam ordinis faceret, cædibus regis diminutum patrum numerum, primoribus equestris 10 gradus electis, ad trecentorum summam explevit : tradi- tumque inde fertur, ut in senatum vocarentur, qui patres, quique conscripti essent : conscriptos, videlicet, in novum senatum appellabant lectos. Id mirum quantum profuit ad concordiam civitatis, jungendosque patribus plebis ani- 15 mos. II. Rerum deinde divinarum habita cura : et, quia quædam publica sacra per ipsos reges factitata erant, ne ubiubi regum desiderium esset, regem sacrificulum creant : id sacerdotium pontifici subjecere, ne additus nomini honos aliquid libertati, cujus tunc prima erat cura, officeret. 20 Ac nescio an, nimis undique eam minimisque rebus mu- niendo modum excesserint : consulis enim alterius, cum nihil aliud offenderit, nomen invisum civitati fuit : nimium Tarquinios regno assuesse : initium a Prisco factum, regnasse dein Ser. Tullium, ne intervallo quidem facto 25 oblitum, tamquam alieni, regni Superbum Tarquinium, velut hereditatem gentis, scelere ac vi repetisse : pulso Superbo, penes Collatinum imperium esse : nescire Tar- quinios privatos vivere : non placere nomen, periculosum libertati esse. Hinc primo sensim tentantium animos 30 sermo per totam civitatem est datus, sollicitamque suspi- cione plebem Brutus ad concionem vocat. Ibi omnium primum jusjurandum populi recitat, neminem regnare passuros nec esse Romæ, unde periculum libertati foret : id summa ope tuendum esse neque ullam rem, quæ eo per- 35 tineat, contemnendam : invitum se dicere hominis causa, nec dicturum fuisse, ni caritas rei publicæ vinceret : non credere populum Romanum solidam libertatem recuperatam esse : regium genus, regium nomen non solum in civitate, sed etiam in imperio esse : id officere, id obstare libertati : 40 "hunc tu" inquit "tua voluntate, L. Tarquini, remove metum : meminimus, fatemur, ejecisti reges : absolve beneficium tuum, aufer hinc regium nomen : res tuas tibi non solum reddent cives tui, auctore me, sed, si quid deest,

munifice augebunt: amicus abi: exonera civitatem vano
forsitan metu: ita persuasum est animis, cum gente Tarquinia regnum hinc abiturum." Consuli primo tam novæ
rei ac subitæ admiratio incluserat vocem: dicere deinde
5 incipientem primores civitatis circumsistunt, eadem multis
precibus orant. Et ceteri quidem movebant minus: postquam Spurius Lucretius, major ætate ac dignitate, socer
præterea ipsius, agere varie, rogando alternis suadendoque,
cœpit, ut vinci se consensu civitatis pateretur, timens
10 consul, ne postmodum privato sibi eadem illa cum bonorum
amissione, additaque alia insuper ignominia, acciderent,
abdicavit se consulatu, rebusque suis omnibus Lavinium
translatis civitate cessit. Brutus ex senatus consulto ad
populum tulit, ut omnes Tarquiniæ gentis exsules essent:
15 collegam sibi comitiis centuriatis creavit P. Valerium,
quo adjutore reges ejecerat.

    III. Cum haud cuiquam in dubio esset, bellum ab Tar-
quiniis imminere, id quidem spe omnium serius fuit. Ceterum, id quod non timebant, per dolum ac proditionem
20 prope libertas amissa est. Erant in Romana juventute
adolescentes aliquot, nec hi tenui loco orti, quorum in
regno libido solutior fuerat, æquales sodalesque adolescentium Tarquiniorum, assueti more regio vivere. Eam tum,
æquato jure omnium, licentiam quærentes, libertatem alio-
25 rum in suam vertisse servitutem inter se conquerebantur:
regem hominem esse, a quo impetres, ubi jus, ubi injuria
opus sit: esse gratiæ locum, esse beneficio: et irasci et
ignoscere posse: inter amicum atque inimicum discrimen
nosse. Leges rem surdam, inexorabilem esse, salubriorem
30 melioremque inopi, quam potenti, nihil laxamenti nec
veniæ habere, si modum excesseris: periculosum esse in
tot humanis erroribus sola innocentia vivere. Ita jam sua
sponte ægris animis, legati ab regibus superveniunt, sine
mentione reditus, bona tantum repetentes. Eorum verba
35 postquam in senatu audita sunt, per aliquot dies ea con-
sultatio tenuit; ne non reddita, belli causa, reddita belli
materia et adjumentum esset. Interim legati alii alia
moliri, aperte bona repetentes, clam recuperandi regni
consilia struere: et tamquam ad id, quod agi videbatur,
40 ambientes nobilium adolescentium animos pertentant: a
quibus placide oratio accepta est, iis litteras ab Tarquiniis
reddunt, et de accipiendis clam nocte in urbem regibus
colloquuntur. IV. Vitelliis Aquiliisque fratribus primo
commissa res est. Vitelliorum soror consuli nupta Bruto

erat, jamque ex eo matrimonio adolescentes erant liberi
Titus Tiberiusque. Eos quoque in societatem consilii
avunculi assumunt. Præterea aliquot et nobiles adolescentes conscii assumpti, quorum vetustate memoria abiit.
Interim cum in senatu vicisset sententia, quæ censebat 5
reddenda bona, eamque ipsam causam moræ in urbe
haberent legati, quod spatium ad vehicula comparanda a
consulibus sumpsissent, quibus regum asportarent res,
omne id tempus cum conjuratis consultando absumunt,
evincuntque instando, ut litteræ sibi ad Tarquinios da- 10
rentur : nam aliter qui credituros eos, non vana ab legatis
super rebus tantis afferri ? Datæ litteræ, ut pignus fidei
essent, manifestum facinus fecerunt. Nam cum, pridie
quam legati ad Tarquinios proficiscerentur, et cenatum
forte apud Vitellios esset, conjuratique ibi, remotis arbitris, 15
multa inter se de novo, ut fit, consilio egissent, sermonem
eorum ex servis unus excepit, qui jam antea id senserat
agi, sed eam occasionem, ut litteræ legatis darentur, quæ
deprehensæ rem coarguere possent, exspectabat : postquam
datas sensit, rem ad consules detulit. Consules ad depre- 20
hendendos legatos conjuratosque profecti domo, sine tumultu rem omnem oppressere : litterarum in primis habita
cura, ne interciderent. Proditoribus extemplo in vincula
conjectis, de legatis paululum addubitatum est, et, quamquam visi sunt commisisse, ut hostium loco essent, jus 25
tamen gentium valuit. V. De bonis regiis, quæ reddi
ante censuerant, res integra refertur ad patres. Ibi victi
ira vetuere reddi, vetuere in publicum redigi : diripienda
plebi sunt data, ut, contacta regia præda, spem in perpetuum cum iis pacis amitteret. Ager Tarquiniorum, qui 30
inter urbem ac Tiberim fuit, consecratus Marti, Martius
deinde campus fuit. | Forte ibi tum seges farris dicitur
fuisse matura messi : quem campi fructum quia religiosum
erat consumere, desectam cum stramento segetem magna
vis hominum simul immissa corbibus fudere in Tiberim, 35
tenui fluentem aqua, ut mediis caloribus solet : ita in vadis
hæsitantis frumenti acervos sedisse illitos limo : insulam
inde paulatim, et aliis, quæ fert temere flumen, eodem
invectis, factam : postea credo additas moles, manuque
adjutum, ut tam eminens area, firmaque templis quoque 40
ac porticibus sustinendis esset. Direptis bonis regum,
damnati proditores, sumptumque supplicium, conspectius
eo, quod pœnæ capiendæ ministerium patri de liberis consulatus imposuit, et, qui spectator erat amovendus, eum

ipsum fortuna exactorem supplicii dedit.　Stabant deligati
ad palum nobilissimi juvenes: sed a ceteris, velut ab
ignotis capitibus, consulis liberi omnium in se averterant
oculos, miserebatque non pœnæ magis homines quam
5 sceleris, quo pœnam meriti essent: illos, eo potissimum
anno patriam liberatam, patrem liberatorem, consulatum
ortum ex domo Junia, patres, plebem, quidquid deorum
hominumque Romanorum esset—induxisse in animum, ut
superbo quondam regi, tum infesto exsuli, proderent.
10 Consules in sedem processere suam, missique lictores ad
sumendum supplicium: nudatos virgis cædunt, securique
feriunt, cum inter omne tempus pater—vultusque et os
ejus—spectaculo esset, eminente animo patrio inter publicæ
pœnæ ministerium.　Secundum pœnam nocentium, ut in
15 utramque partem arcendis sceleribus exemplum nobile
esset, præmium indici, pecunia ex ærario, libertas et
civitas, data.　Ille primum dicitur vindicta liberatus.
Quidam vindictæ quoque nomen tractum ab illo putant:
Vindicio ipsi nomen fuisse.　Post illum observatum ut,
20 qui ita liberati essent, in civitatem accepti viderentur.

VI. His, sicut acta erant, nuntiatis, incensus Tarquinius
non dolore solum tantæ ad irritum cadentis spei, sed etiam
odio iraque, postquam dolo viam obsæptam vidit, bellum
aperte moliendum ratus, circumire supplex Etruriæ urbes,
25 orare maxime Veientes Tarquiniensesque, ne se ortum
ejusdem sanguinis extorrem egentem ex tanto modo regno,
cum liberis adolescentibus ante oculos suos perire sinerent.
Alios peregre in regnum Romam accitos: se regem
augentem bello Romanum imperium a proximis scelerata
30 conjuratione pulsum.　Eos inter se, quia nemo unus satis
dignus regno visus sit, partes regni rapuisse, bona sua
diripienda populo dedisse, ne quis expers sceleris esset.
Patriam se regnumque suum repetere, et persequi ingratos
cives velle: ferrent opem, adjuvarent: suas quoque ve-
35 teres injurias ultum irent, toties cæsas legiones, agrum
ademptum.　Hæc moverunt Veientes, ac pro se quisque,
Romano saltem duce, ignominias demendas, belloque amissa repetenda, minaciter fremunt.　Tarquinienses nomen
ac cognatio movet: pulchrum videbatur suos Romæ re-
40 gnare.　Ita duo duarum civitatium exercitus, ad repeten-
dum regnum belloque persequendos Romanos, secuti Tarquinium.　Postquam in agrum Romanum ventum est,
obviam hosti consules eunt: Valerius quadrato agmine
peditem ducit, Brutus ad explorandum cum equitatu ante-

cessit. Eodem modo primus eques hostium agminis fuit, præerat Arruns Tarquinius filius regis: rex ipse cum legionibus sequebatur. Arruns, ubi ex lictoribus procul consulem esse, deinde jam propius ac certius facie quoque Brutum cognovit, inflammatus ira "ille est vir" inquit 5 "qui nos extorres expulit patria: ipse en ille, nostris decoratus insignibus, magnifice incedit: di regum ultores adeste." Concitat calcaribus equum, atque in ipsum infestus consulem dirigit. Sensit in se iri Brutus: decorum erat tum ipsis capessere pugnam ducibus, avide 10 itaque se certamini offert: adeoque infestis animis concurrerunt, neuter, dum hostem vulneraret, sui protegendi corporis memor, ut, contrario ictu per parmam uterque transfixus, duabus hærentes hastis, moribundi ex equis lapsi sint. Simul et cetera equestris pugna cœpit, neque 15 ita multo post et pedites superveniunt. Ibi varia victoria, et velut æquo Marte, pugnatum est: dextera utrimque cornua vicere, læva superata: Veientes, vinci ab Romano milite assueti, fusi fugatique, Tarquiniensis novus hostis non stetit solum, sed etiam ab sua parte Romanum pepulit. 20 VII. Ita cum pugnatum esset, tantus terror Tarquinium atque Etruscos incessit, ut omissa irrita re nocte ambo exercitus, Veiens Tarquiniensisque, suas quisque abirent domos. Adjiciunt miracula huic pugnæ: silentio proximæ noctis ex silva Arsia ingentem editam vocem: Silvani 25 vocem eam creditam: hæc dicta, uno plus Tuscorum cecidisse in acie, vincere bello Romanum. Ita certe inde abiere Romani, ut victores, Etrusci pro victis: nam, postquam illuxit, nec quisquam hostium in conspectu erat, P. Valerius consul spolia legit, triumphansque inde Ro- 30 mam rediit. Collegæ funus, quanto tum potuit apparatu, fecit: sed multo majus morti decus publica fuit mæstitia, eo ante omnia insignis, quia matronæ annum, ut parentem, eum luxerunt, quod tam acer ultor violatæ pudicitiæ fuisset. 35

Consuli deinde, qui superfuerat,—ut sunt mutabiles vulgi animi—ex favore, non invidia modo, sed suspicio etiam cum atroci crimine, orta: regnum eum affectare fama ferebat, quia nec collegam subrogaverat in locum Bruti, et ædificabat in summa Velia, ubi alto atque munito 40 loco arcem inexpugnabilem fieri. Hæc dicta vulgo creditaque, cum indignitate angerent consulis animum, vocato ad concilium populo, submissis fascibus, in concionem escendit. Gratum id multitudini spectaculum fuit, sub-

missa sibi esse imperii insignia, confessionemque factam,
populi quam consulis majestatem vimque majorem esse.
Ibi audire jussis consul laudare fortunam collegæ, quod
liberata patria in summo honore, pro republica dimicans,
5 matura gloria, necdum se vertente in invidiam, mortem
occubuisset: se superstitem gloriæ suæ ad crimen atque
invidiam superesse, ex liberatore patriæ ad Aquilios se
Vitelliosque recidisse: "numquamne ergo" inquit "ulla
adeo a vobis spectata virtus erit, ut suspicione violari
10 nequeat? Ego me, illum acerrimum regum hostem, ipsum
cupiditatis regni crimen subiturum timerem? Ego, si in
ipsa arce Capitolioque habitarem, metui me crederem
posse a civibus meis? Tam levi momento mea apud vos
fama pendet? Adeone est fundata leviter fides, ut, ubi
15 sim, quam qui sim, magis referat? Non obstabunt Publii
Valerii ædes libertati vestræ, Quirites: tuta erit vobis
Velia: deferam non in planum modo ædes sed colli etiam
subjiciam, ut vos supra suspectum me civem habitetis: in
Velia ædificent, quibus melius, quam P. Valerio, creditur
20 libertas." Delata confestim materia omnis infra Veliam,
et, ubi nunc Vicæ Potæ est, domus in infimo clivo ædifi-
cata. VIII. Latæ deinde leges, non solum quæ regni suspicione consulem absolverent, sed quæ adeo in contrarium
verterent, ut popularem etiam facerent: inde cognomen
25 factum Publicolæ est. Ante omnes de provocatione adversus magistratus ad populum sacrandoque cum bonis
capite ejus, qui regni occupandi consilia inisset, gratæ in
vulgus leges fuere. Quas cum solus pertulisset, ut sua
unius in his gratia esset, tum deinde comitia collegæ sub-
30 rogando habuit. Creatus Sp. Lucretius consul, qui magno natu, non sufficientibus jam viribus ad consularia
munera obeunda, intra paucos dies moritur: suffectus in
Lucretii locum M. Horatius Pulvillus. Apud quosdam
veteres auctores non invenio Lucretium consulem: Bruto
35 statim Horatium suggerunt: credo, quia nulla gesta res
insignem fecerit consulatum, memoria intercidisse. Nondum dedicata erat in Capitolio Jovis ædes. Valerius
Horatiusque consules sortiti, uter dedicaret. Horatio sorte
evenit: Publicola ad Veientium bellum profectus. Ægri-
40 us, quam dignum erat, tulere Valerii necessarii, dedica-
tionem tam inclyti templi Horatio dari. Id omnibus modis
impedire conati, postquam alia frustra tentata erant, postem jam tenenti consuli fœdum inter precationem deum
nuntium incutiunt, mortuum ejus filium esse, funestaque

familia dedicare eum templum non posse. Non credide-
rit factum an tantum animo roboris fuerit, nec traditur
certum nec interpretatio est facilis: nihil aliud ad eum
nuntium a proposito aversus, quam ut cadaver efferri
juberet, tenens postem precationem peragit et dedicat tem- 5
plum. Hæc post exactos reges domi militiæque gesta
primo anno: inde P. Valerius iterum, T. Lucretius consules facti.

IX. Jam Tarquinii ad Lartem Porsinam, Clusinum
regem, perfugerant. Ibi, miscendo consilium precesque, 10
nunc orabant, ne se oriundos ex Etruscis, ejusdem sanguinis nominisque, egentes exsulare pateretur, nunc mone-
bant etiam, ne orientem morem pellendi reges inultum
sineret: satis libertatem ipsam habere dulcedinis: nisi
quanta vi civitates eam expetant, tanta regna reges de- 15
fendant, æquari summa infimis: nihil excelsum, nihil
quod supra cetera emineat, in civitatibus fore: adesse
finem regnis, rei inter deos hominesque pulcherrimæ.
Porsina, cum regem esse Romæ, tum Etruscæ gentis
regem, amplum Tuscis ratus, Romam infesto exercitu 20
venit. ¬ Non umquam alias ante tantus terror senatum invasit, adeo valida res tum Clusina erat magnumque Por-
sinæ nomen. Nec hostes modo timebant sed suosmet ipsi
cives, ne Romana plebs, metu perculsa, receptis in urbem
regibus, vel cum servitute pacem acciperet. Multa igitur 25
blandimenta plebi per id tempus ab senatu data: annonæ
in primis habita cura, et ad frumentum comparandum
missi alii in Vulscos alii Cumas: salis quoque vendendi
arbitrium, quia impenso pretio venibat, in publicum omni
sumptu, ademptum privatis: portoriisque et tributo plebes 30
liberata, ut divites conferrent, qui oneri ferendo essent:
pauperes satis stipendii pendere, si liberos educent. Itaque hæc indulgentia patrum, asperis postmodum rebus in
· obsidione ac fame, adeo concordem civitatem tenuit, ut
regium nomen non summi magis quam infimi horrerent, 35
nec quisquam unus malis artibus postea tam popularis
esset, quam tum bene imperando universus senatus fuit.

X. Cum hostes adessent, pro se quisque in urbem ex
agris demigrant, urbem ipsam sæpiunt præsidiis. Alia
muris, alia Tiberi objecto videbantur tuta. Pons sublicius 40
iter pæne hostibus dedit, ni unus vir fuisset Horatius
Cocles: id munimentum illo die fortuna urbis Romanæ
habuit: qui positus forte in statione pontis, cum captum
repentino impetu Janiculum atque inde citatos decurrere

hostes vidisset, trepidamque turbam suorum arma ordines-
que relinquere, reprehensans singulos, obsistens, obtestans-
que deum et hominum fidem, testabatur, nequidquam
deserto præsidio eos fugere : si transitum pontem a tergo
5 reliquissent, jam plus hostium in Palatio Capitolioque quam
in Janiculo fore. Itaque monere, prædicere, ut pontem
ferro igni, quacumque vi possint, interrumpant : se impetum hostium, quantum corpore uno posset obsisti, exceptu-
rum. Vadit inde in primum aditum pontis, insignisque
10 inter conspecta cedentium pugnæ terga, obversis cominus
ad ineundum proelium armis, ipso miraculo audaciæ ob-
stupefecit hostes. Duos tamen cum eo pudor tenuit, Sp.
Larcium ac T. Herminium, ambos claros genere factis-
que. Cum his primam periculi procellam et quod tumul-
15 tuosissimum pugnæ erat, parumper sustinuit : deinde eos
quoque ipsos, exigua parte pontis relicta, revocantibus qui
rescindebant, cedere in tutum coegit. Circumferens inde
truces minaciter oculos ad proceres Etruscorum, nunc
singulos provocare nunc increpare omnes, servitia regum
20 superborum, suæ libertatis immemores, alienam oppugnatum venire. Cunctati aliquamdiu sunt, dum alius alium,
ut proelium incipiant, circumspectant. Pudor deinde
commovit aciem, et clamore sublato undique in unum
hostem tela conjiciunt. Quæ cum in objecto cuncta scuto
25 hæsissent, neque ille minus obstinatus ingenti pontem ob-
tineret gradu, jam impetu conabantur detrudere virum,
cum simul fragor rupti pontis, simul clamor Romanorum,
alacritate perfecti operis sublatus, pavore subito impetum
sustinuit. Tum Cocles "Tiberine pater" inquit, "te,
30 sancte, precor, hæc arma et hunc militem propitio flumine
accipias." Ita sic armatus in Tiberim desiluit, multisque
superincidentibus telis, incolumis ad suos tranavit, rem
ausus plus famæ habituram ad posteros quam fidei. Grata
erga tantam virtutem civitas fuit : statua in comitio posita,
35 agri quantum uno die circumaravit datum. Privata quoque inter publicos honores studia eminebant : nam in magna inopia, pro domesticis copiis unusquisque ei aliquid,
fraudans se ipse victu suo, contulit.

XII. Obsidio erat nihilominus et frumenti cum summa
40 caritate inopia, sedendoque expugnaturum se urbem spem
Porsina habebat, cum C. Mucius, adolescens nobilis, cui
indignum videbatur, populum Romanum servientem, cum
sub regibus esset, nullo bello nec ab hostibus ullis ob-
sessum esse, liberum eundem populum ab iisdem Etruscis

obsideri, quorum sæpe exercitus fuderit; itaque, magno
audacique aliquo facinore eam indignitatem vindicandam
ratus, primo sua sponte penetrare in hostium castra constituit: dein metuens, ne, si consulum injussu et ignaris
omnibus iret, forte deprehensus a custodibus Romanis 5
retraheretur ut transfuga—fortuna tum urbis crimen affirmante,—senatum adit: "transire Tiberim" inquit, "patres, et intrare, si possim, castra hostium volo, non prædo
nec populationum in vicem ultor: majus, si dii juvant, in
animo est facinus." Approbant patres: abdito intra ve- 10
stem ferro proficiscitur. Ubi eo venit, in confertissima
turba prope regium tribunal constitit. Ibi cum stipendium
militibus forte daretur, et scriba cum rege sedens pari fere
ornatu multa ageret, eum milites vulgo adirent, timens
sciscitari, uter Porsina esset, ne ignorando regem semet 15
ipse aperiret quis esset, quo temere traxit fortuna facinus,
scribam pro rege obtruncat. Vadentem inde, qua per
trepidam turbam cruento mucrone sibi ipse fecerat viam,
cum, concursu ad clamorem facto, comprehensum regii
satellites retraxissent, ante tribunal regis destitutus—tum 20
quoque, inter tantas fortunæ minas, metuendus magis
quam metuens—"Romanus sum" inquit "civis, C. Mucium vocant: hostis hostem occidere volui, nec ad mortem
minus animi est quam fuit ad cædem: et facere et pati
fortia Romanum est. Nec unus in te ego hos animos 25
gessi: longus post me ordo est idem petentium decus:
proinde in hoc discrimen, si juvat, accingere, ut in singulas horas capite dimices tuo; ferrum hostemque in vestibulo habeas regiæ: hoc tibi juventus Romana indicimus
bellum: nullam aciem, nullum proelium timueris, uni tibi 30
et cum singulis res erit." Cum rex, simul ira infensus
periculoque conterritus, circumdari ignes minitabundus
juberet, nisi expromeret propere, quas insidiarum sibi
minas per ambages jaceret: "en tibi" inquit, "ut sentias,
quam vile corpus sit his, qui magnam gloriam vident:" 35
dextramque accenso ad sacrificium foculo injicit. Quam
cum velut alienato ab sensu torreret animo, prope attonitus
miraculo rex, cum ab sede sua prosiluisset amoverique ab
altaribus juvenem jussisset, "Tu vero abi," inquit, "in te
magis quam in me, hostilia ausus. Juberem macte virtute 40
esse, si pro mea patria ista virtus staret: nunc jure belli
liberum te intactum inviolatumque hinc dimitto." Tunc
Mucius quasi remunerans meritum "quando quidem" inquit "est apud te virtuti honos, ut beneficio tuleris a me,

5*

quod minis nequisti : trecenti conjuravimus principes juventutis Romanæ, ut in te hac via grassaremur : mea
prima sors fuit : ceteri, utcumque ceciderit primi, quoad te
opportunum fortuna dederit, suo quisque tempore aderunt."

5 XIII. Mucium dimissum, cui postea Scævolæ a clade dextræ manus cognomen inditum, legati a Porsina Romam
secuti sunt : adeo moverat eum et primi periculi casus,
quo nihil se præter errorem insidiatoris texisset, et sub-
eunda dimicatio toties, quot conjurati superessent, ut pacis
10 conditiones ultro ferret Romanis. Jactatum in conditionibus nequidquam de Tarquiniis in regnum restituendis,
magis, quia id negare ipse nequiverat Tarquiniis, quam
quod negatum iri sibi ab Romanis ignoraret : de agro Veientibus restituendo impetratum, expressaque necessitas
15 obsides dandi Romanis, si Janiculo præsidium deduci
vellent. His conditionibus composita pace, exercitum ab
Janiculo deduxit Porsina, et agro Romano excessit. Patres
C. Mucio, virtutis causa, trans Tiberim agrum dono dedere, quæ postea sunt Mucia prata appellata. Ergo, ita
20 honorata virtute, feminæ quoque ad publica decora exci-
tatæ : et Clœlia virgo, una ex obsidibus, cum castra Etruscorum forte haud procul ripa Tiberis locata essent, fru-
strata custodes, dux agminis virginum, inter tela hostium
Tiberim tranavit, sospitesque omnes Romam ad propinquos
25 restituit. Quod ubi regi nuntiatum est, primo incensus
ira, oratores Romam misit ad Clœliam obsidem deposcen-
dam, alias haud magni facere : deinde in admirationem
versus, supra Coclites Muciosque dicere id facinus esse,
et præ se ferre, quemadmodum, si non dedatur obses, pro
30 rupto fœdus se habiturum, sic deditam inviolatamque ad
suos remissurum. Utrimque constitit fides : et Romani
pignus pacis ex fœdere restituerunt, et apud regem Etrus-
cum non tuta solum, sed honorata etiam virtus fuit ; lau-
datamque virginem parte obsidum se donare dixit, ipsa,
35 quos vellet, legeret. Productis omnibus, elegisse impubes
dicitur, quod virginitati decorum et consensu obsidum
ipsorum probabile erat, eam ætatem potissimum liberari
ab hoste, quæ maxime opportuna injuriæ esset. Pace
redintegrata, Romani novam in femina virtutem novo inde
40 genere honoris, statua equestri, donavere : in summa
Sacra via fuit posita virgo insidens equo.

XXXIV. M. Minucio deinde et A. Sempronio consulibus, magna vis frumenti ex Sicilia advecta, agitatumque
in senatu, quanti plebi daretur. Multi venisse tempus

premendæ plebis putabant recuperandique jura, quæ
extorta secessione ac vi patribus essent : in primis Marcius
Coriolanus, hostis tribuniciæ potestatis : "si annonam"
inquit "veterem volunt, jus pristinum reddant patribus.
Cur ego plebeios magistratus, cur Sicinium potentem 5
video—sub jugum missus, tamquam ab latronibus red-
emptus ? Egone has indignitates diutius patiar quam
necesse est ? Tarquinium regem qui non tulerim, Sicinium feram ? Secedat nunc, avocet plebem. Patet via
in Sacrum montem aliosque colles. Rapiant frumenta ex 10
agris nostris, quemadmodum tertio anno rapuere : fruantur
annona, quam furore suo fecere. Audeo dicere, hoc malo
domitos, ipsos potius cultores agrorum fore quam ut
armati per secessionem coli prohibeant." Haud tam
facile dictu est, faciendumne fuerit, quam potuisse arbi- 15
tror fieri, ut conditionibus laxandi annonam, et tribuniciam
potestatem, et omnia invitis jura imposita patres demerent
sibi. XXXV. Et senatui nimis atrox visa sententia est,
et plebem ira prope armavit : fame se jam sicut hostes
peti, cibo victuque fraudari : peregrinum frumentum, 20
quæ sola alimenta ex insperato fortuna dederit, ab ore
rapi, nisi Gaio Marcio vincti dedantur tribuni, nisi de
tergo plebis Romanæ satisfiat : eum sibi carnificem novum
exortum, qui aut mori aut servire jubeat. In exeuntem e
curia impetus factus esset, ni peropportune tribuni diem 25
dixissent. Ibi ira est suppressa : se judicem quisque, se
dominum vitæ necisque inimici factum videbat. Con-
temptim primo Marcius audiebat minas tribunicias : auxilii non pœnæ jus datum illi potestati, plebisque non
patrum tribunos esse. Sed adeo infensa erat coorta plebs, 30
ut unius pœna defungendum esset patribus. Restiterunt
tamen adversa invidia usique sunt, qua suis quisque, qua
totius ordinis viribus : ac primo tentata res est, si dispositis clientibus, absterrendo singulos a coitionibus conci-
liisque disjicere rem possent : universi deinde processere 35
—quidquid erat patrum reos diceres—precibus plebem
exposcentes, unum sibi civem unum senatorem, si inno-
centem absolvere nollent, pro nocente donarent. Ipse
cum die dicta non adesset, perseveratum in ira est.
Damnatus absens in Volscos exsulatum abiit, minitans 40
patriæ hostilesque jam tum spiritus gerens. Venientem
Volsci benigni excepere, benigniusque in dies colebant,
quo major ira in suos eminebat, crebræque nunc querelæ
nunc minæ percipiebantur. Hospitio utebatur Attii Tullii :

longe is tum princeps Volsci nominis erat Romanisque
semper infestus : ita, cum alterum vetus odium, alterum
ira recens stimularet, consilia conferunt de Romano bello.
Haud facile credebant plebem suam impelli posse, ut toties
5 infeliciter tentata arma caperent : multis sæpe bellis, pestilentia postremo amissa juventute, fractos spiritus esse : arte
agendum in exoleto jam vetustate odio, ut recenti aliqua ira
exacerbarentur animi.   XXXVI. Ludi forte ex instaura-
tione magni Romæ parabantur.   Instaurandi hæc causa
10 fuerat : ludis mane servum quidam paterfamiliæ, nondum
commisso spectaculo, sub furca cæsum medio egerat circo.
Cœpti inde ludi, velut ea res nihil ad religionem pertinu-
isset.   Haud ita multo post, Tito Latinio, de plebe homini,
somnium fuit.   Visus Juppiter dicere, sibi ludis præsulta-
15 torem displicuisse : nisi magnifice instaurentur ii ludi,
periculum urbi fore : iret, ea consulibus nuntiaret. Quamquam haud sane liber erat religione animus, verecundia
tamen majestatis magistratuum timorem vicit, ne in ora
hominum pro ludibrio abiret.   Magno illi ea cunctatio
20 stetit, filium namque intra paucos dies amisit.   Cujus
repentinæ cladis ne causa dubia esset, ægro animi eadem
illa in somnis obversata species visa est rogitare, satin'
magnam spreti numinis haberet mercedem : majorem instare, ni eat propere ac nuntiet consulibus.   Jam præsen-
25 tior res erat.   Cunctantem tamen ac prolatantem ingens
vis morbi adorta est debilitate subita.   Tunc enim vero
deorum ira admonuit.   Fessus igitur malis præteritis in-
stantibusque, consilio propinquorum adhibito, cum visa
atque audita, et obversatum toties somno Jovem, minas
30 irasque cælestes repræsentatas casibus suis exposuisset,
consensu inde haud dubie omnium, qui aderant, in forum
ad consules lectica defertur.   Inde in curiam jussu consulum delatus, eadem illa cum patribus ingenti omnium
admiratione enarrasset, ecce aliud miraculum : qui captus
35 omnibus membris delatus in curiam esset, eum functum
officio pedibus suis domum redisse, traditum memoriæ est.
XXXVII. Ludi quam amplissimi ut fierent, senatus de-
crevit.   Ad eos ludos, auctore Attio Tullio, vis magna
Volscorum venit.   Priusquam committerentur ludi, Tul-
40 lius—ut domi compositum cum Marcio fuerat—ad consules
venit, dicit esse, quæ secreto agere de republica velit.
Arbitris remotis "invitus" inquit, "quod sequius sit, de
meis civibus loquor.   Non tamen admissum quidquam ab
his criminatum venio sed cautum, ne admittant.   Nimio

plus, quam velim, nostrorum ingenia sunt mobilia. Multis id cladibus sensimus, quippe qui non nostro merito sed vestra patientia incolumes simus. Magna hic nunc Volscorum multitudo est. Ludi sunt. Spectaculo intenta civitas erit. Memini, quid per eandem occasionem ab 5 Sabinorum juventute in hac urbe commissum sit. Horret animus, ne quid inconsulte ac temere fiat. Hæc nostra vestraque causa prius dicenda vobis, consules, ratus sum. Quod ad me attinet, extemplo hinc domum abire in animo est, ne cujus facti dictive contagione præsens violer." 10 Hæc locutus abiit. Consules cum ad patres rem dubiam sub auctore certo detulissent, auctor magis, ut fit, quam res ad præcavendum vel ex supervacuo movit, factoque senatus consulto, ut urbem excederent Volsci, præcones dimittuntur, qui omnes eos proficisci ante noctem juberent. 15 Ingens pavor primo discurrentes ad suas res tollendas in hospitia perculit: proficiscentibus deinde indignatio oborta, se ut consceleratos contaminatosque ab ludis, festis diebus, cœtu quodam modo hominum deorumque abactos esse. XXXVIII. Cum prope continuato agmine irent, prægressus 20 Tullius ad caput Ferentinum, ut quisque eveniret, primores eorum excipiens querendo indignandoque, et eos ipsos sedulo audientes secunda iræ verba, et per eos multitudinem aliam in subjectum viæ campum deduxit. Ibi in concionis modum orationem exorsus "veteres populi Ro- 25 mani injurias cladesque gentis Volscorum—ut omnia" inquit "obliviscamini alia, hodiernam hanc contumeliam quo tandem animo fertis, qua per nostram ignominiam ludos commisere? An non sensistis triumphatum hodie de vobis esse? Vos omnibus—civibus, peregrinis, tot 30 finitimis populis—spectaculo abeuntes fuisse, vestras conjuges, vestros liberos traductos per-ora hominum? Quid eos, qui audivere vocem præconis, quid, qui nos videre abeuntes, quid eos, qui huic ignominioso agmini fuere obvii, existimasse putatis, nisi aliquid profecto nefas esse: 35 quod, si intersimus spectaculo, violaturi simus ludos piaculumque merituri, ideo nos ab sede piorum cœtu concilioque abigi? Quid deinde illud non succurrit vivere nos, quod maturarimus proficisci?—si hoc profectio et non fuga est. Et hanc urbem vos non hostium ducitis, ubi, si 40 unum die n morati essetis, moriendum omnibus fuit? Bellum vobis indictum est magno eorum malo, qui indixere, si viri estis." Ita, et sua sponte irarum pleni et incitati,

domos inde digressi sunt, instigandoque suos quisque populos efficere, ut omne Volscum nomen deficeret.

XXXIX. Imperatores ad id bellum de omnium populorum sententia lecti Attius Tullius et C. Marcius, exsul
5 Romanus, in quo aliquanto plus spei repositum : quam
spem nequaquam fefellit, ut facile appareret, ducibus
validiorem quam exercitu rem Romanam esse. Circeios
profectus, primum colonos inde Romanos expulit, liberam-
que eam urbem Volscis tradidit : inde in Latinam viam
10 transversis tramitibus transgressus, Satricum, Longulam,
Poluscam, Coriolos, Bovillas : hæc Romanis oppida ademit : inde Lavinium recipit, tum deinceps Corbionem,
Vitelliam, Trebium, Labicos, Pedum cepit : postremum ad
urbem a Pedo ducit, et ad fossas Cluilias, quinque ab urbe
15 millia passuum, castris positis, populatur inde agrum Romanum, custodibus inter populatores missis, qui patriciorum agros intactos servarent, sive infensus plebi magis,
sive ut discordia inde inter patres plebemque oreretur.
Quæ profecto orta esset, adeo tribuni jam ferocem per se
20 plebem criminando in primores civitatis instigabant : sed
externus timor, maximum concordiæ vinculum, quamvis
suspectos infensosque inter se jungebat animos. Id modo
non conveniebat, quod senatus consulesque nusquam alibi
spem quam in armis ponebant, plebes omnia quam bellum
25 malebat. Sp. Nautius jam et Sex. Furius consules erant.
Eos recensentes legiones, præsidia per muros aliaque, in
quibus stationes vigiliasque esse placuerat, loca distribu-
entes, multitudo ingens pacem poscentium primum sedi-
tioso clamore conterruit, deinde vocare senatum, referre
30 de legatis ad C. Marcium mittendis coegit. Acceperunt
relationem patres, postquam apparuit labare plebis animos :
missique de pace ad Marcium oratores atrox responsum
retulerunt : si Volscis ager redderetur, posse agi de pace :
si præda belli per otium frui velint, memorem se et civium
35 injuriæ, et hospitum beneficii adnisurum ut appareat,
exsilio sibi irritatos non fractos animos esse. Iterum
deinde iidem missi non recipiuntur in castra. Sacerdotes
quoque, suis insignibus velatos, isse supplices ad castra
hostium, traditum est : nihilo magis quam legatos flexisse
40 animum. XL. Tum matronæ ad Veturiam, matrem
Coriolani, Volumniamque uxorem, frequentes coeunt. Id
publicum consilium an muliebris timor fuerit, parum invenio : pervicere certe, ut et Veturia, magno natu mulier,
et Volumnia duos | arvos ex Marcio ferens filios, secum in

castra hostium irent; et, quoniam armis viri defendere
urbem non possent, mulieres precibus lacrimisque defenderent. Ubi ad castra ventum est nuntiatumque Corio-
lano est, adesse ingens mulierum agmen, in primo—ut qui
nec publica majestate in legatis, nec in sacerdotibus tanta 5
offusa oculis animoque religione motus esset—multo obsti-
natior adversus lacrimas muliebres erat. Dein familiarium quidam, qui insignem mæstitia inter ceteras cogno-
verat Veturiam inter nurum nepotesque stantem, "nisi
me frustrantur" inquit "oculi, mater tibi conjuxque et 10
liberi adsunt." Coriolanus, prope ut amens consternatus,
ab sede sua cum ferret matri obviæ complexum, mulier in
iram ex precibus versa "sine prius, quam complexum ac-
cipio, sciam," inquit, "ad hostem an ad filium venerim,
captiva materne in castris tuis sim. In hoc me longa vita 15
et infelix senecta traxit, ut exsulem te, deinde hostem
viderem? Potuisti populari hanc terram, quæ te genuit
atque aluit? Non tibi, quamvis infesto animo et minaci
perveneras, ingredienti fines ira cecidit? Non, cum in
conspectu Roma fuit, succurrit" intra illa mœnia domus 20
ac penates mei sunt, mater, conjux, liberique? "Ergo
ego nisi peperissem, Roma non oppugnaretur; nisi filium
haberem, libera in libera patria mortua essem: sed ego
nihil jam pati, nec tibi turpius quam mihi miserius, possum, nec, ut sum miserrima, diu futura sum: de his vide- 25
ris, quos, si pergis, aut immatura mors aut longa servitus
manet." Uxor deinde ac liberi amplexi, fletusque ab
omni turba mulierum ortus, et comploratio sui patriæque,
fregere tandem virum. Complexus inde suos dimittit, et
ipse retro ab urbe castra movit. Abductis deinde legioni- 30
bus ex agro Romano, invidia rei oppressum perîsse tradunt, alii alio leto: apud Fabium, longe antiquissimum
auctorem, usque ad senectutem vixisse eundem invenio:
refert certe, hanc sæpe eum exacta ætate usurpasse vocem,
multo miserius seni exsilium esse. Non inviderunt laude 35
sua mulieribus viri Romani: adeo sine obtrectatione gloriæ
alienæ vivebatur: monumento quoque quod esset, templum Fortunæ muliebri ædificatum dedicatumque est.

LIBRI TERTII

CAP. XLIV—LIX.

ARGUMENTUM LIBRI TERTII.

Seditiones de agrariis legibus factæ. Capitolium ab exsulibus et servis occupatum, cæsis iis receptum est. Census bis actus est. Priore lustro censa civium capita centum quattuor millia ac cxiiii, præter orbos orbasque. Sequenti, cxviii millia cccxviiii. Cum adversus Æquos res male gesta esset, L. Quinctius Cincinnatus dictator factus, cum rure intentus rustico operi esset, ad bellum gerendum arcessitus est. Is victos hostes sub jugum misit. Tribunorum plebis numerus ampliatus est, ut essent decem, tricesimo sexto anno a primis tribunis plebis. Petitis per legatos et allatis Atticis legibus, ad constituendas eas proponendasque decemviri pro consulibus sine ullis aliis magistratibus creati, altero et trecentesimo anno quàm Roma condita erat ; et ut a regibus ad consules, ita a consulibus ad decemviros translatum imperium. Hi, decem tabulis legum positis, cum modeste se in eo honore gessissent et ob id in alterum quoque annum eundem esse magistratum placuisset, duabus tabulis ad decem adjectis, cum complura impotenter fecissent, magistratum noluerunt deponere et in tertium annum detinuerunt ; XLIV, &c., Donec inviso eorum imperio finem attulit libido Ap. Claudii, qui, cum in amorem virginis incidisset, submisso qui eam in servitutem peteret, necessitatem patri ejus Virginio imposuit rapto ex taberna proxima cultro ut filiam occideret, cum aliter eam tueri non posset ne in potestatem stuprum allaturi veniret. L–LIX. Hoc tam magnæ injuriæ exemplo plebs incitata montem Aventinum occupavit, coegitque decemviros abdicare se magistratu. Ex quibus Appius qui præcipue pœnam meruerat, in carcerem conjectus est ; ceteri in exsilium acti. LX, &c. Res præterea contra Sabinos, et Volscos, et Æquos prosperè gestas continet ; et parum honestum populi Romani judicium, qui judex inter Ardeates et Aricinos sumptus, agrum de quo ambigebant sibi adjudicavit.—[v. c. 287–309. ᴀ. ᴄ. 465–443.]

XLIV. Sequitur aliud in urbe nefas, ab libidine ortum,
haud minus foedo eventu, quam quod per stuprum
caedemque Lucretiae urbe regnoque Tarquinios   u. c.
expulerat, ut non finis solum idem decemviris, qui   305.
regibus, sed causa etiam eadem imperii amittendi   a. c. 5
esset. Ap. Claudium virginis plebeiae stuprandae   447.
libido cepit. Pater virginis L. Virginius honestum
ordinem in Algido ducebat, vir exempli recti domi militiae-
que : perinde uxor instituta fuerat liberique instituebantur :
desponderat filiam L. Icilio tribunicio, viro acri, et pro 10
causa plebis expertae virtutis. Hanc virginem adultam,
forma excellentem, Appius amore ardens pretio ac spe
pellicere adortus, postquam omnia pudore saepta animad-
verterat, ad crudelem superbamque vim animum convertit.
M. Claudio clienti negotium dedit, ut virginem in servitu- 15
tem assereret, neque cederet secundum libertatem postu-
lantibus vindicias, quod pater puellae abesset locum injuriae esse ratus. Virgini venienti in forum—ibi namque in
tabernis litterarum ludi erant—minister decemviri libidinis
manum injecit, serva sua natam servamque appellans 20
sequi se jubebat, cunctantem vi abstracturum. Pavida
puella stupente, ad clamorem nutricis, fidem Quiritium
implorantis, fit concursus : Virginii patris sponsique Icilii
populare nomen celebrabatur : notos gratia eorum, turbam
indignitas rei virgini conciliat. Jam a vi tuta erat, cum 25
assertor nihil opus esse multitudine concitata ait, se jure
grassari non vi : vocat puellam in jus, auctoribus, qui
aderant, ut sequerentur. Ad tribunal Appii perventum
est. Notam judici fabulam petitor—quippe apud ipsum
auctorem argumenti—peragit : puellam domi suae natam, 30
furtoque inde in domum Virginii translatam, suppositam
ei esse : id se indicio compertum afferre probaturumque
vel ipso Virginio judice, ad quem major pars injuriae ejus
pertineat : interim dominum sequi ancillam aequum esse.
Advocati puellae, cum Virginium rei publicae causa dixis- 35
sent abesse, biduo affuturum si nuntiatum ei sit, iniquum
esse absentem de liberis dimicare, postulant, ut rem integram in patris adventum differat, lege ab ipso lata vindicias
det secundum libertatem, neu patiatur virginem adultam
famae prius quam libertatis periculum adire. XLV. Ap- 40
pius decreto praefatus, quam libertati faverit, eam ipsam
legem declarare, quam Virginii amici postulationi suae
praetendant : ceterum ita in ea firmum libertati fore praesi-
dium, si nec causis nec personis variet : in his enim, qui

asserantur in libertatem, quia quivis lege agere possit, id
juris esse : in ea, quæ in patris manu sit, neminem esse
alium, cui dominus possessione cedat : placere itaque patrem arcessiri : interea juris sui jacturam assertorem non
5 facere, quin ducat puellam sistendamque in adventum
ejus, qui pater dicatur, promittat. Adversus injuriam decreti cum multi magis fremerent, quam quisquam unus
recusare auderet, P. Numitorius puellæ avunculus et
sponsus Icilius interveniunt : dataque inter turbam via,
10 cum multitudo Icilii maxime interventu resisti posse Appio
crederet, lictor decresse ait, vociferantemque Icilium sub-
movet. Placidum quoque ingenium tam atrox injuria
accendisset :—" ferro hinc tibi submovendus sum, Appi,"
inquit, " ut tacitum feras quod celari vis. Virginem ego
15 hanc sum ducturus nuptamque pudicam habiturus. Proinde omnes collegarum quoque lictores convoca, expediri
virgas et secures jube :—non manebit extra domum patris
sponsa Icilii. Non, si tribunicium auxilium et provocationem plebi Romanæ—duas arces libertatis tuendæ—ade-
20 mistis, ideo in liberos quoque nostros conjugesque regnum
vestræ libidini datum est. Sævite in tergum et in cervices
nostras : pudicitia saltem in tuto sit. Huic si vis affere-
tur, ego præsentium Quiritium pro sponsa, Virginius militum pro unica filia, omnés deorum hominumque implora-
25 bimus fidem, neque tu istud umquam decretum sine cæde
nostra referes. Postulo, Appi, etiam atque etiam consi-
deres, quo progrediare. Virginius viderit de filia, ubi
venerit, quid agat : hoc tantum sciat, sibi, si hujus vindiciis
cesserit, conditiónem filiæ quærendam esse : me vindican-
30 tem sponsam in libertatem vita citius deseret quam fides."
XLVI. Concitata multitudo erat, certamenque instare
videbatur. Lictores Icilium circumsteterant : nec ultra
minas tamen processúm est, cum Appius, non Virginiam
defendi ab Icilio, sed inquietum hominem et tribunatum
35 etiam nunc spirantem locum, seditionis quærere, diceret :
non præbiturum se illi eo die materiam : sed ut jam sciret,
non id petulantiæ suæ sed Virginio absenti et patrio nomini
et libertati datum, justo die se non dicturum neque decretum interpositurum : a M. Claudio petiturum, ut decede-
40 ret jure suo vindicarique puellam in posterum diem pateretur : quod nisi pater postero die affuisset, denuntiare se
Icilio similibusque Icilii, neque legi suæ latorem neque
decemviro constantiam defore : nec se utique collegarum
lictores convocaturum ad coercendos seditionis auctores,

contentum se suis lictoribus fore. Cum dilatum tempus
injuriæ esset secessissentque advocati puellæ, placuit
omnium primum, fratrem Icilii filiumque Numitorii, impigros juvenes, pergere inde recta ad portam et, quantum
accelerari posset, Virginium acciri e castris: in eo verti 5
puellæ salutem, si postero die vindex injuriæ ad tempus
præsto esset. Jussi pergunt, citatisque equis nuntium ad
patrem perferunt. Cum instaret assertor puellæ, ut vindicaret sponsoresque daret, atque id ipsum agi diceret
Icilius, sedulo tempus terens, dum præciperent iter nuntii 10
missi in castra, manus tollere undique multitudo et se
quisque paratum ad spondendum Icilio ostendere. Atque
ille lacrimabundus "gratum est" inquit, "crastina die
vestra opera utar, sponsorum nunc satis est." Ita vindi-
catur Virginia spondentibus propinquis. Appius pauli- 15
sper moratus, ne ejus rei causa sedisse videretur, postquam omissis rebus aliis præ cura unius nemo adibat,
domum se recepit collegisque in castra scribit, ne Virginio
commeatum dent atque etiam in custodia habeant. Im-
probum consilium serum, ut debuit, fuit, et jam commeatu 20
sumpto profectus Virginius prima vigilia erat, cum postero
die mane de retinendo eo nequidquam litteræ redduntur.

XLVII. At in urbe, prima luce, cum civitas in foro
exspectatione erecta staret, Virginius sordidatus filiam secum obsoleta veste, comitantibus aliquot matronis, cum 25
ingenti advocatione in forum deducit. Circumire ibi et
prensare homines cœpit, et non orare solum precariam
opem sed pro debita petere: se pro liberis eorum ac conjugibus quotidie in acie stare, nec alium virum esse, cujus
strenue ac ferociter facta in bello plura memorari possent: 30
—quid prodesse, si incolumi urbe, quæ capta ultima time-
antur, liberis suis sint patienda? Hæc prope concionabundus circumibat homines. Similia his ab Icilio jacta-
bantur. Comitatus muliebris plus tacito fletu quam ulla
vox movebat. Adversus quæ omnia obstinato animo 35
Appius—tanta vis amentiæ verius quam amoris mentem
turbaverat—in tribunal escendit, et ultro querente pauca
petitore, quod sibi pridie per ambitionem dictum non esset,
priusquam aut ille postulatum perageret aut Virginio
respondendi daretur locus, Appius interfatur. Quem de- 40
creto sermonem prætenderit, forsan aliquem verum auctores antiqui tradiderint:—quia nusquam ullum in tanta
fœditate decreti veri similem invenio, id quod constat,
nudum videtur proponendum, decresse vindicias secun-

dum servitutem. Primo stupor omnes admiratione rei
tam atrocis defixit, silentium inde aliquamdiu tenuit.
Dein, cum M. Claudius, circumstantibus matronis, iret ad
prehendendam virginem, lamentabilisque eum mulierum
5 comploratio excepisset, Virginius intentans in Appium
manus "Icilio" inquit, "Appi, non tibi filiam despondi,
et ad nuptias non ad stuprum educavi. Placet pecudum
ferarumque ritu promisce in concubitus ruere? Passu-
rine hæc isti sint, nescio : non spero esse passuros illos qui
10 arma habent." Cum repelleretur assertor virginis a globo
mulierum circumstantiumque advocatorum, silentium factum per præconem. XLVIII. Decemvir, alienatus ad
libidinem animo, negat ex hesterno tantum convicio Icilii
violentiaque Virginii—cujus testem populum Romanum
15 habeat—sed certis quoque indiciis compertum se habere,
nocte tota cœtus in urbe factos esse ad movendam seditionem. Itaque se haud inscium ejus dimicationis cum
armatis descendisse—non ut quemquam quietum violaret,
sed ut turbantes civitatis otium pro majestate imperii coer-
20 ceret : "proinde quiesse erit melius," inquit : "lictor,
submove turbam, et da viam domino ad prehendendum
mancipium." Cum hæc intonuisset plenus iræ, multitudo
ipsa se sua sponte dimovit, desertaque præda injuriæ puella
stabat. Tum Virginius, ubi nihil usquam auxilii vidit,
25 "quæso" inquit, "Appi, primum ignosce patrio dolori, si
quid inclementius in te sum invectus : deinde sinas hic
coram virgine nutricem percontari, quid hoc rei sit, ut, si
falso pater dictus sum, æquiore hinc animo discedam."
Data venia, seducit filiam ac nutricem prope Cloacinæ ad
30 tabernas—quibus nunc novis est nomen,—atque ibi ab
lanio cultro arrepto, "hoc te uno quo possum" ait "modo,
filia, in libertatem vindico :" pectus deinde puellæ transfigit, respectansque ad tribunal "te" inquit, "Appi, tuum-
que caput sanguine hoc consecro." Clamore ad tam atrox
35 facinus orto excitus Appius, comprehendi Virginium jubet.
Ille ferro, quacumque ibat, viam facere, donec multitudine
etiam prosequentium tuente ad portam perrexit. Icilius
Numitoriusque exsangue corpus sublatum ostentant populo : scelus Appii, puellæ infelicem formam, necessita-
40 tem patris deplorant. Sequentes clamitant matronæ, eamne
liberorum procreandorum conditionem, ea pudicitiæ præmia esse? cetera, quæ in tali re muliebris dolor, quo est
mæstior imbecillo animo, eo miserabilia magis querentibus
subjicit. Virorum, et maxime Icilii, vox tota, tribuniciæ

potestatis ac provocationis ad populum ereptæ, publicarum-
que indignationum, erat.   XLIX. Concitatur multitudo
partim atrocitate sceleris, partim spe per occasionem repe-
tendæ libertatis.   Appius nunc vocari Icilium nunc re-
tractantem arripi, postremo, cum locus adeundi apparitori- 5
bus non daretur, ipse cum agmine patriciorum juvenum
per turbam vadens in vincula duci jubet.   Jam circa
Icilium non solum multitudo, sed duces quoque multitudinis erant L. Valerius et M. Horatius, qui repulso lictore,
si jure ageret, vindicare se a privato Icilium aiebant, si 10
vim afferre conarentur, ibi quoque haud impares fore.
Hinc atrox rixa oritur.   Valerium Horatiumque lictor
decemviri invadit: franguntur a multitudine fasces.   In
concionem Appius escendit: sequuntur Horatius Valeri-
usque: eos concio audit, decemviro obstrepitur.   Jam pro 15
imperio Valerius discedere a privato lictores jubebat, cum,
fractis animis, Appius, vitæ metuens, in domum se propin-
quam foro, insciis adversariis, capite obvoluto, recipit.
Sp. Oppius, ut auxilio collegæ esset, in forum ex altera
parte irrumpit: videt imperium vi victum: agitatus deinde 20
consiliis—atque ex omni parte assentiendo multis auctoribus trepidaverat—senatum postremo vocari jussit.   Ea
res, quod magnæ parti patrum displicere acta decemvirorum videbantur, spe per senatum finiendæ potestatis ejus
multitudinem sedavit.   Senatus nec plebem irritandam 25
censuit, et multo magis providendum, ne quid Virginii
adventus in exercitu motus faceret.   L. Itaque missi
juniores patrum in castra, quæ tum in monte Vecilio
erant, nuntiant decemviris, ut omni ope ab seditione milites
contineant.   Ibi Virginius majorem, quam reliquerat in 30
urbe, motum excivit: nam, præterquam quod agmine
prope quadringentorum hominum veniens—qui ab urbe
indignitate rei accensi comites ei se dederant—conspectus
est, strictum etiam telum, respersusque ipse cruore, tota in
se castra convertit: et togæ, multifariam in castris visæ, 35
majoris aliquanto, quam erat, speciem urbanæ multitudinis
fecerant.   Quærentibus, quid rei esset, flens diu vocem
non misit: tandem, ut jam ex trepidatione concurrentium
turba constitit ac silentium fuit, ordine cuncta ut gesta
erant exposuit: supinas deinde tendens manus commili- 40
tones appellans orabat, ne, quod scelus Appii Claudii
esset, sibi attribuerent, neu se ut parricidam liberum
aversarentur: sibi vitam filiæ sua cariorem fuisse, si
libere ac pudice vivere licitum fuisset: cum velut servam

ad stuprum rapi videret, morte amitti melius ratum quam
contumelia liberos, misericordia se in speciem crudelitatis
lapsum : nec se superstitem filiæ futurum fuisse, nisi spem
ulciscendæ mortis ejus in auxilio commilitonum habuisset :
5 illis quoque enim filias sorores conjugesque esse, nec cum
filia sua libidinem Appii Claudii exstinctam esse sed, quo
impunitior sit, eo effrenatiorem fore : aliena calamitate
documentum datum illis cavendæ similis injûriæ.   Quod
ad se attineat, uxorem sibi fato ereptam, filiam, quia non
10 ultra pudica .victura fuerit, miseram sed honestam mortem
occubuisse : non esse jam Appii libidini locum in domo
sua : ab alia violentia ejus eodem se animo suum corpus
vindicaturum, quo vindicaverit filiæ :—ceteri sibi ac liberis consulerent.   Hæc virginio vociferanti succlamabat
15 multitudo, nec illius dolori, nec suæ libertati se defuturos.
Et immixti turbæ militum togati, cum eadem illa querendo
docendoque, quanto visa quam audita indigniora potuerint
videri, simul profligatam jam rem nuntiando Romæ esse—
insecutisque qui Appium prope interemptum in exsilium
20 abisse dicerent—perpulerunt, ut ad arma conclamaretur,
vellerentque signa, et Romam proficiscerentur.   Decemviri, simul his quæ videbant, iisque quæ acta Romæ audi-
erant, perturbati, alius in aliam partem castrorum ad
sedandos motus discurrunt.   Et leniter agentibus respon-
25 sum non redditur : imperium si quis inhiberet, et viros et
armatos se esse, respondetur.   Eunt agmine ad urbem, et
Aventinum insidunt, ut quisque occurrerat, plebem ad
repetendam libertatem creandosque tribunos plebis adhor-
tantes.   Alia vox nulla violenta audita est.   Senatum Sp.
30 Oppius habet.   Nihil placet aspere agi, quippe ab ipsis
datum locum seditionis esse.   Mittuntur tres legati consulares, Sp. Tarpeius, C. Julius, P. Sulpicius, qui quærerent
senatus verbis, cujus jussu castra deseruissent, aut quid
sibi vellent, qui armati Aventinum obsedissent, belloque
35 averso ab hostibus patriam suam cepissent.   Non defuit
quid responderetur, deerat qui daret responsum—nullo
dum certo duce, nec satis audentibus singulis invidiæ se
offerre.   Id modo a multitudine conclamatum est, ut L.
Valerium et M. Horatium ad se mitterent, iis se daturos
40 responsum.   LI. Dimissis legatis admonet milites Virginius, in re non maxima paulo ante trepidatum esse, quia
sine capite multitudo fuerint, responsumque—quamquam
non inutiliter, fortuito tamen magis consensu quam communi consilio esse : placere decem creari, qui summæ rei

præessent, militarique honore tribunos militum appellare.
Cum ad eum ipsum primum is honos deferretur, " melioribus meis vestrisque rebus reservate" inquit " ista de me
judicia: nec mihi filia inulta honorem ullum jucundum
esse patitur, nec in perturbata republica eos utile est præ- 5
esse vobis, qui proximi invidiæ sint: si quis usus mei est,
nihilo minor ex privato capietur." Ita decem numero
tribunos militares creant. Neque in Sabinis quievit exercitus: ibi quoque, auctore Icilio Numitorioque, secessio ab
decemviris facta est, non minore motu animorum Siccii 10
cædis memoria renovata, quam quem nova fama de virgine adeo fœde ad libidinem petita accenderat. Icilius,
ubi audivit tribunos militum in Aventino creatos, ne comitiorum militarium prærogativam urbana comitia iisdem
tribunis plebis creandis sequerentur, peritus rerum popu- 15
larium, imminensque ei potestati, et ipse, priusquam iretur
ad urbem, pari potestate eundem numerum ab suis creandum curat. Porta Collina urbem intravere sub signis,
mediaque urbe agmine in Aventinum pergunt. Ibi, conjuncti alteri exercitui, viginti tribunis militum negotium 20
dederunt, ut ex suo numero duos crearent, qui summæ
rerum præessent. M. Oppium, Sex. Manilium creant.
Patres solliciti de summa rerum, cum senatus quotidie
esset, jurgiis sæpius terunt tempus quam consiliis: Siccii
cædes decemviris, et Appiana libido, et dedecora militiæ 25
objiciebantur: placebat Valerium Horatiumque ire in
Aventinum. Illi negabant se aliter ituros, quam si decemviri deponerent insignia magistratus ejus, quo anno jam
ante abissent. Decemviri, querentes se in ordinem cogi,
non ante quam perlatis legibus, quarum causa creati 30
essent, deposituros imperium se aiebant.

LII. Per M. Duellium, qui tribunus plebis fuerat, certior facta plebs, contentionibus assiduis nihil transigi, in
Sacrum montem ex Aventino transit, affirmante Duellio,
non prius, quam deseri urbem videant, curam in animos 35
patrum descensuram: admoniturum Sacrum montem constantiæ plebis, scituroque, quam sine restituta potestate
redigi in concordiam res nequeant. Via Nomentana—cui
tum Ficulensi nomen fuit—profecti, castra in monte Sacro locavere, modestiam patrum suorum nihil violando 40
imitati. Secuta exercitum plebs, nullo, qui per ætatem
ire posset, retractante: prosequuntur conjuges liberique,
cuinam se relinquerent in ea urbe, in qua nec pudicitia
nec libertas sancta esset, miserabiliter rogitantes. Cum

vasta Romæ omnia insueta solitudo fecisset, in foro præter
paucos seniorum nemo esset, vocatis utique in senatum
patribus desertum apparuisset forum, pluresque jam quam
Horatius ac Valerius vociferarentur :—"quid exspectabi-
5 tis, patres conscripti ? Si decemviri finem pertinaciæ non
faciunt, ruere ac deflagrare omnia passuri estis? quod
autem istud imperium est, decemviri, quod amplexi tene-
tis ? Tectis ac parietibus jura dicturi estis? non pudet,
lictorum vestrorum majorem prope numerum in foro con-
10 spici quam togatorum aliorumque? Quid, si hostes ad
urbem veniant, facturi estis? Quid, si plebs mox, ubi
parum secessione moveatur, armata veniat? Occasune
urbis vultis finire imperium?—Atqui aut plebs non est
habenda, aut habendi sunt tribuni plebis: nos citius caru-
15 erimus patriciis magistratibus quam illi plebeiis: novam
inexpertamque eam potestatem eripuere patribus nostris,
ne nunc, dulcedine semel capti, ferant desiderium, cum
præsertim nec nos temperemus imperiis, quo minus illi
auxilii egeant:"—cum hæc ex omni parte jactarentur,
20 victi consensu decemviri, futuros se—quando ita videatur—
in potestate patrum affirmant. Id modo simul orant ac
monent, ut ipsis ab invidia caveatur, nec suo sanguine ad
supplicia patrum plebem assuefaciant. LIII. Tum Valerius Horatiusque missi ad plebem conditionibus quibus
25 videretur revocandam componendasque res, decemviris
quoque ab ira et impetu multitudinis præcavere jubentur.
Profecti gaudio ingenti plebis in castra accipiuntur, quippe
liberatores haud dubie et motus initio et exitu rei. Ob
hæc his advenientibus gratiæ actæ. Icilius pro multitu-
30 dine verba facit: idem, cum de conditionibus ageretur,
quærentibus legatis quæ postulata plebis essent, composito
jam ante adventum legatorum consilio, ea postulavit, ut
appareret in æquitate rerum plus quam in armis reponi
spei. Potestatem enim tribuniciam provocationemque re-
35 petebant, quæ ante decemviros creatos auxilia plebis fuerant, et ne cui fraudi esset concisse milites aut plebem
ad repetendam per secessionem libertatem. De decemvirorum modo supplicio atrox postulatum fuit: dedi quippe
eos æquum censebant, vivosque igni concrematuros mina-
40 bantur. Legati ad ea: "quæ consilii fuerunt, adeo æqua
postulastis, ut ultro vobis deferenda fuerint: libertati enim
ea præsidia petitis, non licentiæ ad impugnandos alios:
iræ vestræ magis ignoscendum quam indulgendum est,
quippe qui crudelitatis odio in crudelitatem ruitis, et prius

pæne, quam ipsi liberi sitis, dominari jam in adversarios
vultis. Numquamne quiescit civitas nostra a suppliciis,
aut patrum in plebem Romanam aut plebis in patres?
Scuto vobis magis quam gladio opus est: satis superque
humilis est, qui jure æquo in civitate vivit, nec inferendo 5
injuriam nec patiendo: etiam, si quando metuendos vos
præbituri estis, cum, recuperatis magistratibus legibusque
vestris, judicia penes vos erunt de capite nostro fortunis-
que, tunc, ut quæque causa erit, statuetis: nunc libertatem
repeti satis est." LIV. Facerent, ut vellent, permittenti- 10
bus cunctis, mox redituros se legati rebus perfectis affirmant. Profecti cum mandata plcbis patribus exposuissent, alii decemviri, quando quidem præter spem ipsorum
supplicii sui nulla mentio fieret, haud quidquam abnuere:
Appius truci ingenio et invidia præcipua, odium in se 15
aliorum suo in eos metiens odio "haud ignaro" inquit
"imminet fortuna: video, donec arma adversariis tradan-
tur, differri adversus nos certamen: dandus invidiæ est
sanguis: nihil ne ego quidem moror, quo minus decemvi-
ratu abeam." Factum senatus consultum, ut decemviri 20
se primo quoque tempore magistratu abdicarent, Q. Furius
pontifex maximus tribunos plebis crearet, et ne cui fraudi
esset secessio militum plebisque. His senatus consultis
perfectis, dimisso senatu, decemviri prodeunt in concionem abdicantque se magistratu, ingenti hominum lætitia. 25
Nuntiantur hæc plebi. Legatos quidquid in urbe hominum supererat prosequitur. Huic multitudini læta alia
turba ex castris occurrit: congratulantur libertatem con-
cordiamque civitati restitutam. Legati pro concione:
"quod bonum, faustum, felixque sit vobis, reique publicæ, 30
redite in patriam ad penates conjuges liberosque vestros.
Sed, qua hic modestia fuistis, ubi nullius ager in tot rerum
usu necessario tantæ multitudini est violatus, eam modestiam ferte in urbem. In Aventinum ite, unde profecti estis:
ibi felici loco, ubi prima initia inchoastis libertatis vestræ, 35
tribunos plebi creabitis: præsto erit pontifex maximus, qui
comitia habeat." Ingens assensus alacritasque cuncta
approbantium fuit. Convellunt inde signa, profectique
Romam, certant cum obviis gaudio. Armati per urbem
silentio in Aventinum perveniunt. Ibi extemplo pontifice 40
maximo comitia habente, tribunos plebis creaverunt, omnium primum L. Virginium, inde L. Icilium et P. Numito-
rium avunculum Virginiæ, auctores secessionis, tum C.
Sicinium—progeniem ejus, quem primum tribunum plebis

creatum in Sacro monte proditum memoriæ est—et **M.**
Duellium, qui tribunatum insignem ante decemviros creatos gesserat, nec in decemviralibus certaminibus plebi
defuerat : spe deinde, magis quam meritis, electi **M.** Ti-
5 tinius, **M.** Pomponius, **C.** Apronius, **P.** Villius, **C.** Oppius.
Tribunatu inito, Lucius Icilius extemplo plebem rogavit,
et plebs scivit, ne cui fraudi esset secessio ab decemviris
facta. Confestim de consulibus creandis cum provocatione
Marcus Duellius rogationem pertulit. Ea omnia in pratis
10 Flaminiis concilio plebis acta, quem nunc circum Flaminium appellant.
LV. Per interregem deinde consules creati, L. Valerius, M. Horatius, qui extemplo magistratum occe-
U. C. perunt : quorum consulatus popularis sine ulla pa-
15 **306.** trum injuria, nec sine offensione fuit : quidquid
A. C. enim libertati plebis caveretur, id suis decedere
446. opibus credebant. Omnium primum, cum velut
in controverso jure esset, tenerenturne patres plebi-
scitis, legem centuriatis comitiis tulere, ut, quod tributim
20 plebes jussisset, populum teneret : qua lege tribuniciis
rogationibus telum acerrimum datum est. Aliam deinde
consularem legem de provocatione—unicum præsidium
libertatis—decemvirali potestate eversam, non restituunt
modo, sed etiam in posterum muniunt, sanciendo novam
25 legem, ne quis ullum magistratum sine provocatione crearet : quis creasset, eum jus fasque esset occidi, neve ea
cædes capitalis noxæ haberetur. Et cum plebem hinc
provocatione hinc tribunicio auxilio satis firmassent, ipsis
quoque tribunis, ut sacrosancti viderentur—cujus rei
30 prope jam memoria aboleverat—relatis quibusdam ex magno intervallo cærimoniis renovarunt : et cum religione
inviolatos eos, tum lege etiam fecerunt, sanciendo ut, qui
tribunis plebis, ædilibus, judicibus, decemviris nocuisset,
ejus caput Jovi sacrum esset, familia ad ædem Cereris,
35 Liberi, Liberæque venum iret. Hac juris lege interpretes
negant quemquam sacrosanctum esse, sed eum, qui quid
eorum cuiquam nocuerit, id sacrum sanciri : itaque ædilem prehendi ducique a majoribus magistratibus, quod
etsi non jure fiat—noceri enim ei, cui hac lege non liceat
40 —tamen argumentum esse non haberi pro sacrosancto
ædilem : tribunos vetere jurejurando plebis, cum primum
eam potestatem creavit, sacrosanctos esse. Fuere qui
interpretarentur, eadem hac Horatia lege consulibus quoque et prætoribus, quia eisdem auspiciis quibus consules

crearentur, cautum esse : judicem enim consulem appellari. Quæ refellitur interpretatio, quod iis temporibus
nondum consulem judicem sed prætorem appellari mos
fuerat. Hæc consulares leges fuere. Institutum etiam
ab iisdem consulibus, ut senatus consulta in ædem Cereris 5
ad ædiles plebis deferrentur, quæ antea arbitrio consulum
supprimebantur vitiabanturque. M. Duellius deinde tribunus plebis plebem rogavit, plebesque scivit, qui plebem
sine tribunis reliquisset, quique magistratum sine provocatione creasset, tergo ac capite puniretur. IIæc omnia ut 10
invitis, ita non adversantibus, patriciis transacta, quia nondum in quemquam unum sæviebatur.

LVI. Fundata deinde et potestate tribunicia, et plebis
libertate, tum tribuni, aggredi singulos tutum maturumque
jam rati, accusatorem primum Virginium et Appium reum 15
deligunt. Cum diem Appio Virginius dixisset, et Appius,
stipatus patriciis juvenibus, in forum descendisset, redintegrata extemplo est omnibus memoria fœdissimæ potestatis, cum ipsum satellitesque ejus vidissent. Tum Virginius "oratio" inquit "rebus dubiis inventa est : itaque 20
neque ego accusando apud vos eum tempus teram, a cujus crudelitate vosmet ipsi armis vindicastis, nec istum ad
cetera scelera impudentiam in defendendo se adjicere
patiar. Omnium igitur tibi, Appi Claudi, quæ impie ne-
farieque per biennium alia super alia es ausus, gratiam 25
facio : unius tantum criminis nisi judicem dices, te ab
libertate in servitutem contra leges vindicias non dedisse,
in vincula te duci jubebo." Nec in tribunicio auxilio
Appius, nec in judicio populi ullam spem habebat : atta-
men et tribunos appellavit, et nullo morante arreptus a 30
viatore "provoco" inquit. Audita vox una vindex libertatis ex eo missa ore, quo vindiciæ nuper ab libertate dictæ
erant, silentium fecit : et, dum pro se quisque deos tandem
esse, et non negligere humana fremunt, et superbiæ cru-
delitatique etsi seras non leves tamen venire pœnas, pro- 35
vocare, qui provocationem sustulisset, et implorare præsidium populi, qui omnia jura populi obtrisset, rapique in
vincula egentem jure libertatis, qui liberum corpus in
servitutem addixisset,—ipsius Appii inter concionis mur-
mur fidem populi Romani implorantis vox exaudiebatur. 40
Majorum merita in rempublicam domi militiæque comme-
morabat, suum infelix erga plebem Romanam studium,
quo æquandarum legum causa cum maxima offensione
patrum consulatu abisset, suas leges, quibus manentibus

lator earum in vincula ducatur. Ceterum sua propria
bona malaque, cum causæ dicendæ data facultas sit, tum
se experturum : in præsentia se communi jure civitatis
civem Romanum die dicta postulare, ut dicere liceat, ut
5 judicium populi Romani experiri. Non ita se invidiam
pertimuisse, ut nihil in æquitate et misericordia civium
suorum spei habeat. Quod si indicta causa in vincula
ducatur, iterum se tribunos plebei appellare et monere, ne
imitentur quos oderint. Quod si tribuni eodem fœdere
10 obligatos se fateantur tollendæ appellationis causa, in
quam conspirasse decemviros criminati sint, at se provocare ad populum, implorare leges de provocatione, et consulares, et tribunicias eo ipso anno latas. Quem enim
provocaturum, si hoc indemnato indicta causa non liceat ?
15 Cui plebeio et humili præsidium in legibus fore, si Ap.
Claudio non sit ? Se documento futurum, utrum novis
legibus dominatio an libertas firmata sit, et appellatio pro-
vocatioque adversus injuriam magistratuum ostentata tantum inanibus litteris, an vere data sit. LVII. Contra ea
20 Virginius unum Ap. Claudium et legum expertem et civi-
lis et humani fœderis esse aiebat. Respicerent tribuna!
homines castellum omnium scelerum, ubi decemvir ille
perpetuus, bonis, tergo, sanguini civium infestus, virgas
securesque omnibus minitans, deorum hominumque con-
25 temptor, carnificibus non lictoribus stipatus, jam ab rapinis
et cædibus animo ad libidinem verso, virginem ingenuam
in oculis populi Romani, velut bello captam, ab complexu
patris abreptam, ministro cubiculi sui clienti dono dederit,
ubi crudeli decreto nefandisque vindiciis dextram patris in
30 filiam armaverit, ubi tollentes corpus semianime virginis
sponsum avunculumque in carcerem duci jusserit, stupro
interpellato magis quam cæde motus. Et illi carcerem
ædificatum esse, quod domicilium plebis Romanæ vocare
sit solitus. Proinde, ut ille iterum ac sæpius provocet, sic
35 se iterum ac sæpius judicem illi ferre, ni vindicias ab libertate in servitutem dederit. Si ad judicem non eat, pro
damnato in vincula duci jubere. Ut haud quoquam'im-
probante, sic magno motu animorum, cum tanti viri supplicio suamet plebi jam nimia libertas videretur, in carce-
40 rem est conjectus. Tribunus ei diem prodixit.
    Inter hæc ab Latinis et Hernicis legati gratulatum de
concordia patrum ac plebis Romam venerunt, donumque
ob eam Jovi optimo maximo coronam auream in Capitolium
tulere parvi ponderis, prout res haud opulentæ erant,

colebanturque religiones pie magis quam magnifice. Iisdem auctoribus cognitum est, Æquos Volscosque summa vi bellum apparare. Itaque partiri provincias consules jussi: Horatio Sabini, Valerio Æqui evenere. Cum ad ea bella dilectum edixissent, favore plebis non juniores 5 modo, sed emeritis etiam stipendiis, pars magna voluntariorum ad nomina danda præsto fuere, eoque non copia modo, sed genere etiam militum, veteranis admixtis, firmior exercitus fuit. Priusquam urbem egrederentur, leges decemvirales—quibus tabulis duodecim est nomen—in æs 10 incisas in publico proposuerunt. Sunt, qui jussu tribunorum ædiles functos eo ministerio scribant.

LVIII. C. Claudius, qui perosus decemvirorum scelera et ante omnes fratris filii superbiæ infestus, Regillum, antiquam in patriam se contulerat, is magno jam natu 15 cum ad pericula ejus deprecanda redisset, cujus vitia fugerat, sordidatus cum gentilibus clientibusque in foro prensabat singulos orabatque, ne Claudiæ genti eam inustam maculam vellent, ut carcere et vinculis viderentur digni: virum honoratissimæ imaginis futurum ad posteros, 20 legum latorem conditoremque Romani juris—jacere vinctum inter fures nocturnos ac latrones! Averterent ab ira parumper ad cognitionem cogitationemque animos, et potius unum tot Claudiis deprecantibus condonarent, quam propter unius odium multorum preces aspernarentur. Se 25 quoque id generi ac nomini dare, nec cum eo in gratiam redisse, cujus adversæ fortunæ velit succursum. Virtute libertatem recuperatam esse, clementia concordiam ordinum stabiliri posse. Erant, quos moveret sua magis pietate, quam ejus, pro quo agebat, causa: sed Virginius 30 sui potius misererentur orabat filiæque, nec gentis Claudiæ regnum in plebem sortitæ sed necessariorum Virginiæ—trium tribunorum—preces audirent, qui, ad auxilium plebis creati, ipsi plebis fidem atque auxilium implorarent. Justiores hæ lacrimæ videbantur: itaque spe incisa, prius- 35 quam prodicta dies adesset, Appius mortem sibi conscivit. Subinde arreptus a P. Numitorio Sp. Oppius, proximus invidiæ, quod in urbe fuerat, cum injustæ vindiciæ a collega dicerentur. Plus tamen facta injuria Oppio quam non prohibita invidiæ fecit: testis productus, qui septem 40 et viginti enumeratis stipendiis octies extra ordinem donatus, donaque ea gerens in conspectu populi—scissa veste tergum laceratum virgis ostendit, nihilum deprecans, quin, si quam suam noxam reus dicere posset, privatus

7

iterum in se sæviret. Oppius quoque ductus in vincula
est, et ante judicii diem finem ibi vitæ fecit. Bona Claudii
Oppiique tribuni publicavere. Collegæ eorum exsilii causa
solum verterunt, bona publicata sunt. Et M. Claudius
5 assertor Virginiæ die dicta damnatus, ipso remittente
Virginio ultimam pœnam dimissus, Tibur exsulatum abiit:
manesque Virginiæ—mortuæ quam vivæ felicioris—per
tot domos ad petendas pœnas vagati, nullo relicto sonte,
tandem quieverunt.
10　LIX. Ingens metus incesserat patres, vultusque jam
inde tribunorum erant, qui decemvirorum fuerant, cum
M. Duellius, tribunus plebis, inhibito salubriter modo
nimiæ potestatis, "et libertatis" inquit "nostræ, et pœnarum ex inimicis, satis est: itaque hoc anno nec diem dici
15 cuiquam nec in vincula duci quemquam sum passurus:
nam neque vetera peccata repeti jam obliterata placet,
cum nova expiata sint decemvirorum suppliciis, et nihil
admissum iri, quod vim tribuniciam desideret, spondet
perpetua consulum amborum in libertate vestra tuenda
20 cura." Ea primum moderatio tribuni metum patribus
dempsit, eademque auxit consulum invidiam; quod adeo
toti plebis fuissent, ut patrum salutis libertatisque prior
plebeio magistratui quam patricio cura fuisset, et ante
inimicos satietas pœnarum suarum cepisset, quam obviam
25 ituros licentiæ eorum consules appareret: multique erant,
qui mollius consultum dicerent, quod legum ab iis latarum
patres auctores fuissent, neque erat dubium, quin turbato
reipublicæ statu tempori succubuissent.

LIBRI QUARTI

ARGUMENTUM LIBRI QUARTI.

I, &c. Lex de connubio Patrum et plebis a tribunis plebis contentione magna, Patribus repugnantibus, perlata est. VI. Tribuni militares. Aliquot annis res populi Romani domi militiæque per hoc genus
magistratus administratæ sunt. Item censores tunc primum creati
sunt. Ager Ardeatinus Romani populi judicio ablatus, missis in eum
colonis restitutus est. Cum fame populus Romanus laboraret, Sp.
Mælius, eques populo Romano frumentum sua impensa largitus est;
et ob id factum conciliata sibi, plebe, regnum affectans a C. Servilio
Ahala, magistro equitum, jussu Quinctii Cincinnati dictatoris occisus
est. L. Minucius index bove aurata donatus est. Legatis Romanis a
Fidenatibus occisis, quoniam ob rempublicam occubuerant, statuæ in
Rostris positæ sunt. Cossus Cornelius tribunus militum, occiso Tolu-
mnio rege Veientium, opima spolia secunda retulit. Mam. Æmilius
dictator, censuræ honore, qui antea per quinquennium gerebatur, anni
et sex mensium spatio finito, ob eam rem a censoribus notatus est.
Fidenæ in potestatem redactæ eoque coloni missi sunt: quibus occisis,
Fidenates cum defecissent a Mam. Æmilio dictatore victi sunt, et
Fidenæ captæ. Conjuratio servorum oppressa est. Postumius, tribunus
militum, propter crudelitatem ab exercitu occisus est Stipendium ex
ærario tum primum militibus datum est. Res præterea gestas adversus
Volscos, et Fidenates, et Faliscos continet.—[ʊ. c. 310–351. ᴀ c.
442–401.]

I. Hos secuti M. Genucius et C. Curtius consules.
Fuit annus domi forisque infestus. Nam anni
principio et de connubio patrum et plebis C. Canu-   ʊ. c.
leius, tribunus plebis, rogationem promulgavit, qua   310.
contaminari sanguinem suum patres, confundique   ᴀ. c. 5
jura gentium rebantur: et mentio, primo sensim   442.
illata a tribunis, ut alterum ex plebe consulem
liceret fieri, eo processit deinde, ut rogationem novem

tribuni promulgarent, ut populo potestas esset, seu de
plebe, seu de patribus vellet, consules faciendi. Id vero
si fieret, non vulgari modo cum infimis, sed prorsus au-
ferri a primoribus ad plebem, summum imperium crede-
5 bant. Læti ergo audiere patres, Ardeatium populum ob
injuriam agri abjudicati descisse, et Veientes depopulatos
extrema agri Romani, et Volscos Æquosque ob commu-
nitam Verruginem fremere :—adeo vel infelix bellum
ignominiosæ paci præferebant. His itaque in majus etiam
10 acceptis, ut inter strepitum tot bellorum conticiscerent
actiones tribuniciæ, dilectus haberi, bellum armaque vi
summa apparari jubent, si quo intentius possit, quam T.
Quinctio consule apparatum sit. Tum C. Canuleius
pauca in senatu vociferatus, nequidquam territando con-
15 sules avertere plebem a cura novarum legum, nunquam
eos se vivo dilectum habituros, antequam ea, quæ pro-
mulgata ab se collegisque essent, plebes scivisset : et
confestim ad concionem advocavit. II. Eodem tempore
et consules senatum in tribunum, et tribunus populum in
20 consules incitabat. Negabant consules jam ultra ferri
posse furores tribunicios, ventum jam ad finem esse, domi
plus belli concitari quam foris. Id non adeo plebis quam
patrum, neque tribunorum magis quam consulum, culpa
accidere. Cujus rei præmium sit in civitate, eam maximis
25 semper auctibus crescere : sic pace bonos, sic bello fieri,
Maximum Romæ præmium seditionum esse, id et singulis
universisque semper honori fuisse. Reminiscerentur, quam
majestatem senatus ipsi a patribus accepissent, quam liberis tradituri essent : ut—quemadmodum plebs gloriari
30 posset—auctiorem amplioremque esse? Finem ergo non
fieri, nec futuram, donec, quam felices seditiones, tam
honorati seditionum auctores essent. Quas quantasque
res C. Canuleium aggressum! Colluvionem · gentium,
perturbationem auspiciorum publicorum privatorumque
35 afferre, ne quid sinceri, ne quid incontaminati sit, ut,
discrimine omni sublato, nec se quisquam, nec suos nove-
rit. Quam enim aliam vim connubia promiscua habere,
nisi ut ferarum prope ritu vulgentur concubitus plebis
patrumque? Ut, qui natus sit, ignoret, cujus sanguinis,
40 quorum sacrorum sit, dimidius patrum sit, dimidius plebis,
ne secum quidem ipse concors. Parum id videri, quod
omnia divina humanaque turbentur : jam ad consulatum
vulgi turbatores accingi. Et primo, ut alter consul ex
plebe fieret, id modo sermonibus tentasse : nunc rogari,

seu ex patribus, seu ex plebe velit, populus consules creet.
Et creaturos haud dubie ex plebe seditiosissimum quemque: Canuleios igitur Iciliosque consules fore. Ne id
Juppiter optimus maximus sineret, regiæ majestatis imperium eo recidere: et se millies morituros potius, quam ut 5
tantum dedecoris admitti patiantur. Certum habere, majores quoque, si divinassent, concedendo omnia non mitio-
rem in se plebem, sed asperiorem alia ex aliis iniquiora
postulando, cum prima impetrasset, futuram, primo quam-
libet dimicationem subituros fuisse potius, quam eas leges 10
sibi imponi paterentur. Quia tum concessum sit de tribunis, iterum concessum esse: finem non fieri: non posse
in eadem civitate tribunos plebis et patres esse: aut hunc
ordinem, aut illum magistratum tollendum esse, potiusque
sero, quam nunquam obviam eundum audaciæ temeritati- 15
que. Illine ut impune primo discordias serentes concitent
finitima bella, deinde adversus ea, quæ concitaverint,
armari civitatem defendique prohibeant, et, cum hostes tantum non arcessierint, exercitus conscribi adversus hostes
non patiantur, sed audeat Canuleius in senatu proloqui 20
se, nisi suas leges, tamquam victoris, patres accipi sinant,
dilectum haberi prohibiturum! Quid esse aliud, quam
minari, se proditurum patriam, oppugnari atque capi passurum? Quid eam vocem animorum, non plebi Romanæ,
sed Volscis et Æquis et Veientibus allaturam! Nonne, 25
Canuleio duce, se speraturos Capitolium atque arcem
scandere posse, si patribus tribuni, cum jure ac majestate
adempta, animos etiam eripuerint? Consules paratos esse
duces prius adversus scelus civium, quam adversus hostium arma. 30

III. Cum maxime hæc in senatu agerentur, Canuleius
pro legibus suis et adversus consules ita disseruit: "quan-
topere vos, Quirites, contemnerent patres, quam indignos
ducerent, qui una secum urbe intra eadem moenia viveretis, sæpe equidem et ante videor animadvertisse: nunc 35
tamen maxime, quod adeo atroces in has rogationes nostras
coorti sunt; quibus quid aliud quam admonemus, cives
nos eorum esse et, si non easdem opes habere, eandem
tamen patriam incolere? Altera connubium · petimus,
quod finitimis externisque dari solet—nos quidem civita- 40
tem, quæ plus quam connubium est, hostibus etiam victis
dedimus:—altera nihil novi ferimus, sed id, quod populi
est, repetimus atque usurpamus, ut, quibus velit, populus
Romanus honores mandet. Quid tandem est, cur cælum

ac terras misceant, cur in me impetus modo pæne in senatu
sit factus, negent se manibus temperaturos violaturosque
denuntient sacrosanctam potestatem? Si populo Romano
liberum suffragium datur, ut, quibus velit, consulatum
5 mandet, et non præciditur spes plebeio quoque—si dignus
summo honore erit—apiscendi summi honoris, stare urbs
hæc non poterit? De imperio actum est? Et perinde
hoc valet "plebeius ne consul fiat" tamquam servum aut
libertinum aliquis consulem futurum dicat? Ecquid sen-
10 titis, in quanto contemptu vivatis? Lucis vobis hujus
partem, si liceat, adimant: quod spiratis, quod vocem mit-
titis, quod formas hominum habetis, indignantur: quin
etiam—si dis placet—nefas aiunt esse, consulem plebeium
fieri. Obsecro vos, si non ad fastos, non ad commenta-
15 rios pontificum admittimur,—nec ea quidem scimus, quæ
omnes peregrini etiam sciunt, consules in locum regum
successisse, nec aut juris aut majestatis quidquam habere,
quod non in regibus ante fuerit? En unquam creditis
fando auditum esse, Numam Pompilium non modo non
20 patricium, sed ne civem quidem Romanum, ex Sabino
agro accitum, populi jussu, patribus auctoribus, Romæ
regnasse? L. deinde Tarquinium, non modo Romanæ,
sed ne Italicæ quidem gentis—Demarati Corinthii filium
—incolam ab Tarquiniis, vivis liberis Anci, regem fa-
25 ctum? Servium Tullium post hunc, captiva Corniculana
natum—patre nullo, matre serva—ingenio, virtute regnum tenuisse? Quid enim de T. Tatio Sabino dicam,
quem ipse Romulus, parens urbis, in societatem regni accepit? Ergo, dum nullum fastiditur genus, in quo enite-
30 ret virtus, crevit imperium Romanum. Pæniteat nunc
vos plebeii consulis, cum majores nostri advenas reges non
fastidierint, et ne regibus quidem exactis clausa urbs fuerit
peregrinæ virtuti? Claudiam certe gentem, post reges
exactos, ex Sabinis non in civitatem modo accepimus, sed
35 etiam in patriciorum numerum. Ex peregrinone patricius, deinde consul fiat—civis Romanus si sit ex plebe,
præcisa consulatus spes erit? Utrum tandem non credimus fieri posse, ut vir fortis ac strenuus, pace belloque
bonus, ex plebe, sit Numæ, L. Tarquinio, Ser. Tullio,
40 similis: an, ne si sit quidem, ad gubernacula rei publicæ
accedere eum patiemur, potiusque decemviris—teterrimis
mortalium, qui tamen omnes ex patribus erant—quam
optimis regum novis hominibus, similes consules sumus
habituri?" IV. "At enimvero nemo, post reges exactos,

de plebe consul fuit. Quid postea? Nullane res nova
institui debet, et, quod nondum est factum—multa enim
nondum sunt facta in novo populo—ea, ne si utilia quidem sunt, fieri oportet? Pontifices, augures, Romulo
regnante, nulli erant: ab Numa Pompilio creati sunt. 5
Census in civitate, et descriptio centuriarum classiumque
non erat: ab Ser. Tullio est facta. Consules nunquam
fuerunt: regibus exactis, creati sunt. Dictatoris nec imperium nec nomen fuerat: apud patres esse cœpit. Tribuni plebi, ædiles, quæstores, nulli erant: institutum est, 10
ut fierent. Decemviros legibus scribendis intra decem
hos annos et creavimus, et e republica sustulimus. Quis
dubitat, quin, in æternum urbe condita, in immensum
crescente, nova imperia, sacerdotia, jura gentium hominumque instituantur? Hoc ipsum, ne connubium patri- 15
bus cum plebe esset—non decemviri tulerunt paucis his
annis pessimo exemplo publico, cum summa injuria plebis? An esse ulla major aut insignitior contumelia
potest, quam partem civitatis, velut contaminatam, indignam connubio haberi? Quid est aliud, quam exsilium 20
intra eadem mœnia, quam relegationem, pati? Ne affinitatibus, ne propinquitatibus immisceamur, caveant, ne
societur sanguis! Quid—hoc si polluit nobilitatem istam
vestram, quam plerique oriundi ex Albanis et Sabinis, non
genere nec sanguine, sed per cooptationem in patres ha- 25
betis, aut ab regibus lecti, aut post reges exactos jussu
populi—sinceram servare privatis consiliis non poteratis,
nec ducendo ex plebe, neque vestras filias sororesque
enubere sinendo e patribus? Nemo plebeius patriciæ virgini vim afferret: patriciorum ista libido est: nemo invi- 30
tum pactionem nuptialem quemquam facere coegisset.
Verum enimvero lege id prohiberi, et connubium tolli
patrum ac plebis, id demum contumeliosum plebi est.
Cur enim non confertis, ne sit connubium divitibus ac
pauperibus? Quod privatorum consiliorum ubique sem- 35
per fuit, ut, in quam cuique feminæ convenisset domum,
nuberet; ex qua pactus esset vir domo, in matrimonium
duceret; id vos sub legis superbissimæ vincula conjicitis,
qua dirimatis societatem civilem, duasque ex una civitate
faciatis. Cur non sancitis, ne vicinus patricio sit plebeius 40
nec eodem itinere eat, ne idem convivium ineat, ne in foro
eodem consistat? Quid enim in re est aliud, si plebeiam
patricius duxerit, si patriciam plebeius? Quid juris tandem immutatur? Nempe patrem sequuntur liberi. Nec,

quod nos ex connubio vestro petamus, quidquam est præterquam ut hominum, ut civium numero simus: nec vos,
nisi in contumeliam ignominiamque nostram certare juvat,
quod contendatis, quidquam est." V. "Denique, utrum
5 tandem populi Romani, an vestrum, summum imperium
est? Regibus exactis, utrum vobis dominatio, an omnibus æqua libertas parta est? Oportet licere populo Romano, si velit, jubere legem, an, ut quæque rogatio pro-
mulgata erit, vos dilectum pro pœna decernetis? Et,
10 simul ego tribunus vocare tribus in suffragium cœpero, tu
statim consul sacramento juniores adiges, et in castra
educes, et minaberis plebi, minaberis tribuno? Quid—si
non, quantum istæ minæ adversus plebis consensum vale-
rent, bis jam experti essetis? Scilicet, quia vobis consul-
15 tum volebatis, certamine abstinuistis:—an ideo non est
dimicatum, quod, quæ pars firmior, eadem modestior fuit?
Nec nunc erit certamen, Quirites. Animos vestros illi
tentabunt semper, vires non experientur. Itaque ad bella
ista—seu falsa seu vera sunt,—consules, parata vobis
20 plebes est, si, connubiis redditis, unam hanc civitatem tandem facitis, si coalescere, si jungi miscerique vobis privatis necessitudinibus possunt, si spes, si aditus ad honores
viris strenuis et fortibus datur, si in consortio, si in societate reipublicæ esse, si—quod æquæ libertatis est—invicem
25 annuis magistratibus parere atque imperitare licet. Si
hæc impediet aliquis, ferte sermonibus, et multiplicate
fama bella—nemo est nomen daturus, nemo arma captu-
rus, nemo dimicaturus pro superbis dominis, cum quibus
nec in re publica honorum, nec in privata connubii socie-
30 tas est."

VI. Cum in concionem et consules processissent, et res
a perpetuis orationibus in altercationem vertisset, interro-
ganti tribuno, cur plebeium consulem fieri non oporteret,
ut fortasse vere, sic parum utiliter in præsens certamen
35 respondit, quod nemo plebeius auspicia haberet, ideoque
decemviros connubium diremisse, ne incerta prole auspicia
turbarentur. Plebes ad id maxime indignatione exarsit,
quod auspicari, tamquam invisi diis immortalibus, nega-
rentur posse: nec ante finis contentionum fuit, cum et
40 tribunum acerrimum auctorem plebes nacta esset, et ipsa
cum eo pertinacia certaret, quam victi tandem patres, ut
de connubio ferretur, concessere, ita maxime rati contentionem de plebeiis consulibus tribunos aut totam deposituros,
ros, aut post bellum dilaturos esse, contentamque interim

connubio plebem paratam dilectui fore. Cum Canuleius
victoria de patribus et plebis favore ingens esset, accensi
alii tribuni ad certamen pro rogatione sua summa vi pugnant, et, crescente in dies fama belli, dilectum impediunt.
Consules, cum per senatum, intercedentibus tribunis, nihil 5
agi posset, consilia principum domi habebant: apparebat,
aut hostibus aut civibus de victoria concedendum esse.
Soli ex consularibus Valerius atque Horatius non intere-
rant consiliis. C. Claudii sententia consules armabat in
tribunos, Quinctiorum—Cincinnatique et Capitolini—sen- 10
tentiæ abhorrebant a cæde violandisque, quos, fœdere
icto cum plebe, sacrosanctos accepissent. Per hæc consilia eo deducta est res, ut tribunos militum consulari potestate promiscue ex patribus ac plebe creari sinerent, de
consulibus creandis nihil mutaretur: eoque contenti tri- 15
buni, contenta plebs fuit. Comitia tribunis consulari potestate tribus creandis indicuntur. Quibus indictis, extemplo, quicumque aliquid seditiose dixerat aut fecerat, quam
maxime tribunicii, et prensare homines, et concursare toto
foro candidati cœpere, ut patricios desperatio primo, irri- 20
tata plebe, apiscendi honoris, deinde indignatio, si cum his
gerendus esset honos, deterreret: postremo coacti tamen a
primoribus petiere, ne cessisse possessione reipublicæ viderentur. Eventus eorum comitiorum docuit, alios animos
in contentione libertatis dignitatisque, alios, secundum de- 25
posita certamina, incorrupto judicio esse: tribunos enim
omnes patricios creavit populus, contentus eo, quod ratio
habita plebeiorum esset. Hanc modestiam æquitatemque
et altitudinem animi ubi nunc in uno inveneris, quæ tum
populi universi fuit! 30

LIBRI QUINTI

ARGUMENTUM LIBRI QUINTI.

In obsidione Veiorum hibernacula militibus facta sunt. Ea res, cum esset nova, indignationem tribunorum plebis movit, querentium non dari plebi nec per hiemem militiæ requiem. Equites tum primum equis suis merere cœperunt. Cum inundatio ex lacu Albano facta esset, vates, qui eam rem interpretaretur, de hostibus captus est. Furius Camillus dictator decem annos obsessos Veios cepit, simulacrum Junonis Romam transtulit. Decimam partem prædæ Delphos Apollini misit. Idem tribunus militum, cum Faliscos obsideret, proditos hostium filios parentibus remisit, statimque deditione facta, Faliscorum victoriam justitia consecutus est. Cum alter ex censoribus C. Julius decessisset, in locum ejus M. Cornelius suffectus est, nec id postea factum est, quoniam eo lustro a Gallis Roma capta est. Furius Camillus, cum ei dies a L. Apuleio tribuno plebis dicta esset, in exsilium abiit. XXXIII, &c. Cum Senones Galli Clusium obsiderent, et legati a senatu missi ad componendum inter eos et Clusinos pacem pugnantes contra Gallos in acie Clusinorum stetissent, hoc facto eorum concitati Senones urbem infesto exercitu petierunt, XXXVIII, XXXIX, &c., fusisque ad Aliam flumen Romanis, cepere urbem, præter Capitolium, quo se juventus contulerant. XLI. Majores natu, cum insignibus honorum quos quisque gesserat, in vestibulis ædium sedentes occiderunt; XLVII. Et cum per aversam partem Capitolii jam in summum evasissent, proditi clangore anserum, M. Manlii præcipue opera dejecti sunt. XLVIII. Coactis deinde propter famem Romanis eo descendere, ut mille pondo auri darent, et hoc pretio finem obsidionis emerent, XLIX. Furius Camillus, dictator absens creatus, inter pendendum aurum cum exercitu venit, et Gallos post sextum mensem urbe expulit ceciditque. L. Ædes Aio Locutio facta, quo ante urbem captam vox audita erat, adventare Gallos. Dictum est, ad Veios migrandum esse propter incensam et dirutam urbem. Quod consilium Camillo auctore discussum est. Movit populum vocis quoque omen ex centurione auditæ, qui, cum in forum venisset, manipulariis suis dixerat, "Sta miles; hic optime manebimus."—[U. C. 352 –365. A. C. 400–387.]

XXXV. . . . Tum Senones, recentissimi advenarum, ab
Utente flumine usque ad Æsim fines habuere. Hanc
gentem Clusium Romamque inde venisse comperio: id
parum certum est, solamne, an ab omnibus Cisalpinorum
Gallorum populis adjutam. Clusini novo bello exterriti, 5
cum multitudinem, cum formas hominum invisitatas cernerent, et genus armorum, audirentque sæpe ab iis, cis
Padum ultraque, legiones Etruscorum fusas, quamquam
adversus Romanos nullum eis jus societatis amicitiæve
erat, nisi quod Veientes consanguineos adversus populum 10
Romanum non defendissent, legatos Romam, qui auxilium
ab senatu peterent, misere. De auxilio nihil impetratum:
legati M. Fabii Ambusti filii missi, qui senatus populi
Romani nomine agerent cum Gallis, ne, a quibus nullam
injuriam accepissent, socios populi Romani atque amicos 15
oppugnarent: Romanis eos bello quoque, si res cogat,
tuendos esse, sed melius visum, bellum ipsum amoveri, si
posset, et Gallos, novam gentem, pace potius cognosci
quam armis. XXXVI. Mitis legatio, ni præferoces legatos, Gallisque magis quam Romanis similes, habuisset. 20
Quibus, postquam mandata ediderunt in concilio Gallorum, datur responsum: etsi novum nomen audiant Romanorum, tamen credere viros fortes esse, quorum auxilium a
Clusinis in re trepida sit imploratum: et, quoniam legatione
adversus se maluerint quam armis tueri socios, ne se qui- 25
dem pacem quam illi afferant aspernari, si Gallis egentibus agro, quem latius possideant quam colant Clusini,
partem finium concedant: aliter pacem impetrari non
posse: et responsum coram Romanis se accipere velle et,
si negetur ager, coram iisdem Romanis dimicaturos, ut 30
nuntiare domum possent, quantum Galli virtute ceteros
mortales præstarent. Quodnam id jus esset, agrum a
possessoribus petere aut minari arma, Romanis quærentibus, et quid in Etruria rei Gallis esset, cum illi, se in
armis, jus ferre, et omnia fortium virorum esse, ferociter 35
dicerent, accensis utrimque animis ad arma discurritur, et
prœlium conseritur. Ibi—jam urgentibus Romanam urbem fatis—legati contra jus gentium arma capiunt. Nec
id clam esse potuit, cum ante signa Etruscorum tres nobilissimi fortissimique Romanæ juventutis pugnarent: tan- 40
tum eminebat peregrina virtus. Quin etiam Q. Fabius,
evectus extra aciem equo, ducem Gallorum ferociter in
ipsa signa Etruscorum incursantem, per latus transfixum
hasta, occidit: spoliaque ejus legentem Galli agnovere,

perque totam aciem Romanum legatum esse signum datum
est. Omissa inde in Clusinos ira, receptui canunt, mi-
nantes Romanis. Erant, qui extemplo Romam eundum
censerent: vicere seniores, ut legati prius mitterentur
5 questum injurias postulatumque, ut, pro jure gentium vio-
lato, Fabii dederentur. Legati Gallorum cum ea sicut
erant mandata exposuissent, senatui nec factum placebat
Fabiorum, et jus postulare barbari videbantur: sed, ne id
quod placebat decerneret in tantæ nobilitatis viris, ambi-
10 tio obstabat. Itaque, ne penes ipsos culpa esset cladis
forte Gallico bello acceptæ, cognitionem de postulatis
Gallorum ad populum rejiciunt: ubi tanto plus gratia atque opes valuere, ut, quorum de pœna agebatur,
v. c. tribuni militum consulari potestate in insequentem
15 365. annum crearentur. Quo facto, haud secus quam
a. c. dignum erat, infensi Galli, bellum propalam mi-
387. nantes, ad suos redeunt. Tribuni militum cum
tribus Fabiis creati Q. Sulpicius Longus, Q. Servilius quarto, P. Cornelius Maluginensis.
20 XXXVII. Cum tanta moles mali instaret—adeo obcæ-
cat animos fortuna, ubi vim suam ingruentem refringi non
vult,—civitas, quæ adversus Fidenatem ac Veientem hostem aliosque finitimos populos, ultima experiens auxilia,
dictatorem multis tempestatibus dixisset, ea tunc, invisi-
25 tato atque inaudito hoste ab Oceano terrarumque ultimis
oris bellum ciente, nihil extraordinarii imperii aut auxilii
quæsivit. Tribuni, quorum temeritate bellum contractum
erat, summæ rerum præerant, dilectumque nihilo accura-
tiorem, quam ad media bella haberi solitus erat, extenu-
30 antes etiam famam belli habebant. Interim Galli, postquam accepere ultro honorem habitum violatoribus juris
humani elusamque legationem suam esse, flagrantes ira—
cujus impotens est gens—confestim signis convulsis, citato
agmine iter ingrediuntur. Ad quorum prætereuntium
35 raptim tumultum cum exterritæ urbes ad arma concurre-
rent, fugaque agrestium fieret, Romam se ire magno clamore significabant, quacumque ibant, equis virisque longe
ac late fuso agmine immensum obtinentes loci. Sed, an-
tecedente fama nuntiisque Clusinorum, deinceps inde
40 aliorum populorum, plurimum terroris Romam celeritas
hostium tulit, quippe quibus, velut tumultuario exercitu
raptim ducto, ægre ad undecimum lapidem occursum est,
qua flumen Alia, Crustuminis montibus præalto defluens
alveo, haud multum infra viam Tiberino amni miscetur.

Jam omnia contra circaque hostium plena erant, et nata in
vanos tumultus gens, truci cantu clamoribusque variis,
horrendo cuncta compleverant sono. XXXVIII. Ibi tribuni militum, non loco castris ante capto, non præmunito
vallo quo receptus esset, non deorum saltem—si non ho- 5
minum—memores, nec auspicato, nec litato, instruunt
aciem diductam in cornua, ne circumveniri multitudine
hostium possent. Nec tamen æquari frontes poterant,
cum extenuando infirmam et vix cohærentem mediam
aciem haberent. Paulum erat ab dextera editi loci, quem 10
subsidiariis repleri placuit, eaque res, ut initium pavoris
ac fugæ, sic una salus fugientibus fuit. Nam Brennus,
regulus Gallorum, in paucitate hostium artem maxime
timens, ratus ad id captum superiorem locum, ut, ubi Galli
cum acie legionum recta fronte concucurrissent, subsidia 15
in aversos transversosque impetum darent, ad subsidiarios
signa convertit, si eos loco depulisset, haud dubius facilem
in æquo campi tantum superanti multitudini victoriam
fore. Adeo non fortuna modo, sed ratio etiam cum barbaris stabat. In altera acie nihil simile Romanis, non 20
apud duces, non apud milites, erat: pavor fugaque occupaverat animos et tanta omnium oblivio, ut multo major
pars Veios in hostium urbem, cum Tiberis arceret, quam
recto itinere Romam ad conjuges ac liberos fugerent.
Parumper subsidiarios tutatus est locus: in reliqua acie 25
simul est clamor, proximis ab latere, ultimis ab tergo,
auditus, ignotum hostem prius pæne quam viderent, non
modo non tentato certamine, sed ne clamore quidem red-
dito, integri intactique fugerunt. Nec ulla cædes pugnantium fuit: terga cæsa suomet ipsorum certamine in turba 30
impedientium fugam. Circa ripam Tiberis, quo armis
abjectis totum sinistrum cornu defugit, magna strages
facta est, multosque imperitos nandi aut invalidos, graves
loricis aliisque tegminibus, hausere gurgites. Maxima
tamen pars incolumis Veios perfugit; unde non modo 35
præsidii quidquam, sed ne nuntius quidem cladis, Romam
est missus. Ab dextro cornu, quod procul a fiumine et
magis sub monte steterat, Romam omnes petiere, et, ne
clausis quidem portis urbis, in arcem confugerunt.
XXXIX. Gallos quoque velut obstupefactos miraculum 40
victoriæ tam repentinæ tenuit. Et ipsi pavore defixi primum steterunt, velut ignari, quid accidisset: deinde insidias vereri; postremo cæsorum spolia legere, armorumque cumulos, ut mos eis est, coacervare. Tum demum,

postquam nihil usquam hostile cernebatur, viam ingressi,
haud multo ante solis occasum ad urbem Romam perveniunt. Ubi cum praegressi equites, non portas clausas,
non stationem pro portis excubare, non armatos esse in
5 muris, retulissent, aliud priori simile miraculum eos sustinuit, noctemque veriti et ignotae situm urbis inter Romam
atque Anienem consedere, exploratoribus missis circa
moenia aliasque portas, quaenam hostibus in perdita re consilia essent. Romani, cum pars major ex acie Veios pe-
10 tisset quam Romam, nemo superesse quemquam praeter
eos, qui Romam refugerant, crederent, complorati omnes,
pariter vivi mortuique, totam prope urbem lamentis impleverunt. Privatos deinde luctus stupefecit publicus pavor, postquam hostes adesse nuntiatum est. Mox ululatus
15 cantusque dissonos, vagantibus circa moenia turmatim
barbaris, audiebant. Omne inde tempus suspensos ita
tenuit animos usque ad lucem alteram, ut identidem jam
in urbem futurus videretur impetus; primo adventu, quo
accesserant ad urbem—mansuros enim ad Aliam fuisse,
20 nisi hoc consilii foret:—deinde sub occasum solis, quia
haud multum diei supererat, ante noctem rati se invasuros; tum in noctem dilatum consilium esse, quo plus
pavoris inferrent: postremo lux appropinquans exani-
mare: timorique perpetuo ipsum malum continens fuit,
25 cum signa infesta portis sunt illata. Nequaquam tamen ea
nocte, neque insequenti die, similis illi, quae ad Aliam tam
pavide fugerat, civitas fuit: nam cum defendi urbem posse,
tam parva relicta manu, spes nulla esset, placuit, cum conjugibus ac liberis, juventutem militarem senatusque robur
30 in arcem Capitoliumque concedere; armisque et frumento
collato, ex loco inde munito deos hominesque et Romanum
nomen defendere; flaminem sacerdotesque Vestales sacra
publica a caede ab incendiis procul auferre; nec ante deseri cultum eorum, quam non superessent, qui colerent.
35 Si arx Capitoliumque sedes deorum, si senatus caput pu-
blici consilii, si militaris juventus superfuerit imminenti
ruinae urbis, facilem jacturam esse seniorum relictae in
urbe utique periturae turbae. Et quo id aequiore animo de
plebe multitudo ferret, senes triumphales consularesque
40 simul se cum illis palam dicere obituros, nec his corporibus, quibus non arma ferre non tueri patriam possent,
oneraturos inopiam armatorum. XL. Haec inter seniores
morti destinatos, jactata solatia. Versae inde adhortationes
ad agmen juvenum, quos in Capitolium atque in arcem

prosequebantur, commendantes virtuti eorum juventæque
urbis per trecentos sexaginta annos omnibus bellis victricis,
quæcumque reliqua esset, fortunam. Digredientibus, qui
spem omnem atque opem secum ferebant, ab his, qui captæ urbis non superesse statuerant exitio, cum ipsa res 5
speciesque miserabilis erat, tum muliebris fletus et concursatio incerta, nunc hos nunc illos sequentium rogitan-
tiumque viros natosque, cui se fato darent, nihil, quod
humanis superesset malis, relinquebant. Magna pars
tamen earum in arcem suos persecutæ sunt, nec probi- 10
bente ullo nec vocante, quia, quod utile obsessis ad minu-
endam imbellem multitudinem, id parum humanum erat.
Alia maxime plebis turba, quam nec capere tam exiguus
collis nec alere in tanta inopia frumenti poterat, ex urbe
effusa velut agmine jam uno petiit Janiculum: inde pars 15
per agros dilapsi, pars urbes petunt finitimas, sine ullo
duce aut consensu, suam quisque spem, sua consilia, com-
munibus deploratis, exsequentes. Flamen interim Quirinalis virginesque Vestales omissa rerum suarum cura,
quæ sacrorum secum ferenda, quæ—quia vires ad omnia 20
ferenda deerant—relinquenda essent consultantes, quisve
ea locus fideli asservaturus custodia esset, optimum ducun
condita in dolioliis sacello proximo ædibus flaminis Quiri
nalis—ubi nunc despui religio est—defodere: cetera inter
se onere partito ferunt via, quæ sublicio ponte ducit ad 25
Janiculum. In eo clivo eas cum L. Albinius de plebe
Romana homo conspexisset, plaustro conjugem ac liberos
habens, inter ceteram turbam, quæ inutilis bello urbe excedebat—salvo etiam tum discrimine divinarum humana-
rumque rerum,—irreligiosum ratus sacerdotes publicos 30
sacraque populi Romani pedibus ire ferrique, se ac suos
in vehiculo conspici, descendere uxorem ac pueros jussit,
virgines sacraque in plaustrum imposuit et Cære, quo iter
sacerdotibus erat, pervexit.

XLI. Romæ interim, satis jam omnibus ut in tali re ad 35
tuendam arcem compositis, turba seniorum domos regressa
adventum hostium obstinato ad mortem animo exspectabat.
Qui eorum curules gesserant magistratus, ut in fortunæ
pristinæ honorumque aut virtutis insignibus morerentur,
quæ augustissima vestis est tensas ducentibus triumphanti- 40
busve, ea vestiti medio ædium eburnis sellis sedere. Sunt.
qui, M. Fabio pontifice maximo præfante carmen, devo
visse eos se pro patria Quiritibusque Romanis, tradant.
Galli, et quia interposita nocte a contentione pugnæ remi-

serant animos, et quod nec in acie ancipiti usquam certaverant prœlio, nec tum impetu aut vi capiebant urbem,
sine ira, sine ardore animorum, ingressi postero die urbem
patente Collina porta, in forum perveniunt, circumferentes
5 oculos ad templa deum, arcemque solam belli speciem
tenentem. Inde, modico relicto præsidio, ne quis in dissipatos ex arce aut Capitolio impetus fieret, dilapsi ad prædam vacuis occursu hominum viis, pars in proxima quæque tectorum agmine ruunt, pars ultima, velut ea demum
10 intacta et referta præda, petunt. Inde rursus ipsa solitudine absterriti, ne qua fraus hostilis vagos exciperet, in
forum ac propinqua foro loca conglobati redibant, ubi eos
—plebis ædificiis obseratis, patentibus atriis principum,—
major prope cunctatio tenebat aperta quam clausa inva-
15 dendi : adeo haud secus quam venerabundi intuebantur in
ædium vestibulis sedentes viros, præter ornatum habitumque humano augustiorem, majestatem etiam, quam vultus
gravitasque oris præ se ferebat, simillimos diis. Ad eos,
velut simulacra, versi cum starent, M. Papirius unus ex
20 his dicitur Gallo barbam suam—ut tum omnibus promissa
erat—permulcenti, scipione eburneo in caput incusso iram
movisse : atque ab eo initium cædis ortum, ceteros in sedi-
bus suis trucidatos. Post principum cædem, nulli deinde
mortalium parci, diripi tecta, exhaustis injici ignes.
25 XLII. Ceterum—seu non omnibus delendi urbem libido
erat, seu ita placuerat principibus Gallorum, et ostentari
quædam incendia terroris causa, si compelli ad deditionem
caritate sedium suarum obsessi possent, et non omnia con-
cremari tecta, ut, quodcumque superesset urbis, id pignus
30 ad flectendos hostium animos haberent,—nequaquam perinde atque in capta urbe prima die aut passim aut late
vagatus est ignis. Romani ex arce plenam hostium urbem
cernentes vagosque per vias omnes cursus, cum alia atque
alia parte nova aliqua clades oreretur, non mentibus solum
35 concipere, sed ne auribus quidem atque oculis satis con-
stare poterant. Quocumque clamor hostium, mulierum
puerorumque ploratus, sonitus flammæ et fragor ruentium
tectorum avertisset, paventes ad omnia animos oraque et
oculos flectebant, velut ad spectaculum a fortuna positi
40 occidentis patriæ, nec ullius rerum suarum relicti præterquam corporum vindices ; tanto ante alios miserandi
magis, qui unquam obsessi sunt, quod interclusi a patria
obsidebantur, omnia sua cernentes in hostium potestate.
Nec tranquillior nox diem tam fœde actum excepit : lux

deinde noctem inquietam insecuta est, nec ullum erat
tempus, quod a novæ semper cladis alicujus spectaculo
cessaret. Nihil tamen, tot onerati atque obruti malis,
flexerunt animos, quin, etsi omnia flammis ac ruinis
æquata vidissent, quamvis inopem parvumque, quem tene- 5
bant, collem libertati relictum, virtute defenderent. Et jam,
cum eadem quotidie acciderent, velut assueti malis, abalie-
naverant ab sensu rerum suarum animos, arma tantum fer-
rumque in dextris, velut solas reliquias spei suæ, intuentes.

XLIII. Galli quoque, per aliquot dies in tecta modo 10
urbis nequidquam bello gesto, cum inter incendia ac ruinas
captæ urbis nihil superesse præter armatos hostes viderent,
nec quidquam tot cladibus territos nec flexuros ad deditionem animos, ni vis adhiberetur, experiri ultima et
impetum facere in arcem statuunt. Prima luce, signo 15
dato, multitudo omnis in foro instruitur: inde clamore
sublato ac testudine facta subeunt. Adversus quos Romani
nihil temere nec trepide, ad omnes aditus stationibus firmatis, qua signa ferri videbant, ea robore virorum opposito
scandere hostem sinunt, quo successerint magis in arduum, 20
eo pelli posse per proclive facilius rati. Medio fere clivo
restitere, atque inde ex loco superiore, qui prope sua
sponte in hostem inferebat, impetu facto, strage ac ruina
fudere Gallos, ut nunquam postea nec pars nec universi
tentaverint tale pugnæ genus. Omissa itaque spe per 25
vim atque arma subeundi, obsidionem parant, cujus ad id
tempus immemores et, quod in urbe fuerat, frumentum
incendiis urbis absumpserant, et ex agris per ipsos dies
raptum omne Veios erat: igitur, exercitu diviso, partim
per finitimos populos prædari placuit, partim obsideri 30
arcem, ut obsidentibus frumentum populatores agrorum
præberent. Proficiscentes Gallos ab urbe, ad Romanam
experiendam virtutem fortuna ipsa Ardeam, ubi Camillus
exsulabat, duxit: qui mæstior ibi fortuna publica quam
sua, cum diis hominibusque accusandis senesceret, indi- 35
gnando mirandoque, ubi illi viri essent, qui secum Veios
Faleriosque cepissent, qui alia bella fortius semper quam
felicius gessissent, repente audit Gallorum exercitum adventare, atque de eo pavidos Ardeates consultare: nec
secus quam divino spiritu tactus, cum se in mediam 40
concionem intulisset, abstinere suetus ante talibus conciliis. XLIV, "Ardeates," inquit, "veteres amici, novi
etiam cives mei—quando et vestrum beneficium ita tulit
et fortuna hoc egit mea,—nemo vestrum conditionis meæ
8*

oblitum me huc processisse putet : sed res ac periculum
commune cogit, quod quisque possit in re trepida præsidii,
in medium conferre.   Et quando ego vobis pro tantis
vestris in me meritis gratiam referam, si nunc cessavero ?
5 Aut ubi usus erit mei vobis, si in bello non fuerit ?   Hac
arte in patria steti, et invictus bello in pace ab ingratis
civibus pulsus sum.   Vobis autem, Ardeates, fortuna
oblata est et pro tantis pristinis populi Romani beneficiis,
quanta ipsi meministis—nec enim exprobranda ea apud
10 memores sunt,—gratiæ referendæ, et huic urbi decus
ingens belli ex hoste communi pariendi.   Qui effuso
agmine adventant, gens est cui natura corpora animosque
magna magis quam firma dederit : eo in certamen omne
plus terroris, quam virium, ferunt.   Argumento sit clades
15 Romana : patentem cepere urbem, ex arce Capitolioque
his exigua resistitur manu.   Jam obsidionis tædio victi
abscedunt, vagique per agros palantur : cibo vinoque
raptim hausto repleti, ubi nox appetit, prope rivos aquarum,
sine munimento, sine stationibus ac custodiis, passim fera-
20 rum ritu sternuntur, nunc ab secundis rebus magis etiam
solito incauti.   Si vobis in animo est tueri mœnia vestra,
nec pati hæc omnia Galliam fieri, prima vigilia capite
arma frequentes, me sequimini ad cædem, non ad pugnam :
nisi vinctos somno, velut pecudes, trucidandos tradidero,
25 non recuso eundem Ardeæ rerum mearum exitum, quem
Romæ habui."   XLV. Æquis iniquisque persuasum erat,
tantum bello virum neminem usquam ea tempestate esse :
concione dimissa, corpora curant, intenti, quam mox signum
daretur : quo dato, primæ silentio noctis ad portas Camillo
30 præsto fuere. Egressi, haud procul urbe, sicut prædictum
erat, castra Gallorum, intuta neglectaque ab omni parte
nacti, cum ingenti clamore invadunt : nusquam prœlium,
omnibus locis cædes est : nuda corpora et soluta somno
trucidantur.   Extremos tamen pavor e cubilibus suis
35 excitos—quæ aut unde vis esset, ignaros—in fugam et
quosdam in hostem ipsum improvidos tulit : magna pars
in agrum Antiatem delati, incursione ab oppidanis in
palatos facta, circumveniuntur.   Similis in agro Veienti
Tuscorum facta strages est, qui urbis, jam prope quadrin-
40 gentesimum annum vicinæ, oppressæ ab hoste invisitato
inaudito, adeo nihil miseriti sunt, ut in agrum Romanum
eo tempore incursiones facerent, plenique prædæ Veios
etiam præsidiumque et spem ultimam Romani nominis, in
animo habuerint oppugnare. Viderant eos milites Romani,

vagantes per agros et congregatos agmine, prædam præ
se agentes, et castra cernebant haud procul Veiis posita.
Inde primum miseratio sui, deinde indignitas atque ex ea
ira animos cepit: Etruscisne etiam, a quibus bellum
Gallicum in se avertissent, ludibrio esse clades suas? 5
Vix temperavere animis, quin extemplo impetum facerent,
compressique a Cædicio centurione, quem sibimet ipsi
præfecerant, rem in noctem sustinuere. Tantum par
Camillo defuit auctor, cetera eodem ordine eodemque
fortunæ eventu gesta. Quin etiam ducibus captivis, qui 10
cædi nocturnæ superfuerant, ad aliam manum Tuscorum
ad Salinas profecti, nocte insequente ex improviso majorem
cædem edidere, duplicique victoria ovantes Veios redeunt.

XLVI. Romæ interim plerumque obsidio segnis et
utrimque silentium esse, ad id tantum intentis Gallis, ne 15
quis hostium evadere inter stationes posset, cum repente
juvenis Romanus admiratione in se cives hostesque convertit. Sacrificium erat statum in Quirinali colle genti
Fabiæ: ad id faciendum C. Fabius Dorso, Gabino cinctus,
sacra manibus gerens cum de Capitolio descendisset, per 20
medias hostium stationes egressus, nihil ad vocem cujus-
quam terroremve motus, in Quirinalem collem pervenit,
ibique omnibus sollemniter peractis eadem revertens similiter constanti vultu graduque—satis sperans propitios
esse deos, quorum cultum ne mortis quidem metu prohi- 25
bitus deseruisset—in Capitolium ad suos rediit, seu atto-
nitis Gallis miraculo audaciæ, seu religione etiam motis,
cujus haudquaquam negligens gens est. Veiis interim
non animi tantum in dies sed etiam vires crescebant; nec
Romanis solum eo convenientibus ex agris, qui aut prœlio 30
adverso aut clade captæ urbis palati fuerant, sed etiam ex
Latio voluntariis confluentibus, ut in parte prædæ essent.
Maturum jam videbatur, repeti patriam, eripique ex hostium manibus, sed corpori valido caput deerat. Locus
ipse admonebat Camilli, et magna pars militum erat qui 35
ductu auspicioque ejus res prospere gesserant: et Cædi-
cius negare se commissurum, cur sibi aut deorum aut
hominum quisquam imperium finiret potius, quam ipse
memor ordinis sui posceret imperatorem. Consensu omnium placuit ab Ardea Camillum acciri, sed antea con- 40
sulto senatu, qui Romæ esset: adeo regebat omnia pudor,
discriminaque rerum prope perditis rebus servabant. Ingenti periculo transeundum per hostium custodias erat:
ad eam rem Pontius Cominius, impiger juvenis, operam

pollicitus, incubans cortici, secundo Tiberi ad urbem
defertur: inde, qua proximum fuit a ripa, per præruptum
eoque neglectum hostium custodiæ, saxum in Capitolium
evadit, et ad magistratus ductus mandata exercitus edit.
5 Accepto inde senatus consulto, uti comitiis curiatis revocatus de exsilio jussu populi Camillus dictator extemplo
diceretur, militesque haberent imperatorem quem vellent,
eadem digressus nuntius Veios contendit: missique Ardeam legati ad Camillum, Veios eum perduxere, seu—
10 quod magis credere libet, non prius profectum ab Ardea,
quam comperit legem latam, quod nec injussu populi
mutari finibus posset, nec nisi dictator dictus, auspicia in
exercitu habere—lex curiata lata est, dictatorque absens
dictus.
15   XLVII. Dum hæc Veiis agebantur, interim arx Romæ
Capitoliumque in ingenti periculo fuit. Namque Galli,
seu vestigio notato humano, qua nuntius a Veiis pervenerat, seu sua sponte animadverso ad Carmentis saxorum
ascensu æquo, nocte sublustri, cum primo inermem, qui
20 tentaret viam, præmisissent, tradentes inde arma, ubi quid
iniqui esset, alterni innixi sublevantesque invicem et trahentes alii alios, prout postularet locus, tanto silentio in
summum evasere, ut non custodes solum fallerent, sed ne
canes quidem—sollicitum animal ad nocturnos strepitus
25 —excitarent. Anseres non fefellere, quibus, sacris Junoni, in summa inopia cibi tamen abstinebatur: quæ res
saluti fuit: namque clangore eorum alarumque crepitu
excitus M. Manlius, qui triennio ante consul fuerat, vir
bello egregius, armis arreptis, simul ad arma ceteros ciens
30 vadit: et, dum ceteri trepidant, Gallum, qui jam in
summo constiterat, umbone ictum deturbat. Cujus casus
prolapsi cum proximos sterneret, trepidantes alios, armisque omissis saxa, quibus adhærebant, manibus amplexos,
trucidant. Jamque et alii congregati telis missilibusque
35 saxis proturbare hostes, ruinaque tota prolapsa acies in
præceps deferri. Sedato deinde tumultu reliquum noctis
—quantum in turbatis mentibus poterat, cum præteritum
quoque periculum sollicitaret—quieti datum est. Luce
orta, vocatis classico ad concilium militibus ad tribunos,
40 cum et recte et perperam facto pretium deberetur, Manlius
primum ob virtutem laudatus donatusque non ab tribunis
solum militum, sed consensu etiam militari, cui universi
selibras farris et quartarios vini ad ædes ejus, quæ in arce
erant, contulerunt,—rem dictu parvam, ceterum inopia

fecerat eam argumentum ingens caritatis, cum se quisque
victu suo fraudans, detractum corpori atque usibus necessariis ad honorem unius viri conferret. Tum vigiles ejus
loci, qua fefellerat ascendens hostis, citati : et cum in
omnes more militari se animadversurum Q. Sulpicius 5
tribunus militum pronuntiasset, consentiente clamore militum in unum vigilem conjicientium culpam, deterritus,
a ceteris abstinuit, reum haud dubium ejus noxæ, appro-
bantibus cunctis, de saxo dejecit. Inde intentiores utrimque custodiæ esse, et apud Gallos, quia vulgatum erat 10
inter Veios Romamque nuntios commeare, et apud Romanos, ab nocturni periculi memoria. XLVIII. Sed,
ante omnia obsidionis bellique mala, fames utrimque exercitum urgebat, Gallos pestilentia etiam, cum loco jacente
inter tumulos castra habentes, tum ab incendiis torrido et 15
vaporis pleno, cineremque non pulverem modo, ferente,
cum quid venti motum esset : quorum intolerantissima
gens, humorique ac frigori assueta, cum, æstu et angore
vexata, vulgatis velut in pecua morbis, morerentur, jam
pigritia singulos sepeliendi, promiscue acervatos cumulos 20
hominum urebant, bustorumque inde Gallicorum nomine
insignem locum fecere. Induciæ deinde cum Romanis
factæ, et colloquia permissu imperatorum habita : in quibus, cum identidem Galli famem objicerent, eaque necessitate ad deditionem vocarent, dicitur, avertendæ ejus 25
opinionis causa, multis locis panis de Capitolio jactatus
esse in hostium stationes. Sed jam neque dissimulari
neque ferri ultra fames poterat : itaque,—dum dictator
dilectum per se Ardeæ habet, magistrum equitum L.
Valerium a Veiis abducere exercitum jubet, parat, in- 30
struitque, quibus haud impar adoriatur hostes,—interim
Capitolinus exercitus, stationibus vigiliisque fessus, superatis tamen humanis omnibus malis, cum famem unam
natura vinci non sineret, diem de die prospectans, ecquod
auxilium ab dictatore appareret, postremo spe quoque 35
jam, non solum cibo deficiente, et, cum stationes procederent, prope obruentibus infirmum corpus armis, vel dedi,
vel redimi se quacumque pactione possent jussit ; jactan-
tibus non obscure Gallis, haud magna mercede se adduci
posse, ut obsidionem relinquant. Tum senatus habitus, 40
tribunisque militum negotium datum, ut paciscerentur.
Inde inter Q. Sulpicium tribunum militum et Brennum
regulum Gallorum colloquio transacta res est, et mille
pondo auri pretium populi gentibus mox imperaturi fa-

ctum. Rei, fœdissimæ per se, adjecta indignitas est:
pondera ab Gallis allata iniqua, et, tribuno recusante,
additus ab insolente Gallo ponderi gladius, auditaque
intoleranda Romanis vox "væ victis esse." XLIX. Sed
5 diique et homines prohibuere redemptos vivere Romanos.
Nam forte quadam, prius quam infanda merces perficere-
tur, per altercationem nondum omni auro appenso, dictator intervenit, auferrique aurum de medio et Gallos sub-
moveri jubet. Cum illi renitentes pactos dicerent sese,
10 negat eam pactionem ratam esse, quæ, postquam ipse
dictator creatus esset, injussu suo ab inferioris juris magistratu facta esset, denuntiatque Gallis ut se ad prœlium
expediant. Suos in acervum conjicere sarcinas, et arma
aptare, ferroque, non auro recuperare patriam jubet, in
15 conspectu habentes fana deûm, et conjuges, et liberos, et
solum patriæ deforme belli malis et omnia, quæ defendi
repetique et ulcisci fas sit. Instruit deinde aciem, ut
loci natura patiebatur, in semirutæ solo urbis, et natura
inæquali, et omnia, quæ arte belli secunda suis eligi præ-
20 pararive poterant, providit. Galli, nova re trepidi, arma
capiunt, iraque magis, quam consilio, in Romanos incur-
runt. Jam verterat fortuna, jam deorum opes humanaque
consilia rem Romanam adjuvabant. Igitur primo concursu haud majore momento fusi Galli sunt quam ad
25 Aliam vicerant. Justiore altero deinde prœlio ad octavum
lapidem Gabina via, quo se ex fuga contulerant, ejusdem
ductu auspicioque Camilli vincuntur. Ibi cædes omnia
obtinuit: castra capiuntur et ne nuntius quidem cladis
relictus. Dictator, recuperata ex hostibus patria, trium-
30 phans in urbem redit, interque jocos militares, quos in-
conditos jaciunt, Romulus ac parens patriæ, conditorque
alter urbis, haud vanis laudibus appellabatur.

LIBER VICESIMUS PRIMUS.

—

ARGUMENTUM.

I, &c. In Italiam belli Punici secundi ortus narratur, V, &c., et Hannibalis, Pœnorum ducis, contra fœdus per Iberum flumen transitus, XIV, a quo Saguntum, sociorum populi Romani civitas, obsessa, octavo mense capta est. XVIII. De quibus injuriis, missi legati ad Karthaginienses, qui quererentur: cum satisfacere nollent, bellum iis indictum est. XXIV, &c. Hannibal, superato Pyrenæo saltu, per Gallias, fusis Volscis, qui obsistere conati erant, ad Alpes venit; et laborioso per eas transitu (cum montanos quoque Gallos obvios aliquot prœliis repulisset), XXXVII, XXXVIII, descendit in Italiam, et ad Ticinum flumen Romanos equestri prœlio fudit: XLV, XLVI, in quo vulneratum P. Cornelium Scipionem protexit filius, qui Africani postea nomen accepit. LV, LVI, &c. Iterumque exercitu Romano ad flumen Trebiam fuso Hannibal Apenninum quoque, per magnam militum vexationem propter vim tempestatum, transiit. LX, &c. Cn. Cornelius Scipio in Hispania contra Pœnos prospere pugnavit, duce hostium Hannone capto.—[u. c. 534–535. a. c. 218–217.]

I. In parte operis mei licet mihi præfari, quod in principio summæ totius professi plerique sunt rerum scriptores, bellum maxime omnium memorabile, quæ unquam gesta sint, me scripturum, quod Hannibale duce Carthaginienses cum populo Romano gessere.   Nam neque 5 validiores opibus ullæ inter se civitates gentesque contulerunt arma, neque his ipsis tantum unquam virium aut roboris fuit: et haud ignotas belli artes inter sese, sed expertas primo Punico conserebant bello: et adeo varia fortuna belli ancepsque Mars fuit, ut propius periculum 10 fuerint, qui vicerunt: odiis etiam prope majoribus certarunt quàm viribus, Romanis indignantibus, quod victoribus victi ultro inferrent arma, Pœnis, quod superbe avareque crederent imperitatum victis esse.   Fama est etiam, Hannibalem annorum ferme novem, pueriliter blandientem 15 patri Hamilcari, ut duceretur in Hispaniam, cum, per-

fecto Africo bello, exercitum eo trajecturus sacrificaret,
altaribus admotum, tactis sacris jurejurando adactum, se,
cùm primum posset, hostem fore populo Romano.   Angebant ingentis spiritus virum Sicilia Sardiniaque amissæ:
5 nam et Siciliam nimis celeri desperatione rerum concessam, et Sardiniam inter motum Africæ fraude Romanorum,
stipendio etiam insuper imposito, interceptam.   II. His
anxius curis ita se Africo bello, quod fuit sub recentem
Romanam pacem, per quinque annos, ita deinde novem
10 annis in Hispania augendo Punico imperio gessit, ut appareret, majus eum, quam quod gereret, agitare in animo
bellum, et, si diutius vixisset, Hamilcare duce Pœnos
arma Italiæ illaturos fuisse, qui Hannibalis ductu intulerunt.   Mors Hamilcaris peropportuna et pueritia Hanni-
15 balis distulerunt bellum.   Medius Hasdrubal inter patrem
ac filium octo ferme annos imperium obtinuit, flore ætatis,
uti ferunt, primo Hamilcari conciliatus, gener inde ob
aliam indolem profecto animi ascitus, et, quia gener erat,
factionis Barcinæ opibus, quæ apud milites plebemque
20 plus quam modicæ erant, haud sane voluntate principum
in imperio positus.   Is, plura consilio quam vi gerens,
hospitiis magis regulorum conciliandisque per amicitiam
principum novis gentibus quàm bello aut armis rem Car-
thaginiensem auxit.   Ceterum nihilo ei pax tutior fuit:
25 barbarus eum quidam palam ob iram interfecti ab eo
domini obtruncat ; comprehensusque ab circumstantibus
haud alio, quàm si evasisset vultu, tormentis quoque cùm
laceraretur, eo fuit habitu oris, ut, superante lætitiâ do-
lores, ridentis etiam speciem præbuerit.   Cum hoc Has-
30 drubale, quia miræ artis in sollicitandis gentibus imperio-
que suo jungendis fuerat, fœdus renovaverat populus
Romanus, ut finis utriusque imperii esset amnis Iberus,
Saguntinisque mediis inter imperia duorum populorum
libertas servaretur.
35   III. In Hasdrubalis locum haud dubia res fuit, quin
prærogativam militarem, qua extemplo juvenis Hannibal
in prætorium delatus imperatorque ingenti omnium clamore atque assensu appellatus erat, favor plebis sequeretur. - Hunc vixdum puberem Hasdrubal litteris ad se
40 arcessierat : actaque res etiam in senatu fuerat, Barcinis
nitentibus, ut assuesceret militiæ Hannibal atque in paternas succederet opes : Hanno, alterius factionis princeps,
" et æquum postulare videtur," inquit, " Hasdrubal, et ego
tamen non censeo, quod petit, tribuendum."   Cùm admi-

ratione tam ancipitis sententiæ in se omnes convertisset,
" florem ætatis," inquit, " Hasdrubal, quem ipse pátri
Hannibalis fruendum præbuit, justo jure eum a filio repeti
censet : nos tamen minime decet, juventutem nostram pro
militari rudimento assuefacere libidini prætorum.　An 5
hoc timemus, ne Hamilcaris filius nimis sero imperia
immodica et regni paterni speciem videat, et, cujus regis
genero hereditarii sint relicti exercitus nostri, ejus filio
parum mature serviamus ?　Ego, istum juvenem domi
tenendum, sub legibus sub magistratibus docendum vivere 10
æquo jure cum ceteris censeo, ne quandoque parvus hic
ignis incendium ingens exsuscitet."　IV. Pauci, ac ferme
optimus quisque, Hannoni assentiebantur : sed, ut plerumque fit, major pars meliorem vicit.　Missus Hannibal
in Hispaniam primo statim adventu omnem exercitum in 15
se convertit.　Hamilcarem juvenem redditum sibi veteres
milites credere ; eundem vigorem in vultu vimque in
oculis, habitum oris lineamentaque intueri : dein ´brevi
effecit, ut pater in se minimum momentum ad favorem
conciliandum esset.　Nunquam ingenium idem ad res 20
diversissimas, parendum atque imperandum, habilius fuit.
Itaque haud facile discerneres, utrum imperatori an exercitui carior esset : neque Hasdrubal alium quemquam
præficere malle, ubi quid fortiter ac strenue agendum
esset, neque milites alio duce plus confidere aut audere. 25
Plurimum audaciæ ad pericula capessenda, plurimum
consilii inter ipsa pericula erat : nullo labore aut corpus
fatigari aut animus vinci poterat.　Caloris ac frigoris
patientia par : cibi potionisque desiderio naturali, non
voluntate, modus finitus.　Vigiliarum somnique nec die 30
nec nocte discriminata tempora : id, quod gerendis rebus
superesset, quieti datum : ea neque molli strato neque
silentio arcessita.　Multi sæpe militari sagulo opertum humi
jacentem inter custodias stationesque militum conspexe-
runt.　Vestitus nihil inter æquales excellens : arma atque 35
equi conspiciebantur.　Equitum peditumque idem longe
primus erat : princeps in prœlium ibat, ultimus conserto
prœlio excedebat.　Has tantas viri virtutes ingentia vitia
æquabant, inhumana crudelitas, perfidia plus quàm Punica, nihil veri, nihil sancti, nullus deum metus, nullum 40
jusjurandum, nulla religio.　Cum hac indole virtutum
atque vitiorum triennio sub Hasdrubale imperatore meruit,
nullâ re, quæ agenda videndaque magno futuro duci esset,
prætermissa.

9

V. Ceterum ex quo die dux est declaratus, velut Italia
ei provincia decreta, bellumque Romanum mandatum
esset, nihil prolatandum ratus, ne se quoque, ut patrem
Hamilcarem, deinde Hasdrubalem, cunctantem casus ali-
5 quis opprimeret, Saguntinis inferre bellum statuit. Quibus
oppugnandis quia haud dubie Romana arma movebantur,
in Olcadum prius fines—ultra Iberum ea gens in parte
magis quàm in ditione Carthaginiensium erat—induxit
exercitum, ut non petisse Saguntinos, sed rerum serie,
10 finitimis domitis gentibus jungendoque, tractus ad id bellum videri posset. Cartalam, urbem opulentam, caput
gentis ejus, expugnat diripitque, quo metu perculsæ minores civitates, stipendio imposito, imperium accepere:
victor exercitus opulentusque præda Carthaginem novam
15 in hiberna est deductus.' Ibi large partiendo prædam, /
stipendioque præterito cum fide exsolvendo cunctis civium
sociorumque animis in se firmatis, vere primo in Vaccaeos
promotum bellum. Hermandica et Arbocala eorum urbes
vi captæ. Arbocala et virtute et multitudine oppidanorum
20 diu defensa. Ab Hermandica profugi, exsulibus Olcadum,
—priore æstate domitæ gentis—cùm se junxissent, concitant Carpetanos. adortique Hannibalem, regressum ex
Vaccæis, haud procul Tago flumine agmen grave præda
turbavere. Hannibal prœlio abstinuit, castrisque super
25 ripam positis, cùm prima quies silentiumque ab hostibus
fuit, amnem vado trajecit, valloque ita producto, ut locum
ad transgrediendum hostes haberent, invadere eos tran-
seuntes statuit. Equitibus præcepit, ut, cùm ingressos
aquam viderent, adorirentur. Peditum agmen in ripa, ele-
30 phantos—quadraginta autem erant—disposuit. Carpeta-
norum cum appendicibus Olcadum Vaccæorumque centum
millia fuere, invicta acies, si æquo dimicaretur campo.
Itaque et ingenio feroces et multitudine freti, et, quòd
metu cessisse credebant hostem, id morari victoriam rati,
35 quòd interesset amnis, clamore sublato, passim sine ullius
imperio, quâ cuique proximum est, in amnem ruunt. Et
ex parte altera ripæ vis ingens equitum in flumen immissa,
medioque alveo haudquaquam pari certamine concursum,
quippe ubi pedes instabilis ac vix vado fidens vel ab inermi
40 equite, equo temere acto, perverti posset, eques, corpore
armisque liber,—equo vel per medios gurgites stabili—
comminus eminusque rem gereret. Pars magna flumine
absumpta, quidam, verticoso amni delati in hostes, ab
elephantis obtriti sunt: postremi, quibus regressus in

suam ripam tutior fuit, ex varia trepidatione cum in unum
colligerentur priusquam tanto pavore reciperent animos,
Hannibal, agmine quadrato amnem ingressus, fugam ex
ripa fecit, vastatisque agris, intra paucos dies Carpetanos
quoque in deditionem accepit.   5

Et jam omnia trans Iberum præter Saguntinos Carthaginiensium erant. // VI. Cum Saguntinis bellum nondum erat, ceterum jam belli causa certamina cum finitimis
serebantur, maxime Turdetanis.   Quibus cum adesset
idem, qui litis erat sator, nec certamen juris, sed vim 10
quæri appareret, legati a Saguntinis Romam missi, auxilium ad bellum jam haud dubie imminens orantes.   Consules tunc Romæ erant P. Cornelius Scipio et Tib. Sempronius Longus : qui cum, legatis in senatum introductis,
de republica retulissent, placuissetque mitti legatos in 15
Hispaniam ad res sociorum inspiciendas, quibus si videretur digna causa, et Hannibali denuntiarent, ut ab Saguntinis, sociis populi Romani, abstineret, et Carthaginem in
Africam trajicerent ac sociorum populi Romani querimo-
nias deferrent,—hac legatione decreta necdum missa, 20
omnium spe celerius Saguntum oppugnari allatum est.
Tunc relata de integro res ad senatum ; et alii, provincias
consulibus Hispaniam atque Africam decernentes, terra
marique rem gerendam censebant, alii totum in Hispaniam
Hannibalemque intenderant bellum.   Erant, qui non te- 25
mere movendam rem tantam, exspectandosque ex Hispania
legatos censerent.   Hæc sententia, quæ tutissima videbatur, vicit : legatique eo maturiùs missi, P. Valerius
Flaccus et Q. Bæbius Tamphilus, Saguntum ad Hannibalem atque inde Carthaginem, si non absisteretur bello, 30
ad ducem ipsum in pœnam fœderis rupti deposcendum.

VII. Dum ea Romani parant consultantque, jam Saguntum summa vi oppugnabatur.   Civitas ea longe opulentissima ultra Iberum fuit, sita passus mille ferme a mari. Oriundi a Zacyntho insula dicuntur, mixtique etiam ab Ardea 35
Rutulorum quidam generis : ceterum in tantas brevi
creverant opes seu maritimis seu terrestribus fructibus,
seu multitudinis incremento seu disciplinæ sanctitate, qua
fidem socialem usque ad perniciem suam coluerunt. Hannibal infesto exercitu ingressus fines, pervastatis passim 40
agris, urbem tripertito aggreditur.   Angulus muri erat in
planiorem patentioremque, quàm cetera circa, vallem
vergens : adversus eum vineas agere instituit, per quas
aries mœnibus admoveri posset.   Sed ut locus procul

muro satis æquus agendis vineis fuit, ita haudquaquam
prospere, postquam ad effectum operis ventum est, cœptis
succedebat : et turris ingens imminebat, et murus, ut in
suspecto loco, supra ceteræ modum altitudinis emunitus
5 erat ; et juventus delecta, ubi plurimum periculi ac timoris
ostendebatur, ibi vi majore obsistebant.   Ac primo missi-
libus submovere hostem, nec quidquam satis tutum munientibus pati.   Deinde jam non pro mœnibus modo atque
turri tela micare, sed ad erumpendum etiam in stationes
10 operaque hostium animus erat : quibus tumultuariis certaminibus haud ferme plures Saguntini cadebant quàm
Pœni.   Ut vero Hannibal ipse, dum murum incautius
subit, adversum femur tragula graviter ictus cecidit, tanta
circa fuga ac trepidatio fuit, ut non multum abesset, quin
15 opera ac vineæ desererentur. // VIII. Obsidio deinde per
paucos dies magis quàm oppugnatio fuit, dum vulnus
ducis curaretur : per quod tempus ut quies certaminum
erat, ita ab apparatu operum ac munitionum nihil cessatum.   Itaque acrius de integro coortum est bellum, plu-
20 ribusque partibus—vix accipientibus quibusdam opera
locis—vineæ cœptæ agi admoverique aries.   Abundabat
multitudine hominum Pœnus—ad centum quinquaginta
millia habuisse in armis satis creditur :—oppidani ad
omnia tuenda atque obeunda multifariam distineri cœpti
25 sunt.   Non sufficiebant : itaque jam feriebantur arietibus
muri, quassatæque multæ partes erant.   Una continenti-
bus ruinis nudaverat urbem : tres deinceps turres, quan-
tumque inter eas muri erat, cum fragore ingenti procide-
runt.   Captum oppidum ea ruina crediderant Pœni ; qua,
30 velut si pariter utrosque murus texisset, ita utrimque in
pugnam procursum est.   Nihil tumultuariæ pugnæ simile
erat, quales in oppugnationibus urbium per occasionem
partis alterius conciri solent : sed justæ acies, velut patenti
campo, inter ruinas muri tectaque urbis modico distantia
35 intervallo constiterant.   Hinc spes, hinc desperatio animos
irritat ; Pœno cepisse jam se urbem, si paulum annitatur,
credente ; Saguntinis pro nudatâ mœnibus patriâ corpora
opponentibus, nec ullo pede referente, ne in relictum a
se locum hostem immitteret.   Itaque quo acrius et con-
40 fertim magis utrimque pugnabatur, eo plures vulneraban-
tur, nullo inter arma corporaque vano intercidente telo.
Phalarica erat Saguntinis, missile telum hastili abiegno et
cetero tereti præterquam ad extremum, unde ferrum ex-
stabat. Id, sicut in pilo, quadratum stuppâ circumligabant

linebantque pice: ferrum autem tres longum habebat
pedes, ut cum armis transfigere corpus posset. Sed id
maxime, etiam si hæsisset in scuto nec penetrasset in
corpus, pavorem faciebat, quod, cùm medium accensum
mitteretur conceptumque ipso motu multò majorem ignem 5
ferret, arma omitti cogebat nudumque militem ad insequentes ictus præbebat. ⸌ IX. Cum diu anceps fuisset
certamen, et Saguntinis, quia præter spem resisterent,
crevissent animi, Pœnus, quia non vicisset, pro victo
esset, clamorem repente oppidani tollun*, hostemque in 10
ruinas muri expellunt, inde impeditum trepidantemque
exturbant, postremo fusum fugatumque in castra redigunt.

Interim ab Roma legatos venisse nuntiatum est: quibus
obviam ad mare missi ab Hannibale, qui dicerent, nec
tuto eos adituros inter tot tam effrenatarum gentium arma, 15
nec Hannibali in tanto discrimine rerum operæ esse legationes audire. Apparebat, non admissos protinus Carthaginem ituros. Litteras igitur nuntiosque ad principes
factionis Barcinæ præmittit, ut præpararent suorum animos, ne quid pars altera gratificari pro Romanis posset. 20
X. Itaque præterquam quod admissi auditique sunt, ea
quoque vana atque irrita legatio fuit. Hanno unus adversùs
senatum causam fœderis, magno silentio propter auctori-
tatem suam, non cum assensu audientium egit, per deos,
fœderum arbitros ac testes, senatum obtestans, ne Roma- 25
num cum Saguntino suscitarent bellum. Monuisse, prædixisse se, ne Hamilcaris progeniem ad exercitum mitterent: non manes, non stirpem ejus conquiescere viri, nec
unquam, donec sanguinis nominisque Barcini quisquam
supersit, quietura Romana fœdera: "juvenem flagrantem 30
cupidine regni viamque unam ad id cernentem, si ex bellis
bella serendo succinctus armis legionibusque vivat, velut
materiam igni præbentes, ad exercitus misistis. Aluistis
ergo hoc incendium, quo nunc ardetis. Saguntum vestri
circumsedent exercitus, unde arcentur fœdere: mox Car- 35
thaginem circumsedebunt Romanæ legiones ducibus iisdem diis, per quos priore bello rupta fœdera sunt ulti.
Utrum hostem an vos an fortunam utriusque populi igno-
ratis? Legatos, ab sociis et pro sociis venientes, bonus
imperator vester in castra non admisit, jus gentium sus- 40
tulit: hi tamen, unde ne hostium quidem legati arcentur,
pulsi ad vos venerunt. Res ex fœdere repetuntur: publica fraus absit, auctorem culpæ et reum criminis depo-
scunt. Quo lenius agunt, segnius incipiunt, eo, cùm cœpe-

rint, vereor, ne perseverantius sæviant. Ægates insulas
Erycemque ante oculos proponite, quæ terra marique per
quattuor et viginti annos passi sitis. Nec puer hic dux
erat, sed pater ipse Hamilcar, Mars alter, ut isti volunt. •
5 Sed Tarento, id est Italiâ, non abstinueramus ex fœdere,
sicut nunc Sagunto non abstinemus. Vicerunt ergo dii
hominesque, et id, de quo verbis ambigebatur, uter populus fœdus rupisset, eventus belli, velut æquus judex, unde
jus stabat, ei victoriam dedit. Carthagini nunc Hannibal
10 vineas turresque admovet, Carthaginis mœnia quatit ari-
ete : Sagunti ruinæ—falsus utinam vates sim—nostris
capitibus incident, susceptumque cum Saguntinis bellum
habendum cum Romanis est. Dedemus ergo Hannibalem ? dicet aliquis. Scio, meam levem esse in eo aucto-
15 ritatem propter paternas inimicitias : sed et Hamilcarem
eò perisse lætatus sum, quod, si ille viveret, bellum jam
haberemus cum Romanis, et hunc juvenem tamquam
furiam facemque hujus belli odi ac detestor : nec deden-
dum solum ad piaculum rupti fœderis ; sed, si nemo de-
20 poscit, devehendum in ultimas maris terrarumque oras,
ablegandum eò, unde nec ad nos nomen famaque ejus accedere, neque ille sollicitare quietæ civitatis statum possit.
Ego ita censeo, legatos extemplo Romam mittendos, qui
senatui satisfaciant, alios, qui Hannibali nuntient, ut
25 exercitum ab Sagunto abducat, ipsumque Hannibalem ex
fœdere Romanis dedant : tertiam legationem ad res Saguntinis reddendas decerno.'' XI. Cum Hanno peroras-
set, nemini omnium certare oratione cum eo necesse fuit,
adeo prope omnis senatus Hannibalis erat ; infestiusque
30 locutum arguebant Hannonem quàm Flaccum Valerium,
legatum Romanum. Responsum inde legatis Romanis est,
bellum ortum ab Saguntinis non ab Hannibale esse : populum Romanum injuste facere, si Saguntinos vetustissimæ
Carthaginiensium societati præponat.
35   Dum Romani tempus terunt legationibus mittendis,
Hannibal, quia fessum militem prœliis operibusque habebat, paucorum his dierum quietem dedit, stationibus ad
custodiam vinearum aliorumque operum dispositis. Interim animos eorum nunc irâ, in hostes stimulando, nunc
40 spe præmiorum accendit : ut vero pro concione prædam
captæ urbis edixit militum fore, adeo accensi omnes sunt,
ut, si extemplo signum datum esset, nulla vi resisti videretur posse. Saguntini ut a prœliis quietem habuerant,
nec lacessentes nec lacessiti per aliquot dies, ita non nocte,

non die unquam cessaverant ab opere, ut novum murum
ab ea parte, quâ patefactum oppidum ruinis erat, refice-
rent. Inde oppugnatio eos aliquanto atrocior quàm ante
adorta est, nec, qua primum aut potissimum parte ferrent
opem, cùm omnia variis clamoribus streperent, satis scire 5
poterant. Ipse Hannibal, qua turris mobilis, omnia munimenta urbis superans altitudine, agebatur, hortator aderat.
Quæ cùm admota, catapultis balistisque per omnia tabu-
lata dispositis, muros defensoribus nudasset, tum Hannibal,
occasionem ratus, quingentos ferme Afros cum dolabris ad 10
subruendum ab imo murum mittit. Nec erat difficile
opus, quod cæmenta non calce durata erant, sed interlita
luto, structuræ antiquæ genere. Itaque latius, quàm qua
cæderetur, ruebat, perque patentia ruinis agmina armatorum in urbem vadebant. Locum quoque editum capiunt, 15
collatisque eo catapultis balistisque, ut castellum in ipsa
urbe velut arcem imminentem haberent, muro circumdant.
Et Saguntini murum interiorem ab nondum capta parte
urbis ducunt. Utrimque summa vi et muniunt et pugnant :
sed interiora tuendo minorem in dies urbem Saguntini 20
faciunt. Simul crescit inopia omnium longa obsidione, et
minuitur exspectatio externæ opis, cùm tam procul Romani, unica spes, circa omnia hostium essent. Paulisper
tamen affectos animos recreavit repentina profectio Hannibalis in Oretanos Carpetanosque, qui duo populi, dilectus 25
acerbitate consternati, retentis conquisitoribus, metum defectionis cùm præbuissent, oppressi celeritate Hannibalis,
omiserunt mota arma. XII. Nec Sagunti oppugnatio se-
gnior erat, Maharb de Himilconis filio—eum præfecerat
Hannibal—ita impigre rem agente, ut ducem abesse nec 30
cives nec hostes sentirent. Is et prœlia aliquot secunda
fecit, et tribus arietibus aliquantum muri discussit, strata-
que omnia recentibus ruinis advenienti Hannibali ostendit.
Itaque ad ipsam arcem extemplo ductus exercitus atroxque
prœlium cum multorum · utrimque cæde initum, et pars 35
arcis capta est.

Tentata deinde per duos est exigua pacis spes, Alconem
Saguntinum et Alorcum Hispanum. Alco, insciis Saguntinis—precibus aliquid moturum ratus—cùm ad Hannibalem noctu transisset, postquam nihil lacrimæ move- 40
bant, conditionesque tristes, ut ab irato victore, ferertan-
tur, transfuga ex oratore factus, apud hostem mansit,
moriturum affirmans, qui sub conditionibus iis de pace
ageret. Postulabatur autem, redderent res Turdetanis,

traditoque omni auro atque argento, egressi urbem cum
singulis vestimentis ibi habitarent, ubi Pœnus jussisset.
Has pacis leges abnuente Alcone accepturos Saguntinos,
Alorcus, vinci animos, ubi alia vincantur, affirmans, se
5 pacis ejus interpretem fore pollicetur.   Erat autem tum
miles Hannibalis, ceterum publicc Säguntinis amicus atque hospes.   Tradito palam telo custodibus hostium, transgressus munimenta, ad prætorem Saguntinum—et ipse ita
jubebat—est deductus.   Quo cum extemplo concursus
10 omnis generis hominum esset factus, submota cetera multitudine, senatus Alorco datus est, cujus talis oratio fuit:
XIII. "Si civis vester Alco, sicut ad pacem petendam ad
Hannibalem venit, ita pacis conditiones ab Hannibale ad
vos retulisset, supervacaneum hoc mihi fuisset iter, quo
15 nec orator Hannibalis nec transfuga ad vos venissem.
Cum ille aut vestrâ aut suâ culpâ manserit apud hostem—
suâ, si metum simulavit, vestrâ, si periculum est apud vos
vera referentibus—ego, ne ignoraretis esse aliquas et
salutis et pacis vobis conditiones, pro vetusto hospitio, quod
20 mihi vobiscum est, ad vos veni.   Vestrâ autem causâ me,
nec ullius alterius, loqui quæ loquor apud vos, vel eâ fides
sit, quòd neque dum vestris viribus restitistis, neque dum
auxilia ab Romanis sperastis, pacis unquam apud vos
mentionem feci. ʹ Postquam nec ab Romanis vobis ulla est
25 spes nec vestra vos jam aut arma aut mœnia satis de-
fendunt, pacem affero ad vos magis necessariam quàm
æquam.   Cujus ita aliqua spes est, si eam, quemadmodum
ut victor fert Hannibal, sic vos ut victi audiatis, si non id,
quod amittitur, in damno, cùm omnia victoris sint, sed,
30 quidquid relinquitur, pro munere habituri estis.   Urbem
vobis, quam ex magna parte dirutam captam fere totam
habet, adimit, agros relinquit, locum assignaturus, in quo
novum oppidum ædificetis: aurum et argentum omne,
publicum privatumque, ad se jubet deferri: corpora ve-
35 stra conjugum ac liberorum vestrorum servat inviolata, si
inermes cum binis vestimentis velitis ab Sagunto exire.
Hæc victor hostis imperat, hæc, quamquam sunt gravia
atque acerba, fortuna vestra vobis suadet.   Equidem haud
despero, cùm omnium potestas ei facta sit, aliquid ex his
40 rebus remissurum : sed vel hæc patienda censeo potius
quàm trucidari corpora vestra, rapi trahique ante ora
vestra conjuges ac liberos belli jure sinatis."
    XIV. Ad hæc audienda cùm circumfusa paulatim mul-
titudine permixtum senatui esset populi concilium, repente

primores, secessione facta, priusquam responsum daretur,
argentum aurumque omne, ex publico privatoque in forum
collatum, in ignem ad id raptim factum conjicientes, eodem plerique semet ipsi præcipitaverunt. Cùm ex eo
pavor ac trepidatio totam urbem pervasisset, alius insuper 5
tumultus ex arce auditur: turris diu quassata prociderat,
perque ruinam ejus cohors Pœnorum impetu facto cum
signum imperatori dedisset, nudatam stationibus custodiisque solitis hostium esse urbem, non cunctandum in tali
occasione ratus Hannibal, totis viribus aggressus urbem 10
momento cepit, signo dato ut omnes puberes interficeren-
tur. Quod imperium crudele, ceterum prope necessarium cognitum ipso eventu est: cui enim parci potuit ex
his, qui aut inclusi cum conjugibus ac liberis domos super
se ipsos concremaverunt, aut armati nullum ante finem 15
pugnæ quam morientes fecerunt? XV. Captum oppidum
est cum ingenti prædà. Quamquam pleraque ab dominis
de industria corrupta erant, et in cædibus vix ullum discrimen ætatis ira fecerat, et captivi militum præda fuerant, tamen et ex pretio rerum venditarum aliquantum 20
pecuniæ redactum esse constat, et multam pretiosam su-
pellectilem vestemque missam Carthaginem.

Octavo mense, quam cœptum oppugnari, captum Saguntum quidam scripsere: inde Carthaginem novam in
hiberna Hannibalem concessisse, quinto deinde mense, 25
quam ab Carthagine profectus sit, in Italiam pervenisse.
Quæ si ita sunt, fieri non potuit, ut P. Cornelius, Tib.
Sempronius consules fuerint, ad quos et principio oppu-
gnationis legati Saguntini missi sint, et qui in suo magistratu cum Hannibale, alter ad Ticinum amnem, ambo 30
aliquanto post ad Trebiam, pugnaverint. Aut omnia breviora aliquanto fuere, aut Saguntum principio anni, quo
P. Cornelius, Tib. Sempronius consules fuerunt, non cœptum oppugnari est, sed captum. Nam excessisse pugnâ
ad Trebiam in annum Cn. Servilii et C. Flaminii non 35
potest, quia C. Flaminius Arimini consulatum iniit, creatus a Tib. Sempronio consule, qui post pugnam ad Trebiam ad creandos consules Romam cùm venisset, comitiis
perfectis ad exercitum in hiberna rediit.

XVI. Sub idem fere tempus et legati, qui redierant ab 40
Carthagine, Romam retulerunt, omnia hostilia·esse, et
Sagunti excidium nuntiatum est: tantusque simul mæror
patres misericordiaque sociorum peremptorum indigne et
pudor non lati auxilii et ira in Carthaginienses metusque de

summa rerum cepit, velut si jam ad portas hostis esset, ut, tot uno tempore motibus animi turbati, trepidarent magis quàm consulerent. Nam neque hostem acriorem bellico-sioremque secum congressum, nec rem Romanam tam
5 desidem unquam fuisse atque imbellem. Sardos Corsos-que et Istros atque Illyrios lacessisse magis quàm exer-cuisse Romana arma, et cum Gallis tumultuatum verius quàm belligeratum: Pœnum hostem veteranum, trium et viginti annorum militia durissima inter Hispanas gentes
10 semper victorem, duci acerrimo assuetum, recentem ab excidio opulentissimæ urbis Iberum transire, trahere secum tot excitos Hispanorum populos, conciturum avidas semper armorum Gallicas gentes: cum orbe terrarum bellum gerendum in Italia ac pro mœnibus Romanis
15 esse.

XVII. Nominatæ jam antea consulibus provinciæ erant, tum sortiri jussi: Cornelio Hispania, Sempronio Africa cum Siciliâ evenit. Sex in eum annum decretæ legiones, et sociûm quantum ipsis videretur, et classis quanta parari
20 posset. Quattuor et viginti peditum Romanorum millia sunt scripta et mille octingenti equites, sociorum quadra-ginta millia peditum, quattuor millia et quadringenti equi-tes: naves ducentæ viginti quinqueremes, celoces viginti deductæ. Latum inde ad populum, vellent juberent
25 populo Carthaginiensi bellum indici: ejusque belli causâ supplicatio per urbem habita, atque adorati dii, ut bene ac feliciter eveniret, quod bellum populus Romanus jus-sisset. Inter consules ita copiæ divisæ: Sempronio datæ legiones duæ—eâ quaterna millia erant peditum et treceni
30 equites—et sociorum sexdecim millia peditum, equites mille octingenti, naves longæ centum sexaginta, celoces duodecim. Cum his terrestribus maritimisque copiis Tib. Sempronius missus in Siciliam, ita in Africam transmissu-rus, si ad arcendum Italiâ Pœnum consul alter satis esset.
35 Cornelio minus copiarum datum, quia L. Manlius prætor et ipse cum haud invalido præsidio in Galliam mittebatur. Navium maxime Cornelio numerus deminutus: sexaginta quinqueremes datæ—neque enim mari venturum aut eâ parte belli dimicaturum hostem credebant—et duæ Roma-
40 næ legiones cum suo justo equitatu et quattuordecim milli-bus sociorum peditum, equitibus mille sexcentis. Duas legiones Romanas et decem millia sociorum peditum, mille equites socios, sexcentos Romanos Gallia provincia eodem versa in Punicum bellum habuit.

XVIII. His ita comparatis, ut omnia justa ante bellum
fierent, legatos majores natu, Q. Fabium, M. Livium, L.
Æmilium, C. Licinium, Q. Bæbium, in Africam mittunt
ad percunctandos Carthaginienses, publicone consilio Hannibal Saguntum oppugnasset, et si, id quod facturi vide- 5
bantur, faterentur ac defenderent publico consilio factum,
ut indicerent populo Carthaginiensi bellum.   Romani
postquam Carthaginem venerunt, cùm senatus datus esset,
et Q. Fabius nihil ultra quàm unum, quod mandatum
erat, percunctatus esset, tum ex Carthaginiensibus unus : 10
" præceps vestra, Romani, et prior legatio fuit, cùm Hannibalem tamquam suo consilio Saguntum oppugnantem
deposcebatis : ceterum hæc legatio verbis adhuc lenior
est, re asperior : tunc enim Hannibal et insimulabatur et
deposcebatur, nunc ab nobis et confessio culpæ exprimi- 15
tur, et, ut a confessis, res extemplo repetuntur.   Ego
autem non, privato publicone consilio Saguntum oppugnatum sit, quærendum censeam, sed utrum jure an injuriâ.
Nostra enim hæc quæstio atque animadversio in civem
nostrum est, quid nostro aut suo fecerit arbitrio : vobiscum 20
una disceptatio est, licueritne per fœdus fieri.   Itaque
quoniam discerni placet, quid publico consilio, quid suâ
sponte imperatores faciant, nobis vobiscum fœdus est a C.
Lutatio consule ictum, in quo cùm caveretur utrorumque
sociis, nihil de Saguntinis—necdum enim erant socii 25
vestri—cautum est.   At enim, eo fœdere, quod cum Hasdrubale ictum est, Saguntini excipiuntur.   Adversus
quod ego nihil dicturus sum, nisi quod a vobis didici : vos
enim, quod C. Lutatius consul primo nobiscum fœdus icit,
quia neque auctoritate patrum nec populi jussu ictum 30
erat, negastis vos eo teneri : itaque aliud de integro fœdus
publico consilio ictum est.   Si vos non tenent fœdera vestra nisi ex auctoritate aut jussu vestro icta, ne nos quidem Hasdrubalis fœdus, quod nobis insciis icit, obligare
potuit.   Proinde omittite Sagunti atque Iberi mentionem 35
facere, et, quod diu parturit animus vester, aliquando
pariat."   Tum Romanus, sinu ex toga facto, " hic," inquit, " vobis bellum et pacem portamus : utrum placet,
sumite."   Sub hanc vocem haud minus ferociter, daret,
utrum vellet, subclamatum est.   Et cùm is iterum sinu 40
effuso bellum dare dixisset, accipere se omnes responde-
runt, et, quibus acciperent animis, iisdem se gesturos.
XIX. Hæc directa percunctatio ac denuntiatio belli magis
ex dignitate populi Romani visa est, quàm de fœderum

jure verbis disceptare, cum ante, tum maxime Sagunto
excisâ. Nam si verborum disceptationis res esset, quid
foedus Hasdrubalis cum Lutatii priore foedere, quod muta-
tum est, comparandum erat, cùm in Lutatii foedere diserte
5 additum esset, ita id ratum fore, si populus censuisset : in
Hasdrubalis foedere nec exceptum tale quidquam fuerit, et
tot annorum silentio ita vivo eo comprobatum sit foedus, ut
ne mortuo quidem auctore quidquam mutaretur. Quamquam, et si priore foedere staretur, satis cautum erat Sa-
10 guntinis, sociis utrorumque exceptis : nam neque additum
erat iis qui tunc essent, nec ne, qui postea assumerentur :
et cum assumere novos liceret socios, quis æquum censeret aut ob nulla quemquam merita in amicitiam recipi, aut
receptos in fidem non defendi ? Tantum ne Carthagini-
15 ensium socii aut sollicitarentur ad defectionem, aut sua
sponte desciscentes reciperentur.

    Legati Romani ab Carthagine, sicuti iis Romæ impera-
tum erat, in Hispaniam, ut adirent civitates, ut in societatem pellicerent aut averterent a Poenis, trajecerunt. Ad
20 Bargusios primum venerunt, a quibus benigne excepti,
quia tædebat imperii Punici, multos trans Iberum populos ad cupidinem novæ fortunæ erexerunt. Inde est ventum ad Volcianos, quorum celebre per Hispaniam responsum ceteros populos ab societate Romana avertit. Ita
25 enim maximus natu ex iis in concilio respondit : " quæ
verecundia est, Romani, postulare vos uti vestram Carthaginiensium amicitiæ præponamus, cùm, qui id fecerunt,
Saguntinos crudelius, quàm Poenus hostis prodidit, vos
socii prodideritis ? Ibi quæratis socios censeo, ubi Sagun-
30 tina clades ignota est : Hispanis populis, sicut lugubre, ita
insigne documentum Sagunti ruinæ erunt, ne quis fidei
Romanæ aut societati confidat." Inde extemplo abire
finibus Volcianorum jussi ab nullo deinde concilio Hispaniæ benigniora verba tulere. Ita nequidquam peragratâ
35 Hispaniâ in Galliam transeunt. XX. In iis nova terribi-
lisque species visa est, quòd armati—ita mos gentis erat—
in concilium venerunt. Cùm verbis extollentes gloriam
virtutemque populi Romani ac magnitudinem imperii pe-
tissent, ne Poeno bellum Italiæ inferenti per agros urbes-
40 que suas transitum darent, tantus cum fremitu risus dicitur ortus, ut vix a magistratibus majoribusque natu juventus sedaretur : adeo stolida impudensque postulatio visa
est, censere, ne in Italiam transmittant Galli bellum, ipsos
id avertere in se agrosque suos pro alienis populandos obji-

cere. Sedato tandem fremitu responsum legatis est, neque
Romanorum in se meritum esse neque Carthaginiensium
injuriam, ob quæ aut pro Romanis aut adversus Pœnos
sumant arma: contra ea audire sese, gentis suæ homines
agro finibusque Italiæ pelli a populo Romano stipendium- 5
que pendere et cetera indigna pati. Eadem ferme in
ceteris Galliæ conciliis dicta auditaque, nec hospitale quidquam pacatumve 'satis' prius auditum quàm Massiliam
venere. Ibi omnia ab sociis inquisita cum cura ac fide
cognita, præoccupatos jam ante ab Hannibale Gallorum 10
animos esse: sed ne illi quidem ipsi satis mitem gentem
fore—adeo ferocia atque indomita ingenia esse,—ni subinde auro, cujus avidissima gens est, principum animi
concilientur. Ita peragratis Hispaniæ et Galliæ populis
legati Romam redeunt, haud ita multo post quàm consules 15
in provincias profecti erant. Civitatem omnem in expe-
ctationem belli erectam invenerunt, satis constante famâ,
jam Iberum Pœnos transmisisse.

XXI. Hannibal, Sagunto capto, Carthaginem novam in
hiberna concesserat, ibique auditis, quæ Romæ quæque 20
Carthagine acta decretaque forent, seque non ducem solum
sed etiam causam esse belli, partitis divenditisque reliquiis
prædæ, nihil ultra differendum ratus, Hispani generis milites convocat. "Credo ego vos," inquit, "socii, et ipsos
cernere, pacatis omnibus Hispaniæ populis, aut finiendam 25
nobis militiam exercitusque dimittendos esse, aut in alias
terras transferendum bellum: ita enim hæ gentes non
pacis solùm sed etiam victoriæ bonis florebunt, si ex aliis
gentibus prædam et gloriam quæremus. Itaque cùm
longinqua a domo instet militia, incertumque sit, quando 30
domos vestras et quæ cuique ibi cara sunt visuri sitis, si
quis vestrum suos invisere vult, commeatum do. Primo
vere edico adsitis, ut diis bene juvantibus bellum ingentis
gloriæ prædæque futurum incipiamus." Omnibus fere
visendi domos oblata ultro potestas grata erat, et jam desi- 35 —┼
derantibus suos et longius in futurum providentibus desiderium. Per totum tempus hiemis quies inter labores aut
jam exhaustos aut mox exhauriendos renovavit corpora
animosque ad omnia de integro patienda. Vere primo ad
edictum convenere.   40

Hannibal, cùm recensuisset omnium gentium auxilia,
Gades profectus Herculi vota exsolvit, novisque se obligat
votis, si cetera prospera evenissent. Inde partiens curas
simul in inferendum atque arcendum bellum, ne, dum

ipse terrestri per Hispaniam Galliasque itinere Italiam
peteret, nuda apertaque Romanis Africa ab Sicilia esset,
valido præsidio firmare eam statuit. Pro eo supplementum ipse ex Africa, maxime jaculatorum, levium armis,
5 petiit, ut Afri in Hispania, in Africa Hispani, melior procul ab domo futurus uterque miles, velut mutuis pignori-
bus obligati stipendia facerent. Tredecim millia octingentos quinquaginta pedites cetratos misit in Africam, et
funditores Baleares octingentos septuaginta, equites mixtos
10 ex multis gentibus mille ducentos. Has copias partim
Carthagini præsidio esse, partim distribui per Africam
jubet. Simul conquisitoribus in civitates missis quattuor
millia conscripta delectæ juventutis, præsidium eosdem et
obsides, duci Carthaginem jubet. XXII. Neque Hispa-
15 niam negligendam ratus, atque ideo haud minus, quòd
haud ignarus erat circumitam ab Romanis eam legatis ad
sollicitandos principum animos, Hasdrubali fratri, viro
impigro, eam provinciam destinat, firmatque eum Africis
maxime præsidiis, peditum Afrorum undecim millibus
20 octingentis quinquaginta, Liguribus trecentis, Balearibus
quingentis. Ad hæc peditum auxilia additi equites Libyphœnices—mixtum Punicum Afris genus—quadringenti,
et Numidæ Maurique accolæ Oceani ad mille octingenti,
et parva Ilergetum manus ex Hispania, ducenti equites, et,
25 ne quid terrestris deesset auxilii genus, elephanti quattuordecim. Classis præterea data ad tuendam maritimam
oram, quia, quâ parte belli vicerant, eâ tum quoque rem
gesturos Romanos credi poterat, quinquaginta quinqueremes, quadriremes duæ, triremes quinque : sed aptæ
30 instructæque remigio triginta et duæ quinqueremes erant
et triremes quinque. .

Ab Gadibus Carthaginem ad hiberna exercitus redit.
Atque inde profectus præter Etovissam urbem ad Iberum
maritimamque oram ducit. Ibi fama est in quiete visum
35 ab eo juvenem divinâ specie, qui se ab Jove diceret ducem
in Italiam Hannibali missum : proinde sequeretur, neque
usquam a se deflecteret oculos. Pavidum primo, nusquam
circumspicientem aut respicientem, secutum, deinde curâ
ingenii humani, cùm, quidnam id esset quod respicere
40 vetitus esset, agitaret animo, temperare oculis nequivisse
eum : vidisse post sese serpentem mira magnitudine cum
ingenti arborum ac virgultorum strage ferri, ac post inse-
qui cum fragore cæli nimbum. Tum, quæ moles ea
quidve prodigii esset, quærentem audisse vastitatem Italiæ

esse : pergeret porro ire, nec ultra inquireret, sineretque
fata in occulto esse.

XXIII. Hoc visu lætus tripartito Iberum copias trajecit,
præmissis qui Gallorum animos, qua traducendus exercitus
erat, donis conciliarent Alpiumque transitus specularentur. 5
Nonaginta millia peditum, duodecim millia equitum Iberum traduxit. Ilergetes inde Bargusiosque et Ausetanos
et Lacetaniam, quæ subjecta Pyrenæis montibus est, subegit, oræque huic omni præfecit Hannonem, ut fauces
quæ Hispanias Galliis jungunt in potestate essent. Decem 10
millia peditum Hannoni ad præsidium obtinendæ regionis
data et mille equites.+Postquam per Pyrenæum saltum
traduci exercitus est cœptus, rumorque per barbaros manavit certior de bello Romano, tria millia inde Carpetano-
rum peditum iter averterunt. Constabat non tam bello 15
motos quàm longinquitate viæ insuperabilique Alpium
transitu. Hannibal, quia revocare aut vi retinere eos anceps erat, ne ceterorum etiam feroces animi irritarentur,
supra septem millia hominum domos remisit, quos et ipse
gravari militiâ senserat, Carpetanos quoque ab se dimissos 20
simulans. XXIV. Inde, ne mora atque otium animos
sollicitaret, cum reliquis copiis Pyrenæum transgreditur
et ad oppidum Iliberri castra locat. Galli quamquam
Italiæ bellum inferri audiebant, tamen, quia vi subactos
trans Pyrenæum Hispanos fama erat præsidiaque valida 25
imposita, metu servitutis ad arma consternati, Ruscinonem
aliquot populi conveniunt. Quod ubi Hannibali nuntiatum
est, moram magis quàm bellum metuens, oratores ad
regulos eorum misit, colloqui semet ipsum cum iis velle,
et vel illi propius Iliberrim accederent, vel se Ruscinonem 30
processurum, ut ex propinquo congressus facilior esset :
nam et accepturum eos in castra sua se lætum, nec cunctanter se ipsum ad eos venturum : hospitem enim se
Galliæ, non hostem advenisse, nec stricturum ante gladium,
si per Gallos liceat, quàm in Italiam venisset. Et per 35
nuntios quidem hæc. Ut vero reguli Gallorum, castris
ad Iliberrim extemplo motis, haud gravanter ad Pœnum
venerunt, capti donis cum bonâ pace exercitum per fines
suos præter Ruscinonem oppidum transmiserunt.

XXV. In Italiam interim nihil ultra, quàm Iberum 40
transisse Hannibalem a Massiliensium legatis Romam
perlatum erat, cùm, perinde ac si Alpes jam transisset,
Boii sollicitatis Insubribus defecerunt, nec tam ob veteres
in populum Romanum iras quàm quòd nuper circa Padum

Placentiam Cremonamque colonias in agrum Gallicum
deductas ægre patiebantur. Itaque armis repente arreptis
in eum ipsům agrum impetu facto tantům terroris ac
tumultus fecerunt, ut non agrestis modo multitudo sed ipsi
5 triumviri Romani, qui ad agrum venerant assignandum,
diffisi Placentiæ mœnibus Mutinam confugerint, C. Lutatius, C. Servilius, M. Annius. Lutatii nomen haud
dubium est: pro C. Servilio et M. Annio Q. Acilium et
C. Herennium habent quidam annales, alii P. Cornelium
10 Asinam et C. Papirium Masonem. Id quoque dubium
est, legati ad expostulandum missi ad Boios violati sint,
an in triumviros agrum metantes impetus sit factus.
Mutinæ çủm obsiderentur, et gens ad oppugnandarum
urbium artes rudis, pigerrima eadem ad militaria opera,
15 segnis intactis, assideret muris, simulari cœptum de pace
agi, evocatique ab Gallorum principibus legati ad collo-
qůium non contra jus modò gentium sed violatâ etiam,
quæ data in id tempus erat, fide, comprehenduntur, negan-
tibus Gallis, nisi obsides sibi redderentur, eos dimissuros.
20 Cum hæc de legatis nuntiata essent, et Mutina præsidiumque in periculo esset, L. Manlius prætor irâ accensus
effusum agmen ad Mutinam ducit. // Silvæ tunc circa
viam erant, plerisque incultis: ibi inexplorato profectus,
in insidias præcipitatus, multâque cum cæde suorum ægre
25 in apertos campos emersit. Ibi castra communita; et,
quia Gallis ad tentanda ea defuit spes, refecti sunt militum
animi, quamquam ad quingentos cecidisse satis constabat.
Iter deinde de integro cœptum, nec, dum per patentia
loca ducebatur agmen, apparuit hostis: ubi rursus silvæ
30 intratæ, tum postremos adorti cum magnâ trepidatione ac
pavore omnium septingentos milites occiderunt, sex signa
ademere. Finis et Gallis territandi et pavendi fuit Romanis, ut e saltu invio atque impedito evasere. Inde
apertis locis facile tutantes agmen Romani Tannetum,
35 vicum propinquum Pado, contendere. Ibi se munimento
ad tempus commeatibusque fluminis et Brixianorum etiam
Gallorum auxilio adversus crescentem in dies multitudinem
hostium tutabantur. [XXVI. Qui tumultus repens post-
// quam est Romam perlatus, et bellum insuper Gallico
40 bellum auctum patres acceperunt, C. Atilium prætorem
cum una legione Romana et quinque millibus sociorum,
dilectu novo a consule conscriptis, auxilium ferre Manlio
jubent, qui sine ullo certamine—abscesserant enim metu
hostes—Tannetum pervenit.

Et P. Cornelius, in locum ejus, quæ missa cum prætore erat, transcripta legione nova, profectus ab urbe sexaginta longis navibus, præter oram Etruriæ Ligurumque et inde Saluviûm montes pervenit Massiliam, et ad proximum ostium Rhodani—pluribus enim divisus amnis in mare 5 decurrit—castra locat, vixdum satis credens Hannibalem superasse Pyrenæos montes. Quem ut de Rhodani quoque transitu agitare animadvertit, incertus quonam ei loco occurreret, necdum satis refectis ab jactatione maritima militibus, trecentos interim delectos equites ducibus Mas- 10 siliensibus et auxiliaribus Gallis ad exploranda omnia visendosque ex tuto hostes præmittit. Hannibal, ceteris metu aut pretio pacatis, jam in Volcarum pervenerat agrum, gentis validæ: colunt autem circa utramque ripam Rhodani: sed, diffisi citeriore agro arceri Pœnum posse, 15 ut flumen pro munimento haberent, omnibus ferme suis trans Rhodanum trajectis ulteriorem ripam amnis armis obtinebant. Ceteros accolas fluminis Hannibal et eorum ipsorum, quos sedes suæ tenuerant, simul pellicit donis ad naves undique contrahendas fabricandasque; simul et 20 ipsi trajici exercitum levarique quamprimum regionem suam tanta hominum urgente turba cupiebant. Itaque ingens coacta vis navîum est lintriumque temere ad vicinalem usum paratarum: novasque alias primum Galli inchoantes cavabant ex singulis arboribus, deinde et ipsi 25 milites, simul copia materiæ simul facilitate operis inducti, alveos informes, nihil, dummodo innare aquæ et capere onera possent, curantes raptim, quibus se suaque transveherent, faciebant. XXVII. Jamque omnibus satis comparatis ad trajiciendum, terrebant ex adverso hostes, omnem 30 ripam equites virique obtinentes; quos ut averteret, Hannonem Bomilcaris filium vigilia prima noctis cum parte copiarum, maxime Hispanis, adverso flumine ire iter unius diei jubet, et, ubi primum possit, quam occultissime trajecto amni, circumducere agmen, ut, cum opus facto 35 sit, adoriatur ab tergo hostem. Ad id dati duces Galli edocent, inde millia quinque et viginti ferme supra parvæ insulæ circumfusum amnem latiorem, ubi dividebatur, eoque minus alto alveo transitum ostendere. Ibi raptim cæsa materia ratesque fabricatæ, in quibus equi virique 40 et alia onera trajicerentur. Hispani sine ulla mole, in utres vestimentis conjectis, ipsi cætris superpositis incubantes flumen tranavere. Et alius exercitus ratibus junctis trajectus, castris prope flumen positis, nocturno
10*

itinere atque operis labore fessus quiete unius diei reficitur,
intento duce ad consilium opportune exsequendum.   Postero die profecti ex loco prodito fumo significant transisse
et haud procul abesse.   Quod ubi accepit Hannibal, ne
5 tempori deesset, dat signum ad trajiciendum.   Jam paratas
aptatasque habebat pedes lintres.   Equites fere propter
equos nantes navium agmen ad excipiendum adversi impetum fluminis parte superiore transmittens, tranquillitatem
infra trajicientibus lintribus præbebat.   Equorum pars
10 magna nantes loris a puppibus trahebantur, præter eos,
quos instratos frenatosque, ut extemplo egresso in ripam
equiti usui essent, imposuerant in naves.   XXVIII. Galli
occursant in ripam cum variis ululatibus cantuque moris
sui, quatientes scuta super capita vibrantesque dexteris
15 tela, quamquam ex adverso terrebat tanta vis navium cum
ingenti sono fluminis et clamore vario nautarum et militum,
et qui nitebantur perrumpere impetum fluminis, et qui ex
altera ripa trajicientes suos hortabantur.   Jam satis paventes adverso tumultu terribilior ab tergo adortus clamor,
20 castris ab Hannone captis : mox et ipse aderat, ancepsque
terror circumstabat, et e navibus tanta vi armatorum in
terram evadente, et ab tergo improvisa premente acie.
Galli postquam utroque vim facere conati pellebantur,
qua patere visum maxime iter, perrumpunt, trepidique in
25 vicos passim suos diffugiunt.   Hannibal ceteris copiis per
otium trajectis, spernens jam Gallicos tumultus, castra
locat.

   Elephantorum trajiciendorum varia consilia fuisse credo :
certe variata memoria actæ rei.   Quidam congregatis ad
30 ripam elephantis tradunt ferocissimum ex iis irritatum ab
rectore suo, cum refugientem in aquam nantem sequeretur,
traxisse gregem, ut quemque timentem altitudinem desti-
tueret vadum, impetu ipso fluminis in alteram ripam rapiente.   Ceterum magis constat ratibus trajectos : id ut
35 tutius consilium ante rem foret, ita acta re ad fidem pronius est.   Ratem unam ducentos longam pedes, quinquaginta latam, a terra in amnem porrexerunt ; quam, ne
secunda aqua deferretur, pluribus validis retinaculis parte
superiore ripæ religatam pontis in modum humo injecta
40 constraverunt, ut belluæ audacter velut per solum ingre-
derentur.   Altera ratis æque lata, longa pedes centum,
ad trajiciendum flumen apta, huic copulata est ; et, cum
elephanti per stabilem ratem tamquam viam, prægredien-
tibus feminis, acti ubi in minorem applicatam transgressi

sunt, extemplo resolutis, quibus leviter annexa erat, vinculis, ab actuariis aliquot navibus ad alteram ripam pertrahitur. Ita primis expositis alii deinde repetiti ac trajecti sunt. Nihil sane trepidabant, donec continenti velut ponte agerentur : primus erat pavor, cum soluta ab ceteris 5 rate in altum raperentur : ibi urgentes inter se, cedentibus extremis ab aqua, trepidationis aliquantum edebant, donec quietem ipse timor circumspectantibus aquam fecisset. Excidere etiam sævientes quidam in flumen, sed pondere ipso stabiles, dejectis rectoribus, quærendis pedetentim 10 vadis in terram evasere.

XXIX. Dum elephanti trajiciuntur, interim Hannibal Numidas equites quingentos ad castra Romana miserat speculatum, ubi et quantæ copiæ essent et quid pararent. Huic alæ equitum missi, ut ante dictum est, ab ostio 15 Rhodani trecenti Romanorum equites occurrunt. Prœlium atrocius quam pro numero pugnantium editur : nam præter multa vulnera cædes etiam prope par utrimque fuit, fugaque et pavor Numidarum Romanis jam admodum fessis victoriam dedit. Victores ad centum sexaginta, 20 nec omnes Romani sed pars Gallorum, victi amplius ducenti ceciderunt. Hoc principium simul omenque belli, ut summæ rerum prosperum eventum, ita haud sane incruentam ancipitisque certaminis victoriam Romanis portendit. Ut, re ita gesta, ad utrumque ducem sui redic- 25 runt, nec Scipioni stare sententia poterat, nisi ut ex consiliis cœptisque hostis et ipse conatus caperet ; et Hannibalem incertum, utrum cœptum in Italiam intenderet iter, an cum eo, qui primus se obtulisset Romanus exercitus, manus consereret, avertit a præsenti certamine Boiorum 30 legatorum regulique Magali adventus, qui se duces itinerum, socios periculi fore affirmantes integro bello, nusquam ante libatis viribus Italiam aggrediendam censent. Multitudo timebat quidem hostem, nondum oblitterata memoria superioris belli ; sed magis iter immensum Alpesque— 35 rem fama utique inexpertis horrendam—metuebat.

XXX. Itaque Hannibal, postquam ipsi sententia stetit pergere ire atque Italiam petere, advocata concione, varie militum versat animos castigando adhortandoque : mirari se, quinam pectora semper impavida repens terror inva- 40 serit : per tot annos vincentes eos stipendia facere, neque ante Hispania excessisse quam omnes gentesque et terræ, quas duo diversa maria amplectantur, Carthaginiensium essent : indignatos deinde, quod, quicumque Saguntum ·

obsedissent, velut ob noxam sibi dedi postularet populus
Romanus, Iberum trajecisse ad delendum nomen Romanorum liberandumque orbem terrarum. Tum nemini
visum id longum, cum ab occasu solis ad exortus intende-
5 rent iter : nunc, postquam multo majorem partem itineris
emensam cernant, Pyrenæum saltum inter ferocissimas
gentes superatum, Rhodanum, tantum amnem, tot millibus
Gallorum prohibentibus, domita etiam ipsius fluminis vi
trajectum, in conspectu Alpes habeant, quarum alterum
10 latus Italiæ sit, in ipsis portis hostium fatigatos subsistere
—quid Alpes aliud esse credentes quam montium altitu-
dines ? Fingerent altiores Pyrenæi jugis :—nullas profecto terras cælum contingere nec inexsuperabiles humano
generi esse. Alpes quidem habitari, coli, gignere atque
15 alere animantes. Pervias paucis esse—et exercitibus ?
Eos ipsos, quos cernant, legatos non pennis sublime elatos
Alpes transgressos : ne majores quidem eorum indigenas,
sed advenas Italiæ cultores has ipsas Alpes ingentibus
sæpe agminibus cum liberis ac conjugibus, migrantium
20 modo, tuto transmisisse. Militi quidem armato, nihil
secum præter instrumenta belli portanti, quid invium aut
inexsuperabile esse ? Saguntum ut caperetur, quid per
octo menses periculi, quid laboris exhaustum esse ? Romam—caput orbis terrarum—petentibus quidquam adeo
25 asperum atque arduum videri, quod inceptum moretur ?
Cepisse quondam Gallos ea—quæ adiri posse Pœnus de-
speret ? Proinde aut cederent animo atque virtute genti
per eos dies toties ab se victæ, aut itineris finem sperent
campum interjacentem Tiberi ac mœnibus Romanis.
30   XXXI. His adhortationibus incitatos corpora curare
atque ad iter se parare jubet. Postero die profectus
adversa ripa Rhodani mediterranea Galliæ petit, non quia
rectior ad Alpes via esset, sed quantum a mari recessisset,
minus obvium fore Romanum credens, cum quo, prius-
35 quam in Italiam ventum foret, non erat in animo manus
conserere. Quartis castris ad Insulam pervenit. Ibi
Isara Rhodanusque amnes diversis ex Alpibus decurrentes,
agri aliquantum amplexi confluunt in unum : mediis campis Insulæ nomen inditum. Incolunt prope Allobroges,
40 gens jam inde nulla Gallica gente opibus aut fama inferior.
Tum discors erat : regni certamine ambigebant fratres :
major, et qui prius imperitarat, Brancus nomine, minore
ab fratre et cœtu juniorum, qui jure minus, vi plus poterat,
pellebatur. Hujus seditionis peropportuna disceptatio cum

ad Hannibalem delata esset, arbiter regni factus, quod ea senatus principumque sententia fuerat, imperium majori restituit. Ob id meritum commeatu copiaque rerum omnium, maxime vestis, est adjutus, quam infames frigoribus Alpes præparari cogebant. Sedatis Hannibal certa- 5 minibus Allobrogum, cum jam Alpes peteret, non recta regione iter instituit sed ad lævam in Tricastinos flexit; inde per extremam oram Vocontiorum agri tendit in Tricorios, haud usquam impedita via, priusquam ad Druentiam flumen pervenit. Is et ipse Alpinus amnis longe 10 omnium Galliæ fluminum difficillimus transitu est : nam, cum aquæ vim vehat ingentem, non tamen navium patiens est, quia nullis coercitus ripis, pluribus simul neque iisdem alveis fluens, nova semper vada novosque gurgites—et ob eadem pediti quoque incerta via est—ad hoc saxa glareosa 15· volvens, nihil stabile nec tutum ingredienti præbet. Et tum, forte imbribus auctus, ingentem transgredientibus tumultum fecit, cum super cetera trepidatione ipsi sua atque incertis clamoribus turbarentur.

XXXII. P. Cornelius consul, triduo fere postquam 20 Hannibal a ripa Rhodani movit, quadrato agmine ad castra hostium venerat, nullam dimicandi moram facturus. Ceterum ubi deserta munimenta nec facile se tantum progressos assecuturum videt, ad mare ac naves rediit, tutius faciliusque ita descendenti ab Alpibus Hannibali 25 occursurus. Ne tamen nuda auxiliis Romanis Hispania esset, quam provinciam sortitus erat, Cn. Scipionem fratrem cum maxima parte copiarum adversus Hasdrubalem misit, non ad tuendos tantummodo veteres socios conciliandosque novos, sed etiam ad pellendum Hispania Has- 30 drubalem : ipse cum admodum exiguis copiis Genuam repetit, eo, qui circa Padum erat, exercitu Italiam defensurus.

Hannibal ab Druentia campestri maxime itinere ad Alpes cum bona pace incolentium ea loca Gallorum per- 35 venit. Tum, quamquam fama prius, qua incerta in majus vero ferri solent, præcepta res erat, tamen ex propinquo visa montium altitudo nivesque cælo prope immixtæ, tecta informia imposita rupibus, pecora jumentaque torrida frigore, homines intonsi et inculti, animalia inanimaliaque 40 omnia rigentia gelu, cetera visu quam dictu fœdiora, terrorem renovarunt. Erigentibus in primos agmen clivos apparuerunt imminentes tumulos insidentes montani, qui, si valles occultiores insedissent, coorti ad pugnam repente

ingentem fugam stragemque dedissent. Hannibal consistere signa jussit ; Gallisque ab visenda loca præmissis,
postquam comperit transitum ea non esse, castra inter confragosa omnia præruptaque, quam extentissima potest valle,
5 locat. Tum per eosdem Gallos, haud sane multum lingua
moribusque abhorrentes, cum se immiscuissent colloquiis
montanorum, edoctus, interdiu tantum obsideri saltum,
nocte in sua quemque dilabi tecta, luce prima subiit
tumulos, ut ex aperto atque interdiu vim per angustias
10 facturus. Die deinde simulando aliud, quam quod para-
batur consumpto, cum eodem quo constiterant loco castra
communissent, ubi primum digressos tumulis montanos
laxatasque sensit custodias, pluribus ignibus quam pro
numero manentium in speciem factis, impedimentisque
•15 cum equite relictis et maxima parte peditum, ipse cum
expeditis—acerrimo quoque viro—raptim angustias evadit,
iisque ipsis tumulis, quos hostes tenuerant, consedit.
XXXIII. Prima deinde luce castra mota, et agmen reliquum incedere cœpit. Jam montani signo dato ex castellis
20 ad stationem solitam conveniebant, cum repente conspiciunt alios, arce occupata sua, super caput imminentes,
alios via transire hostes. Utraque simul objecta res
oculis animisque immobiles parumper eos defixit : deinde,
ut trepidationem in angustiis suoque ipsum tumultu mi-
25 sceri agmen videre, equis maxime consternatis, quidquid
adjecissent ipsi terroris satis ad perniciem fore rati, perversis rupibus, juxta invia ac devia assueti, decurrunt.
Tum vero simul ab hostibus simul ab iniquitate locorum
Pœni oppugnabantur, plusque inter ipsos, sibi quoque
30 tendente, ut periculo prius evaderet, quam cum hostibus
certaminis erat. Et equi maxime infestum agmen faciebant, qui et clamoribus dissonis, quos nemora etiam re-
percussæque valles augebant, territi trepidabant, et icti
forte aut vulnerati adeo consternabantur, ut stragem in-
35 gentem simul hominum ac sarcinarum omnis generis
facerent. Multosque turba, cum præcipites diruptæque
utrimque angustiæ essent, in immensum altitudinis dejecit,
quosdam et armatos : sed ruinæ maxime modo jumenta,
cum oneribus devolvebantur. Quæ quamquam fœda visu
40 erant, stetit parumper tamen Hannibal ac suos continuit,
ne tumultum ac trepidationem augeret : deinde, postquam
interrumpi agmen vidit, periculumque esse, ne exutum
impedimentis exercitum nequidquam incolumem traduxisset, decurrit ex superiore loco, et, cum impetu ipso

fudisset hostem, suis quoque tumultum auxit. Sed is tumultus momento temporis, postquam liberata itinera fuga montanorum erant, sedatur; nec per otium modo, sed prope silentio mox omnes traducti. Castellum inde, quod caput ejus regionis erat, viculosque circumjectos 5 capit, et captivo ac pecoribus per triduum exercitum aluit; et quia nec montanis primo perculsis nec loco magnopere impediebantur, aliquantum eo triduo viæ confecit. XXXIV. Perventum inde ad frequentem cultoribus alium, ut inter montanos, populum. Ibi non bello aperto, sed 10 suis artibus—fraude et insidiis—est prope circumventus. Magno natu principes castellorum oratores ad Pœnum veniunt, alienis malis—utili exemplo—doctos, memorantes, amicitiam malle quam vim experiri Pœnorum, itaque obedienter imperata facturos, commeatum itinerisque du- 15 ces et ad fidem promissorum obsides acciperet. Hannibal nec temere credendum nec aspernandum ratus, ne repudiati aperte hostes fierent, benigne cum respondisset, obsidibus quos dabant acceptis et commeatu quem in viam ipsi detulerant usus, nequaquam ut inter pacatos, composito 20 agmine duces eorum sequitur: primum agmen elephanti et equites erant, ipse post cum robore peditum circumspectans sollicitusque omnia incedebat. Ubi in angustiorem viam et parte altera subjectam jugo insuper imminenti ventum est, undique ex insidiis barbari a fronte, ab tergo 25 coorti, comminus eminus petunt, saxa ingentia in agmen devolvunt. Maxima ab tergo vis hominum urgebat: in eos versa peditum acies haud dubium fecit, quin, nisi firmata extrema agminis fuissent, ingens in eo saltu accipienda clades fuerit. Tunc quoque ad extremum periculi 30 ac prope perniciem ventum est: nam dum cunctatur Hannibal dimittere agmen in angustias, quia non, ut ipse equitibus præsidio erat, ita peditibus quidquam ab tergo auxilii reliquerat, occursantes per obliqua montani interrupto medio agmine viam insedere, noxque una Hannibali 35 sine equitibus atque impedimentis acta est. XXXV. Postero die jam segnius intercursantibus barbaris junctæ copiæ, saltusque haud sine clade, majore tamen jumentorum quam hominum pernicie, superatus. Inde montani pauciores jam et latrocinii magis quam belli more, concursa- 40 bant modo in primum modo in novissimum agmen, utcumque aut locus opportunitatem daret, aut progressi morative aliquam occasionem fecissent. Elephanti, sicut per artas præcipites vias magna mora agebantur, ita tutum ab hostibus, quacumque incederent, quia insuetis adeundi propius metus erat, agmen præbebant.

Nono die in jugum Alpium perventum est, per invia pleraque et errores, quos aut ducentium fraus, aut, ubi
5 fides iis non esset, temere initæ valles a conjectantibus iter faciebant. Biduum in jugo stativa habita, fessisque labore ac pugnando quies data militibus: jumentaque aliquot, quæ prolapsa in rupibus erant, sequendo vestigia agminis in castra pervenere. Fessis tædio tot malorum nivis etiam
10 casus, occidente jam sidere Vergiliarum, ingentem terrorem adjecit. Per omnia nive oppleta, cum signis prima luce motis segniter agmen incederet, pigritiaque et desperatio in omnium vultu emineret, prægressus signa Hannibal in promontorio quodam, unde longe ac late prospectus
15 erat, consistere jussis militibus Italiam ostentat subjectosque Alpinis montibus Circumpadanos campos: mœniaque eos tum transcendere non Italiæ modo, sed etiam urbis Romanæ. Cetera plana, proclivia fore, uno aut summum altero prœlio arcem et caput Italiæ in manu ac potestate
20 habituros. Procedere inde agmen cœpit, jam nihil ne hostibus quidem præter parva furta per occasionem tentantibus. Ceterum iter multo quam in ascensu fuerat, ut pleraque Alpium ab Italia sicut breviora ita arrectiora sunt, difficilius fuit. Omnis enim ferme via præceps,
25 angusta, lubrica erat, ut neque sustinere se a lapsu possent, nec, qui paulum titubassent, hærere afflicti vestigio suo, aliique super alios, et jumenta et homines, occiderent. XXXVI. Ventum deinde ad multo angustiorem rupem, atque ita rectis saxis, ut ægre expeditus miles tentabun-
30 dus manibusque retinens virgulta ac stirpes circa eminentes demittere sese posset. Natura locus jam ante præceps recenti lapsu terræ in pedum mille admodum altitudinem abruptus erat. Ibi cum velut ad finem viæ equites constitissent, miranti Hannibali, quæ res moraretur agmen,
35 nuntiatur rupem inviam esse. Digressus deinde ipse ad locum visendum: haud dubia res visa quin per invia circa nec trita antea, quamvis longo ambitu, circumduceret agmen. Ea vero via insuperabilis fuit: nam, cum super veterem nivem intactam nova modicæ altitudinis esset,
40 molli nec peraltæ facile pedes ingredientium insistebant: ut vero tot hominum jumentorumque incessu dilapsa est, per nudam infra glaciem fluentemque tabem liquescentis nivis ingrediebantur. Tetra ibi luctatio erat, ut a lubrica glacie non recipiente vestigium, et in prono citius pede

se fallente, ut, seu manibus in assurgendo seu genu se
adjuvissent, ipsis adminiculis prolapsis iterum corruerent :
nec stirpes circa radicesve, ad quas pede aut manu quisquam eniti posset, erant ; ita in levi tantum glacie tabida-
que nive volutabantur. Jumenta secabant interdum etiam 5
tamen infimam ingredientia nivem, et prolapsa jactandis
gravius in connitendo ungulis penitus perfringebant, ut
pleraque, velut pedica capta, hærerent in dura et alta concreta glacie. XXXVII. Tandem nequidquam jumentis
atque hominibus fatigatis, castra in jugo posita, ægerrime 10
ad id ipsum loco purgato, tantum nivis fodiendum atque
egerendum fuit. Inde ad rupem muniendam, per quam
unam via esse poterat, milites ducti, cum cædendum esset
saxum, arboribus circa immanibus dejectis detruncatisque
struem ingentem lignorum faciunt, eamque, cum et vis 15
venti apta faciendo igni coorta esset, succendunt, ardentia-
que saxa infuso aceto putrefaciunt. Ita torridam incendio
rupem ferro pandunt, molliuntque anfractibus modicis
clivos, ut non jumenta solum sed elephanti etiam deduci
possent. Quadriduum circa rupem consumptum, jumen- 20
tis prope fame absumptis : nuda enim fere cacumina sunt,
et, si quid est pabuli, obruunt nives. Inferiora valles et
apricos quosdam colles habent, rivosque prope silvas et
jam humano cultu digniora loca. Ibi jumenta in pabulum
missa, et quies muniendo fessis hominibus data triduo. 25
Inde ad planum descensum, et jam locis mollioribus et
accolarum ingeniis.

XXXVIII. Hoc maxime modo in Italiam perventum
est, quinto mense a Carthagine nova, ut quidam auctores
sunt, quinto decimo die Alpibus superatis. Quantæ copiæ 30
transgresso in Italiam Hannibali fuerint, nequaquam inter
auctores constat. Qui plurimum, centum millia peditum,
viginti equitum fuisse scribunt : qui minimum, viginti
millia peditum, sex equitum. L. Cincius Alimentus, qui
captum se ab Hannibale scribit, maxime auctor moveret, 35
nisi confunderet numerum Gallis Liguribusque additis :
cum his octoginta millia peditum, decem equitum adducta
in Italiam—magis affluxisse verisimile est, et ita quidam
auctores sunt :—ex ipso autem audisse Hannibale, postquam Rhodanum transierit, triginta sex millia hominum 40
ingentemque numerum equorum et aliorum jumentorum
amisisse. E Taurinis, quæ Galliæ proxima gens erat, in
Italiam digressum cum inter omnes constet, eo magis
miror ambigi, quanam Alpes transierit, et vulgo credere

Pœnino—atque inde nomen ei jugo Alpium inditum—
transgressum, Cœlium per Cremonis jugum dicere transisse: qui ambo saltus eum non in Taurinos, sed per
Salassos montanos ad Libuos Gallos deduxerint: nec veri-
5 simile est ea tum ad Galliam patuisse itinera, utique quæ
ad Pœninum ferunt, obsæpta gentibus semigermanis fuissent: neque hercule montibus his, si quem forte id movet,
ab transitu Pœnorum ullo Seduni Veragri, incolæ jugi
ejus, horint nomen inditum, sed ab eo, quem, in summo
10 sacratum vertice, Pœninum montani appellant.

XXXIX. Peropportune ad principia rerum Taurinis,
proximæ genti, adversus Insubres motum bellum erat.
Sed armare exercitum Hannibal, ut parti alteri auxilio
esset, in reficiendo maxime sentientem contracta ante
15 mala, non poterat: otium enim ex labore, copia ex inopia,
cultus ex illuvie tabeque, squalida et prope efferata corpora varie movebat. Ea P. Cornelio consuli causa fuit,
cum Pisas navibus venisset, exercitu a Manlio Atilioque
accepto tirone et in novis ignominiis trepido, ad Padum
20 festinandi, ut cum hoste nondum refecto manus consereret.
Sed cum Placentiam consul venit, jam ex stativis moverat
Hannibal, Taurinorumque unam urbem, caput gentis
ejus, quia volentis in amicitiam non veniebat, vi expugna-
rat: et junxisset sibi, non metu solum sed etiam voluntate,
25 Gallos accolas Padi, ni eos circumspectantes defectionis
tempus subito adventus consulis oppressisset. Et Hannibal movit ex Taurinis, incertos, quæ pars sequenda esset,
Gallos præsentem secuturos ratus. Jam prope in conspectu erant exercitus, convenerantque duces sicuti inter
30 se nondum satis noti, ita jam imbutus uterque quadam
admiratione alterius. Nam Hannibalis et apud Romanos
jam ante Sagunti excidium celeberrimum nomen erat, et
Scipionem Hannibal eo ipso, quod adversus se dux potissimum lectus esset, præstantem virum credebat. Et auxe-
35 rant inter se opinionem, Scipio, quod relictus in Gallia
obvius fuerat in Italiam transgresso Hannibali, Hannibal
et conatu tam audaci trajiciendarum Alpium et effectu.

Occupavit tamen Scipio Padum trajicere, et ad Ticinum amnem motis castris, priusquam educeret in aciem,
40 adhortandorum militum causa talem orationem est exorsus: XL. "Si eum exercitum, milites, educerem in aciem,
quem in Gallia mecum habui, supersedissem loqui apud
vos: quid enim adhortari referret aut eos equites, qui
equitatum hostium ad Rhodanum flumen egregie vicissent,

aut eas legiones, cum quibus fugientem hunc ipsum hostem secutus confessionem cedentis ac detractantis certamen pro victoria habui ?   Nunc, quia ille exercitus Hispaniæ provinciæ scriptus ibi cum fratre Cn. Scipione-
meis auspiciis rem gerit, ubi eum gerere senatus populus- 5
que Romanus voluit, ego, ut consulem ducem adversus
Hannibalem ac Pœnos haberetis, ipse me huic voluntario
certamini obtuli, novo imperatori apud novos milites pauca
verba facienda sunt.   Ne genus belli neve hostem ignore-
tis, cum iis est vobis, milites, pugnandum, quos terra mari- 10
que priore bello vicistis, a quibus stipendium per viginti
annos exegistis, a quibus capta belli præmia Siciliam
ac Sardiniam habetis.   Erit igitur in hoc certamine is
vobis illisque animus, qui victoribus et victis esse solet.
Nec nunc illi, quia audent, sed quia necesse est, pu- 15
gnaturi sunt, nisi creditis, qui exercitu incolumi pugnam
detractavere, eos, duabus partibus peditum equitumque in
transitu Alpium amissis, cum plures pæne perierint quam
supersint, plus spei nactos esse.   At enim pauci quidem
sunt, sed vigentes animis corporibusque, quorum robora 20
ac vires vix sustinere vis ulla possit.   Effigies, immo
umbræ hominum, fame, frigore, illuvie, squalore enecti,
contusi ac debilitati inter saxa rupesque: ad hoc præusti
artus, nive rigentes nervi, membra torrida gelu, quassata
fractaque arma, claudi ac debiles equi: cum hoc equite, 25
cum hoc pedite pugnaturi estis, reliquias extremas hostium, non hostem, habebitis.   Ac nihil magis vereor quam
ne cui, vos cum pugnaveritis, Alpes vicisse Hannibalem
videantur: sed ita forsitan decuit, cum fœderum ruptore
duce ac populo deos ipsos, sine ulla humana ope, commit- 30
tere ac profligare bellum, nos, qui secundum deos violati
sumus, commissum ac profligatum conficere.   XLI. Non
vereor, ne quis me hæc vestri adhortandi causa magnifice
loqui existimet, ipsum aliter animo affectum esse: licuit
in Hispaniam provinciam meam, quo jam profectus eram, 35
cum exercitu ire meo, ubi et fratrem consilii participem
ac periculi socium haberem, et Hasdrubalem potius quam
Hannibalem hostem, et minorem haud dubie molem belli:
tamen, cum præterveherer navibus Galliæ oram, ad
famam hujus hostis in terram egressus, præmisso equitatu, 40
ad Rhodanum movi castra.   Equestri prœlio, qua parte
copiarum conserendi manum fortuna data est, hostem
fudi: peditum agmen, quod in modum fugientium raptim
agebatur, quia assequi terra non poteram, regressus ad

naves, quanta maxime potui celeritate, tanto maris terrarumque circuitu in radicibus prope Alpium huic timendo
hosti obvius fui. Utrum, cum declinarem certamen, im-
provisus incidisse videor an occurrere in vestigiis ejus,
5 lacessere ac trahere ad decernendum? Experiri juvat,
utrum alios repente Carthaginienses per viginti annos
terra ediderit, an iidem sint, qui ad Ægates pugnaverint
insulas, et quos ab Eryce duodevicenis denariis æstimatos
emisistis: et utrum Hannibal hic sit æmulus itinerum
10 Herculis, ut ipse fert, an vectigalis stipendiariusque et
servus populi Romani a patre relictus: quem nisi Saguntinum scelus agitaret, respiceret profecto, si non patriam
victam, domum certe patremque et fœdera Hamilcaris
scripta manu, qui jussus ab consule nostro præsidium de-
15 duxit ab Eryce; qui graves impositas victis Carthaginiensibus leges fremens mærensque accepit; qui decedens
Sicilia stipendium populo Romano dare pactus est. Itaque vos ego, milites, non eo solum animo, quo adversus
alios hostes soletis, pugnare velim, sed cum indignatione
20 quadam atque ira, velut si servos videatis vestros arma
repente contra vos ferentes. Licuit ad Erycem clausos,
ultimo supplicio humanorum, fame interficere, licuit victri-
cem classem in Africam trajicere atque intra paucos dies
sine ullo certamine Carthaginem delere. Veniam dedi-
25 mus precantibus, emisimus ex obsidione, pacem cum victis fecimus, tutelæ deinde nostræ duximus, cum Africo
bello urgerentur. Pro his impertitis, furiosum juvenem
sequentes, oppugnatum patriam nostram veniunt. Atque
utinam pro decore tantum hoc vobis et non pro salute
30 esset certamen! Non de possessione Siciliæ ac Sardiniæ,
de quibus quondam agebatur, sed pro Italia vobis est pugnandum: nec est alius ab tergo exercitus, qui, nisi nos
vincimus, hosti obsistat, nec Alpes aliæ sunt, quas dum
superant, comparari nova possint præsidia. Hic est ob-
35 standum, milites, velut si ante Romana mœnia pugnemus.
Unusquisque se non corpus suum, sed conjugem ac liberos
parvos armis protegere putet; nec domesticas solum agitet
curas, sed identidem hoc animo reputet, nostras nunc intueri manus senatum populumque Romanum; qualis nostra
40 vis virtusque fuerit, talem deinde fortunam illius urbis ac
Romanis imperii fore." XLII. Hæc apud Romanos consul.

Hannibal, rebus prius quam verbis adhortandos milites
ratus, circumdato ad spectaculum exercitu, captivos mon-

tanos vinctos in medio statuit, armisque Gallicis ante
pedes eorum projectis, interrogare interpretem jussit, ecquis,
si vinculis levaretur armaque et equum victor acciperet,
decertare ferro vellet.   Cum ad unum omnes ferrum pu-
gnamque poscerent, et dejecta in id sors esset, se quisque 5
eum optabat, quem fortuna in id certamen legeret, et,
cujusque sors exciderat, alacer, inter gratulantes gaudio
exsultans, cum sui moris tripudiis arma raptim capiebat.
Ubi vero dimicarent, is habitus animorum non inter ejusdem modo conditionis homines erat, sed etiam inter spe- 10
ctantes vulgo, ut non vincentium magis quam bene mori-
entium fortuna laudaretur.   XLIII. Cum sic aliquot spe-
ctatis paribus affectos dimisisset, concione inde advocata,
ita apud eos locutus fertur: "si, quem animum in alienæ
sortis exemplo paulo ante habuistis, eundem mox in æsti- 15
manda fortuna vestra habueritis, vicimus, milites.   Neque
enim spectaculum modo illud, sed quædam veluti imago
vestræ conditionis erat.   Ac nescio an majora vincula
majoresque necessitates vobis quam captivis vestris fortuna circumdederit.   Dextra lævaque duo maria claudunt, 20
nullam ne ad effugium quidem navem habentibus; circa
Padus amnis—major Padus ac violentior Rhodano,—
ab tergo Alpes urgent, vix integris vobis ac vigentibus
transitæ.   Hic vincendum aut moriendum, milites, est,
ubi primum hosti occurristis.   Et eadem fortuna, quæ 25
necessitatem pugnandi imposuit, præmia vobis ea victoribus proponit, quibus ampliora homines ne ab diis quidem
immortalibus optare solent.   Si Siciliam tantum ac Sardiniam, parentibus nostris ereptas, nostra virtute recuperaturi
essemus, satis tamen ampla pretia essent: quidquid Ro- 30
mani tot triumphis partum congestumque possident, id
omne vestrum cum ipsis dominis futurum est.   In hanc
tam opimam mercedem agite, cum diis bene juvantibus
arma capite.   Satis adhuc in vastis Lusitaniæ Celtiberiæ-
que montibus pecora consectando nullum emolumentum 35
tot laborum periculorumque vestrorum vidistis: tempus
est jam opulenta vos ac ditia stipendia facere et magna
operæ pretia mereri, tantum itineris per tot montes flumi-
naque et tot armatas gentes emensos.   Hic vobis termi-
num laborum fortuna dedit, hic dignam mercedem emeri- 40
tis stipendiis dabit.   Nec quam magni nominis bellum est,
tam difficilem existimaritis victoriam fore: sæpe et con-
temptus hostis cruentum certamen edidit, et inclyti populi
regesque perlevi momento victi sunt.   Nam, dempto hoc

uno fulgore nominis Romani, quid est, cur illi vobis com-
parandi sint ?   Ut viginti annorum militiam vestram cum
illa virtute, cum illa fortuna taceam, ab Herculis colum-
nis, ab Oceano terminisque ultimis terrarum, per tot fero-
5 cissimos Hispaniæ et Galliæ populos vincentes huc perve-
nistis : pugnabitis cum exercitu tirone, hac ipsa æstate
cæso, victo, circumsesso a Gallis, ignoto adhuc duci suo
ignorantique ducem.   An me in prætorio patris, clarissimi
imperatoris, prope natum, certe eductum, domitorem Hi-
10 spaniæ Galliæque, victorem eundem non Alpinarum modo
gentium sed ipsarum—quod multo majus est—Alpium,
cum semestri hoc conferam duce, desertore exercitus sui ?
Cui si quis demptis signis Pœnos Romanosque hodie osten-
dat, ignoraturum certum habeo, utrius exercitus sit con-
15 sul.   Non ego illud parvi æstimo, milites, quod nemo est
vestrum, cujus non ante oculos ipse sæpe militare aliquod
ediderim facinus, cui non idem ego virtutis spectator ac
testis notata temporibus locisque referre sua possim decora.
Cum laudatis a me millies donatisque, alumnus prius
20 omnium vestrum quam imperator, procedam in aciem
adversus ignotos inter se ignorantesque.   XLIV. Quocumque circumtuli oculos, plena omnia video animorum ac
roboris, veteranum peditem, generosissimarum gentium
equites frenatos infrenatosque, vos socios fidelissimos for-
25 tissimosque, vos Carthaginienses, cum ob patriam tum ob
iram justissimam pugnaturos.   Inferimus bellum, infestisque signis descendimus in Italiam, tanto audacius fortius-
que pugnaturi quam hostis, quanto major spes, major est
animus inferentis vim quam arcentis.   Accendit præterea
30 et stimulat animos dolor, injuria, indignitas : ad supplicium
depoposcerunt me ducem primum, deinde vos omnes qui
Saguntum oppugnassetis ;   deditos ultimis cruciatibus
affecturi fuerunt.   Crudelissima ac superbissima gens sua
omnia suique arbitrii facit : cum quibus bellum, cum qui-
35 bus pacem habeamus, se modum imponere æquum censet :
circumscribit includitque nos terminis montium fluminum-
que, quos non excedamus, neque eos quos statuit terminos
observat.   "Ne transieris Iberum, ne quid rei tibi sit cum
Saguntinis."   Ad Iberum est Saguntum : "nusquam te
40 vestigio moveris !" Parum est quod veterrimas provincias
meas Siciliam ac Sardiniam adimis ?   Etiam Hispanias ?
Et inde cessero : in Africam transcendes.   Transcendes
autem dico ? Duos consules hujus anni, unum in Africam, alterum in Hispaniam miserunt.   Nihil unquam

nobis relictum est, nisi quod armis vindicaremus. Illis
timidis et ignavis esse licet, qui respectum habent, quod
sua terra, suus ager per tuta ac pacata itinera fugientes
accipient: vobis necesse est fortibus viris esse, et omnibus
inter victoriam mortemve certa desperatione abruptis, aut 5
vincere aut, si fortuna dubitabit, in prœlio potius quam in
fuga mortem oppetere. Si hoc bene fixum omnibus destinatum in animo est, iterum dicam, vicistis: nullum enim
telum ad vincendum homini ab diis immortalibus acrius
datum est." 10

XLV. Iis adhortationibus cum utrimque ad certamen
accensi militum animi essent, Romani ponte Ticinum
jungunt, tutandique pontis causa castellum insuper impo-
nunt; Pœnus hostibus opere occupatis Maharbalem cum
ala Numidarum, equitibus quingentis, ad depopulandos 15
sociorum populi Romani agros mittit: Gallis parci quam
maxime jubet, principumque animos ad defectionem sollicitari. Ponte perfecto, traductus Romanus exercitus in
agrum Insubrium, quinque millia passuum a Victumulis
consedit. Ibi Hannibal castra habebat; revocatoque pro- 20
pere Maharbali atque equitibus, cum instare certamen
cerneret, nihil unquam satis dictum præmonitumque ad
cohortandos milites ratus, vocatis ad concionem certa præmia pronuntiat, in quorum spem pugnarent: agrum sese
daturum esse in Italia, Africa, Hispania, ubi quisque 25
velit, immunem ipsi qui accepisset liberisque: qui pecuniam quam agrum maluisset, ei se argento satisfacturum:
qui sociorum cives Carthaginienses fieri vellent, potestatem
facturum: qui domos redire mallent, daturum se operam, _
ne cujus suorum popularium mutatam secum fortunam 30
esse vellent. Servis quoque dominos prosecutis libertatem
proponit, binaque pro his mancipia dominis se redditurum.
Eaque ut rata scirent fore, agnum læva manu, dextera
silicem retinens, si falleret, Jovem ceterosque precatus deos,
ita se mactarent, quemadmodum ipse agnum mactasset, et 35
secundum precationem caput pecudis saxo elisit. Tum
vero omnes—velut diis auctoribus in spem suam quisque
acceptis—id moræ quod nondum pugnarent ad potienda
sperata rati, prœlium uno animo et voce una poscunt.
XLVI. Apud Romanos haudquaquam tanta alacritas erat, 40
super cetera recentibus etiam territos prodigiis: nam et
lupus intraverat castra, laniatisque obviis ipse intactus
evaserat, et examen apum in arbore prætorio imminente
consederat. Quibus procuratis, Scipio cum equitatu jacu-

latoribusque expeditis profectus ad castra hostium ex propinquo copiasque, quantæ et cujus generis essent, speculandas, obvius fit Hannibali et ipsi cum equitibus ad exploranda circa loca progresso. Neutri alteros primo
5 cernebant, densior deinde incessu tot hominum equorumque oriens pulvis signum propinquantium hostium fuit. Consistit utrumque agmen, et ad prœlium sese expediebant : Scipio jaculatores et Gallos equites in fronte locat, Romanos sociorumque quod roboris fuit, in subsidiis :
10 Hannibal frenatos equites in medium accipit, cornua Numidis firmat. Vixdum clamore sublato jaculatores fugerunt inter subsidia ad secundam aciem : inde equitum certamen erat aliquamdiu anceps : dein, quia turbabant equos pedites intermixti, multis labentibus ex equis aut
15 desilientibus, ubi suos premi circumventos vidissent, jam magna ex parte ad pedes pugna iverat, donec Numidæ, qui in cornibus erant, circumvecti paulum ab tergo se ostenderunt. Is pavor perculit Romanos, auxitque pavorem consulis vulnus periculumque intercursu tum primum
20 pubescentis filii propulsatum. Hic erat juvenis penes quem perfecti hujusce belli laus est, Africanus ob egregiam victoriam de Hannibale Pœnisque appellatus. Fuga tamen effusa jaculatorum maxime fuit, quos primos Numidæ invaserunt. Alius confertus equitatus consulem in
25 medium acceptum, non armis modo sed etiam corporibus suis protegens, in castra, nusquam trepide neque effuse cedendo, reduxit. Servati consulis decus Cœlius ad servum natione Ligurem delegat : malim equidem de filio verum esse, quod et plures tradidere auctores et fama ob-
30 tinuit.

XLVII. Hoc primum cum Hannibale prœlium fuit ; quo facile apparuit et equitatu meliorem Pœnum esse, et ob id campos patentes, quales sunt inter Padum Alpesque, bello gerendo Romanis aptos non esse. Itaque proxima
35 nocte, jussis militibus vasa silentio colligere, castra ab Ticino mota festinatumque ad Padum est, ut ratibus, quibus junxerat flumen, nondum resolutis, sine tumultu atque insectatione hostis, copias trajiceret. Prius Placentiam pervenere quam satis sciret Hannibal ab Ticino profectos :
40 tamen ad sexcentos moratorum in citeriore ripa Padi, segniter ratem solventes, cepit. Transire pontem non potuit, ut extrema resoluta erant, tota rate in secundam aquam labente. Cœlius auctor est Magonem cum equitatu et Hispanis peditibus flumen extemplo transnasse,

ipsum Hannibalem per superiora Padi vada exercitum
traduxisse, elephantis in ordinem ad sustinendum impetum
fluminis oppositis. Ea peritis amnis ejus vix fidem fecerint; nam neque equites armis equisque salvis tantam
vim fluminis superasse verisimile est, ut jam Hispanos 5
omnes inflati transvexerint utres; et multorum dierum
circuitu Padi vada petenda fuerint, qua exercitus gravis
impedimentis traduci posset. Potiores apud me auctores
sunt, qui biduo vix locum rate jungendo flumini inventum
tradunt; ea cum Magone equites Hispanorum expeditos 10
præmissos. Dum Hannibal, circa flumen legationibus
Gallorum audiendis moratus, trajicit gravius peditum
agmen, interim Mago equitesque ab transitu fluminis diei
unius itinere Placentiam ad hostes contendunt. Hannibal
paucis post diebus sex millia a Placentia castra commu- 15
nivit, et postero die, in conspectu hostium acie directa,
potestatem pugnæ fecit.

XLVIII. Insequenti nocte cædes in castris Romanis,
tumultu tamen quam re major, ab auxiliaribus Gallis
facta est. Ad duo millia peditum et ducenti equites, vigi- 20
libus ad portas trucidatis, ad Hannibalem transfugiunt;
quos Pœnus benigne allocutus, et spe ingentium donorum
accensos, in civitates quemque suas ad sollicitandos popularium animos dimisit. Scipio, cædem eam signum defectionis omnium Gallorum esse ratus, contactosque eo sce- 25
lere velut injecta rabie ad arma ituros, quamquam gravis
adhuc vulnere erat, tamen quarta vigilia noctis insequentis tacito agmine profectus ad Trebiam fluvium, jam in
loca altiora collesque impeditiores equiti castra movet.
Minus quam ad Ticinum fefellit; missisque Hannibal 30
primum Numidis, deinde omni equitatu, turbasset utique
novissimum agmen, ni aviditate prædæ in vacua Romana
castra Numidæ devertissent. Ibi dum, perscrutantes loca
omnia castrorum, nullo satis digno moræ pretio tempus
terunt, emissus hostis est de manibus; et cum jam trans- 35
gressos Trebiam Romanos metantesque castra conspexissent, paucos moratorum occiderunt citra flumen interce-
ptos. Scipio nec vexationem vulneris in via jactanti ultra
patiens, et collegam—jam enim et revocatum ex Sicilia
audierat—ratus exspectandum, locum, qui prope flumen 40
tutissimus stativis est. visus, delectum communiit. Nec
procul inde Hannibal cum consedisset, quantum victoria
equestri elatus, tantum anxius inopia, quæ per hostium
agros euntem, nusquam præparatis commeatibus, major in

dies excipiebat, ad Clastidium vicum, quo magnum frumenti numerum congesserant Romani, mittit. Ibi cum vim pararent, spes facta proditionis ; nec sane magno pretio, nummis aureis quadringentis, Dasio Brundisino præ-
5 fecto præsidii corrupto, traditur Hannibali Clastidium. Id horreum fuit Pœnis sedentibus ad Trebiam. In captivos ex tradito præsidio, ut fama clementiæ in principio rerum colligeretur, nihil sævitum est.

XLIX. Cum ad Trebiam terrestre constitisset bellum,
10 interim circa Siciliam insulasque Italiæ imminentes, et a Sempronio consule, et ante adventum ejus, terra marique res gestæ. Viginti quinqueremes cum mille armatis ad depopulandam oram Italiæ a Carthaginiensibus missæ, novem Liparas, octo ad insulam Vulcani tenuerunt, tres
15 in fretum avertit æstus. Ad eas conspectas a Messana duodecim naves ab Hierone rege Syracusanorum missæ, qui tum forte Messanæ erat, consulem Romanum opperiens, nullo repugnante captas naves Messanam in portum deduxerunt. Cognitum ex captivis, præter viginti naves, cujus
20 ipsi classis essent, in Italiam missas, quinque et triginta alias quinqueremes Siciliam petere ad sollicitandos veteres socios : Lilybæi occupandi præcipuam curam esse : credere eadem tempestate, qua ipsi disjecti forent, eam quoque classem ad Ægates insulas dejectam. Hæc, sicut
25 audita erant, rex M. Æmilio prætori, cujus Sicilia provincia erat, præscribit, monetque ut Lilybæum firmo teneret præsidio. Extemplo et circa a prætore ad civitates missi legati tribunique : suos ad curam custodiæ intenderent ; ante omnia Lilybæum teneri, ad paratum belli edicto pro-
30 posito, ut socii navales decem dierum cocta cibaria ad naves deferrent, et, ubi signum datum esset, ne quis moram conscendendi faceret ; perque omnem oram, qui ex speculis prospicerent adventantem hostium classem. Simul itaque, quamquam de industria morati cursum navium
35 erant Carthaginienses, ut ante lucem accederent Lilybæum, præsensum tamen est, quia et luna pernox erat, et sublatis armamentis veniebant, extemplo signum datum ex speculis, et in oppido ad arma conclamatum est et in naves conscensum. Pars militum in muris portarumque in
40 stationibus, pars in navibus erant. Et Carthaginienses, quia rem fore haud cum imparatis cernebant, usque ad lucem portu se abstinuerunt, demendis armamentis eo tempore aptandaque ad pugnam classe absumpto. Ubi illuxit, recepere classem in altum, ut spatium pugnæ esset,

exitumque liberum e portu naves hostium haberent. Nec
Romani detractavere pugnam, et memoria circa ea ipsa
loca gestarum rerum freti et militum multitudine ac virtute. L. Ubi in altum evecti sunt, Romanus conserere
pugnam et ex propinquo vires conferre velle: contra elu- 5
dere Pœnus, et arte, non vi rem gerere, naviumque quam
virorum aut armorum malle certamen facere.. Nam ut
sociis navalibus affatim instructam classem, ita inopem
milite habebant; et, sicubi conserta navis esset, haudquaquam par numerus armatorum ex ea pugnabat. Quod 10
ubi animadversum est, et Romanis multitudo sua auxit
animum, et paucitas illis minuit: extemplo septem naves
Punicæ circumventæ, fugam ceteræ ceperunt. Mille et
septingenti fuere in navibus captis milites nautæque, in his
tres nobiles Carthaginiensium. Classis Romana incolumis, 15
una tantum perforata navi, sed ea quoque ipsa reduce, in
portum rediit./

Secundum hanc pugnam—nondum gnaris ejus qui Messanæ erant—Tib. Sempronius consul Messanam venit.
Ei fretum intranti rex Hiero classem armatam ornatam- 20
que obviam duxit, transgressusque ex regia in prætoriam
navem, gratulatus sospitem cum exercitu et navibus advenisse, precatusque prosperum ac felicem in Siciliam
transitum: statum deinde insulæ et Carthaginiensium
conata exposuit, pollicitusque est, quo animo priore bello 25
populum Romanum juvenis adjuvisset, eo senem adjutu-
rum, frumentum vestimentaque sese legionibus consulis
sociisque navalibus gratis præbiturum: grande periculum
Lilybæo maritimisque civitatibus esse, et quibusdam volentibus novas res fore. Ob hæc consuli nihil cunctan- 30
dum visum, quin Lilybæum classe peteret: et rex regia-
que classis una profecti. Navigantes inde pugnatum ad
Lilybæum fusasque et captas hostium naves, accipere.
LI. A Lilybæo consul, Hierone cum classe regia dimisso,
relictoque prætore ad tuendam Siciliæ oram, ipse in insu- 35
lam Melitam, quæ a Carthaginiensibus tenebatur, trajecit:
advenienti Hamilcar Gisgonis filius, præfectus præsidii,
cum paulo minus duobus millibus militum, oppidumque
cum insula traditur. Inde post paucos dies reditum Lilybæum, captivique et a consule et a prætore, præter insi- 40
gnes nobilitate viros, sub corona venierunt. Postquam ab
ea parte satis tutam Siciliam censebat consul, ad insulas
Vulcani, quia fama erat stare ibi Punicam classem, trajecit, nec quisquam hostium circa eas insulas inventus.

Jam forte transmiserant ad vastandam Italiæ oram, depopulatoque Viboniensi agro, urbem etiam terrebant. Repetenti Siciliam consuli exscensio hostium in agrum Viboniensem facta nuntiatur, litteræque ab senatu de transitu
5 in Italiam Hannibalis, et ut primo quoque tempore collegæ ferret auxilium, missæ traduntur. Multis simul anxius curis exercitum extemplo in naves impositum Ariminum supero mari misit, Sexto Pomponio legato cum viginti quinque longis navibus Viboniensem agrum maritimam-
10 que oram Italiæ tuendam attribuit, M. Æmilio prætori quinquaginta navium classem explevit. Ipse compositis Siciliæ rebus, decem navibus oram Italiæ legens, Ariminum pervenit: inde cum exercitu suo profectus ad Trebiam flumen collegæ conjungitur.

15   LII. Jam ambo consules, et quidquid Romanarum virium erat, Hannibali oppositum aut illis copiis defendi posse Romanum imperium aut spem nullam aliam esse satis declarabat. Tamen consul alter, equestri prœlio uno et vulnere suo minutus, trahi rem malebat: recentis animi
20 alter eoque ferocior nullam dilationem patiebatur. Quod inter Trebiam Padumque agri est, Galli tum incolebant, in duorum præpotentium populorum certamine per ambiguum favorem haud dubie gratiam victoris spectantes. Id Romani, modo ne quid moverint, æquo satis, Pœnus
25 periniquo animo ferebat, ab Gallis accitum se venisse ad liberandos eos dictitans. Ob eam iram simul ut præda militem aleret, duo millia peditum et mille equites, Numidas plerosque, mixtos quosdam et Gallos, populari omnem deinceps agrum usque ad Padi ripas jussit. Egentes ope
30 Galli, cum ad id dubios servassent animos, coacti ab auctoribus injuriæ ad vindices futuros declinant, legatisque ad consulem missis auxilium Romanorum terræ ob nimiam cultorum fidem in Romanos laboranti orant. Cornelio nec causa nec tempus agendæ rei placebat; suspectaque ei gens
35 erat cum ob infida multa facinora, tum, ut alia vetustate abolevissent, ob recentem Boiorum perfidiam: Sempronius contra continendis in fide sociis maximum vinculum esse primos quosque qui eguissent ope defensos censebat. Tum collega cunctante equitatum suum, mille peditum
40 jaculatoribus ferme admixtis, ad defendendum Gallicum agrum trans Trebiam mittit. Sparsos et incompositos, ad hoc graves præda plerosque, cum inopinatos invasissent, ingentem terrorem cædemque ac fugam usque ad castra stationesque hostium fecere; unde multitudine effusa

pulsi rursus subsidio suorum prœlium restituere : varia
inde pugna sequentes cedentesque cum ad extremum
æquassent certamen, major tamen quam hostium Romanorum fama victoriæ fuit.

LIII. Ceterum nemini omnium major justiorque quam 5
ipsi consuli videri : gaudio efferri, quǽ parte copiarum
alter consul victus foret, ea se vicisse : restitutos ac re-
fectos militibus animos, nec quemquam esse præter collegam qui dilatam dimicationem vellet : eum animo magis
quam corpore ægrum 'memoria'vulneris aciem ac tela 10
horrere : sed non esse cum ægro senescendum : quid enim
ultra differri aut teri tempus ? ، Quem tertium consulem,
quem· alium exercitum exspectari ? Castra Carthaginiensium in Italia ac prope in conspectu urbis esse : non
Siciliam ac Sardiniam victis ademptas, nec cis Iberum 15
Hispaniam peti sed solo patrio terraque, in qua geniti
forent, pelli Romanos : "quantum ingemiscant" inquit
"patres nostri circa mœnia Carthaginis bellare soliti, si
videant nos, progeniem suam, duos consules consularesque
exercitus, in media Italia paventes intra castra ; Pœnum, 20
quod inter Alpes Apenninumque agri sit, suæ ditionis
fecisse !" Hæc assidens ægro collegæ, hæc in prætorio
prope concionabundus agere. Stimulabat et tempus propinquum comitiorum, ne in novos consules bellum differ-
retur, et occasio in se unum vertendæ gloriæ, dum æger 25
collega erat : itaque nequidquam dissentiente Cornelio
parari ad propinquum certamen milites jubet.

Hannibal cum, quid optimum foret hosti, cerneret, vix
ullam spem habebat temere atque improvide quidquam
consules acturos. Cum alterius ingenium, fama prius 30
deinde re cognitum, percitum ac ferox sciret esse, fero-
ciusque factum prospero cum prædatoribus suis certamine
crederet, adesse gerendæ rei fortunam haud diffidebat.
Cujus ne quod prætermitteret tempus, sollicitus intentusque
erat, dum tiro hostium miles esset, dum meliorem ex 35
ducibus inutilem vulnus faceret, dum Gallorum animi
vigerent, quorum ingentem multitudinem sciebat segnius
secuturam, quanto longius ab domo traherentur. Cum ob
hæc taliaque speraret propinquum certamen, et facere, si
cessaretur, cuperet, speculatoresque Galli—ad ea explo- 40
randa, quæ vellent, tutiores, quia in utriusque castris
militabant—paratos pugnæ esse Romanos retulissent, locum
insidiis circumspectare Pœnus cœpit. LIV. Erat in
medio rivus peraltis utrimque clausus ripis, et circa obsitus

palustribus herbis et, quibus inculta ferme vestiuntur,
virgultis vepribusque. Quem ubi equites quoque tegendo
satis latebrosum locum circumvectus ipse oculis perlu-
stravit, "hic erit locus" Magoni fratri ait "quem teneas:
5 delige centenos viros ex omni pedite atque equite, cum
quibus ad me vigilia prima venias : nunc corpora curare
tempus est." Ita prætorium missum. Mox cum delectis
Mago aderat. " Robora virorum cerno," inquit Hannibal :
" sed uti numero etiam, non animis modo valeatis, singulis
10 vobis novenos ex turmis manipulisque vestri similes eligite:
Mago locum monstrabit quem insideatis : hostem cæcum
ad has belli artes habetis." Ita mille equitibus Magoni,
mille peditibus dimissis, Hannibal prima luce Numidas
equites transgressos Trebiam flumen obequitare jubet
15 hostium portis, jaculandoque in stationes elicere ad pugnam
hostem, injecto deinde certamine cedendo sensim citra
flumen pertrahere. Hæc mandata Numidis : ceteris ducibus peditum equitumque præceptum ut prandere omnes
juberent, armatos deinde instratisque equis signum ex-
20 spectare.

Sempronius ad tumultum Numidarum primum omnem
equitatum—ferox ea parte virium—deinde sex millia
peditum, postremo omnes copias ad destinatum jam ante
consilio, avidus certaminis, eduxit. Erat forte brumæ
25 tempus et nivalis dies in locis Alpibus Apenninoque interjectis, propinquitate etiam fluminum ac paludium prægé-
lidis. Ad hoc raptim eductis hominibus atque equis, non
capto ante cibo, non ope ulla ad arcendum frigus adhibita,
nihil caloris inerat, et quidquid auræ fluminis appropin-
30 quabant, afflabat acrior frigoris vis : ut vero refugientes
Numidas insequentes aquam ingressi sunt—et erat pecto-
ribus tenus aucta nocturno imbri—tum utique egressis
rigere omnibus corpora, ut vix armorum tenendorum
potentia esset, et simul lassitudine et procedente jam die
35 fame etiam deficere. LV. Hannibalis interim miles,
ignibus ante tentoria factis, oleoque per manipulos, ut
mollirent artus, misso, et cibo per otium capto, ubi transgressos flumen hostes nuntiatum est, alacer animis corporibusque arma capit atque in aciem procedit. Baleares
40 locat ante signa, levem armaturam, octo ferme millia
hominum ; dein graviorem armis peditem, quod virium,
quod roboris erat. In cornibus circumfudit decem millia
equitum, et ab cornibus in utramque partem divisos elephantos statuit. Consul effusos sequentes equites, cum ab

resistentibus subito Numidis incauti exciperentur, signo receptui dato, revocatos circumdedit peditibus. Duode-viginti millia Romani erant, socium nominis Latini viginti; auxilia praeterea Cenomanorum : ea sola in fide manserat Gallica gens. His copiis concursum est. Proelium a Ba- 5 learibus ortum est : quibus cum majore robore legiones obsisterent, deductae propere in cornua leves armaturae sunt, quae res effecit, ut equitatus Romanus extemplo urgeretur : nam cum vix jam per se resisterent decem millibus equitum quattuor millia, et fessi integris plerisque, 10 obruti sunt insuper velut nube jaculorum a Balearibus conjecta : ad hoc elephanti, eminentes ab extremis cornibus, equis maxime non visu modo, sed odore insolito territis, fugam late faciebant. Pedestris pugna par animis magis quam viribus erat, quas recentes Poenus paulo ante curatis 15 corporibus in proelium attulerat : contra jejuna fessaque corpora Romanis et rigentia gelu torpebant. Restitissent tamen animis, si cum pedite solum foret pugnatum : sed et Baleares pulso equite jaculabantur in latera, et ele-phanti jam in mediam peditum aciem sese tulerant, et 20 Mago Numidaeque, simul latebras eorum improvida prae-terlata acies est, exorti ab tergo ingentem tumultum ac terrorem fecere. Tamen in tot circumstantibus malis mansit aliquamdiu immota acies, maxime praeter spem omnium adversus elephantos : eos velites ad jd ipsum locati 25 verrutis conjectis 'et avertere,' et insecuti aversos sub caudis, qua maxime molli cute vulnera accipiunt, fodie-bant : LVI. trepidantesque et prope jam in suos con-sternatos media acie in extremam, ad sinistrum cornu, adversus Gallos auxiliares agi jussit Hannibal : ii extemplo 30 haud dubiam fecere fugam, quo novus terror additus Romanis, ut fusa auxilia sua viderunt. Itaque cum jam in orbem pugnarent, decem millia ferme hominum, cum alia evadere nequissent, media Afrorum acie, quae Gallicis auxiliis firmata erat, cum ingenti caede hostium perrupere; 35 et cum neque in castra reditus esset flumine interclusis, neque prae imbri satis decernere possent, qua suis opem ferrent, Placentiam recto itinere perrexere. Plures deinde in omnes partes eruptiones factae; et qui flumen petiere, aut gurgitibus absumpti sunt, aut inter cunctationem in- 40 grediendi ab hostibus oppressi : qui passim per agros fuga sparsi erant, vestigia cedentis sequentes agminis, Placen-tiam contendere : aliis timor hostium audaciam ingrediendi flumen fecit, transgressique in castra pervenerunt. Imber

nive mixtus et intoleranda vis frigoris et homines multos
et jumenta et elephantos prope omnes absumpsit. Finis
insequendi hostis Pœnis flumen Trebia fuit ; et ita torpen-
tes gelu in castra rediere, ut vix lætitiam victoriæ senti-
5 rent : itaque nocte insequenti, cum præsidium castrorum,
et quod reliquum ex magna parte militum erat, ratibus
Trebiam trajicerent, aut nihil sensere, obstrepente pluvia,
aut, quia jam moveri nequibant præ lassitudine ac vulneribus, sentire sese dissimularunt ; quietisque Pœnis, tacito
10 agmine ab Scipione consule exercitus Placentiam est perductus, inde Pado trajectus Cremonam, ne duorum exercituum hibernis una colonia premeretur.

LVII. Romam tantus terror ex hac clade perlatus est,
ut jam ad urbem Romanam crederent infestis signis ho-
15 stem venturum, nec quidquam spei aut auxilii esse, quo
portis mœnibusque vim arcerent : uno consule ad Ticinum
victo, altero ex Sicilia revocato, duobus consulibus, duobus
consularibus exercitibus victis—quos alios duces, quas
alias legiones esse, quæ arcessantur ? Ita territis Sempro-
20 nius consul advenit, ingenti periculo per effusos passim ad
prædandum hostium equites, audacia magis quam consilio
aut spe fallendi resistendive, si non falleret, transgressus.
Id quod unum maxime in præsentia desiderabatur, comitiis consularibus habitis, in hiberna rediit : creati consules
25 Cn. Servilius et C. Flaminius.

Ceterum ne hiberna quidem Romanis quieta erant, vagantibus passim Numidis equitibus et, quæque iis impeditiora erant, Celtiberis Lusitanisque : omnes igitur undique clausi commeatus erant, nisi quos Pado naves sub-
30 veherent. Emporium prope Placentiam fuit, et opere
magno munitum et valido firmatum præsidio : ejus castelli
expugnandi spe cum equitibus ac levi armatura profectus
Hannibal, cum plurimum in celando incepto ad effectum
spei habuisset, nocte adortus, non fefellit vigiles : tantus
35 repente clamor est sublatus, ut Placentiæ quoque audiretur.
Itaque sub lucem cum equitatu consul aderat, jussis
quadrato agmine legionibus sequi. Equestre interim
prœlium commissum, in quo, quia saucius Hannibal pugna
excessit, pavore hostibus injecto defensum egregie præsi-
40 dium est. Paucorum inde dierum quiete sumpta, et vixdum satis percurato vulnere, ad Victumvias oppugnandas
ire pergit. Id emporium Romanis Gallico bello fuerat
munitum ; inde locum frequentaverant accolæ mixti undique ex finitimis populis ; et tum terror populationum eo

plerosque ex agris compulerat. Hujus generis multitudo,
fama impigre defensi ad Placentiam præsidii accensa,
armis arreptis obviam Hannibali procedit. Magis agmina
quam acies in via concurrerunt; et, cum ex altera parte
nihil præter inconditam turbam esset, in altera et dux 5
militi et duci miles fidens, ad triginta quinque millia
hominum a paucis fusa. Postero die, deditione facta,
præsidium intra mœnia accepere; jussique arma tradere
cum dicto paruissent, signum repente victoribus datur, ut
tamquam vi captam urbem diriperent: neque ulla, quæ 10
in tali re memorabilis scribentibus videri solet, prætermissa
clades est; adeo omnis libidinis crudelitatisque et inhu-
manæ superbiæ editum in miseros exemplum est. Hæ
fuere hibernæ expeditiones Hannibalis.

LVIII. Haud longi inde temporis, dum intolerabilia 15
frigora erant, quies militi data est, et ad prima ac dubia
signa veris profectus ex hibernis in Etruriam ducit, eam
quoque gentem, sicut Gallos Liguresque, aut vi aut
voluntate adjuncturus. Transeuntem Apenninum adeo
atrox adorta tempestas est, ut Alpium prope fœditatem 20
superaverit. Vento mixtus imber cum ferretur in ipsa
ora, primo, quia aut arma omittenda erant, aut contra
enitentes vertice intorti affligebantur, constitere; dein,
cum jam spiritum includeret nec reciprocare animam
sineret, aversi a vento parumper consedere. Tum vero 25
ingenti sono cælum strepere, et inter horrendos fragores
micare ignes: captis auribus et oculis metu omnes tor-
pere: tandem effuso imbre, cum eo magis accensa vis
venti esset, ipso illo, quo deprehensi erant, loco castra ponere
necessarium visum est. Id vero laboris velut de integro 30
initium fuit: nam nec explicare quidquam nec statuere
poterant, nec quod statutum esset manebat, omnia per-
scindente vento et rapiente. Et mox aqua levata vento,
cum super gelida montium juga concreta esset, tantum
nivosæ grandinis dejecit, ut, omnibus omissis, procumberent 35
homines, tegminibus suis magis obruti quam tecti: tantaque
vis frigoris insecuta est, ut ex illa miserabili hominum
jumentorumque strage cum se quisque extollere ac levare
vellet, diu nequiret, quia torrentibus rigore nervis vix
fiectere artus poterant: deinde, ut tandem agitando sese 40
movere ac recipere animos, et raris locis ignis fieri est
cœptus, ad alienam opem quisque inops tendere. Biduum
eo loco velut obsessi mansere: multi homines, multa ju-

12*

menta, elephanti quoque ex iis, qui prœlio ad Trebiam
facto superfuerant, septem absumpti.

LIX. Digressus Apennino retro ad Placentiam castra
movit, et ad decem millia progressus consedit : postero
5 die duodecim millia peditum, quinque equitum adversus
hostem ducit. Nec Sempronius consul—jam enim redierat ab Roma—detractavit certamen : atque eo die tria
millia passuum inter bina castra fuere. Postero die
ingentibus animis, vario eventu, pugnatum est. Primo
10 concursu adeo res Romana superior fuit, ut non acie
vincerent solum, sed pulsos hostes in castra persequeren-
tur, mox castra quoque oppugnarent. Hannibal, paucis
propugnatoribus in vallo portisque positis, ceteros confertos
in media castra recepit, intentosque signum ad erumpendum
15 spectare jubet. Jam nona ferme diei hora erat, cum
Romanus, nequidquam fatigato milite, postquam nulla spes
erat potiundi castris, signum receptui dedit. Quod ubi
Hannibal accepit, laxatamque pugnam et recessum a castris vidit, extemplo equitibus dextra lævaque emissis in
20 hostem, ipse cum peditum robore mediis castris erupit.
Pugna raro magis ulla ea et utriusque partis pernicie
clarior fuisset, si extendi eam dies in longum spatium
sivisset : nox accensum ingentibus animis prœlium dire-
mit. Itaque acrior concursus fuit quam cædes ; et sicut
25 æquata ferme pugna erat, ita clade pari discessum est.
Ab neutra parte sexcentis plus peditibus, et dimidium
ejus equitum·cecidit : sed major Romanis quam pro numero jactura fuit, quia equestris ordinis aliquot et tribuni
militum quinque et præfecti sociorum tres sunt interfecti.
30 Secundum eam pugnam Hannibal in Ligures, Sempronius
Lucam concessit. Venienti in Ligures Hannibali per
insidias intercepti duo quæstores Romani, C. Fulvius
et L. Lucretius, cum duobus tribunis militum et quinque equestris ordinis senatorum ferme liberis, quo magis
35 ratam fore cum iis pacem societatemque crederet, traduntur.

LX. Dum hæc in Italia geruntur, Cn. Cornelius Scipio
in Hispaniam cum classe et exercitu missus, cum ab ostio
Rhodani profectus Pyrenæosque montes circumvectus, Em-
40 poriis appulisset classem, exposito ibi exercitu, orsus a
Lacetanis, omnem oram usque ad Iberum flumen, partim
renovandis societatibus partim novis instituendis, Romanæ
ditionis fecit. Inde conciliata clementiæ fama non ad
maritimos modo populos, sed in mediterraneis quoque ac

montanis ad ferociores jam gentes valuit; nec pax modo
apud eos, sed societas etiam armorum parata est, validæque
aliquot auxiliorum cohortes ex iis conscriptæ sunt. Han-
nonis cis Iberum provincia erat: eum reliquerat Hannibal
ad regionis ejus præsidium: itaque, priusquam alienaren- 5
tur omnia, obviam eundum ratus, castris in conspectu
hostium positis, in aciem eduxit. Nec Romano differendum certamen visum, quippe qui sciret cum Hannone et
Hasdrubale sibi dimicandum esse, malletque adversus
singulos separatim quam adversus duos simul rem gerere. 10
Nec magni certaminis ea dimicatio fuit: sex millia hostium
cæsa, duo capta cum præsidio castrorum: nam et castra
expugnata sunt, atque ipse dux cum aliquot principibus
capiuntur; et Scissis, propinquum castris oppidum, ex-
pugnatur. Ceterum præda oppidi parvi pretii rerum fuit, 15
supellex barbarica ac vilium mancipiorum: castra militem
ditavere, non ejus modo exercitus qui victus erat, sed et
ejus, qui cum Hannibale in Italia militabat, omnibus fere
caris rebus, ne gravia impedimenta ferentibus essent, citra
Pyrenæum relictis. 20
LXI. Priusquam certa hujus cladis fama accideret,
transgressus Iberum Hasdrubal cum octo millibus peditum,
mille equitum, tamquam ad primum adventum Romanorum
occursurus, postquam perditas res ad Scissim amissaque
castra accepit, iter ad mare convertit. Haud procul 25
Tarracone classicos milites navalesque socios, vagos pa-
lantesque per agros, quod ferme fit, ut secundæ res
negligentiam creent, equite passim dimisso cum magna
cæde, majore fuga ad naves compellit. Nec diutius circa
ea loca morari ausus, ne ab Scipione opprimeretur, trans 30
Iberum sese recepit. Et Scipio, raptim ad famam novorum
hostium agmine acto, cum in paucos præfectos navium
animadvertisset, præsidio Tarracone modico relicto, Em-
porias cum classe rediit. Vixdum digresso eo, Hasdrubal
aderat; et, Ilergetum populo, qui obsides Scipioni dederat, 35
ad defectionem impulso, cum eorum ipsorum juventute
agros fidelium Romanis sociorum vastat: excito deinde
Scipione hibernis, hostico cis Iberum rursus cedit agro.
Scipio, relictam ab auctore defectionis Ilergetum gentem
cum infesto exercitu invasisset, compulsis omnibus Atana- 40
grum, urbem, quæ caput ejus populi erat, circumsedit,
intraque dies paucos, pluribus quam ante obsidibus impe-
ratis, Ilergetes, pecunia etiam multatos, in jus ditionemque
recepit. Inde in Ausetanos prope Iberum, socios et ipsos

Pœnorum, procedit, atque, urbe eorum obsessa, Lacetanos
auxilium finitimis ferentes nocte, haud procul jam urbe,
cum intrare vellent, excepit insidiis : cæsa ad duodecim
millia, exuti prope omnes armis domos passim palantes
5 per agros diffugere.   Nec obsessos alia ulla res quam
iniqua oppugnantibus hiems tutabatur : triginta dies obsidio
fuit, per quos raro unquam nix minus quattuor pedes alta
jacuit : adeoque pluteos ac vineas Romanorum operuerat,
ut ea sola, ignibus aliquoties conjectis, ab hoste etiam
10 tutamentum fuerit.   Postremo, cum Amusicus princeps eorum ad Hasdrubalem profugisset, viginti argenti
talentis pacti deduntur.   Tarraconem in hiberna reditum
est.

LXII. Romæ ac circa urbem multa ea hieme prodigia
15 facta, aut, quod evenire solet motis semel in religionem
animis, multa nuntiata et temere credita sunt : in quis
ingenuum infantem semestrem in foro olitorio triumphum
clamasse ; et foro boario bovem in tertiam contignationem
sua sponte escendisse, atque inde tumultu habitatorum
20 territum sese dejecisse ; et navium speciem de cælo affui-
sisse ; et ædem Spei, quæ est in foro olitorio, fulmine
ictam ; et Lanuvii hastam se commovisse, et corvum in
ædem Junonis devolasse atque in ipso pulvinario conse-
disse ; et in agro Amiternino multis locis hominum specie
25 procul candida veste visos, nec cum ullo congressos ; et
in Piceno lapidibus pluvisse ; et Cære sortes extenuatas ;
et in Gallia lupum'vigili gladium ex vagina raptum
abstulisse.   Ob cetera prodigia libros adire decemviri
jussi : quod autem lapidibus pluvisset in Piceno, novem-
30 diale sacrum edictum, et subinde aliis procurandis prope
tota civitas operata fuit.   Jam primum omnium urbs
lustrata est, hostiæque majores, quibus editum est, diis
cæsæ, et donum ex auri pondo quadraginta Lanuvium ad
Junonis portatum est ; et signum æneum matronæ Junoni
35 in Aventino dedicaverunt ; et lectisternium Cære, ubi
sortes attenuatæ erant, imperatum ; et supplicatio Fortunæ
in Algido ; Romæ quoque et lectisternium Juventati et
supplicatio ad ædem Herculis nominatim, deinde universo
populo circa omnia pulvinaria indicta ; et Genio majores
40 hostiæ cæsæ quinque ; et C. Atilius Serranus prætor vota
suscipere jussus, si in decem annos res publica eodem
stetisset statu. Hæc procurata votaque ex libris Sibyllinis
magna ex parte levaverant religione animos.

LXIII. Consulum designatorum alter Flaminius, cui

eæ legiones, quæ Placentiæ hibernabant, sorte evenerant,
edictum et litteras ad consulem misit, ut is exercitus
idibus Martiis Arimini adesset in castris. Huic in provincia consulatum inire consilium erat, memori veterum
certaminum cum patribus, quæ tribunus plebis et quæ 5
postea consul, prius de consulatu qui abrogabatur, dein
de triumpho habuerat: invisus etiam patribus ob novam
legem, quam Q. Claudius tribunus plebis adversus senatum, atque, uno patrum adjuvante C. Flaminio, tulerat,
ne quis senator cuive senator pater fuisset, maritimam 10
navem, quæ plus quam trecentarum amphorarum esset,
haberet. Id satis habitum ad fructus ex agris vectandos:
quæstus omnis patribus indecorus visus. Res, per summam
contentionem acta, invidiam apud nobilitatem suasori legis
Flaminio, favorem apud plebem alterumque inde consula- 15
tum peperit. Ob hæc ratus auspiciis ementiendis Latina-
rumque feriarum mora et consularibus aliis impedimentis
retenturos se in urbe, simulato itinere, privatus clam in
provinciam abiit. Ea res ubi palam facta est, novam
insuper iram infestis jam ante patribus movit: non cum 20
senatu modo, sed jam cum diis immortalibus C. Flaminium
bellum gerere: consulem ante inauspicato factum revocantibus ex ipsa acie diis atque hominibus non paruisse,
nunc conscientia spretorum et Capitolium et sollemnem
votorum nuncupationem fugisse, ne die initi magistratus 25
Jovis optimi maximi templum adiret; ne senatum invisus
ipse et sibi uni invisum videret consuleretque; ne Latinas
indiceret, Jovique Latiari sollemne sacrum in monte faceret; ne auspicato profectus in Capitolium ad vota nun-
cupanda, paludatis inde cum lictoribus in provinciam iret: 30
lixæ modo sine insignibus, sine lictoribus profectum clam,
furtim, haud aliter quam si exsilii causa solum vertisset:
magis pro majestate videlicet imperii Arimini quam Romæ
magistratum initurum, et in diversorio hospitali quam apud
penates suos prætextam sumpturum. Revocandum universi 35
retrahendumque censuerunt, et cogendum omnibus prius
præsentem in deos hominesque fungi officiis, quam ad
exercitum et in provinciam iret. In eam legationem—
legatos enim mitti placuit—Q. Terentius et M. Antistius,
profecti, nihilo magis eum moverunt, quam priore consu- 40
latu litteræ moverant ab senatu missæ: paucos post dies
magistratum iniit, immolantique ei vitulus jam ictus e
manibus sacrificantium sese cum proripuisset, multos cir-
cumstantes cruore respersit: fuga procul etiam major

apud ignaros, quid trepidaretur, et concursatio fuit : id a plerisque in omen magni terroris acceptum. Legionibus inde duabus a Sempronio prioris anni consule, duabus a C. Atilio prætore acceptis, in Etruriam per Apennini 5 tramites exercitus duci est cœptus.

LIBER VICESIMUS SECUNDUS.

ARGUMENTUM.

pro hoste eum se habiturum qui in verba sua non jurasset; effecitque,
ut omnes non relictum iri a se Italiam jurejurando astringerentur.
Præterea trepidationem urbis et luctum, et res in Hispania meliore
eventu gestas continet. LVII. Opimia et Floronia, Vestales virgines,
incesti damnatæ sunt. Propter paucitatem militum, servorum octo
millia armata sunt. LX, LXI. Captivi, cum potestas esset redimendi,
redempti non sunt. Varroni obviam itum est, et gratiæ actæ, quod de
republica non desperasset.—[u. c. 535–536. A. c. 217–216.]

I. JAM ver appetebat, cum Hannibal ex hibernis movit,
et nequidquam ante conatus transcendere Apenninum in-
tolerandis frigoribus, et cum ingenti periculo moratus ac
metu. Gallis, quos prædæ populationumque conciverat
5 spes, postquam pro eo, ut ipsi ex alieno agro raperent
agerentque, suas terras sedem belli esse premique utriusque partis exercituum hibernis viderent, verterunt retro
in Hannibalem ab Romanis odia; petitusque sæpe principium insidiis, ipsorum inter se fraude, eadem levitate
10 qua consenserant consensum indicantium, servatus erat, et
mutando nunc vestem nunc tegumenta capitis, errore
etiam sese ab insidiis munierat. Ceterum hic quoque ei
timor causa fuit maturius movendi ex hibernis.
Per idem tempus Cn. Servilius consul Romæ idibus
15 Martiis magistratum iniit. Ibi cum de republica retulisset, redintegrata in C. Flaminium invidia est: duos se
consules creasse, unum habere:—quod enim illi justum
imperium, quod auspicium esse? Magistratus id a domo
—publicis privatisque penatibus—Latinis feriis actis, sa-
20 crificio in monte perfecto, votis rite in Capitolio nuncupatis
secum ferre: nec privatum auspicia sequi, nec sine auspiciis profectum in externo ea solo nova atque integra concipere posse. Augebant metum prodigia ex pluribus simul
locis nuntiata: in Sicilia militibus aliquot spicula, in Sar-
25 dinia autem in muro circumeunti vigilias equiti scipionem,
quem manu tenuerat, arsisse, et litora crebris ignibus
fulsisse, et scuta duo sanguine sudasse, et milites quosdam
ictos fulminibus, et solis orbem minui visum: et Præneste
ardentes lapides cælo cecidisse; et Arpis parmas in cælo
30 visas pugnantemque cum luna solem; et Capenæ duas
interdiu lunas ortas, et aquas Cæretes sanguine mixtas
fluxisse, fontemque ipsum Herculis cruentis manasse
respersum maculis; et Antii metentibus cruentas in cor-
bem spicas cecidisse; et Faleriis cælum findi velut
35 magno hiatu visum, quaque patuerit, ingens lumen efful-

sisse; sortes sua sponte attenuatas, unamque excidisse ita scriptam "Mavors telum suum concutit:" et per idem tempus Romæ signum Martis Appia via ac simulacra luporum sudasse, et Capuæ speciem cæli ardentis fuisse lunæque inter imbrem cadentis. Inde minoribus etiam 5 dictu prodigiis fides habita: capras lanatas quibusdam factas, et gallinam in marem, gallum in feminam sese vertisse. Iis, sicut erant nuntiata, expositis, auctoribusque in curiam introductis, consul de religione patres consuluit: decretum ut ea prodigia partim majoribus hostiis 10 partim lactentibus procurarentur, et uti supplicatio per triduum ad omnia pulvinaria haberetur: cetera, cum decemviri libros inspexissent, ut ita fierent, quemadmodum cordi esse dii divinis carminibus præfarentur. Decemvirorum monitu decretum est, Jovi primum donum fulmen 15 aureum pondo quinquaginta fieret, Junoni Minervæque ex argento dona darentur, et Junoni reginæ in Aventino Junonique Sospitæ Lanuvii majoribus hostiis sacrificaretur; matronæque pecunia collata, quantum conferre cuique commodum esset, donum Junoni reginæ in Aventinum 20 ferrent, lectisterniumque fieret; quin et ut libertinæ et ipsæ—unde Feroniæ donum daretur—pecuniam pro facultatibus suis conferrent: hæc ubi facta, decemviri Ardeæ in foro majoribus hostiis sacrificarunt: postremo Decembri jam mense ad ædem Saturni Romæ immolatum 25 est, lectisterniumque imperatum—et eum lectum senatores straverunt—et convivium publicum; ac per urbem Saturnalia diem ac noctem clamata, populusque eum diem festum habere ac servare in perpetuum jussus.

II. Dum consul placandis Romæ dis habendoque dilectu 30 dat operam, Hannibal profectus ex hibernis, quia jam Flaminium consulem Arretium prævenisse fama erat, cum aliud longius, ceterum commodius ostenderetur iter, propiorem viam per paludem petit, qua fluvius Arnus per eos dies solito magis inundaverat. Hispanos et Afros et 35 omne veterani robur exercitus, admixtis ipsorum impedimentis, necubi consistere coactis necessaria ad usus deessent, primos ire jussit; sequi Gallos, ut id agminis medium esset; novissimos ire equites; Magonem inde cum expeditis Numidis cogere agmen, maxime Gallos, si tædio 40 laboris longæque viæ—ut est mollis ad talia gens—dilaberentur aut subsisterent, cohibentem. Primi, qua modo præirent duces, per præaltas fluvii ac profundas voragines, hausti pæne limo immergentesque se tamen signa seque-

bantur: Galli neque sustinere se prolapsi neque assurgere
ex voraginibus poterant, aut corpora animis aut animos spe
sustinebant, alii fessa ægre trahentes membra, alii, ubi
semel victis tædio animis procubuissent, inter jumenta et
5 ipsa jacentia passim morientes. Maximeque omnium
vigiliæ conficiebant per quadriduum, jam et tres noctes
toleratæ. Cum omnia obtinentibus aquis nihil, ubi in sicco
fessa sternerent corpora, inveniri posset, cumulatis in
aquas sarcinis insuper incumbebant: jumentorum itinere
10 toto prostratorum passim acervi tantum, quod exstaret
aqua, quærentibus ad quietem parvi temporis necessarium
cubile dabant. Ipse Hannibal, æger oculis ex verna
primum intemperie variante calores frigoraque, elephanto,
qui unus superfuerat—quo altius ab aqua exstaret—
15 vectus, vigiliis tamen et nocturno humore palustrique
cælo gravante caput, et quia medendi nec locus nec tempus erat, altero oculo capitur.

III. Multis hominibus jumentisque fœde amissis cum
tandem de paludibus emersisset, ubi primum in sicco
20 potuit, castra locat, certumque per præmissos exploratores
habuit exercitum Romanum circa Arretii mœnia esse.
Consulis deinde consilia atque animum et situm regionum
itineraque et copias ad commeatus expediendos, et cetera,
quæ cognosse in rem erant, summa omnia cum cura
25 inquirendo exsequebatur. Regio erat in primis Italiæ
fertilis, Etrusci campi, qui Fæsulas inter Arretiumque
jacent, frumenti ac pecoris et omnium copia rerum opu-
lenti. Consul ferox ab consulatu priore, et non modo
legum aut patrum majestatis, sed ne deorum quidem satis
30 metuens: hanc insitam ingenio ejus temeritatem fortuna
prospero civilibus bellicisque rebus successu aluerat:
itaque satis apparebat, nec deos nec homines consulentem
ferociter omnia ac præpropere acturum. Quoque pronior
esset in vitia sua, agitare eum atque irritare Pœnus parat;
35 et, læva relicto hoste, Fæsulas petens, medio Etruriæ agro
prædatum profectus, quantam maximam vastitatem potest,
cædibus incendiisque consuli procul ostendit. Flaminius,
qui nec quieto quidem hoste ipse quieturus erat, tum vero,
postquam res sociorum ante oculos prope suos ferri agique
40 vidit, suum id dedecus ratus, per mediam jam Italiam
vagari Pœnum, atque obsistente nullo, ad ipsa Romana
mœnia ire oppugnanda, ceteris omnibus in consilio salu-
taria magis quam speciosa suadentibus, collegam exspectandum, ut conjunctis exercitibus, communi animo con-

silioque rem gererent; interim equitatu auxiliisque levium
armorum ab effusa prædandi licentia hostem cohibendum;
iratus se ex consilio proripuit, signumque simul itineris
pugnæque cum dedisset, "immo Arretii ante mœnia
sedeamus" inquit, "hic enim patria et penates sunt: 5
Hannibal emissus e manibus perpopuletur Italiam, vastan-
doque et urendo omnia ad Romana mœnia perveniat; nec
ante nos hinc moverimus quam, sicut olim Camillum ab
Veiis, C. Flaminium ab Arretio patres acciverint." Hæc
simul increpans, cum ocius signa convelli juberet et ipse 10
in equum insiluisset, equus repente corruit consulemque
lapsum super caput effudit. Territis omnibus, qui circa
erant, velut fœdo omine incipiendæ rei, insuper nuntiatur,
signum, omni vi moliente signifero, convelli nequire. Con-
versus ad nuntium "num litteras quoque" inquit "ab 15
senatu affers, quæ me rem gerere vetent? Abi nuntia,
effodiant signum, si ad convellendum manus præ metu
obtorpuerit." Incedere inde agmen cœpit primoribus—
superquam quod dissenserant ab consilio—territis etiam
duplici prodigio, milite in vulgus læto ferocia ducis, cum 20
spem magis ipsam quam causam spei intueretur.

IV. Hannibal, quod agri est inter Cortonam urbem
Trasimenumque lacum, omni clade belli pervastat, quo
magis iram hosti ad vindicandas sociorum injurias acuat.
Et jam pervenerant ad loca nata insidiis, ubi maxime 25
montes Cortonenses Trasimenus subit: via tantum interest
perangusta, velut ad id ipsum de industria relicto spatio:
deinde paulo latior patescit campus; inde colles assurgunt.
Ibi castra in aperto locat, ubi ipse cum Afris modo Hispanisque consideret: Baleares ceteramque levem armaturam 30
post montes circumducit; equites ad ipsas fauces saltus,
tumulis apte tegentibus, locat, ut, ubi intrassent Romani,
objecto equitatu, clausa omnia lacu ac montibus essent.

Flaminius cum pridie solis occasu ad lacum pervenisset,
inexplorato, postero die, vixdum satis certa luce, angustiis 35
superatis, postquam in patentiorem campum pandi agmen
cœpit, id tantum hostium, quod ex adverso erat, conspexit:
ab tergo ac super caput decepere insidiæ. Pœnus ubi, id
quod petierat, clausum lacu ac montibus et circumfusum
suis copiis habuit hostem, signum omnibus dat simul 40
invadendi. Qui ubi, qua cuique proximum fuit, decu-
currerunt, eo magis Romanis subita atque improvisa res
fuit, quod orta ex lacu nebula campo quam montibus
densior sederat, agminaque hostium ex pluribus collibus

ipsa inter se satis conspecta eoque magis pariter decucur-
rerant. Romanus clamore prius undique orto, quam satis
cerneret, se circumventum esse sensit, et ante in frontem
lateraque pugnari cœptum est, quam satis instrueretur
5 acies, aut expediri arma stringique gladii possent. V.
Consul, perculsis omnibus, ipse satis, ut in re trepida,
impavidus, turbatos ordines—vertente se quoque ad dissonos clamores—instruit, ut tempus locusque patitur; et,
quacumque adire audirique potest, adhortatur ac stare ac
10 pugnare jubet: nec enim inde votis aut imploratione
deum, sed vi ac virtute, evadendum esse: per medias
acies ferro viam fieri, et, quo timoris minus sit, eo minus
ferme periculi esse. Ceterum præ strepitu ac tumultu
nec consilium nec imperium accipi poterat; tantumque
15 aberat, ut sua signa atque ordinem miles et locum nosceret,
ut vix ad arma capienda aptandaque pugnæ competeret
animus, opprimerenturque quidam, onerati magis his quam
tecti. Et erat in tanta calligine major usus aurium quam
oculorum: ad gemitus vulnerum ictusque corporum aut
20 armorum et mixtos strepentium paventiumque clamores
circumferebant ora oculosque: alii fugientes pugnantium
globo illati bærebant; alios redeuntes in pugnam avertebat
fugientium agmen. Deinde, ubi in omnes partes nequidquam impetus capti, et ab lateribus montes ac lacus, a
25 fronte et ab tergo hostium acies claudebat, apparuitque,
nullam, nisi in dextera ferroque, salutis spem esse, tum
sibi quisque dux adhortatorque factus ad rem gerendam,
et nova de integro exorta pugna est, non illa ordinata per
principes hastatosque ac triarios, nec ut pro signis ante-
30 signani, post signa alia pugnaret acies, nec ut in sua
legione miles aut cohorte aut manipulo esset: fors con-
globat, et animus suus cuique ante aut post pugnandi
ordinem dabat: tantusque fuit ardor armorum, adeo intentus pugnæ animus, ut eum motum terræ, qui multarum
35 urbium Italiæ magnas partes prostravit avertitque cursu
rapidos amnes, mare fluminibus invexit, montes lapsu
ingenti proruit, nemo pugnantium senserit.

VI. Tres ferme horas pugnatum est, et ubique atrociter.
Circa consulem tamen acrior infestiorque pugna est: eum
40 et robora virorum sequebantur, et ipse, quacumque in
parte premi ac laborare senserat suos, impigre ferebat
opem: insignemque armis et hostes summa vi petebant,
et tuebantur cives, donec Insuber eques—Ducario nomen
erat—facie quoque noscitans, "consul en" inquit "hic

est," popularibus suis, "qui legiones nostras cecidit agrosque et urbem est depopulatus! Jam ego hanc victimam
Manibus peremptorum foede civium dabo:" subditisque
calcaribus equo, per confertissimam hostium turbam impetum facit; obtruncatoque prius armigero, qui se infesto 5
venienti obviam objecerat, consulem lancea transfixit.
Spoliare cupientem triarii objectis scutis arcuere. Magnae
partis fuga inde primum coepit: et jam nec lacus nec
montes pavori obstabant. Per omnia arta praeruptaque
velut caeci evadunt, armaque et viri super alium alii prae- 10
cipitantur. Pars magna, ubi locus fugae deest, per prima
vada paludis in aquam progressi, quoad capitibus hume-
risque exstare possunt, sese immergunt: fuere, quos in-
consultus pavor nando etiam capessere fugam impulerit,
quae ubi immensa ac sine spe erat, aut deficientibus animis 15
hauriebantur gurgitibus, aut nequidquam fessi vada retro
aegerrime repetebant, atque ibi ab ingressis aquam hostium
equitibus passim trucidabantur. Sex millia ferme primi
agminis, per adversos hostes eruptione impigre facta,
ignari omnium, quae post se agerentur, ex saltu evasere, 20
et, cum in tumulo quodam constitissent, clamorem modo
ac sonum armorum audientes, quae fortuna pugnae esset,
neque scire nec perspicere prae calligine poterant. Inclinata denique re, cum incalescente sole dispulsa nebula
aperuisset diem, tum liquida jam luce montes campique 25
perditas res stratamque ostendere foede Romanam aciem.
Itaque, ne in conspectos procul immitteretur eques, sublatis raptim signis, quam citatissimo poterant agmine, sese
abripuerunt. Postero die, cum super cetera extrema
fames etiam instaret, fidem dante Maharbale, qui cum 30
omnibus equestribus copiis nocte consecutus erat, si arma
tradidissent, abire cum singulis vestimentis passurum, sese
dediderunt: quae Punica religione servata fides ab Hannibale est, atque in vincula omnes conjecit.

VII. Haec est nobilis ad Trasimenum pugna atque 35
inter paucas memorata populi Romani clades. Quindecim
millia Romanorum in acie caesa sunt: decem millia,
sparsa fuga per omnem Etruriam, diversis itineribus urbem
petiere: duo millia quingenti hostium in acie, multi postea
utrimque ex vulneribus periere. Multiplex caedes utrim- 40
que facta traditur ab aliis: ego, praeterquam quod nihil
haustum ex vano velim, quo nimis inclinant ferme scri-
bentium animi, Fabium aequalem temporibus hujusce belli
potissimum auctorem habui. Hannibal captivorum, qui

13*

Latini nominis essent, sine pretio dimissis, Romanis in vincula datis, segregata ex hostium coacervatorum cumulis corpora suorum cum sepeliri jussisset, Flaminii quoque corpus funeris causa magna cum cura inquisitum non 5 invenit.

Romæ ad primum nuntium cladis ejus cum ingenti terrore ac tumultu concursus in forum populi est factus : matronæ vagæ per vias, quæ repens clades allata, quæve fortuna exercitus esset, obvios percunctantur : et cum fre-10 quentis concionis modo turba in comitium et curiam versa magistratus vocaret, tandem haud multo ante solis occasum M. Pomponius prætor, "pugna," inquit, "magna victi sumus :" et quamquam nihil certius ex eo auditum est, tamen alius ab alio impleti rumoribus domos referunt, 15 consulem cum magna parte copiarum cæsum ; superesse paucos, aut fuga passim per Etruriam sparsos aut captos ab hoste.   Quot casus exercitus victi fuerant, tot in curas dispertiti animi eorum erant, quorum propinqui sub C. Flaminio consule meruerant, ignorantium, quæ cujusque 20 suorum fortuna esset : nec quisquam satis certum habet, quid aut speret aut timeat.   Postero ac deinceps aliquot diebus ad portas major prope mulierum quam virorum multitudo stetit, aut suorum aliquem aut nuntios de iis opperiens : circumfundebanturque obviis sciscitantes, ne-25 que avelli, utique ab notis, priusquam ordine omnia inqui-sissent, poterant.   Inde varios vultus digredientium ab nuntiis cerneres, ut cuique læta aut tristia nuntiabantur, gratulantesque aut consolantes redeuntibus domos circum-fusos.   Feminarum præcipue et gaudia insignia erant et 30 luctus : unam in ipsa porta sospiti filio repente oblatam in conspectu ejus exspirasse ferunt ; alteram, cui mors filii falso nuntiata erat, mæstam sedentem domi, ad primum conspectum redeuntis filii gaudio nimio exanimatam.   Se-natum prætores per dies aliquot ab orto usque ad occiden-35 tem solem in curia retinent, consultantes, quonam duce aut copiis quibus resisti victoribus Pœnis posset.

VIII. Priusquam satis certa consilia essent, repens alia nuntiatur clades ; quattuor millia equitum, cum C. Cente-nio proprætore missa ad collegam ab Servilio consule, in 40 Umbria, quo post pugnam ad Trasimenum auditam aver-terant iter, ab Hannibale circumventa.   Ejus rei fama varie homines affecit : pars occupatis majore ægritudine animis, levem ex comparatione priorum ducere recentem equitum jacturam ; pars non id, quod acciderat, per se

æstimare, sed, ut in affecto corpore quamvis levis causa
magis quam valido gravior sentiretur, ita tum ægræ et
affectæ civitati quodcumque adversi inciderit, non rerum
magnitudine, sed viribus extenuatis, quæ nihil, quod ag-
gravaret, pati possent, æstimandum esse. Itaque ad re- 5
medium, jam diu neque desideratum nec adhibitum, dictatorem dicendum, civitas confugit: et quia et consul
aberat, a quo uno dici posse videbatur, nec per occupatam
armis Punicis Italiam facile erat aut nuntium aut litteras
mitti, nec dictatorem populus creare poterat, quod nun- 10
quam ante eam diem factum erat, prodictatorem populus
creavit Q. Fabium Maximum et magistrum equitum M.
Minucium Rufum: hisque negotium ab senatu datum, ut
muros turresque urbis firmarent et præsidia disponerent,
quibus locis videretur, pontesque rescinderent fluminum: 15
pro urbe ac penatibus dimicandum esse, quando Italiam
tueri nequissent.

IX. Hannibal recto itinere per Umbriam usque ad
Spoletium venit. Inde, cum perpopulato agro urbem
oppugnare adortus esset, cum magna cæde suorum repul- 20
sus, conjectans ex unius coloniæ haud nimis prospere
tentatæ viribus, quanta moles Romanæ urbis esset, in
agrum Picenum avertit iter, non copia solum omnis generis frugum abundantem, sed refertum præda, quam effuse
avidi atque egentes rapiebant. Ibi per dies aliquot stativa 25
habita, refectusque miles hibernis itineribus ac palustri
via prœlioque, magis ad eventum secundo quam levi aut
facili affectus. Ubi·satis quieti datum, præda ac popula-
tionibus magis quam otio aut requie gaudentibus, profectus Prætutianum Hadrianum agrum, Marsos inde Mar- 30
rucinosque et Pelignos devastat, circaque Arpos et Luceriam proximam Apuliæ regionem. Cn. Servilius consul,
levibus prœliis cum Gallis actis et uno oppido ignobili
expugnato, postquam de collegæ exercitusque cæde audivit, jam mœnibus patriæ metuens, ne abesset in discrimine 35
extremo, ad urbem iter intendit.

Q. Fabius Maximus dictator iterum, quo die magistratum iniit, vocato senatu, ab diis orsus, cum edocuisset
patres, plus negligentia cærimoniarum auspiciorumque
quam temeritate atque inscitia peccatum a C. Flaminio 40
consule esse, quæque piacula iræ deum essent, ipsos deos
consulendos esse, pervicit, ut, quod non ferme decernitur,
nisi cum tetra prodigia nuntiata sunt, decemviri libros
Sibyllinos adire juberentur. Qui, inspectis fatalibus

libris, retulerunt patribus, quod ejus belli causa votum
Marti foret, id non rite factum, de integro atque amplius :
faciendum esse; et Jovi ludos magnos et ædes Veneri
Erycinæ ac Menti vovendas esse, et supplicationem lecti-
5 sterniumque habendum, et ver sacrum vovendum, si bellatum prospere esset, resque publica in eodem, quo ante
bellum fuisset, statu permansisset. Senatus, quoniam
Fabium belli cura occupatura esset, M. Æmilium prætorem, ex collegii pontificum sententia omnia ea ut mature
10 fiant, curare jubet. X. His senatus consultis perfectis,
L. Cornelius Lentulus pontifex maximus, consulente col-
legio prætorum, omnium primum populum consulendum
de vere sacro censet; injussu populi voveri non posse.
Rogatus in hæc verba populus: "velitis jubeatisne hæc
15 sic fieri? Si res publica populi Romani Quiritium ad
quinquennium proximum, sicut velim eam, sic salva servata erit hisce duellis—quod duellum populo Romano cum
Carthaginiensi est, quæque duella cum Gallis sunt, qui cis
Alpes sunt,—datum donum duit populus Romanus Quiri-
20 tium, quod ver attulerit ex suillo, ovillo, caprino, bovillo
grege, quæque profana erunt, Jovi fieri, ex qua die senatus populusque jusserit: qui faciet, quando volet, quaque
lege volet, facito: quo modo faxit, probe factum esto: si
id moritur quod fieri oportebit, profanum esto, neque sce-
25 lus esto: si quis rumpet occidetve insciens, ne fraus esto:
si quis clepset, ne populo scelus esto, neve cui cleptum
erit: si atro die faxit insciens, probe factum esto: si nocte
sive luce, si servus sive liber faxit, probe factum esto: si
anteidea senatus populusque jusserit fieri ac faxit, eo popu-
30 lus solutus liber esto." Ejusdem rei causa ludi magni
voti æris trecentis triginta tribus millibus, trecentis triginta
tribus, triente; præterea bubus Jovi trecentis, multis aliis
divis bubus albis atque ceteris hostiis. Votis rite nuncupatis, supplicatio edicta, supplicatumque iere cum conju-
35 gibus ac liberis non urbana multitudo tantum, sed agrestium etiam, quos in aliqua sua fortuna publica quoque
contingebat cura. Tum lectisternium per triduum habitum, decemviris sacrorum curantibus: sex pulvinaria in
conspectu fuerunt, Jovi ac Junoni unum, alterum Neptuno
40 ac Minervæ, tertium Marti ac Veneri, quartum Apollini
ac Dianæ, quintum Vulcano ac Vestæ, sextum Mercurio
et Cereri. Tum ædes votæ: Veneri Erycinæ ædem
Q. Fabius Maximus dictator vovit, quia ita ex fatalibus
libris edictum erat, ut is voveret, cujus maximum impe

rium in civitute esset. Menti ædem T. Otacilius prætor vovit./

XI. Ita rebus divinis peractis, tum de bello reque de publica dictator retulit, quibus quotve legionibus victori hosti obviam eundum esse patres censerent. Decretum, 5 ut ab Cn. Servilio consule exercitum acciperet: scriberet præterea ex civibus sociisque, quantum equitum ac peditum videretur: cetera omnia ageret faceretque, ut e republica duceret. Fabius duas legiones se adjecturum ad Servilianum exercitum dixit: iis, per magistrum equitum 10 scriptis, Tibur diem ad conveniendum edixit: edictoque proposito ut, quibus oppida castellaque immunita essent, uti commigrarent in loca tuta: ex agris quoque demigrarent omnis regionis ejus, qua iturus Hannibal esset, tectis prius incensis ac frugibus corruptis, ne cujus rei copia 15 esset. Ipse, via Flaminia profectus obviam consuli exercituique, cum ad Tiberim circa Ocriculum prospexisset agmen consulemque cum equitibus ad se prodeuntem, viatorem misit, qui consuli nuntiaret, ut sine lictoribus ad dictatorem veniret. Qui cum dicto paruisset, congressus- 20 que eorum ingentem speciem dictaturæ apud cives sociosque, vetustate jam prope oblitos ejus imperii, fecisset, litteræ ab urbe allatæ sunt, naves onerarias commeatum ab Ostia in Hispaniam ad exercitum portantes, a classe Punica circa portum Cosanum captas esse. Itaque extem- 25 plo consul Ostiam proficisci jussus, navibusque, quæ ad urbem Romanam aut Ostiæ essent, completis milite ac navalibus sociis, persequi hostium classem ac litora Italiæ tutari. Magna vis hominum conscripta Romæ erat: libertini etiam, quibus liberi essent et ætas militaris, in verba 30 juraverant: ex hoc urbano exercitu, qui minores quinque et triginta annis erant, in naves impositi; alii, ut urbi præsiderent, relicti.

XII. Dictator, exercitu consulis accepto a Fulvio Flacco legato, per agrum Sabinum Tibur, quo diem ad con- 35 veniendum edixerat novis militibus, venit. Inde Præneste ac transversis limitibus in viam Latinam est egressus, unde, itineribus summa cum cura exploratis, ad hostem ducit, nullo loco, nisi quantum necessitas cogeret, fortunæ se commissurus. Quo primum die haud procul Arpis in 40 conspectu hostium posuit castra, nulla mora facta, quin Pœnus educeret in aciem copiamque pugnandi faceret: sed ubi quieta omnia apud hostes, nec castra ullo tumultu mota videt, increpans quidem, victos tandem suos Martios

animos Romanis, debellatumque concessumque propalam
de virtute ac gloria esse, in castra rediit : ceterum tacita
cura animum incessit, quod cum duce haudquaquam
Flaminio Sempronioque simili futura sibi res esset, ac
5 tum demum edocti malis Romani parem Hannibali ducem
quæsissent. Et prudentiam quidem, non vim, dictatoris
extemplo timuit : constantiam hauddum expertus, agitare
ac tentare animum movendo crebro castra populandoque
in oculis ejus agros sociorum cœpit : et modo citato agmi-
10 ne ex conspectu abibat, modo repente in aliquo flexu viæ,
si excipere digressum in æquum posset, occultus obsiste-
bat. Fabius per loca alta agmen ducebat, modico ab
hoste intervallo, ut neque omitteret eum neque congrede-
retur : castris, nisi quantum usus necessario cogeret,
15 tenebatur miles. Pabulum et ligna nec pauci petebant
nec passim. Equitum levisque armaturæ statio, compo-
. sita instructaque in subitos tumultus, et suo militi tuta
omnia et infesta effusis hostium populatoribus præbebat :
neque universo periculo summa rerum committebatur, et
20 parva momenta levium certaminum ex tuto cœptorum,
finitimoque receptu, assuefaciebant territum pristinis cladibus militem minus jam tandem aut virtutis aut fortunæ
pænitere suæ. Sed non Hannibalem magis infestum tam
sanis consiliis habebat quam magistrum equitum ; qui
25 nihil aliud, quam quod impar erat imperio, moræ ad rem
publicam præcipitandam habebat, ferox rapidusque in
consiliis ac lingua immodicus. Primo inter paucos, dein
propalam in vulgus pro cunctatore segnem, pro cauto
timidum, affingens vicina virtutibus vitia, compellabat,
30 premendoque superiorem, quæ pessima ars nimis prosperis
multorum successibus crevit, sese extollebat.

XIII. Hannibal ex Hirpinis in Samnium transit, Bene-
ventanum depopulatur agrum, Telesiam urbem capit,
irritat etiam de industria ducem, si forte accensum tot
35 indignitatibus cladibus sociorum detrahere ad æquum
certamen possit. Inter multitudinem sociorum Italici
generis, qui ad Trasimenum capti ab Hannibale dimissi-
que fuerant, tres Campani equites erant, multis jam tum
illecti donis promissisque Hannibalis ad conciliandos popu-
40 larium animos. Hi nuntiantes, si in Campaniam exercitum admovisset, Capuæ potiendæ copiam fore, cum res
major quam auctores esset, dubium Hannibalem alternis-
que fidentem ac diffidentem, tamen, ut Campanos ex Samnio peteret, moverunt : monitos, ut etiam atque etiam

promissa rebus affirmarent, jussosque, cum pluribus et
aliquibus principum redire ad se, dimisit. Ipse imperat
duci, ut se in agrum Casinatem ducat, edoctus a peritis
regionum, si eum saltum occupasset, exitum Romano ad
opem ferendam sociis interclusurum. Sed Punicum ab-5
horrens ab Latino nomine, Casilinum pro Casino dux ut
acciperet, fecit; aversusque ab suo itinere, per Allifanum
Calatinumque et Calenum agrum in campum Stellatem
descendit. Ubi cum montibus fluminibusque clausam
regionem circumspexisset, vocatum ducem percunctatur, 10
ubi terrarum esset. Cum is Casilini eo die mansurum
eum dixisset, tum demum cognitus est error, et Casinum
longe inde alia regione esse: virgisque cæso duce et ad
reliquorum terrorem in crucem sublato, castris communi-
tis, Maharbalem cum equitibus in agrum Falernum præ-15
datum dimisit. Usque ad aquas Sinuessanas populatio ea
pervenit: ingentem cladem, fugam tamen terroremque
latius Numidæ fecerunt: nec tamen is terror, cum omnia
bello flagrarent, fide socios dimovit, videlicet quia justo et
moderato regebantur imperio, nec abnuebant, quod unum 20
vinculum fidei est, melioribus parere.

XIV. Ut vero, postquam ad Vulturnum flumen castra
sunt posita, exurebatur amœnissimus Italiæ ager, villæque
passim incendiis fumabant, per juga Massici montis Fabio
ducente, tum prope de integro seditio accensa. Quieti 25
fuerant enim per paucos dies, quia, cum celerius solito
ductum agmen esset, festinari ad prohibendam populationi-
bus Campaniam crediderant: ut vero in extrema juga
Massici montis ventum, et hostes sub oculis erant, Falerni
agri colonorumque Sinuessæ tecta urentes, nec ulla erat 30
mentio pugnæ, "spectatumne huc," inquit Minucius, "ad
rem fruendam oculis, sociorum cædes et incendia venimus? Nec si nullius alterius, nos ne civium quidem
horum pudet, quos Sinuessam colonos patres nostri miserunt, ut ab Samnite hoste tuta hæc ora esset, quam nunc 35
non vicinus Samnis urit sed Pœnus advena, ab extremis
orbis terrarum terminis nostra cunctatione et socordia jam
huc progressus? Tantum pro degeneramus a patribus
nostris, ut, præter quam oram illi suam Punicas vagari
classes, dedecus esse imperii sui duxerint, eam nunc ple-40
num hostium Numidarumque ac Maurorum jam factam
videamus? Qui modo, Saguntum oppugnari indignando,
non homines tantum, sed fœdera et deos ciebamus, scan-
dentem mœnia Romanæ coloniæ Hannibalem læti specta-

mus. Fumus ex incendiis villarum agrorumque in oculos
atque ora venit; strepunt aures clamoribus plorantium
sociorum, sæpius nos quam deorum invocantium opem :
nos hic pecorum modo per æstivos saltus deviasque calles
5 exercitum ducimus, conditi nubibus silvisque. Si hoc
modo peragrando cacumina saltusque M. Furius recipere
a Gallis urbem voluisset, quo hic novus Camillus, nobis
dictator unicus in rebus affectis quæsitus, Italiam ab
Hannibale recuperare parat, Gallorum Roma esset ; quam
10 vereor, ne, sic cunctantibus nobis, Hannibali ac Pœnis
toties servaverint majores nostri. Sed vir ac vere Romanus, quo die, dictatorem eum ex auctoritate patrum jussu-
que populi dictum, Veios allatum est, cum esset satis
altum Janiculum, ubi sedens prospectaret hostem, descen-
15 dit in æquum, atque illo ipso die media in urbe, qua nunc
busta Gallica sunt, et postero die citra Gabios cecidit
Gallorum legiones. Quid ? Post multos annos, cum ad
Furculas Caudinas ab Samnite hoste sub jugum missi
sumus, utrum tandem L. Papirius Cursor juga Samnii
20 perlustrando, an Luceriam premendo obsidendoque et
lacessendo victorem hostem depulsum ab Romanis cervicibus jugum superbo Samniti imposuit ? Modo C. Lutatio
quæ alia res quam celeritas victoriam dedit, quod postero
die quam hostem vidit, classem gravem commeatibus, im-
25 peditam suomet ipsam instrumento atque apparatu, oppressit ? Stultitia est sedendo aut votis debellari credere
posse : armari copias oportet, et deducendas in æquum, ut
vir cum viro congrediaris : audendo atque agendo res
Romana crevit, non iis segnibus consiliis, quæ timidi cauta
30 vocant." Hæc velut concionanti Minucio circumfunde-
batur tribunorum equitumque Romanorum multitudo, et
ad aures quoque militum dicta ferocia evolvebantur ; ac,
si militaris suffragii res esset, haud dubie ferebant, Minucium Fabio duci prælaturos.
35 XV. Fabius, pariter in suos haud minus quam in hostes
intentus, prius ab illis invictum animum præstat. Quamquam probe scit, non in castris modo suis, sed jam etiam
Romæ infamem suam cunctationem esse, obstinatus tamen
tenore eodem consiliorum æstatis reliquum extraxit, ut
40 Hannibal, destitutus ab spe summa ope petiti certaminis,
jam hibernis locum circumspectaret, quia ea regio præsentis erat copiæ, non perpetuæ, arbusta vineæque et
consita omnia magis amœnis quam necessariis fructibus.
Hæc per exploratores relata Fabio. Cum satis sciret per

eásdem angustias, quibus intraverat Falernum agrum, rediturum, Calliculam montem et Casilinum occupat mo- dicis præsidiis, quæ urbs Vulturno flumine dirempta, Faler- num a Campano agro dividit: ipse jugis iisdem exercitum reducit, misso exploratum cum quadringentis equitibus 5 sociorum L. Hostilio Mancino. Qui ex turba juvenum audientium sæpe ferociter concionantem magistrum equi- tum, progressus primo exploratoris modo, ut ex tuto spe- cularetur hostem, ubi vagos passim per vicos Numidas vidit, per occasionem etiam paucos occidit, extemplo occu- 10 patus certamine est animus, excideruntque præcepta dicta- toris, qui, quantum tuto posset, progressum prius recipere sese jusserat, quam in conspectum hostium veniret. Nu- midæ, alii atque alii occursantes refugientesque, ad castra prope ipsum cum fatigatione equorum atque hominum 15 pertrahere: inde Carthalo, penes quem summa equestris imperii erat, concitatis equis invectus, cum, priusquam ad conjectum teli veniret, avertisset hostes, quinque ferme millia continenti cursu secutus est fugientes. Mancinus, postquam nec hostem desistere sequi, nec spem vidit effu- 20 giendi esse, cohortatus suos in prœlium rediit, omni parte virium impar: itaque ipse et delecti equitum circumventi occiduntur: ceteri effuso rursus cursu Cales primum, inde prope inviis callibus ad dictatorem perfugerunt.

Eo forte die Minucius se conjunxerat Fabio, missus ad 25 firmandum præsidio saltum, qui super Tarracinam, in artas coactus fauces, imminet mari, ne ab Sinuessa Pœnus Appiæ limite pervenire in agrum Romanum posset. Con- junctis exercitibus dictator ac magister equitum castra in viam deferunt, qua Hannibal ducturus erat. Duo inde 30 millia hostes aberant. XVI. Postero die Pœni, quod viæ inter bina castra erat, agmine complevere. Cum Romani sub ipso constitissent vallo, haud dubie æquiore loco, successit tamen Pœnus cum expeditis equitibus, atque ad lacessendum hostem carptim Pœni et procursando reci- 35 piendoque sese pugnavere. Restitit suo loco Romana acies: lenta pugna et ex dictatoris magis quam Hannibalis fuit voluntate: ducenti ab Romanis, octingenti hostium cecidere. Inclusus inde videri Hannibal, via ad Casilinum obsessa; cum Capua et Samnium et tantum ab tergo 40 divitum sociorum Romanis commeatus subveheret, Pœnus inter Formiana saxa ac Liternas arenas stagnaque per- horrida situ hibernaturus esset. Nec Hannibalem fefellit, suis se artibus peti: itaque, cum per Casilinum evadere

14

non posset, petendique montes et jugum Calliculæ supe-
randum esset, necubi Romanus inclusum vallibus agmen
aggrederetur, ludibrium oculorum, specie terribile, ad
frustrandum hostem commentus, principio noctis furtim
5 succedere ad montes statuit. Fallacis consilii talis apparatus fuit: faces undique ex agris collectæ fascesque
virgarum atque aridi sarmenti præliganturque cornibus
boum, quos domitos indomitosque multos inter ceteram
agrestem prædam agebat: ad duo millia ferme boum
10 effecta, Hasdrubalique negotium datum, ut primis tenebris
noctis id armentum accensis cornibus ad montes ageret,
maxime, si posset, super saltus ab hoste insessos. XVII.
Primis tenebris silentio mota castra, boves aliquanto ante
signa acti. Ubi ad radices montium viasque angustas
15 ventum est, signum extemplo datur, ut accensis cornibus
armenta in adversos concitentur montes. Et metus ipse
relucentis flammæ ex capite calorque jam ad vivum diu
ad imaque cornuum adveniens velut stimulatos furore
agebat boves. Quo repente discursu, haud secus quam
20 silvis montibusque accensis, omnia circum virgulta ardere;
capitumque irrita quassatio, excitans flammam, hominum
passim discurrentium speciem præbebat. Qui ad transitum saltus insidendum locati erant, ubi in summis montibus
ac super se quosdam ignes conspexere, circumventos se
25 esse rati, præsidio excessere: qua minime densæ micabant
flammæ, velut tutissimum iter petentes summa montium
juga, tamen in quosdam boves palatos a suis gregibus
inciderunt: et primo cum procul cernerent, veluti flammas
spirantium miraculo attoniti constiterunt, deinde, ut hu-
30 mana apparuit fraus, tum vero insidias rati esse, cum
majore metu concitant se in fugam, levi quoque armaturæ
hostium incurrere. Ceterum nox æquato timore neutros
pugnam incipientes ad lucem tenuit: interea toto agmine
Hannibal transducto per saltum, et quibusdam in ipso
35 saltu hostium oppressis, in agro Allifano posuit castra.

XVIII. Hunc tumultum sensit Fabius: ceterum et
insidias esse ratus, et ab nocturno utique abhorrens certamine, suos munimentis tenuit. Luce prima sub jugo
montis prœlium fuit; quo interclusam ab suis levem
40 armaturam facile—etenim numero aliquantum præstabant
—Romani superassent, nisi Hispanorum cohors, ad id
ipsum remissa ab Hannibale, pervenisset. Ea assuetior
montibus et ad concursandum inter saxa rupesque aptior
ac leviorque, cum velocitate corporum tum armorum habitu

campestrem hostem—gravem armis statariumque—pugnæ genere facile elusit. Ita haudquaquam pari certamine digressi, Hispani fere omnes incolumes, Romani, aliquot suis amissis, in castra contenderunt.,

Fabius quoque movit castra, transgressusque saltum, 5 super Allifas loco alto ac munito consedit. Tum, per Samnium Romam se petere simulans, Hannibal usque in Pelignos populabundus rediit: Fabius medius inter hostium agmen urbemque Romam jugis ducebat, nec absistens nec congrediens. Ex Pelignis Pœnus flexit iter, retroque 10 Apuliam repetens, Geronium pervenit, urbem metu, quia collapsa ruinis pars mœnium erat, ab suis desertam. Dictator in Larinate agro castra communiit. Inde sacrorum causa Romam revocatus, non imperio modo, sed consilio etiam ac prope precibus agens cum magistro equitum, ut 15 plus consilio quam fortunæ confidat, et se potius ducem quam Sempronium Flaminiumque imitetur: ne nihil actum censeret, extracta prope æstate per ludificationem hostis: medicos quoque plus interdum quiete quam movendo atque agendo proficere: haud parvam rem esse, 20 ab toties victore hoste vinci desisse, ab continuis cladibus ac respirasse ; hæc nequidquam præmonito magistro equitum, Romam est profectus.

XIX. Principio æstatis, qua hæc gerebantur, in Hispania quoque terra marique cœptum bellum est. Hasdrubal 25 ad eum navium numerum, quem a fratre instructum paratumque acceperat, decem adjecit: quadraginta navium classem Himilconi tradit, atque ita Carthagine profectus navibus prope terram, exercitum in litore ducebat, paratus confligere, quacumque parte copiarum hostis occurrisset. 30 Cn. Scipioni, postquam movisse ex hibernis hostem audivit, primo idem consilii fuit: deinde minus terra propter ingentem famam novorum auxiliorum concurrere ausus, delecto milite ad naves imposito, quinque et triginta navium classe ire obviam hosti pergit: altero ab Tarracone die 35 ad stationem, decem millia passuum distantem ab ostio Iberi amnis, pervenit. Inde duæ Massiliensium speculatoriæ præmissæ retulere, classem Punicam stare in ostio fluminis, castraque in ripa posita: itaque, ut improvidos incautosque universo simul effuso terrore opprimeret, sub- 40 latis anchoris ad hostem vadit. Multas et locis altis positas turres Hispania habet, quibus et speculis et propugnaculis adversus latrones utuntur. Inde primo, conspectis hostium navibus, datum signum Hasdrubali est;

tumultusque prius in terra et castris quam ad mare et ad
naves est ortus, nondum aut pulsu remorum strepituque
alio nautico exaudito, aut aperientibus classem promonto-
riis : cum repente eques alius super alium ab Hasdrubale
5 missus vagos in litore quietosque in tentoriis suis, nihil
minus quam hostem aut prœlium eo die exspectantes,
conscendere naves propere atque arma capere jubet :
classem Romanam jam haud procul portu esse. Hæc
equites dimissi passim imperabant. Mox Hasdrubal ipse
10 cum omni exercitu aderat ; varioque omnia tumultu strepunt, ruentibus in naves simul remigibus militibusque
fugientium magis e terra quam in pugnam euntium modo.
Vixdum omnes conscenderant, cum alii, resolutis oris, in
anchoras evehuntur, alii, ne quid teneat, anchoralia inci-
15 dunt, raptimque omnia præpropere agendo militum apparatu nautica ministeria impediuntur, trepidatione nautarum
capere et aptare arma miles prohibentur. Et jam Romanus
non appropinquabat modo, sed direxerat etiam in pugnam
naves. Itaque non ab hoste et prœlio magis Pœni, quam
20 suomet ipsi tumultu turbati, et tentata verius pugna quam
inita, in fugam averterunt classem : et cum adversi amnis
os lato agmini et tam multis simul venientibus haud sane
intrabile esset, in litus passim naves egerunt, atque alii
vadis, alii sicco litore excepti, partim armati partim iner-
25 mes, ad instructam per litus aciem suorum perfugere.
Duæ tamen primo concursu captæ erant Punicæ naves,
quattuor suppressæ. XX. Romani, quamquam terra
hostium erat, armatamque aciem toto prætentam in litore
cernebant, haud cunctanter insecuti trepidam hostium
30 classem, naves omnes, quæ non aut perfregerant proras
litori illisas aut carinas fixerant vadis, religatas puppibus
in altum extraxere, ad quinque et viginti naves e quadraginta cepere. Neque id pulcherrimum ejus victoriæ fuit,
sed quod una levi pugna toto ejus oræ mari potiti erant.
35 Itaque ad Onusam classe provecti, exscensio ab navibus
in terram facta, cum urbem vi cepissent captamque diri-
puissent, Carthaginem inde petunt, atque, omnem agrum
circa depopulati, postremo tecta quoque injuncta muro
portisque incenderunt. Inde jam præda gravis ad Lon-
40 gunticam pervenit classis, ubi vis magna sparti ad rem
nauticam congesta ab Hasdrubale : quod satis in usum
fuit, sublato, ceterum omne incensum est. Nec in con-
tinentis modo projectas oras, sed in Ebusum insulam
transmissum. Ubi urbe, quæ caput insulæ est, biduum

nequidquam summo labore oppugnata, ubi in spem irritam frustra teri tempus animadversum est, ad populationem agri versi, direptis aliquot incensisque vicis, majore quam ex continenti præda parta, cum in naves se recepissent, ex Balearibus insulis legati pacem petentes ad Scipionem 5 venerunt. Inde flexa retro classis, reditumque in citeriora provinciæ; quo omnium populorum, qui Iberum accolunt, multorum et ultimæ Hispaniæ legati concurrerunt. Sed qui vere ditionis imperiique Romani facti sint, obsidibus datis, populi amplius fuerunt centum viginti. Igitur 10 terrestribus quoque copiis satis fidens Romanus usque ad saltum Castulonensem est progressus. Hasdrubal in Lusitaniam ac propius Oceanum concessit.

XXI. Quietum inde fore videbatur reliquum æstatis tempus, fuissetque per Pœnum hostem: sed, præterquam 15 quod ipsorum Hispanorum inquieta invidaque in novas res sunt ingenia, Mandonius Indebilisque, qui antea Ilergetum regulus fuerat, postquam Romani ab saltu recessere ad maritimam oram, concitis popularibus in agrum pacatum sociorum Romanorum ad populandum venerunt. Ad- 20 versus eos tribunus militum cum expeditis auxiliis, a Scipione missi, levi certamine, ut tumultuariam manum, fudere omnes; occisis quibusdam captisque, magnaque parte armis exuta. Hic tamen tumultus cedentem ad Oceanum Hasdrubalem cis Iberum ad socios tutandos 25 retraxit. Castra Punica in agro Ilergavonensium, castra Romana ad Novam classem erant, cum fama repens alio avertit bellum. Celtiberi, qui principes regionis suæ legatos miserant obsidesque dederant Romanis, nuntio misso a Scipione exciti, arma capiunt provinciamque 30 Carthaginiensium valido exercitu invadunt; tria oppida vi expugnant. Inde, cum ipso Hasdrubale duobus prœliis egregie pugnant: ac quindecim millia hostium occiderunt, quattuor millia cum multis militaribus signis capiunt.

XXII. Hoc statu rerum in Hispania, P. Scipio in pro- 35 vinciam venit, prorogato post consulatum imperio ab senatu missus, cum triginta longis navibus et octo millibus militum magnoque commeatu advecto. Ea classis ingens agmine onerariarum procul visa, cum magna lætitia civium sociorumque portum Tarraconis ex alto tenuit. Ibi 40 milite exposito, profectus Scipio fratri se conjungit, ac deinde communi animo consilioque gerebant bellum. Occupatis igitur Carthaginiensibus Celtiberico bello, haud cunctanter Iberum transgrediuntur; nec ullo viso hoste

14*

Saguntum pergunt ire, quod ibi obsides totius Hispaniæ
traditos ab Hannibale fama erat modico in arce custodiri
præsidio. Id unum pignus inclinatos ad Romanam societatem omnium Hispaniæ populorum animos morabatur,
5 ne sanguine liberum suorum culpa defectionis lueretur.
Eo vinculo Hispaniam vir unus sollerti magis quam fideli
consilio exsolvit. Abelux erat Sagunti nobilis Hispanus,
fidus ante Pœnis, tum, qualia plerumque sunt barbarorum
ingenia, cum fortuna mutaverat fidem. Ceterum trans-
10 fugam, sine magnæ rei proditione venientem ad hostes,
nihil aliud quam unum vile atque infame corpus esse
ratus, id agebat, ut quam maximum emolumentum novis
sociis esset. Circumspectis igitur omnibus, quæ fortuna
potestatis ejus poterat facere, obsidibus potissimum tra-
15 dendis animum adjecit, eam unam rem maxime ratus
conciliaturam Romanis principum Hispaniæ amicitiam.
Sed cum injussu Bostaris præfecti satis sciret nihil obsidium custodes facturos esse, Bostarem ipsum arte aggreditur. Castra extra urbem in ipso litore habebat Bostar,
20 ut aditum ex ea parte intercluderet Romanis. Ibi eum
in secretum abductum velut ignorantem monet, quo statu
sit res: metum continuisse ad eam diem Hispanorum
animos, quia procul Romani abessent: nunc cis Iberum
castra Romana esse, arcem tutam perfugiumque novas
25 volentibus res: itaque, quos metus non teneat, beneficio
et gratia devinciendos esse. Miranti Bostari percunctan-
tique, quodnam id subitum tantæ rei donum posset esse,
"obsides" inquit "in civitates remitte: id et privatim
parentibus, quorum maximum nomen in civitatibus est
30 suis, et publice populis gratum erit: vult sibi quisque
credi, et habita fides ipsam plerumque obligat fidem:
ministerium restituendorum domos obsidium mihimet de-
posco ipse, ut opera quoque impensa consilium adjuvem
meum et rei suapte natura gratæ, quantam insuper gra-
35 tiam possim, adjiciam." Homini non ad cetera Punica
ingenia callido ut persuasit, nocte clam progressus ad
hostium stationes, conventis quibusdam auxiliaribus Hispanis, et ab his ad Scipionem perductus, quid afferret,
exprimit: et fide accepta dataque, ac loco et tempore
40 constituto ad obsides tradendos, Saguntum redit; diem
insequentem absumpsit cum Bostare, mandatis ad rem
agendam accipiendis. Dimissus, cum se nocte iturum,
ut custodias hostium falleret, constituisset, ad compositam
cum iis horam excitatis custodibus puerorum profectus,

veluti ignarus in præparatas sua fraude insidias ducit.
In castra Romana perducti: cetera omnia de reddendis
obsidibus, sicut cum Bostare constitutum erat, acta per
eundem ordinem, quo si Carthaginiensium nomine sic
ageretur. Major aliquanto Romanorum gratia fuit in re 5
pari, quam quanta futura Carthaginiensium fuerat. Illos
enim, graves superbosque in rebus secundis expertos, fortuna et timor mitigasse videri poterat. Romanus primo
adventu, incognitus ante, ab re clementi liberalique initium
fecerat: et Abelux, vir prudens, haud frustra videbatur 10
socios mutasse. Itaque ingenti consensu defectionem
omnes spectare; armaque extemplo mota forent, ni hiems,
quæ Romanos quoque et Carthaginienses concedere in
tecta coegit, intervenisset.

XXIII. Hæc in Hispania quoque secunda æstate Punici 15
belli gesta, cum in Italia paulum intervalli cladibus Romanis sollers cunctatio Fabii fecisset: quæ ut Hannibalem
non mediocri sollicitum cura habebat, tandem eum militiæ
magistrum delegisse Romanos cernentem, qui bellum ratione, non fortuna, gereret, ita contempta erat inter cives, 20
armatos pariter togatosque; utique postquam, absente eo,
temeritate magistri equitum, læto verius dixerim quam
prospero eventu, pugnatum fuerat. Accesserant duæ res
ad augendam invidiam dictatoris: una fraude ac dolo
Hannibalis, quod, cum a perfugis ei monstratus ager 25
dictatoris esset, omnibus circa solo æquatis, ab uno eo
ferrum ignemque et vim omnem hostium abstineri jussit,
ut occulti alicujus pacti ea merces videri posset; altera
ipsius facto, primo forsitan dubio, quia non exspectata in
eo senatus auctoritas est, ad extremum haud ambigue in 30
maximam laudem verso, in permutandis captivis: quod,
sicut primo Punico bello factum erat, convenerat inter
duces Romanum Poenumque, ut, quæ pars plus reciperet
quam daret, argenti pondo bina et selibras in militem
præstaret. Ducentos quadraginta septem cum plures Ro- 35
manus quam Poenus recepisset, argentumque pro eis debitum, sæpe jactata in senatu re, quoniam non consuluisset
patres, tardius erogaretur, inviolatum ab hoste agrum,
misso Romam Quinto filio, vendidit fidemque publicam
impendio privato exsolvit.   40

Hannibal pro Geronii mœnibus, cujus urbis, captæ
atque incensæ ab se, in usum horreorum pauca reliquerat
tecta, in stativis erat. Inde frumentatum duas exercitus
partes mittebat; cum tertia ipse expedita in statione erat,

simul castris præsidio et circumspectans, necunde impetus
in frumentatores fieret. XXIV. Romanus tunc exercitus
in agro Larinati erat. Præerat Minucius magister equitum, profecto, sicut ante dictum est, ad urbem dictatore.
5 Ceterum castra, quæ in monte alto ac tuto loco posita
fuerant, jam in planum deferuntur, agitabanturque pro
ingenio ducis consilia calidiora, ut impetus aut in frumentatores palatos aut in castra, relicta cum levi præsidio,
fieret. Nec Hannibalem fefellit, cum duce mutatam esse
10 belli rationem, et ferocius quam consultius rem hostes
gesturos. Ipse autem—quod minime quis crederet—cum
hostis propius esset, tertiam partem militum frumentatum,
duabus in castris retentis, dimisit; dein castra ipsa propius
hostem movit, duo ferme a Geronio millia, in tumulum
15 hosti conspectum, ut intentum sciret esse ad frumentatores, si qua vis fieret, tutandos. Propior inde ei atque
ipsis imminens Romanorum castris tumulus apparuit; ad
quem capiendum si luce palam iretur, quia haud dubie
hostis breviore via præventurus erat, nocte clam missi
20 Numidæ ceperunt. Quos tenentes locum, contempta paucitate, Romani postero die cum dejecissent, ipsi eo trans-
ferunt castra. Tum itaque, ut exiguum spatii vallum a
vallo aberat, et id ipsum tota prope compleverat Romana
acies, simul et per aversa castra equitatus, cum levi
25 armatura emissus in frumentatores, late cædem fugamque
hostium palatorum fecit. Nec acie certare Hannibal
ausus, quia tanta paucitate vix castra, si oppugnarentur,
tutari poterat. Jamque artibus Fabii—pars exercitus
aberat jam ferme—sedendo et cunctando bellum gerebat
30 receperatque suos in priora castra, quæ pro Geronii mœnibus erant. Justa quoque acie et collatis signis dimicatum, quidam auctores sunt: primo concursu Pœnum
usque ad castra fusum, inde eruptione facta repente versum
terrorem in Romanos; Numerii Decimii Samnitis deinde
35 interventu prœlium restitutum. Hunc, principem genere
ac divitiis non Boviani modo, unde erat, sed toto Samnio,
jussu dictatoris octo millia peditum mille equites addu-
centem in castra, ab tergo cum apparuisset Hannibali,
speciem parti utrique præbuisse novi præsidii cum Q.
40 Fabio ab Roma venientis. Hannibalem insidiarum quoque aliquid timentem recepisse suos; Romanum insecu-
tum, adjuvante Samnite, duo castella eo die expugnasse.
Sex millia hostium cæsa, quinque admodum Romanorum:
tamen in tam pari prope clade famam egregiæ victoriæ

cum vanioribus litteris magistri equitum Romam perlatam. .

XXV. De iis rebus persæpe et in senatu et in concione actum est. Cum, læta civitate, dictator unus nihil nec famæ nec litteris crederet ; ut vera omnia essent, secunda 5 se magis quam adversa timere diceret : tum M. Metellus tribunus plebis, id enim ferendum esse negat : non præsentem solum dictatorem obstitisse rei bene gerendæ, sed absentem etiam gestæ obstare, et in ducendo bello ac sedulo tempus terere, quo diutius in magistratu sit solus- 10 que et Romæ et in exercitu imperium habeat : quippe consulum alterum in acie cecidisse, alterum specie classis Punicæ persequendæ procul ab Italia ablegatum : duos prætores Sicilia atque Sardinia occupatos, quorum neutra hoc tempore provincia prætore egeat : M. Minucium ma- 15 gistrum equitum, ne hostem videret, ne quid rei bellicæ gereret, prope in custodiam habitum : itaque hercule non Samnium modo, quo jam tamquam trans Iberum agro Pœnis concessum sit, sed et Campanum Calenumque et Falernum agrum pervastatos esse, sedenti Casilini dicta- 20 tore et legionibus populi Romani agrum suum tutante. Exercitum cupientem pugnare et magistrum equitum clausos prope intra vallum retentos, tamquam hostibus captivis arma adempta : tandem, ut abscesserit inde dictator, ut obsidione liberatos, extra vallum egressos fudisse 25 ac fugasse hostes. Quas ob res, si antiquus animus plebei Romanæ esset, audaciter se laturum fuisse de abrogando· Q. Fabii imperio : nunc modicam rogationem promulgaturum de æquando magistri equitum et dictatoris jure. Nec tamen ne ita quidem prius mittendum ad exercitum 30 Q. Fabium, quam consulem in locum C. Flaminii suffecisset. Dictator concionibus se abstinuit in actione minime popularis : ne in senatu quidem satis æquis auribus audiebatur tunc, cum hostem verbis extolleret, bienniique clades per temeritatem atque inscitiam ducum acceptas 35 referret, magistroque equitum, quod contra dictum suum pugnasset, rationem diceret reddendam esse. Si penes se summa imperii consiliique sit, propediem effecturum, ut sciant homines, bono imperatore haud magni fortunam momenti esse, mentem rationemque dominari, et in tem- 40 pore et sine ignominia servasse exercitum, quam multa millia hostium occidisse, majorem gloriam esse. Hujus generis orationibus frustra habitis, et consule creato M. Atilio Regulo, ne præsens de jure imperii dimicaret,

pridie quam rogationis ferendæ dies adesset, nocte ad
exercitum abiit. Luce orta, cum plebis concilium esset,
magis tacita invidia dictatoris favorque magistri equitum
animos versabat, quam satis audebant homines ad sua-
5 dendum, quod vulgo placebat prodire, et, favore superante,
auctoritas tamen rogationi deerat. Unus inventus est
suasor legis C. Terentius Varro, qui priore anno prætor
fuerat, loco non humili solum, sed etiam sordido, ortus.
Patrem lanium fuisse ferunt, ipsum institorem mercis,
10 filioque hoc ipso in servilia ejus artis ministeria usum.
XXVI. Is juvenis, ut primum ex eo genere quæstus
pecunia a patre relicta animos ad spem liberalioris fortunæ
fecit, togaque et forum placuere, proclamando pro sordidis
hominibus causisque adversus rem et famam bonorum
15 primum in notitiam populi, deinde ad honores pervenit:
quæsturaque et duabus ædilitatibus—plebeia et curuli—
postremo et prætura perfunctus, jam ad consulatus spem
cum attolleret animos, haud parum callide auram favoris
popularis ex dictatoria invidia petiit, scitique plebis unus
20 gratiam tulit. Omnes eam rogationem, quique Romæ
quique in exercitu erant, æqui atque iniqui, præter ipsum
dictatorem, in contumeliam ejus latam acceperunt. Ipse,
qua gravitate animi criminantes se ad multitudinem inimicos tulerat, eadem et populi in se sævientem injuriam
25 tulit, acceptisque in ipso itinere litteris senatus consulti
de æquato imperio, satis fidens, haudquaquam cum imperii
jure artem imperandi æquatam, cumque invicto a civibus
hostibusque animo ad exercitum rediit.
XXVII. Minucius vero, cum jam ante vix tolerabilis
30 fuisset secundis rebus ac favore vulgi, tum utique immo-
dice immodesteque non Hannibale magis victo ab se quam
Q. Fabio gloriari: illum in rebus asperis unicum ducem
ac parem quæsitum Hannibali, majorem minori, dictatorem magistro equitum, quod nulla memoria habeat anna-
35 lium, jussu populi æquatum in eadem civitate, in qua
magistri equitum virgas ac secures dictatoris tremere atque horrere soliti sint: in tantum suam felicitatem virtutemque enituisse: ergo secuturum se fortunam suam, si
dictator in cunctatione ac segnitie, deorum hominumque
40 judicio damnata, perstaret. Itaque, quo die primum congressus est cum Q. Fabio, statuendum omnium primum
ait esse, quemadmodum imperio æquato utantur: se optimum ducere, aut diebus alternis, aut, si majora intervalla
placerent, partitis temporibus, alterius summum jus impe-

riumque esse, ut par hosti non solum consilio, sed viribus
etiam esset, si quam occasionem rei gerendæ habuisset.
Q. Fabio haudquaquam id placere : omnia fortunam enim
habituram, quæcumque temeritas collegæ habuisset : sibi
communicatum cum illo, non ademptum, imperium esse : 5
itaque se nunquam volentem parte, qua posset, rerum consilio gerendarum cessurum ; nec se tempora aut dies imperii cum eo, exercitum divisurum, suisque consiliis, quoniam omnia non liceret, quæ posset servaturum. Ita
obtinuit, ut legiones, sicut consulibus mos esset, inter se 10
dividerent : prima et quarta Minucio, secunda et tertia
Fabio evenerunt : item equites pari numero, sociûmque
et Latini nominis auxilia diviserunt : castris se quoque
separari magister equitum voluit.

XXVIII. Duplex inde Hannibali gaudium fuit :—neque 15
enim quidquam eorum, quæ apud hostes agerentur, eum
fallebat, et perfugis multa indicantibus, et per suos explo-
rantem :—nam et liberam Minucii temeritatem se suo
modo captaturum, et sollertiæ Fabii dimidium virium de-
cessisse. Tumulus erat inter castra Minucii et Pœno- 20
rum, quem qui occupasset, haud dubie iniquiorem erat
hosti locum facturus. Eum non tam capere sine certamine volebat Hannibal, quamquam id operæ pretium erat,
quam causam certaminis cum Minucio, quem semper oc-
cursurum ad obsistendum satis sciebat, contrahere. Ager 25
omnis medius erat prima specie inutilis insidiatori, quia
non modo silvestre quidquam, sed ne vepribus quidem
vestitum habebat ; re ipsa natus tegendis insidiis, eo
magis, quod in nuda valle nulla talis fraus timeri poterat :
et erant in anfractibus cavæ rupes, ut quædam earum 30
ducenos armatos possent capere. In has latebras, quot
quemque locum apte insidere poterânt, quinque millia con-
duntur peditum equitumque. Necubi tamen aut motus alicujus temere egressi aut fulgor armorum fraudem in valle
tam aperta detegeret, missis paucis prima luce ad capien- 35
dum quem ante diximus tumulum, avertit oculos hostium.
Primo statim conspectu contempta paucitas, ac sibi quisque deposcere pellendos inde hostes ab locum capiendum.
Dux ipse inter stolidissimos ferocissimosque ad arma vocat,
et vanis animis et minis increpat hostem : principio levem 40
armaturam dimittit, deinde conserto agmine mittit equites ;
postremo, cum hostibus quoque subsidia mitti videret, in-
structis legionibus procedit. Et Hannibal, laborantibus
suis alia atque alia, ut crescente certamine, mittens auxi-

lia peditum equitumque, jam justam expleverat aciem, ac
totis utrimque viribus certatur. Prima levis armatura
Romanorum, præoccupatum inferiore loco succedens tumulum, pulsa detrusaque terrorem in succedentem intulit
5 equitem et ad signa legionum refugit. Peditum acies
inter perculsos impavida sola erat, videbaturque, si justa
ac si recta pugna esset, haudquaquam impar futura: tantum animorum fecerat prospere ante paucos dies res gesta.
Sed exorti repente insidiatores eum tumultum terrorem-
10 que, in latera utrimque ab tergoque incursantes, fecerunt,
ut neque animus ad pugnam, neque ad fugam spes cuiquam superesset. XXIX. Tum Fabius, primo clamore
paventium audito, dein conspecta procul turbata acie,
"ita est," inquit, "non celerius quam timui, deprehendit
15 fortuna temeritatem: Fabio æquatus imperio Hannibalem
et virtute et fortuna superiorem videt. Sed aliud jurgandi
succensendique tempus erit: nunc signa extra vallum
proferte: victoriam hosti extorqueamus, confessionem erroris civibus." Jam magna ex parte cæsis aliis, aliis cir-
20 cumspectantibus fugam, Fabiana se acies repente, velut
cælo dimissa, ad auxilium ostendit: itaque, priusquam ad
conjectum teli veniret aut manum consereret, et suos a
fuga effusa et ab nimis feroci pugna hostes continuit.
Qui solutis ordinibus vage dissipati erant, undique confu-
25 gerunt ad integram aciem: qui plures simul terga dederant, conversi in hostem volventesque orbem, nunc sensim
referre pedem, nunc conglobati restare: ac jam prope una
acies facta erat victi atque integri exercitus, inferebantque
signa in hostem, cum Pœnus receptui cecinit, palam fe-
30 rente Hannibale, ab se Minucium, se ab Fabio victum.

Ita per variam fortunam diei majore parte exacta, cum
in castra reditum esset, Minucius, convocatis militibus,
"sæpe ego," inquit "audivi, milites, eum primum esse
virum, qui ipse consulat, quid in rem sit, secundum eum,
35 qui bene monenti obediat: qui nec ipse consulere nec
alteri parere sciat, eum extremi ingenii esse. Nobis quoniam prima animi ingeniique negata sors est, secundam
ac mediam teneamus, et, dum imperare discimus, parere
prudenti in animum inducamus. Castra cum Fabio jun-
40 gamus: ad prætorium ejus signa cum tulerimus, ubi ego
eum patrem appellavero, quod beneficio ejus erga nos ac
majestate ejus dignum est, vos, milites, eos, quorum vos
modo arma dexteræque texerunt, patronos salutabitis, et
—si nihil aliud—gratorum certe nobis animorum gloriam

dies hic dederit." **XXX.** Signo dato, conclamatur inde, ut colligantur vasa. Profecti et agmine incedentes dicta- toris castra in admirationem et ipsum et omnes, qui circa erant, converterunt. Ut constituta sunt ante tribunal signa, progressus ante alios magister equitum, cum patrem 5 Fabium appellasset, circumfusosque militum ejus totum agmen patronos consalutasset, "parentibus," inquit, "meis, dictator, quibus te modo nomine, quo fando possum, æqua- vi, vitam tantum debeo, tibi cum meam salutem tum omnium horum : itaque plebeiscitum, quo oneratus magis 10 quam honoratus sum, primus antiquo abrogoque ; et, quod tibi mihique, quod exercitibusque his tuis—servato ac con- servatori—sit felix, sub imperium auspiciumque tuum redeo et signa hæc legionesque restituo. Tu, quæso, placatus me magistri equitum, hos ordines suos quemque 15 tenere jubeas." Tum dextræ interjunctæ, militesque, concione dimissa, ab notis ignotisque benigne atque hospi- taliter invitati, lætusque dies ex admodum tristi paulo ante ac prope exsecrabili factus. Romæ, ut est perlata fama rei gestæ, dein litteris non magis ipsorum imperatorum 20 quam vulgo militum ex utroque exercitu affirmata, pro se quisque Maximum laudibus ad cælum ferre. Par gloria apud Hannibalem hostesque Pœnos erat ; ac tum demum sentire, cum Romanis atque in Italia bellum esse. Nam biennio ante adeo et duces Romanos et milites spreverant, 25 ut vix cum eadem gente bellum esse crederent, cujus terribilem eam famam a patribus accepissent. Hanniba- lem quoque ex acie redeuntem dixisse ferunt, tandem eam nubem, quæ sedere in jugis montium solita sit, cum pro- cella imbrem dedisse. 30

XXXI. Dum hæc geruntur in Italia, Cn. Servilius Geminus consul cum classe, centum viginti navium, cir- cumvectus Sardiniæ et Corsicæ oram, et obsidibus utrim- que acceptis, in Africam transmisit ; et priusquam in continentem exscensionem faceret, Menige insula vastata, 35 et ab incolentibus Cercinam, ne et ipsorum ureretur diri- pereturque ager, decem talentis argenti acceptis, ad litora Africæ accessit copiasque exposuit. Inde ad populandum agrum ducti milites, navalesque socii juxta effusi, ac si insulis cultorum egentibus prædarentur. Itaque in insi- 40 dias temere illati, cum a frequentibus palantes, et ignari ab locorum gnaris circumvenirentur, cum multa cæde ac fœda fuga retro ad naves compulsi sunt. Ad mille homi- num, cum iis Sempronio Blæso quæstore amisso, classis,

ab litoribus hostium plenis trepide soluta, in Siciliam cursum tenuit, traditaque Lilybæi T. Otacilio prætori, ut ab
legato ejus P. Sura Romam reduceretur. Ipse, per Siciliam pedibus profectus, freto in Italiam trajecit, litteris Q.
5 Fabii accitus et ipse et collega ejus M. Atilius, ut exercitus ab se, exacto jam prope semestri imperio, acciperent.

Omnium prope annales Fabium dictatorem adversus
Hannibalem rem gessisse tradunt; Cœlius etiam eum
primum a populo creatum dictatorem scribit: sed et Cœ-
10 lium et ceteros fugit, uni consuli Cn. Servilio, qui tum
procul in Gallia provincia aberat, jus fuisse dicendi dictatoris; quam moram quia exspectare territa jam clade
civitas non poterat, eo decursum esse, ut a populo crearé-
tur, qui pro dictatore esset: res inde gestas gloriamque
15 insignem ducis et augentes titulum imaginis posteros, ut,
qui pro dictatore, dictator crederetur, facile obtinuisse.

XXXII. Consules, Atilius Fabiano, Geminus Servilius
Minuciano exercitu accepto, hibernaculis mature commu-
nitis—medium autumni erat—Fabii artibus cum summa
20 inter se concordia bellum gesserunt: frumentatum exeunti
Hannibali diversis locis opportuni aderant, carpentes
agmen palatosque excipientes: in casum universæ dimicationis, quam omnibus artibus petebat hostis, non veniebant: adeoque inopiæ est coactus Hannibal, ut, nisi cum
25 fugæ specie. abeundum timuisset, Galliam repetiturus
fuerit, nulla relicta spe alendi exercitus in eis locis, si
insequentes consules eisdem artibus bellum gererent.

Cum ad Geronium jam hieme impediente constitisset
bellum, Neapolitani legati Romam venere. Ab iis qua-
30 draginta pateræ aureæ magni ponderis in curiam illatæ,
atque ita verba facta, ut dicerent: scire sese, populi Romani ærarium bello exhauriri; et, cum juxta pro urbibus
agrisque sociorum ac pro capite atque arce Italiæ, urbe
Romana atque imperio, geratur, æquum censuisse Neapo-
35 litanos, quod auri sibi cum ad templorum ornatum tum ad
subsidium fortunæ a majoribus relictum foret, eo juvare
populum Romanum. Si quam opem in sese crederent,
eodem studio fuisse oblaturos. Gratum sibi patres Romanos populumque facturum, si omnes res Neapolitanorum
40 suas duxissent, dignosque judicaverint, ab quibus donum,
animo ac voluntate eorum, qui libentes darent, quam re
majus ampliusque, acciperent. Legatis gratiæ actæ pro
munificentia curaque; patera, quæ ponderis minimi fuit,
accepta.

XXXIII. Per eosdem dies speculator Carthaginiensis, qui per biennium fefellerat, Romæ deprehensus præcisisque manibus dimissus; et servi quinque et viginti in crucem acti, quod in campo Martio conjurassent: indici data libertas et æris gravis viginti millia. Legati et ad 5 Philippum Macedonum regem missi ad deposcendum Demetrium Pharium, qui, bello victus, ad eum fugisset; et alii in Ligures ad expostulandum, quod Pœnum opibus auxiliisque suis juvissent; simul ad visendum ex propinquo, quæ in Boiis atque Insubribus gererentur. Ad Pineum 10 quoque regem in Illyrios legati missi ad stipendium, cujus dies exierat, poscendum aut, si diem proferre vellet, obsides accipiendos. Adeo, etsi bellum ingens in cervicibus erat, nullius usquam terrarum rei cura Romanos, ne longinqua quidem, effugiebat. In religionem etiam venit, 15 ædem Concordiæ, quam per seditionem militarem biennio ante L. Manlius prætor in Gallia vovisset, locatam ad id tempus non esse. Itaque duumviri ad eam rem creati a M. Æmilio prætore urbis, C. Pupius et Cæso Quinctius Flaminnius, ædem in arce faciendam locaverunt. **20**

Ab eodem prætore ex senatus consulto litteræ ad consules missæ, ut, si iis videretur, alter eorum ad consules creandos Romam veniret; se in eam diem, quam jussissent, comitia edicturum. Ad hæc consulibus rescriptum, sine detrimento rei publicæ abscedi non posse ab hoste: 25 itaque per interregem comitia habenda esse potius, quam consul alter a bello avocaretur. Patribus rectius visum est, dictatorem a consule dici comitiorum habendorum causa: dictus L. Veturius Philo M'. Pomponium Mathonem magistrum equitum dixit. Iis vitio creatis jussisque 30 die quarto decimo se magistratu abdicare, res ad interregnum rediit. XXXIV. Consulibus prorogatum in annum imperium. Interreges proditi sunt a patribus C. Claudius, • Appii filius, Cento, inde P. Cornelius Asina. In ejus interregno comitia habita magno certamine patrum ac 35 plebis. C. Terentio Varroni—quem, sui generis hominem, plebi insectatione principum popularibusque artibus conciliatum, ab Q. Fabii opibus et dictatorio imperio concusso aliena invidia splendentem, vulgus et extrahere ad consulatum nitebatur—patres summa ope obstabant, ne se 40 insectando sibi æquari assuescerent homines. Q. Bæbius Herennius tribunus plebis, cognatus C. Terentii, criminando non senatum modo, sed etiam augures, quod dictatorem prohibuissent comitia perficere, per invidiam eorum

favorem candidato suo conciliabat : ab hominibus nobilibus, per multos annos bellum quærentibus, Hannibalem in
Italiam adductum ; ab iisdem, cum debellari possit, fraude
bellum trahi : cum quattuor legionibus universis pugnari
5 posse apparuisse eo, quod M. Minucius, absente Fabio,
prospere pugnasset ; duas legiones hosti ad cædem obje-
ctas, deinde ex ipsa cæde ereptas, ut pater patronusque
appellaretur, qui prius vincere prohibuisset Romanos quam
vinci : consules deinde Fabianis artibus, cum debellare
10 possent, bellum traxisse : id fœdus inter omnes nobiles
ictum ; nec finem ante belli habituros, quam consulem
vere plebeium, id est hominem novum, fecissent : nam
plebeios nobiles jam eisdem initiatos esse sacris et con-
temnere plebem, ex quo contemni patribus desierint, cœ-
15 pisse : cui non id apparere, id actum et quæsitum esse,
ut interregnum iniretur, ut in patrum potestate comitia
essent ? Id consules ambos ad exercitum morando quæ-
sisse ; id postea, quia invitis iis dictator esset dictus comitiorum causa, expugnatum esse, ut vitiosus dictator per
20 augures fieret : habere igitur interregnum eos ; consulatum unum certe plebis Romanæ esse : populum liberum
habiturum ac daturum ei, qui magis vere vincere quam
diu imperare malit.

XXXV. Cum his orationibus accensa plebs esset, tribus
25 patriciis petentibus, P. Cornelio Merenda, L. Manlio Vul-
sone, M. Æmilio Lepido, duobus nobilibus jam familiarum
plebei, C. Atilio Serrano et Q. Ælio Pæto, quorum alter
pontifex, alter augur erat, C. Terentius consul unus crea-
tur, ut in manu ejus essent comitia rogando collegæ.
30 Tum experta nobilitas, parum fuisse virium in competito-
ribus ejus, L. Æmilium Paulum, qui cum M. Livio consul
fuerat et damnatione collegæ et sua prope ambustus
evaserat, infestum plebei, diu ac multum recusantem, ad
petitionem compellit : is proximo comitiali die, concedenti-
35 bus omnibus, qui cum Varrone certaverant, par magis in
adversandum quam collega datur consuli. Inde prætoria
comitia habita : creati M'. Pomponius Matho et P. Furius
Philus : Philo Romæ juri dicundo urbana sors, Pomponio
inter cives Romanos et peregrinos evenit : additi duo præ-
40 tores, M. Claudius Marcellus in Siciliam, L. Postumius
Albinus in Galliam : omnes absentes creati sunt, nec cuiquam eorum præter Terentium consulem mandatus honos,
quem jam non antea gessisset, præteritis aliquot fortibus
ac strenuis viris, quia in tali tempore nullis novus magi-

stratus videbatur mandandus. / XXXVI. Exercitus quoque multiplicati sunt. Quantæ autem peditum equitumque additæ sint copiæ, adeo et numero et genere copiarum
variant auctores, ut vix quidquam satis certum affirmare
ausus sim: decem millia novorum militum alii scripta in 5
supplementum; alii novas quattuor legiones, ut octo legionibus rem gererent: numero quoque peditum equitumque legiones auctas, millibus peditum et centenis equitibus
in singulas adjectis, ut quina millia peditum quadringeni
equites essent, socii duplicem numerum equitum darent, 10
peditis æquarent: septem et octoginta millia armatorum
et ducentos in castris Romanis, cum pugnatum ad Cannas
est, quidam auctores sunt. Illud haudquaquam discrepat,
majore conatu atque impetu rem actam quam prioribus
annis, quia spem posse vinci hostem dictator præbuerat. 15
Ceterum priusquam signa ab urbe novæ legiones move-
rent, decemviri libros adire atque inspicere jussi propter
territos vulgo homines novis prodigiis. Nam et Romæ in
Aventino et Ariciæ nuntiatum erat sub idem tempus lapidibus pluvisse; et multo cruore signa in Sabinis, Cæretes 20
aquas fonte calido gelidas manasse: id quidem etiam, ·
quod sæpius acciderat, magis terrebat: et in via Forni-
cata, quæ ad Campum erat, aliquot homines de cælo tacti
exanimatique fuerant: ea prodigia ex libris procurata.
Legati a Pæsto pateras aureas Romam, attulerunt: iis, 25
sicut Neapolitanis, gratiæ actæ, aurum non acceptum.
XXXVII. Per eosdem dies ab Hierone classis Ostia
cum magno commeatu accessit. Legati in senatum intro-
ducti nuntiarunt: cædem C. Flaminii consulis exercitusque allatam adeo ægre tulisse regem Hieronem, ut nulla 30
sua propria regnique sui clade moveri magis potuerit.
Itaque, quamquam probe sciat, magnitudinem populi Romani admirabiliorem prope adversis rebus quam secundis
esse, tamen se omnia, quibus a bonis fidelibusque sociis
bella juvari soleant, misisse, quæ ne accipere abnuant, 35
magno opere se patres conscriptos orare. Jam omnium
primum ominis causa Victoriam auream pondo ducentum
ac viginti afferre sese: acciperent eam tenerentque et
haberent propriam et perpetuam. Advexisse etiam tre-
centa millia modium tritici, ducenta hordei, ne commea- 40
tus deessent, et, quantum præterea opus esset, quo jussissent, subvecturos. Milite atque equite scire, nisi Romano
Latinique nominis, non uti populum Romanum; levium
armorum auxilia etiam externa vidisse in castris Romanis.

15*

Itaque misisse mille sagittariorum ac funditorum, aptam
manum adversus Baleares ac Mauros pugnacesque alias
missili telo gentes. Ad ea dona consilium quoque adde-
bant, ut prætor, cui provincia Sicilia evenisset, classem in
5 Africam trajiceret, ut et hostes in terra sua bellum haberent, minusque laxamenti daretur his ad auxilia Hannibali
submittenda. Ab senatu ita responsum regi est; virum
bonum egregiumque socium Hieronem esse, atque uno
tenore, ex quo in amicitiam populi Romani venerit, fidem
10 coluisse ac rem Romanam omni tempore ac loco munifice
adjuvisse: id, perinde ac deberet, gratum populo Romano
esse. Aurum et a civitatibus quibusdam allatum, gratia
rei accepta, non accepisse populum Romanum: Victoriam
omenque accipere, sedemque ei se divæ dare dicare Capi-
15 tolium, templum Jovis optimi maximi: in ea arce urbis
Romanæ sacratam, volentem propitiamque, firmam ac
stabilem fore populo Romano. Funditores sagittariique et
frumentum traditum consulibus: quinqueremes ad navium
classem, quæ cum T. Otacilio proprætore in Sicilia erant,
20 quinque et viginti additæ, permissumque est, ut, si e re
publica censeret esse, in Africam trajicerent.

XXXVIII. Dilectu perfecto, consules paucos morati
dies, dum socii ab nomine Latino venirent. Milites tum,
quod nunquam antea factum erat, jurejurando ab tribunis
25 militum adacti, jussu consulum conventuros neque injussū
abituros. Nam ad eam diem nihil præter sacramentum
fuerat, et, ubi ad decuriatum aut centuriatum convenissent,
sua voluntate ipsi inter sese decuriati equites, centuriati
pedites conjurabant, sese fugæ atque formidinis ergo non
30 abituros, neque ex ordine recessuros, nisi teli sumendi aut
petendi et aut hostis feriendi aut civis servandi causa. Id
ex voluntario inter ipsos fœdere ad tribunos ad legitimam
juris jurandi adactionem translatum.

Conciones, priusquam ab urbe signa moverentur, con-
35 sulis Varronis multæ ac feroces fuere, denuntiantis, bellum
arcessitum in Italiam ab nobilibus mansurumque in visce-
ribus reipublicæ, si plures Fabios imperatores haberet:
se, quo die hostem vidisset, perfecturum. Collegæ ejus
Pauli una, pridie quam ex urbe proficisceretur, concio
40 fuit, verior quam gratior populo, qua nihil inclementer in
Varronem dictum, nisi id modo; mirari se, quodne qui
dux, priusquam aut suum aut hostium exercitum, locorum
situm, naturam regionis nosset, jam nunc togatus in urbe
sciret, quæ sibi agenda armato forent, et diem quoque

prædicere posset, qua cum hoste signis collatis esset dimicaturus.   Se, quæ consilia magis res dent hominibus,
quam homines rebus, ea ante tempus immatura non præ-
cepturum : optare ut, quæ caute ac consulte gesta essent,
satis prospere evenirent : temeritatem, præterquam quod 5
stulta sit, infelicem etiam ad id locorum fuisse.   Id sua
sponte apparebat, tuta celeribus consiliis præpositurum,
et, quo id constantius perseveraret, Q. Fabius Maximus
sic eum proficiscentem allocutus fertur : XXXIX, "Si
aut collegam, id quod mallem, tui similem, L. Æmili, 10
haberes, aut tu collegæ tui esses similis, supervacanea
esset oratio mea : nam et duo boni consules, etiam me
indicente, omnia e re publica fide vestra faceretis, et mali
nec mea verba auribus vestris nec consilia animis accipe-
retis.   Nunc et collegam tuum et te talem virum intuenti 15
mihi tecum omnis oratio est, quem video nequidquam et
virum bonum et civem fore, si altera parte claudet res
publica, malis consiliis idem ac bonis juris et potestatis
erit.   Erras enim, L. Paule, si tibi minus certaminis cum
C. Terentio quam cum Hannibale futurum censes ; nescio 20
an infestior hic adversarius quam ille hostis maneat, et,
cum illo in acie tantum, cum hoc omnibus locis ac
temporibus si certaturus es, adversus Hannibalem legionesque ejus tuis equitibus ac peditibus pugnandum tibi sit,
Varro dux tuis militibus te sit oppugnaturus.   Ominis 25
etiam tibi causa absit C. Flaminii memoria : tamen ille
consul demum et in provincia et ad exercitum cœpit
furere : hic priusquam peteret consulatum, deinde in
petendo consulatum, nunc quoque consul, priusquam castra videat aut hostem, insanit.   Et, qui tantas jam nunc 30
procellas, prœlia atque acies jactando, inter togatos ciet,
quid inter armatam juventutem censes facturum, et ubi
extemplo res verba sequitur ? Atqui si hic, quod facturum
se denuntiat, extemplo pugnaverit, aut ego rem militarem,
belli hoc genus, hostem hunc ignoro, aut nobilior alius 35
Trasimeno locus nostris cladibus erit.   Nec gloriandi
tempus adversus unum est, et ego contemnendo potius
quam appetendo gloriam modum excesserim : sed ita res
se habet ; una ratio belli gerendi adversus Hannibalem
est, qua ego gessi, nec eventus modo hoc docet—stultorum 40
iste magister est—sed eadem ratio, quæ fuit futuraque,
donec res eædem manebunt, immutabilis est.   In Italia
bellum gerimus in sede ac solo nostro, omnia circa plena
civium ac sociorum sunt, armis, viris, equis, commeatibus

juvant juvabuntque ; id jam fidei documentum in adversis
rebus nostris dederunt ; meliores, prudentiores, constan-
tiores nos tempus diesque facit. Hannibal contra in
aliena, in hostili est terra, inter omnia inimica infestaque,
5 procul ab domo, ab patria ; neque illi terra neque mari
est pax ; nullæ eum urbes accipiunt, nulla mœnia ; nihil
usquam sui videt, in diem capto vivit : partem vix tertiam
exercitus cjus habet, quem Iberum amnem trajecit : plures
fame quam ferro absumpsit, nec his paucis jam victum
10 suppeditat. Dubitas ergo, quin sedendo superaturi simus
eum, qui senescat in dies, non commeatus, non supplementum, non pecuniam habeat ? Quamdiu pro Geronii,
castelli Apuliæ inopis, tamquam pro Carthaginis mœnibus !
—sed ne adversus te quidem de me gloriabor. Cn. Ser-
15 vilius atque Atilius, proximi consules, vide quemadmodum
eum ludificati sint. Hæc una salutis est via, L. Paule,
quam difficilem infestamque cives tibi magis quam hostes
facient. Idem enim tui, quod hostium milites, volent ;
idem Varro, consul Romanus, quod Hannibal, Pœnus
20 imperator, cupiet : duobus ducibus unus resistas oportet :
resistes autem, adversus famam rumoresque hominum
satis si firmus steteris, si te neque collegæ vana gloria
neque tua falsa infamia moverit. Veritatem laborare
nimis sæpe aiunt, exstingui nunquam : gloriam qui spre-
25 verit, veram habebit. Sine, timidum pro cauto, tardum
pro considerato, imbellem pro perito belli vocent : malo te
sapiens hostis metuat, quam stulti cives laudent : omnia
audentem contemnet Hannibal, nihil temere agentem me-
tuet. Nec ego, ut nihil agatur, sed ut agentem te ratio
30 ducat, non fortuna : tuæ potestatis semper tu tuaque omnia
sint, armatus intentusque sis, neque occasioni tuæ desis
neque suam occasionem hosti des : omnia non properanti
clara certaque erunt, festinatio improvida est et cæca."
XL. Adversus ea oratio consulis haud sane læta fuit,
35 magis fatentis, ea, quæ diceret, vera quam facilia factu,
esse : dictatori magistrum equitum intolerabilem fuisse ;
quid consuli adversus collegam seditiosum ac temerarium
virium atque auctoritatis fore ? Se populare incendium
priore consulatu semiustum effugisse : optare, ut omnia
40 prospere evenirent ; et, si quid adversi caperet, hostium
se telis potius quam suffragiis iratorum civium caput
objecturum. Ab hoc sermone profectum Paulum tradunt,
prosequentibus primoribus patrum : plebeium consulem sua
plebes prosecuta, turba conspectior, cum dignitates deessent.

Ut in castra venerunt, permixto novo exercitu ac vetere, castris bifariam factis, ut nova minora essent propius
Hannibalem, in veteribus major pars et omne robur virium
esset, consulum anni prioris M. Atilium, ætatem excusan-
tem, Romam miserunt, Geminum Servilium in minoribus 5
castris legioni Romanæ et socium peditum equitumque
duobus millibus præficiunt.   Hannibal, quamquam parte
dimidia auctas hostium copias cernebat, tamen adventu
consulum mire gaudere.   Non solum enim nihil ex raptis
in diem commeatibus superabat, sed ne, unde raperet, 10
quidem quidquam reliqui erat, omni undique frumento,
postquam ager parum tutus erat, in urbes munitas con-
vecto, ut vix decem dierum, quod compertum postea est,
frumentum superesset, Hispanorumque ob inopiam tran-
sitio parata fuerit, si maturitas temporum exspectata foret. 15
XLI. Ceterum temeritati consulis ac præpropero ingenio .
materiam etiam fortuna dedit, quod in prohibendis prædatoribus tumultuario prœlio ac procursu magis militum
quam ex præparato aut jussu imperatorum orto, haudquaquam par Pœnis dimicatio fuit.   Ad mille et septingenti 20
cæsi, non plus centum Romanorum sociorumque occisis.
Ceterum victoribus effuse sequentibus metu insidiarum
obstitit Paulus consul, cujus eo die—nam alternis imperitabant—imperium erat, Varrone indignante ac vociferante,
emissum hostem e manibus, debellarique, ni cessatum fo- 25
ret, potuisse.   Hannibal id damnum haud ægerrime pati ;
quin potius credere, velut inescatam temeritatem ferocioris
consulis ac novorum maxime militum esse.   Et omnia ei
hostium haud secus quam sua nota erant : dissimiles dis-
cordesque imperitare ; duas prope partes tironum militum 30
in exercitu esse.   Itaque, locum et tempus insidiis aptum
se habere ratus, nocte proxima nihil præter arma secum
ferentes educit.milites, castra plena omnis fortunæ publicæ
privatæque relinquit, transque proximos montes læva pedites instructos condit, dextra equites, impedimenta per 35
convallem medium agmen traducit, ut diripiendis velut
desertis fuga dominorum castris occupatum impeditumque
hostem opprimeret.   Crebri relicti in castris ignes, ut
fides fieret, dum ipse longius spatium fuga præciperet,
falsa imagine castrorum, sicut Fabium priore anno fru- 40
strátus esset, tenere in locis consules voluisse. XLII. Ubi
illuxit, subductæ primo stationes, deinde propius adeuntibus
insolitum silentium admirationem fecit.   Jam satis com-
perta solitudine in castris, concursus fit ad prætoria con-

sulum nuntiantium fugam hostium adeo trepidam, ut taber-
naculis stantibus castra reliquerint; quoque fuga obscurior
esset, crebros etiam relictos ignes.　Clamor inde ortus, ut
signa proferri juberent ducerentque ad persequendos ho-
5 stes ac protinus castra diripienda.　Et consul alter velut
unus turbæ militaris erat; Paulus etiam atque etiam dicere
providendum præcavendumque esse : postremo, cum aliter
neque seditionem neque ducem seditionis sustinere posset,
Marium Statilium præfectum cum turma Lucana explo-
10 ratum mittit.　Qui, ubi adequitavit portis, subsistere extra
munimenta ceteris jussis, ipse cum duobus equitibus vallum intravit, speculatusque omnia cum cura.　Renuntiant
insidias profecto esse : ignes in parte castrorum, qua
vergant ad hostem, relictos ; tabernacula aperta et omnia
15 cara in promptu relicta, argentum quibusdam locis temere
per vias, vel objectum ad prædam, vidisse.　Quæ ad
deterrendos a cupiditate animos nuntiata erant, ea accen-
derunt ; et, clamore orto a militibus, ni signum detur,
sine ducibus ituros, haudquaquam dux defuit : nam ex-
20 templo Varro signum dedit proficiscendi.　Paulus, cum ei
sua sponte cunctanti pulli quoque auspicio non addixissent,
obnuntiari jam efferenti porta signa collegæ jussit.　Quod
quamquam Varro ægre est passus, Flaminii tamen recens
casus Claudiique consulis primo Punico bello memorata
25 navalis clades religionem animo incussit.　Dii prope ipsi
eo die magis distulere quam prohibuere imminentem pe-
stem Romanis : nam forte ita evenit, ut, cum referri
signa in castra jubenti consuli milites non parerent, servi
duo, Formiani unus, alter Sidicini equitis, qui, Servilio
30 atque Atilio consulibus, inter pabulatores excepti a Numidis fuerant, profugerent eo die ad dominos : deductique
ad consules nuntiant, omnem exercitum Hannibalis trans
proximos montes sedere in insidiis.　Horum opportunus
adventus consules imperii potentes fecit, cum ambitio
35 alterius suam primum apud eos prava indulgentia majestatem solvisset.

XLIII. Hannibal, postquam motos magis inconsulte
Romanos quam ad ultimum temere evectos vidit, nequidquam, detecta fraude, in castra rediit.　Ibi plures dies
40 propter inopiam frumenti manere nequit ; novaque consilia
in dies non apud milites solum, mixtos ex colluvione
omnium gentium, sed etiam apud ducem ipsum, oriebantur.
Nam cum initio fremitus, deinde aperta vociferatio fuissent
exposcentium stipendium debitum querentiumque anno-

nam primo, postremo famem, et mercenarios milites, maxime Hispani generis, de transitione cepisse consilium fama esset, ipse etiam interdum Hannibal de fuga in Galliam dicitur agitasse, ita ut, relicto peditatu omni, cum equitibus se proriperet. Cum hæc consilia atque hic habitus ani- 5 morum esset in castris, movere inde statuit in calidiora atque eo maturiora messibus Apuliæ loca, simul quod, quo longius ab hoste recessisset, transfugia impeditiora levibus ingeniis essent. Profectus est nocte, ignibus similiter factis, tabernaculisque paucis in speciem relictis, 10 ut insidiarum par priori metus contineret Romanos. Sed per eundem Lucanum Statilium omnibus ultra castra transque montes exploratis, cum relatum esset, visum procul hostium agmen, tum de insequendo eo consilia agitari cœpta. Cum utriusque consulis eadem, quæ ante 15 semper, fuisset sententia, ceterum Varroni fere omnes, Paulo nemo præter Servilium prioris anni consulem assentiretur, majoris partis sententia ad nobilitandas clade Romana Cannas, urgente fato, profecti sunt. Prope eum vicum Hannibal castra posuerat aversa a Vulturno vento, 20 qui campis torridis siccitate nubes pulveris vehit. Id cum ipsis castris percommodum fuit, tum salutare præcipue futurum erat, cum aciem dirigerent, ipsi aversi—terga tantum afflante vento—in occæcatum pulvere offuso hostem pugnaturi. 25

XLIV. Consules, satis exploratis itineribus, sequentes Pœnum, ut ventum ad Cannas est, ut in conspectu Pœnum habebant, bina castra communiunt, eodem ferme intervallo, quo ad Geronium, sicut ante, copiis divisis. Aufidus amnis, utrisque castris affluens, aditum aquatoribus 30 ex sua cujusque opportunitate haud sine certamine dabat: ex minoribus tamen castris, quæ posita trans Aufidum erant, liberius aquabantur Romani, quia ripa ulterior nullum habebat hostium præsidium. Hannibal spem nactus, locis natis ad equestrem pugnam, qua parte virium 35 invictus erat, facturos copiam pugnandi consules, dirigit aciem lacessitque Numidarum procursatione hostes. Inde rursus sollicitari seditione militari ac discordia consulum Romana castra; cum Paulus Semproniique et Flaminii temeritatem Varroni, Varro speciosum timidis ac segni- 40 bus ducibus exemplum Fabium objiceret; testareturque deos hominesque hic, nullam penes se culpam esse, quod Hannibal jam vel usu cepisset Italiam, se constrictum a collega teneri, ferrum atque arma iratis et pugnare cupi-

entibus adimi militibus; ille, si quid projectis ac proditis
ad inconsultam atque improvidam pugnam legionibus accideret, se, omnis culpæ exsortem, omnis eventus participem fore, diceret: videret, ut, quibus lingua tam prompta
5 ac temeraria, æque in pugna vigerent manus.

XLV. Dum altercationibus magis quam consiliis tempus teritur, Hannibal ex acie, quam ad multum diei tenuerat instructam, cum in castra ceteras reciperet copias,
Numidas ad invadendos ex minoribus castris Romanorum
10 aquatores trans flumen mittit.   Quam inconditam turbam
cum vixdum in ripam egressi clamore ac tumultu fugassent,
in stationem quoque pro vallo locatam atque ipsas prope
portas evecti sunt.   Id vero indignum visum, ab tumultuario auxilio jam etiam castra Romana terreri; ut ea modo
15 una causa, ne extemplo transirent flumen dirigerentque
aciem, tenuerit Romanos, quod summa imperii eo die
penes Paulum fuerit.   Itaque Varro postero die, cui sors
ejus diei imperii erat, nihil consulto collega, signum proposuit instructasque copias flumen traduxit, sequente Paulo,
20 quia magis non probare quam non adjuvare consilium
poterat.   Transgressi flumen eas quoque, quas in castris
minoribus habuerant, copias suis adjungunt; atque ita
instructa acie, in dextro cornu—id erat flumini propius—
Romanos equites locant, deinde pedites: lævum cornu
25 extremi equites sociorum, intra pedites ad medium juncti
legionibus Romanis tenuerunt: jaculatores cum ceteris
levium armorum auxiliis prima acies facta: consules
cornua tenuere, Terentius lævum, Æmilius dextrum;
Gemino Servilio media pugna tuenda data.   XLVI. Han-
30 nibal luce prima, Balearibus levique alia armatura præ-
missa, transgressus flumen, ut quosque traduxerat, ita in
acie locabat: Gallos Hispanosque equites prope ripam
lævo in cornu adversus Romanum equitatum; dextrum
cornu Numidis equitibus datum, media acie peditibus
35 firmata, ita ut Afrorum utraque cornua essent, interpone-
rentur his medii Galli atque Hispani.   Afros Romanam
magna ex parte crederes aciem; ita armati erant, armis
et ad Trebiam, ceterum magna ex parte ad Trasimenum
captis.   Gallis Hispanisque scuta ejusdem formæ fere
40 erant, dispares ac dissimiles gladii, Gallis prælongi ac
sine mucronibus, Hispano—punctim magis quam cæsim
assueto petere hostem—brevitate habiles et cum mucronibus.   Sane et alius habitus gentium harum cum magnitudine corporum tum specie terribilis erat.   Galli super

umbilicum erant nudi : Hispani linteis prætextis purpura tunicis, candore miro fulgentibus, constiterant. Numerus omnium peditum, qui tum steterunt in acie, millium fuit quadraginta, decem equitum. Duces cornibus præerant, sinistro Hasdrubal, dextro Maharbal, mediam aciem Han- 5 nibal ipse cum fratre Magone tenuit. Sol, seu de industria ita locatis, seu quod forte ita stetere, peropportune utrique parti obliquus erat, Romanis in meridiem, Pœnis in septemtrionem versis : ventus—Vulturnum regionis incolæ vocant—adversus Romanis coortus, multo pulvere 10 in ipsa ora volvendo prospectum ademit.

XLVII. Clamore sublato, procursum auxiliis, et pugna levibus primum armis commissa : deinde equitum Gallorum Hispanorum lævum cornu cum dextro Romano concurrit, minime equestris more pugnæ : frontibus enim adversis 15 concurrendum erat, quia, nullo circa ad evagandum relicto spatio, hinc amnis, hinc peditum acies claudebant in directum utrimque nitentes. Stantibus ac confertis postremo turba equis, vir virum amplexus detrahebat equo. Pedestre magna jam ex parte certamen factum 20 erat : acrius tamen quam diutius pugnatum est, pulsique Romani equites terga vertunt. Sub equestris finem certaminis coorta est peditum pugna. Primo et viribus et animis pares constabant ordines Gallis Hispanisque : tandem Romani, diu ac sæpe connisi, æqua fronte acieque 25 densa impulere hostium cuneum nimis tenuem eoque parum validum, a cetera prominentem acie : impulsis deinde ac trepide referentibus pedem insistere ; ac tenore uno per præceps pavore fugientium agmen in mediam primum aciem illati, postremo, nullo resistente, ad subsidia 30 Afrorum pervenerunt, qui utrimque reductis alis constiterant, media, qua Galli Hispanique steterant, aliquantum prominente acie. Qui cuneus ut pulsus æquavit frontem primum, deinde cedendo etiam sinum in medio dedit, Afri circa jam cornua fecerant, irruentibusque incaute in 35 medium Romanis circumdedere alas, mox cornua extendendo clausere et ab tergo hostes. Hinc Romani, defuncti nequidquam prœlio uno, omissis Gallis Hispanisque, quorum terga ceciderant, et adversus Afros integram pugnam ineunt, non tantum in eo iniquam quod inclusi 40 adversus circumfusos, sed etiam quod fessi cum recentibus ac vegetis pugnabant. XLVIII. Jam et sinistro cornu Romanis, ubi sociorum equites adversus Numidas steterant, consertum prœlium erat, segne primo et a Pu-

nica cœptum fraude. Quingenti ferme Numidæ, præter
cetera arma telaque gladios occultos sub loricis habentes,
specie transfugarum cum ab suis, parmas post terga
habentes, adequitassent, repente ex equis desiliunt, par-
5 misque et jaculis ante pedes hostium projectis, in mediam
aciem accepti ductique ad ultimos considere ab tergo
jubentur. Ac, dum prœlium ab omni parte conseritur,
quieti manserunt : postquam omnium animos oculosque
occupaverat certamen, tum, arreptis scutis, quæ passim
10 inter acervos cæsorum corporum humi strata erant, aversam adoriuntur Romanam aciem, tergaque ferientes ac
poplites cædentes, stragem ingentem ac majorem aliquanto
pavorem ac tumultum fecerunt. Cum alibi terror ac
fuga, alibi pertinax in mala jam spe prœlium esset, Has-
15 drubal, qui ea jam parte præerat, subductos ex media
acie Numidas, quia segnis eorum cum adversis pugna
erat, ad persequendos passim fugientes mittit, Hispanos
et Gallos equites Afris jam prope fessis cæde magis quam
pugna adjungit.
20   XLIX. Parte altera pugnæ Paulus, quamquam primo
statim prœlio funda graviter ictus fuerat, tamen et concurrit sæpe cum confertis Hannibali et aliquot locis prœlium restituit, protegentibus eum equitibus Romanis omissis postremo equis, quia consulem et ad regendum equum
25 vires deficiebant. Tum deinde nuntianti cuidam, jussisse
consulem ad pedes descendere equites, dixisse Hannibalem ferunt "quam mallem vinctos mihi traderet !" Equitum pedestre prœlium—quale jam haud dubia hostium
victoria—fuit, cum victi mori in vestigio mallent quam
30 fugere, victores morantibus victoriam irati trucidarent
quos pellere non poterant. Pepulerunt tamen jam paucos
superantes et labore ac vulneribus fessos : inde dissipati
omnes sunt, equosque ad fugam, qui poterant, repetebant.
Cn. Lentulus tribunus militum, cum, prætervehens equo,
35 sedentem in saxo cruore oppletum consulem vidisset,
" L. Æmili," inquit "quem unum insontem culpæ cladis
hodiernæ dei respicere debent, cape hunc equum, dum et
tibi virium aliquid superest, comes ego te tollere possum
ac protegere : ne funestam hanc pugnam morte consulis
40 feceris, et jam sine hoc lacrimarum satis luctusque est."
Ad ea consul : "tu quidem, Cn. Corneli, macte virtute
esto : sed cave, frustra morando exiguum tempus e manibus hostium evadendi absumas. Abi, nuntia publice patribus, urbem Romanam muniant, ac prius quam hostis

victor advenit, præsidiis firment: privatim Q. Fabio, Æmilium præceptorum ejus memorem et vixisse adhuc et mori: memet in hac strage militum meorum patere exspirare, ne aut reus iterum e cofsulatu sim, aut accusator collegæ exsistam, ut alieno crimine innocentiam meam 5 protegam." Hæc exigentes prius turba fugientium civium, deinde hostes, oppressere: consulem ignorantes, quis esset, obruere telis, Lentulum inter tumultum abripuit equus.   Tum undique effuse fugiunt.   Septem millia hominum in minora castra, decem in majora, duo ferme in 10 vicum ipsum Cannas perfugerunt, qui extemplo a Carthalone atque equitibus, nullo munimento tegente vicum, circumventi sunt.   Consul alter, seu forte seu consilio nulli fugientium insertus agmini, cum septuaginta fere equitibus Venusiam perfugit. Quadraginta quinque millia 15 quingenti pedites, duo millia septingenti equites, et tanta prope civium sociorumque pars, cæsi dicuntur: in his ambo consulum quæstores, L. Atilius et L. Furius Bibaculus, et viginti unus tribuni militum, consulares quidam prætoriique et ædilicii—inter eos Cn. Servilium Geminum 20 et M. Minucium numerant, qui magister equitum priore anno aliquot annis ante consul fuerat,—octoginta præterea aut senatores aut qui eos magistratus gessissent, unde in senatum legi deberent, cum sua voluntate milites in legionibus facti essent.   Capta eo prœlio tria millia peditum et 25 equites mille et quingenti dicuntur.   L. Hæc est pugna Cannensis, Aliensi cladi nobilitate par, ceterum ut illis, quæ post pugnam accidere, levior, quia ab hoste est cessatum, sic strage exercitus gravior fœdiorque.   Fuga namque ad Aliam sicut urbem prodidit, ita exercitum 30 servavit: ad Cannas-fugientem consulem vix septuaginta secuti sunt, alterius morientis prope totus exercitus fuit.

Binis in castris cum multitudo semiermis sine ducibus esset, nuntium, qui in majoribus erant, mittunt, dum prœlium, deinde ex lætitia epulis fatigatos quies nocturna 35 hostes premeret, ut ad se transirent: uno agmine Canusium abituros esse.   Eam sententiam alii totam aspernari: cur enim illos, qui se arcessant, ipsos non venire, cum æque conjungi possent?   Quia videlicet plena hostium omnia in medio essent, et aliorum quam sua corpora tanto 40 periculo mallent objicere.   Aliis non tam sententia displicere, quam animus deesse.   P. Sempronius Tuditanus tribunus militum, "capi ergo mavultis," inquit, "ab avarissimo et crudelissimo hoste, æstimarique capita vestra,

et exquiri pretia ab interrogantibus, Romanus civis sis an
Latinus socius, ut ex tua contumelia et miseria alteri
honos quæratur ? Non tụ ; si quidem L. Æmilii consulis,
qui se bene mori quam turpiter vivere maluit, et tot for-
5 tissimorum virorum, qui circa eum cumulati jacent, cives
estis. Sed antequam opprimit lux majoraque hostium
agmina obsæpiunt iter, per hos, qui inordinati atque in-
compositi obstrepunt portis, erumpamus. Ferro atque
audacia via fit quamvis per confertos hostes : cuneo qui-
10 dem hoc laxum atque solutum agmen, ut si nihil obstet,
disjicias : itaque ite mecum, qui et vosmet ipsos et rem
publicam salvam vultis." Hæc ubi dicta dedit, stringit
gladium cuneoque facto per medios vadit hostes : et cum
in latus dextrum, quod patebat, Numidæ jacularentur,
15 translatis in dextrum scutis in majora castra ad sexcenti
evaserunt, atque inde protinus alio magno agmine ad-
juncto Canusium incolumes perveniunt. Hæc apud victos
magis impetu animorum, quem ingenium suum cuique aut
fors dabat, quam ex consilio ipsorum aut imperio cujus-
20 quam agebantur.

LI. Hannibali victori cum ceteri circumfusi gratula-
rentur suaderentque, ut, tanto perfunctus bello, diei quod
reliquum esset, noctisque insequentis quietem et ipse sibi
sumeret et fessis daret militibus ; Maharbal, præfectus
25 equitum, minime cessandum ratus, "immo, ut, quid hac
pugna sit actum, scias, die quinto," inquit, "victor in
Capitolio epulaberis. Sequere : cum equite, ut prius
venisse quam venturum sciant, præcedam." Hannibali
nimis læta res est visa majorque, quam ut eam statim
30 capere animo posset : itaque, voluntatem se laudare Ma-
harbalis ait, ad consilium pensandum temporis opus esse.
Tum Maharbal : "non omnia nimirum eidem dii dedere :
vincere scis, Hannibal, victoria uti nescis." Mora ejus
diei satis creditur saluti fuisse urbi atque imperio.
35 Postero die ubi primum illuxit, ad spolia legenda fœ-
damque etiam hostibus spectandam stragem insistunt.
Jacebant tot Romanorùm millia, pedites passim equitesque,
ut quem cuique fors aut pugna junxerat aut fuga. As-
surgentes quidam ex strage media cruenti, quos stricta
40 matutino frigore excitaverant vulnera, ab hoste oppressi
sunt. Quosdam et jacentes vivos succisis feminibus.
poplitibusque invenerunt, nudantes cervicem jugulumque
et reliquum sanguinem jubentes haurire. Inventi quidam
sunt mersis in effossam terram capitibus, quos sibi ipsos

fecisse foveas obruentesque ora superjecta humo interclusisse spiritum apparebat. Præcipue convertit omnes subtractus Numida mortuo superincubanti Romano vivus, naso auribusque laceratis; cum, manibus ad capiendum telum inutilibus, in rabiem ira versa, laniando dentibus 5 hostem exspirasset. LII. Spoliis ad multum diei lectis, Hannibal ad minora ducit castra oppugnanda, et omnium primum, brachio flumini objecto, eos excludit. Ceterum ab omnibus labore, vigiliis, vulneribus etiam fessis maturior ipsius spe deditio est facta. Pacti, ut arma atque 10 equos traderent, in capita Romana trecenis nummis quadrigatis, in socios ducenis, in servos centenis, et ut, eo pretio persoluto, cum singulis abirent vestimentis, in castra hostes acceperunt: traditique in custodiam omnes sunt, seorsum cives sociique. Dum ibi tempus teritur, interea 15 cum ex majoribus castris, quibus satis virium aut animi fuit, ad quattuor millia hominum et ducenti equites, alii agmine, alii palati passim per agros, quod haud minus tutum erat, Canusium perfugissent, castra ipsa ab sauciis timidisque eadem conditione, qua altera, tradita hosti. 20 Præda ingens parta est; et præter equos virosque et si quid argenti—quod plurimum in phaleris equorum erat; nam ad vescendum facto perexiguo, utique militantes, utebantur—omnis cetera præda diripienda data est. Tum sepeliendi causa conferri in unum corpora suorum jussit: 25 ad octo millia fuisse dicuntur fortissimorum virorum. Consulem quoque Romanum conquisitum sepultumque quidam auctores sunt.

Eos, qui Canusium perfugerant, mulier Apula, nomine Busa, genere clara ac divitiis, mœnibus tantum tectisque 30 a Canusinis acceptos, frumento, veste, viatico etiam juvit: pro qua ei munificentia postea, bello perfecto, ab senatu honores habiti sunt. LIII. Ceterum, cum ibi tribuni militum quattuor essent, Fabius Maximus de legione prima, cujus pater priore anno dictator fuerat, et de legione 35 secunda L. Publicius Bibulus et P. Cornelius Scipio, et de legione tertia Ap. Claudius Pulcher, qui proxime ædilis fuerat, omnium consensu ad P. Scipionem admodum adolescentem et ad Ap. Claudium summa imperii delata est. Quibus consultantibus inter paucos de summa rerum 40 nuntiat P. Furius Philus, consularis viri filius, nequidquam eos perditam spem fovere, desperatam comploratamque rem esse publicam: nobiles juvenes quosdam, quorum principem L. Cæcilium Metellum, mare ac naves spectare,

16*

ut, deserta Italia, ad regum aliquem transfugiant. Quod
malum, præterquam atrox, super tot clades etiam novum
cum stupore ac miraculo torpidos defixisset, qui aderant,
et consilium advocandum de eo censerent, negat consilii
5 rem esse Scipio juvenis, fatalis dux hujusce belli: auden-
dum atque agendum, non consultandum ait in tanto malo
esse: irent secum extemplo armati, qui rem publicam
salvam vellent: nullo loco verius, quam ubi ea cogitentur,
hostium castra esse. Pergit ire, sequentibus paucis, in
10 hospitium Metelli; et, cum concilium ibi juvenum, de
quibus allatum erat, invenisset, stricto super capita con-
sultantium gladio, "ex mei animi sententia," inquit, "ut
ego rem publicam populi Romani non deseram, neque
alium civem Romanum deserere patiar: si sciens fallo,
15 tum me, Juppiter optime maxime, domum, familiam, rem-
que meam pessimo leto afficias. In hæc verba, L. Cæcili,
jures postulo ceterique, qui adestis: qui non juraverit, in
se hunc gladium strictum esse sciat." Haud secus pavidi,
quam si victorem Hannibalem cernerent, jurant omnes,
20 custodiendosque semet ipsos Scipioni tradunt. LIV. Eo
tempore, quo hæc Canusii agebantur, Venusiam ad consulem ad quattuor millia et quingenti pedites equitesque,
qui sparsi fuga per agros fuerant, pervenere. Eos omnes
Venusini per familias benigne accipiendos curandosque
25 cum divisissent, in singulos equites togas et tunicas et
quadrigatos nummos quinos vicenos et pediti denos, et
arma, quibus deerant, dederunt. Ceteraque publice ac
privatim hospitaliter facta, certatumque, ne a muliere
Canusina populus Venusinus officiis vinceretur. Sed
30 gravius onus Busæ multitudo faciebat, et jam ad decem
millia hominum erant: Appiusque et Scipio, postquam
incolumem esse alterum consulem acceperunt, nuntium
extemplo mittunt, quantæ secum peditum equitumque
copiæ essent, sciscitatumque simul, utrumne Venusiam
35 adduci exercitum an manere juberet Canusii. Varro ipse
Canusium copias traduxit: et jam aliqua species consularis exercitus erat, mœnibusque se certe ei, si non armis,
ab hoste videbantur defensuri.

Romam, ne has quidem reliquias superesse civium
40 sociorumque, sed occidione occisum cum duobus consulibus
exercitum deletasque omnes copias, allatum fuerat. Nunquam, salva urbe, tantum pavoris tumultusque intra mœnia
Romana fuit. Itaque succumbam oneri, neque aggrediar
narrare, quæ edissertando minora vero faciebant. Consule

exercituque ad Trasimenum priore anno amisso, non vulnus super vulnus, sed multiplex clades, cum duobus consulibus duo consulares exercitus amissi nuntiabantur; nec ulla jam castra Romana nec ducem nec militem esse, Hannibalis Apuliam, Samnium ac jam prope totam Italiam 5 factam. Nulla profecto alia gens tanta mole cladis non obruta esset. Compares aut cladem ad Ægates insulas Carthaginiensium, prœlio navali acceptam, qua fracti Sicilia ac Sardinia cessere, inde vectigales ac stipendiarios fieri se passi sunt: aut pugnam adversam in Africa, cui 10 postea hic ipse Hannibal succubuit: nulla ex parte comparandæ sunt, nisi quod minore animo latæ sunt. LV. P. Furius Philus et M'. Pomponius prætores senatum in curium Hostiliam vocaverunt, ut de urbis custodia consulerent: neque enim dubitabant, deletis exercitibus, ho- 15 stem ad oppugnandam Romam, quod unum opus belli restaret, venturum. Cum in malis, sicut ingentibus, ita ignotis, ne consilium quidem satis expedirent, obstreperetque clamor lamentantium mulierum, et, nondum palam facto, vivi mortuique et per omnes pæne domos promiscue 20 complorarentur; tum Q. Fabius Maximus censuit, equites expeditos et Appia et Latina via mittendos, qui obvios percunctando—aliquos profecto ex fuga passim dissipatos fore—referant, quæ fortuna consulum atque exercituum sit; et, si quid dii immortales, miseriti imperii, reliquum 25 Romani nominis fecerint; ubi eæ copiæ sint: quo se Hannibal post prœlium contulerit, quid paret, quid agat acturusque sit. Hæc exploranda noscendaque per impigros juvenes esse. Illud per patres ipsos agendum, quoniam magistratuum parum sit, ut tumultum ac trepidatio- 30 nem in urbe tollant, matronas publico arceant, continerique intra suum quamque limen cogant; comploratus familiarum coerceant, silentium per urbem faciant, nuntios rerum omnium ad prætores deducendos curent; suæ quisque fortunæ domi auctorem exspectent; custodesque præterea 35 ad portas ponant, qui prohibeant quemquam egredi urbem, cogantque homines, nullam, nisi urbe ac mœnibus salvis, salutem sperare: ubi conticuerit recte tumultus, tum in curiam patres revocandos consulendumque de urbis custodia esse. 40

LVI. Cum in hanc sententiam pedibus omnes issent, submotaque foro per magistratus turba, patres diversi ad sedandos tumultus discessissent, tum demum litteræ a C. Terentio consule allatæ sunt, L. Æmilium consulem

exercitumque cæsum, sese Canusii esse, reliquias tantæ
cladis velut ex naufragio colligentem.　Ad decem millia
militum ferme esse incompositorum inordinatorumque:
Pœnum sedere ad Cannas, in captivorum pretiis prædaque
5 alia nec victoris animo nec magni ducis more nundinan-
tem.　Tum privatæ quoque per domos clades vulgatæ
sunt; adeoque totam urbem opplevit luctus, ut sacrum
anniversarium Cereris intermissum sit, quia nec lugentibus
id facere est fas, nec ulla in illa tempestate matrona ex-
10 pers luctus fuerat.　Itaque, ne ob eandem causam alia
quoque sacra publica aut privata desererentur, senatus
consulto diebus triginta luctus est finitus.　Ceterum cum,
sedato urbis tumultu, revocati in curiam patres essent,
aliæ insuper ex Sicilia litteræ allatæ sunt ab T. Otacilio
15 proprætore, regnum Hieronis classe Punica vastari; cui
cum opem imploranti ferre vellet, nuntiatum sibi esse,
aliam classem ad Ægates insulas stare, paratam instru-
ctamque, ut, ubi se versum ad tuendam Syracusanam oram
Pœni sensissent, Lilybæum extemplo provinciamque aliam
20 Romanam aggrederentur: itaque classe opus esse, si regem socium Siciliamque tueri vellent.

　　LVII.　Litteris consulis proprætorisque perlectis, M.
Claudium, qui classi ad Ostiam stanti præesset, Canusium
ad exercitum mittendum censuerunt, scribendumque con-
25 suli, ut, cum prætori exercitum tradidisset, primo quoque
tempore, quantum per commodum rei publicæ fieri posset,
Romam veniret.　Territi etiam super tantas clades cum
ceteris prodigiis, tum quod duæ Vestales eo anno, Opimia
atque Floronia, stupri compertæ: et altera sub terra, uti
30 mos est, ad portam Collinam necata fuerat, altera sibimet
ipsa mortem consciverat.　L. Cantilius, scriba pontificis,
quos nunc minores pontifices appellant, qui cum Floronia
stuprum fecerat, a pontifice maximo eo usque virgis in
comitio cæsus erat, ut inter verbera exspiraret.　Hoc
35 nefas cum inter tot, ut fit, clades in prodigium versum
esset, decemviri libros adire jussi sunt, et Q. Fabius Pi-
·ctor Delphos ad oraculum missus est sciscitatum, quibus
precibus suppliciisque deos possent placare, et quænam
futura finis tantis cladibus foret.　Interim ex fatalibus
40 libris sacrificia aliquot extraordinaria facta, inter quæ
Gallus et Galla, Græcus et Græca, in foro bovario, sub
terra vivi demissi sunt in locum saxo consæptum, jam
ante hostiis humanis, minime Romano sacro, imbutum.
Placatis satis, ut rebantur, deis, M. Claudius Marcellus

ab Ostia mille et quingentos milites, quos in classem
scriptos habebat, Romam, ut urbi praesidio essent, mittit:
ipse, legione classica—ea legio tertia erat—cum tribunis
militum Teanum Sidicinum praemissa, classe tradita P.
Furio Philo collegae, paucos post dies Canusium magnis 5
itineribus contendit. Inde dictator ex auctoritate patrum
dictus M. Junius et Tib. Sempronius magister equitum,
dilectu edicto, juniores ab annis septemdecim et quosdam
praetextatos scribunt: quattuor ex his legiones et mille
equites effecti. Item ad socios Latinumque nomen ad 10
milites ex formula accipiendos mittunt: arma, tela, alia
parari jubent, et vetera spolia hostium detrahunt templis
porticibusque. Et aliam formam novi dilectus inopia
liberorum capitum ac necessitas dedit: octo millia juvenum validorum ex servitiis, prius sciscitantes singulos, 15
vellentne militare, et empta publice armaverunt: hic miles
magis placuit, cum pretio minore redimendi captivos copia
fieret.

LVIII. Namque Hannibal secundum tam prosperam ad
Cannas pugnam victoris magis quam bellum gerentis 20
intentus curis, cum, captivis productis segregatisque,
socios, sicut ante ad Trebiam Trasimenumque lacum,
benigne allocutus, sine pretio dimisisset, Romanos quoque
vocatos—quod nunquam alias antea—satis miti sermone
alloquitur: non internecivum sibi esse cum Romanis 25
bellum; de dignitate atque imperio certare: et patres
virtuti Romanae cessisse, et se id adniti, ut suae in vicem
simul felicitati et virtuti cedatur. Itaque redimendi se
captivis copiam facere: pretium fore in capita equiti quin-
genos quadrigatos nummos, trecenos pediti, servo cente- 30
nos. Quamquam aliquantum adjiciebatur equitibus ad id
pretium, quod pepigerant dedentes se, laeti tamen quam-
cumque conditionem paciscendi acceperunt: placuit suf-
fragio ipsorum decem deligi, qui Romam ad senatum
irent: nec pignus aliud fidei, quam ut jurarent se reditu- 35
ros, acceptum. Missus cum his Carthalo nobilis Carthaginiensis, qui, si forte ad pacem inclinarent animos, conditiones ferret. Cum egressi castris essent, unus ex iis,
minime Romani ingenii homo, veluti aliquid oblitus, jurisjurandi solvendi causa cum in castra redisset, ante noctem 40
comites assequitur. Ubi Romam venire eos nuntiatum
est, Carthaloni obviam lictor missus, qui dictatoris verbis
nuntiaret, ut ante noctem excederet finibus Romanis:
LIX. legatis captivorum senatus ab dictatore datus est.

Quorum princeps M. Junius, "patres conscripti," inquit,
"nemo nostrum ignorat, nulli unquam civitati viliores
fuisse captivos quam nostræ. Ceterum, nisi nobis plus
justo nostra placet causa, non alii unquam minus negli-
5 gendi vobis quam nos in hostium potestatem venerunt.
Non enim in acie per timorem arma tradidimus ; sed,
cum prope ad noctem superstantes cumulis cæsorum corporum proelium extraxissemus, in castra recepimus nos ;
diei reliquum ac noctem insequentem fessi labore ac
10 vulneribus vallum sumus tutati ; postero die, cum circum-
sessi ab exercitu victore aqua arceremur, nec ulla jam
per confertos hostes erumpendi spes esset, nec esse nefas
duceremus, quinquaginta millibus hominum ex acie nostra
trucidatis aliquem ex Cannensi pugna Romanum militem
15 restare, tunc demum pacti sumus pretium quo redempti
dimitteremur, arma, in quibus nihil jam auxilii erat, hosti
tradidimus. Majores quoque acceperamus se a Gallis
auro redemisse, et patres vestros, asperrimos illos ad conditionem pacis, legatos tamen captivorum redimendorum
20 gratia Tarentum misisse. Atqui et ad Aliam cum Gallis
et ad Heracleam cum Pyrrho, utraque non tam clade in-
famis quam pavore et fuga pugna fuit. Cannenses campos
acervi Romanorum corporum tegunt : nec supersumus
pugnæ, nisi in quibus trucidandis et ferrum et vires ho-
25 stem defecerunt. Sunt etiam de nostris quidam, qui nec
in acie quidem refugerunt, sed, præsidio castris relicti,
cum castra traderentur, in potestatem hostium venerunt.
Haud equidem ullius civis et commilitonis fortunæ aut
conditioni invideo, nec premendo alium me extulisse
30 velim : ne illi quidem, nisi pernicitatis pedum et cursus
aliquod præmium est, qui plerique inermes ex acie fugientes non prius quam Venusiæ aut Canusii constiterunt,
se nobis merito prætulerint gloriatique sint, in se plus
quam in nobismet præsidii rei publicæ esse. Sed illis et
35 bonis ac fortibus militibus utemini, et nobis etiam prompti-
oribus pro patria, quod beneficio vestro redempti atque in
patriam restituti fuerimus. Dilectum ex omni ætate et
fortuna habetis, octo millia servorum audio armari : non
minor numerus noster est, nec majore pretio redimi possu-
40 mus, quam ii emuntur : nam si conferam nos cum illis,
injuriam nomini Romano faciam. Illud etiam in tali
consilio animadvertendum vobis censeam, patres conscripti, si tamen duriores esse velitis, quod nullo nostro
merito faciatis, cui nos hosti relicturi sitis : Pyrrho vide.

licet, qui vos hospitum numero captivos habuit, an barbaro
ac Pœno, qui utrum avarior an crudelior sit, vix existi-
mari potest. Si videatis catenas, squalorem, deformitatem
civium vestrorum, non minus profecto vos ea species
moveat, quam si ex altera parte cernatis stratas Cannensi- 5
bus campis legiones vestras. Intueri potestis sollicitudi-
nem et lacrimas in vestibulo curiæ stantium cognatorum
nostrorum exspectantiumque responsum vestrum. Cum ii
pro nobis proque iis, qui absunt, ita suspensi ac solliciti
sint, quem censetis animum ipsorum esse, quorum in di- 10
scrimine vita libertasque est? Sed si—me-dius fidius—
ipse in nos mitis Hannibal contra naturam suam esse
velit, nihil tamen nobis vita opus esse censeamus, cum
indigni, ut redimeremur a vobis, visi sumus. Rediere
Romam quondam remissi a Pyrrho sine pretio capti: sed 15
rediere cum legatis, primoribus civitatis, ad redimendos
sese missis. Redeam ego in patriam, trecentis nummis
non æstimatus civis? Suum quisque animum habet, patres conscripti: scio in discrimine esse vitam corpusque
meum: magis me famæ periculum movet, ne a vobis 20
damnati ac repulsi abeamus: neque enim vos pretio pe-
percisse homines credent."

LX. Ubi is finem fecit, extemplo ab ea turba, quæ in
comitio erat, clamor flebilis est sublatus, manusque ad
curiam tendebant orantes, ut sibi liberos, fratres, cognatos 25
redderent. Feminas quoque metus ac necessitas in foro
ac turbæ virorum immiscuerat. Senatus, submotis arbitris, consuli cœptus. Ibi cum sententiis variaretur, et alii
redimendos de publico, alii nullam publice impensam faciendam, nec prohibendos ex privato redimi; si quibus 30
argentum in præsentiam deesset, dandam ex ærario pecuniam mutuam, prædibusque ac prædiis cavendum populo,
censerent; tum T. Manlius Torquatus, priscæ ac nimis
duræ, ut plerisque videatur, severitatis, interrogatus sententiam, ita locutus fertur: "si tantummodo postulassent 35
legati pro iis, qui in hostium potestate sunt, ut redimeren-
tur, sine ullius insectatione eorum brevi sententiam pere-
gissem. Quid enim aliud quam admonendi essetis, ut
morem traditum a patribus necessario ad rem militarem
exemplo servaretis? Nunc autem, cum prope gloriati 40
sint, quod se hostibus dediderint, præferrique non captis
modo in acie ab hostibus, sed etiam iis, qui Venusiam
Canusiumque pervenerunt, atque ipsi C. Terentio consuli,
æquum censuerint, nihil vos eorum, patres conscripti, quæ

illic acta sunt, ignorare patiar. Atque utinam hæc, quæ
apud vos acturus sum, Canusii apud ipsum exercitum
agerem, optimum testem ignaviæ cujusque et virtutis: aut
unus hic saltem adesset P. Sempronius, quem si isti ducem
5 secuti essent, milites hodie in castris Romanis, non captivi in hostium potestate essent. Et cum, fessis pugnando
hostibus, tum victoria lætis et ipsis plerisque regressis in
castra sua, noctem ad erumpendum liberam habuissent,
et septem millia armatorum hominum erumpere etiam per
10 confertos hostes possent, neque per se ipsi id facere conati
sunt, neque alium sequi voluerunt. Nocte prope tota P.
Sempronius Tuditanus non destitit monere, adhortari eos,
dum paucitas hostium circa castra, dum quies ac silentium esset, dum nox inceptum tegere posset, se ducem
15 sequerentur: ante lucem pervenire in tuta loca, in sociorum urbes posse. Sicut avorum memoria P. Decius tribunus militum in Samnio, sicut, nobis adolescentibus, priore Punico bello Calpurnius Flamma trecentis voluntariis,
cum ad tumulum eos capiendum, situm inter medios du-
20 ceret hostes, dixit, "moriamur, milites, et morte nostra
eripiamus ex obsidione circumventas legiones:" si hoc P.
Sempronius diceret, nec viros quidem nec Romanos vos
duceret, si nemo tantæ virtutis exstitisset comes. Viam
non ad gloriam magis quam ad salutem ferentem demon-
25 strat; reduces in patriam, ad parentes, ad conjuges ac
liberos facit. Ut servemini, deest vobis animus—quid, si
moriendum pro patria esset, faceretis? Quinquaginta
millia civium sociorumque circa vos eo ipso die cæsa
jacent: si tot exempla virtutis non movent, nihil unquam
30 movebit: si tanta clades vilem vitam non fecit, nulla
faciet. Et liberi atque incolumes desiderate patriam:
immo desiderate, dum patria est, dum cives ejus estis.
Sero nunc desideratis, deminuti capite, abalienati jure
civium, servi Carthaginiensium facti. Pretio redituri estis
35 eo, unde ignavia ac nequitia abistis? P. Sempronium,
civem vestrum, non audistis, arma capere ac sequi se
jubentem: Hannibalem post paulo audistis, castra prodi
et arma tradi jubentem. Quam ego ignaviam istorum
accuso, cum scelus possim accusare! Non enim modo
40 sequi recusarunt bene monentem, sed obsistere ac retinere
conati sunt, ni strictis gladiis viri fortissimi inertes submo-
vissent: prius, inquam, P. Sempronio per civium agmen
quam per hostium fuit erumpendum. Hos cives patria
desideret? Quorum si ceteri similes fuissent, neminem

hodie ex iis, qui ad Cannas pugnaverunt, civem haberet.
Ex millibus septem armatorum sexcenti exstiterunt, qui
erumpere auderent, qui in patriam liberi atque armati
redirent: neque iis sexcenta millia hostium obstitere.
Quam tutum iter duarum prope legionum agminis futurum 5
censetis fuisse? Haberetis hodie viginti millia armatorum
Canusii, fortia, fidelia, patres conscripti. Nunc autem
quemadmodum hi boni fidelesque—nam fortes ne ipsi quidem dixerint—cives esse possunt? Nisi quis credere
potest fuisse, ut erumpentibus, quin erumperent, obsistere 10
conati sunt; aut non invidere eos cum incolumitati tum
gloriæ illorum per virtutem partæ, cum sibi timorem igna-
viamque servitutis ignominiosæ causam esse sciant. Ma-
luerunt in tentoriis latentes simul lucem atque hostem
exspectare, cum silentio noctis erumpendi occasio esset. 15
Ad erumpendum e castris defuit animus, ad tutanda fortiter castra animum habuerunt: dies noctesque aliquot
obsessi, vallum armis, se ipsi tutati vallo sunt: tandem
ultima ausi passique, cum omnia subsidia vitæ abessent,
affectisque fame viribus, arma jam sustinere nequirent, 20
necessitatibus magis humanis quam armis victi sunt. Orto
sole ab hostibus ad vallum accessum; ante secundam
horam, nullam fortunam certaminis experti, tradiderunt
arma ac se ipsos: hæc vobis ipsorum per biduum militia
fuit. Cum in acie stare ac pugnare decuerat, tum in 25
castra refugerunt: cum pro vallo pugnandum erat, castra
tradiderunt, neque in acie neque in castris utiles. Et
vos redimam? Cum erumpere castris oportet, cunctamini
ac manetis: cum manere, castra tutari armis necesse est,
et castra et arma et vos ipsos traditis hosti. Ego non 30
magis istos redimendos, patres conscripti, censeo, quam
illos dedendos Hannibali, qui per medios hostes e castris
eruperunt ac per summam virtutem se patriæ restituerunt." LXI. Postquam Manlius dixit, quamquam patrum
quoque plerosque captivi cognatione attingebant, præter 35
exemplum civitatis minime in captivos jam inde antiquitus
indulgentis, pecuniæ quoque summa homines movit, qua
nec ærarium exhaurire—magna jam summa erogata in
servos ad militiam emendos armandosque—nec Hannibalem maxime hujusce rei, ut fama erat, egentem locuple- 40
tari volebant. Cum triste responsum, non rédimi captivos, redditum esset, novusque super veterem luctus tot
jactura civium adjectus esset, cum magnis fletibus questi-
busque legatos ad portam prosecuti sunt. Unus ex iis do-

mum abiit, quod fallaci reditu in castra jurejurando se
exsolvisset.   Quod ubi innotuit relatumque ad senatum
est, omnes censuerunt comprehendendum et custodibus
publice datis deducendum ad Hannibalem esse.

5   Est et alia de captivis fama: decem primos venisse:
de eis cum dubitatum in senatu esset, admitterentur in
urbem necne, ita admissos esse, ne tamen iis senatus
daretur: morantibus deinde longius omnium spe, alios
tres insuper legatos venisse, L. Scribonium et C. Calpur-
10 nium et L. Manlium: tum demum ab cognato Scribonii
tribuno plebis de redimendis captivis relatum esse, nec
censuisse redimendos senatum, et novos legatos tres ad
Hannibalem revertisse, decem veteres remansisse; quod,
per causam recognoscendi nomina captivorum ad Hanni-
15 balem ex itinere regressi, religione sese exsolvissent.   De
iis dedendis magna contentione actum in senatu esse,
victosque paucis sententiis, qui dedendos censuerint: ceterum proximis censoribus adeo omnibus notis ignominiis-
que confectos esse, ut quidam eorum mortem sibi ipsi
20 extemplo consciverint, ceteri non foro solum omni deinde
vita, sed prope luce ac publico, caruerint.   Mirari magis,
adeo discrepare inter auctores, quam quid veri sit discer-
nere queas.

Quanto autem major ea clades superioribus cladibus
25 fuerit, vel ea res indicio est, quod fides sociorum, quæ ad
eum diem firma steterat, tum labare cœpit, nulla profecto
alia de re quam quod desperaverant de imperio. Defecere.
autem ad Pœnos hi populi, Atellani, Calatini, Hirpini,
Apulorum pars, Samnites præter Pentros, Bruttii omnes,
30 Lucani: præter hos Surrentini et Græcorum omnis ferme
ora, Tarentini, Metapontini, Crotonienses, Locrique, et
Cisalpini omnes Galli.   Nec tamen eæ clades defectio-
nesque sociorum moverunt, ut pacis unquam mentio apud
Romanos fieret, neque ante consulis Romam adventum,
35 nec postquam is rediit renovavitque memoriam acceptæ
cladis.   Quo in tempore ipso adeo magno animo civitas
fuit, ut consuli ex tanta clade, cujus ipse causa maxima
fuisset, redeunti, et obviam itum frequenter ab omnibus
ordinibus sit, et gratiæ actæ quod de re publica non despe-
40 rasset: qui si Carthaginiensium ductor fuisset, nihil recu-
sandum supplicii foret.

NOTES.

EXPLANATION OF ABBREVIATIONS.

A. and S.   stands for the Latin Grammar of Andrews and Stoddard.

Z.   "   "   Zumpt's Latin Grammar, translated by Dr. Schmitz; reprinted in this country, under the care of Prof. Anthon of New York.

Arn. Pr. Intr.   "   "   T. K. Arnold's Practical Introduction to Latin Prose Composition. Amer. edit., D. Appleton & Co.; edited by Rev. J. A. Spencer.

D.   "   "   Döderlein's Handbook of Latin Synonymes. When the volume is mentioned, reference is made to the original German work, in six volumes.

Dict. Antiqq.   "   "   Dictionary of Greek and Roman Antiquities, edited by William Smith, LL.D. Amer. edition, revised by Prof. Anthon.

Hand, Turs.   "   "   Ferdinand Hand's Tursellinus, seu de Particulis Latinis Commentarii.

Krebs   "   "   Krebs' Guide for writing Latin.

Historical references are made to the following works:—
Niebuhr's Hist. of Rome, (Eng. ed.) translated by Hare and Thirlwall. Arnold's History of Rome. American edition, D. Appleton & Co. Schmitz's History of Rome. Andover edition.

The following works are also referred to:—Freund's Wörterbuch der Lateinischen Sprache, Madvig's Lateinische Sprachlehre, Becker's Handbuch der Römischen Alterthümer, Hartung's Religion der Römer, Grysar's Theorie des Lateinischen Stiles; and occasionally Becker's Gallus, translated by Metcalfe, and the Classical Museum, published in London.

1. Facturusne operæ pretium sim.—*Operæ pretium*, literally, the reward of one's pains, *a thing worth the while* = *opus utile, a useful work.* *Facturus sim* is the subj. of the future, (see A. and S. § 260, Rem. 7, (2,) Z. § 497,) forming with the enclitic *ne* an *indirect question*, (see A. and S. § 265; Z. § 552.) These first four words form the first four feet of an hexameter verse. So Tacitus begins his Annals with an entire hexameter, Urbem Romam a principio reges habuere. Such instances of poetic numbers in prose Cicero censures in Orator, c. 54; and in every language they are to be avoided. Accordingly, critics and editors have preferred to read *facturusne sim operæ pretium;* but the remark of Quintilian, (Inst. 9, 4,) is conclusive on this point: T. Livius hexametri exordio cœpit, "facturusne operæ pretium sim;" nam ita edidit estque melius quam quomodo emendatur. *Est operæ pretium*, as we learn from the Scholiast on Horace, Sat. 1, 2, 37, was a favorite expression of the poet Ennius; and as we know that Livy, in his history of the kings, followed the Annales of Ennius, a fact which is quite obvious from the general poetic character of the style, as well as from particular forms and expressions, and even fragments of verse, borrowed directly from that poet, it seems not improbable that this epic opening of Livy's preface was either imitated or borrowed from the same source. Compare Niebuhr's Hist. Rome, vol. i. p. 219.

2. Si sciam, "if I knew." In hypothetical sentences, we must thus frequently render the subj. pres., in a conditional clause, by an English *past* tense.—*Ausim*, see A. and S. § 162, 9; Z. § 161, and § 181.

3. Quippe qui—videam, "for I am aware." *Quippe*—also *utpote, ut—qui* means *inasmuch* as I, he, they, &c., i. e. "for," "because." Sometimes the English expression "as being" gives the force of this construction. For the subj. see A. and S. § 264, 8; Z. § 565; Arn. Pr. Intr. P. I. 482.

8. Pro virili parte. *Pars* or *portio virilis* means, in a legal sense, a *portion* of an inheritance that falls to *a man*, i. e. to each one of the heirs. Hence the expression comes to mean *a part, a share, a duty;* and *pro virili parte, for my part, what belongs to me.* Render, "that I also have borne my part, &c."—Folsom.

11. Ut quæ—repetatur. For the subj. see n. above, on *quippe qui—videam.*

14. Legentium plerisque. *Plerique* is here partitive, in the sense of *the greater number, the majority.* Otherwise it means " a great many," " very many." See Z. § 109, Note.

22. Ante conditam condendamve urbem, i. e. antequam urbs aut condita esset, aut conderetur, (Lachmann, Propert. 4, 12, 62,) " before the city was built, or the design of building it was formed." The part. here, as frequently, supplies the place of the part. pres. pass., i. e. of a continued passive state. See Z. § 652.

23. Poeticis magis decora fabulis. This remark clearly reveals Livy's own view of the poetic character of the early Roman history. The early books of his work furnish a perpetual commentary upon this remark. " Livy wrote in the same spirit, in which the marvellous legends of the heroic age were commonly drawn down into history. Those primitive times, in which the gods walk among mankind, he would not absolutely reject ; whatever was recorded of the more recent, so that it was not inconsistent with the earthly condition of our race, he only held to be less complete and certain, but of the same kind with the traditions of accredited history."—Niebuhr's Hist. vol. i. p. 3.

4. Cum—Martem potissimum ferat. *Potius* and *potissimum* imply choice and preference ; *potius, this thing* rather than *some other ; potissimum, this* rather than *any other. Ferre* here means *to report, hold, consider.* " Since they (*populus*) prefer to consider Mars above all others," &c.

9. Ad illa mihi. *Mihi* is an instance of what is called by grammarians the *dativus ethicus.* See A. and S. § 228, Note ; Z. § 408. To a Roman it was no expletive, though in translation it may seem so to us. It gives to the discourse the force of a lively personal interest. " Let every one, *if he will listen to me,*" &c. ; or, " To these things then *I earnestly desire* that every one," &c.

10. Per quos viros, quibusque artibus. *Per* with the acc. is used, when a man is the instrument or the means by which any thing is done. There is, however, a difference between *per* when used of *things,* and the ablative. See Z. § 301, and § 455.

19. Quod imitere, capias :—quod vites. The subj. *capias* is used, because the second person denotes an indefinite subject, " one," " a man," &c.—Madvig's Lat. Sprachl. § 370. For the subj. in *imitere—vites,* see A. and S. § 264, 5 ; Z. § 567.

22. Nec in quam civitatem, etc. = nec ulla (nulla) civitas, in quam, etc. For the subj. in *immigraverint—fuerit,* see A. and S. § 264, 7 ; Z. § 561.

25. Adeo, quanto, etc. Freund cites this passage to illustrate the force of *adeo* in transition from one thought to another more important one. It is thus equivalent to *immo,* and in Eng. to an emphatic 2 *indeed.* (See Freund under *Adeo,* c. 3.)

30. Ordiendæ rei. *Ord.* has the force of a pres. part. pass. See above n. on *condendam.*

Ch. I.—**2. Æneæ Antenorique—jus abstinuisse.** This is the 5 reading of Alschefski, from the MSS., instead of the common, *Ænea Antenoreque.* But the use of the dat. is a departure from the usual construction of *abstinere,* which is used with the abl. either alone or with the prep. *ab.* See Z. § 468. So also B. 2, 14, *abhorrens* with the dative.

11. Pagoque—Trojano nomen est. In this manner the proper name very often occurs in apposition with the dat. rather than with *nomen.* Just below, however, Livy has *Troja—loco,* etc.; and at the end of the chapter, *cui Ascanium—nomen,* according to the regular rule for Apposition. See A. and S. § 204, R. 8, and § 227, Note 2; Z. § 421, Note.

13. Ad majora rerum initia, *i. e.* The fates directed Æneas to the establishment of a *greater state* than that which Antenor founded.

15. Ab Sicilia—ad Laurentem, etc. Alschefski has *ad L.* from his MSS. *Tenere* seems to be used in the sense of *cursum tenere.*—See Freund.

17. Ut quibus—superesset. For the subj. see n. on *quippe qui —vid.,* Preface.

28. Postquam audierit. *Postquam,* and other particles of time, in the sense of " as soon as," are joined with the perfect indic. Z. § 506; Arn. Pr. Intr. P. I. 514. The subj. is used here, in accordance with the general rule for the *oratio obliqua,* that all the dependent clauses have their verbs in the subjunctive. See A. and S. § 266, 2; Z. § 603; Arn. Pr. Intr. P. I. 460.

Ch. II.—**18. Jam inde ab initio.** *Inde = ex eo tempore, since,* 6 and its force is strengthened by *jam, ever since.* " From the very beginning." Hand, Turs. 2, p. 367.

19. Nimio plus. *Nim.* is the abl. of excess, *by too much,* i. e. "*far too much* for the safety," *&c.* See A. and S. § 256, R. 16, (2,) Z. §§ 487, 488.

32. Situs est, "was buried." The common inscription upon tombs was, Hic situs est, Hic siti sunt, *Here lies, here lie. Super* i. e. *super ripam,* " on the bank of the N."

33. Quemcumque—est. These words are interposed, from a religious scruple in regard to uttering the human name of a deified person, or to saying, *Deum situm. Jus* means what is allowed by *human, fas* by *divine* law.—D.

Ch. III.—**39. Haud ambigam.** So Alschefski reads from the MSS., instead of *haud nihil ambigam. Ambigere* means to *dispute, discuss* the question, whether, &c.

5. Inter—deductam, " Between the building of Lavinium, and 7

Page

7 the planting (or the establishment) of the colony at Alba Longa." The Latin part. is thus frequently used, where we use a substantive. See Z. § 637. *Albam* is of course acc. of place.

6. Tantum—creverant—ut—ausi sint. It will be seen that the perf. subj. *ausi sint* is used, where according to the rule for the succession of tenses, we should expect the imperf. *auderent*. For this general rule for the tenses, see A. and S. § 258; Z. § 516; Arn. Pr. Intr. P. I. p. 29. On the use of the perf. subj. in this instance and in others, see A. and S. § 258, R. 3; Z. § 504, Note; Arn. Pr. Intr. P. I. 418. Most grammatical writers discuss this use of the perf. subj. as a peculiarity of Nepos; especially Zumpt, and Haase, in Reisig's Vorlesgg. Anm. 480. But we meet with the same construction frequently in Livy; and instances are not wanting in Tacitus and Suetonius, and also in Cicero. Zumpt speaks of the instances in Livy, as occurring " only now and then, and more for the sake of variety, than on any definite principle;" a mode of disposing of the subject, which seems hardly satisfactory. In addition to the explanations furnished by the authors above referred to, to which I here add, (Madvig, Lat. Sprachl. § 382, Anm. 1,) I venture to propose, as applicable to the present passage, and to many others, in which a perf. subj., in a clause denoting a *consequence*, follows a past tense, the following rule : The imperf. subj. is used, when the writer proceeds, in the *historical order*, from the *cause* to the *consequence*, and wishes to represent the latter as resulting from the former. The perf. subj. is used, when, on the contrary, the writer *argues* from the *consequence* back to the *cause*, and states the latter, in order to determine and establish the former. (See Archiv. für Phil. Bd. 1, p. 78.) To illustrate in the present instance : Livy does not intend to represent, *historically*, the fact of no one daring to attempt hostilities against the Latins, as a *consequence* of the increase of their power, but rather to state that fact, in order to make clear to his readers, how greatly that power had increased ; in other words, he does not develop, *historically*, the consequence out of the cause, but rather, *speculatively*, establishes the cause, by stating the consequence. Hence the perf. The idea of the sentence might otherwise thus be expressed : Quantum opes crevissent —ex eo potest intelligi—*quod*—*ausi sunt.* On the other hand, in the very next sentence, Livy uses the imperf. *esset*, because he there wishes to represent *historically*, the settlement of the boundary, as the *consequence* of the peace, which had been agreed upon. Other instances in Livy, of the perf. subj. after *ut*, in clauses expressing a *consequence*, (some of which we shall have occasion hereafter to notice,) are the following : 2, 20, *ut—occiderit ;* 3, 3, *ut—pertulerint ;* ib. 29, *ut—decreverit ;* 5, 43, *ut—tentaverint ;* ib. 45, *ut—habuerint ;* 8, 36, *ut—fuerit ;* 21, 1, *ut—fuerint ;* ib. 3, *ut—præbuerit ;* 24, 40, *ut—perfugerint.*

29. Cum—legisset, "having made her a Vestal." It is worth **7** while to remark, that this construction of *cum* with the *pluperf. subj.* is usually thus to be translated by the English *perf. active part.* So also, generally the *Latin past part.* with a substantive, in the construction of abl. absolute. *Vice versa,* in translating from English into Latin, the *perf. act. part.* is to be rendered according to one or the other of these two constructions. See Arn. Pr. Intr. P. I. § 47.

Ch. IV.—**38.** Forte quadam divinitus—effusus—amnis. *Effusus* expresses the occasion of the two following circumstances, *nec—poterat, et—dabat,* and is equivalent to *effusus erat,* or *quia—effusus erat.* "The river Tiber had happened to overflow its banks," or, "it had happened that the T. &c." *Nec—et = et non—et; poterat* and *dabat* agree with Tiberis, being connected by *et* and *nec* to *effusus.* In the expression *forte quadam divinitus,* there is no contradiction necessarily implied. With the ancients, as well as with the moderns, an event that is apparently accidental, is frequently spoken of as providential. So in the expression often quoted from Plutarch, Θείᾳ τινὶ τύχῃ.

40. Justi cursum amnis; may be rendered "at *its* regular channel," as *amnis* seems pleonastic, Tiberis being already expressed.

43. Ficus Ruminalis. *Ruminalis,* derived (according to Freund) from *Rumina,* which is derived from *Ruma,* a word meaning the same as *mamma. Romularis* is not from *Ruminalis,* but is another and earlier name. See Freund, *Rumina.*

6. Faustulo nomen. See above, c. 1, n. on *pagoque,* etc. **8**

11. Nec in stabulis, nec ad pecora. *Stabula,* (from *stare,*) *places of abode,* means here *the huts* of the shepherds. "The former expression is equivalent to *domi,* the latter to *in pascuis.*"—Bauer.

Ch. V.—**15.** Jam tum, i. e. even at that early period. *Hoc,* i. e. the festival now known by that name, in our own day.

16. Lupercal. This word (from *Lupercus, lupa*) is the name of —1. A spot on the northern side of the Palatine, where were an altar and a grove sacred to Lupercus; 2. As here, of a Roman festival, celebrated in honor of Lupercus, who was, with the Romans, the god of fertility. The place called Lupercal was near by the Ficus Ruminalis, celebrated by the story of the she-wolf; and with this story seems to be closely connected the word Lupercal, as well as the festival, known among the Romans by this name, down to the time of Anastasius. See Dict. Antiqq.; also Hartung, Relig. d. Römer, 2, 177.

19. Qui—tenuerit. Livy uses the subj. because the clause is in *oratio obliqua,* and because it states the circumstance as a part of the tradition. On the contrary, below, *quem—vocaverunt,* he uses the indic. because he states the fact on his own authority. See below, c. 6, n. on *quoniam,* etc.

23. Ob iram prædæ amissæ. "On account of their anger *at the loss* of the booty." Not *prædæ* alone, but *prædæ amissæ* forms

Page

8 the object of the feeling expressed by *iram*. The past part. is thus often used in Latin, where we use a substantive.

26. Crimini—dabant. (The other dat. *iis* not expressed.) "Laid to *their* charge." See A. and S. § 227; Z. § 422.

35. Numitori—tetigerat animum. *Num.* is properly dependent upon *tetigerat*, but it is translated by the English possessive case. See A. and S. § 211, R. 5.

39. Haud procul abesset, quin R. agnosceret. "Was not far from acknowledging Remus." See Arn. Pr. Intr. P. I. 91.

42. Aliis alio itinere—pastoribus, "by ordering *different* shepherds to come by *different* roads."

9 Ch. VI.—**1. Numitor inter primum, etc.** This sentence well illustrates the facility with which the Latin language expresses a great variety of collateral circumstances in one sentence, without injury to the unity and perspicuity of the sentence, and even to their direct advantage. Here *Numitor ostendit* is the principal clause; all the others are subordinate, and depend upon the one principal clause, with the utmost order and distinctness. The sentence illustrates the several constructions, by means of which such a period is formed, viz., by the use of the part. agreeing with the subject of the principal clause, *dictitans*, by the abl. abs., *perpetrata cæde, advocato consilio*, and by conjunctions, *cum—avocasset, postquam—vidit*. In translation, the English idiom requires us to break up such a period into several distinct sentences. Compare Z. 817; Grysar, p. 335.

8. Agmine is generally, and perhaps correctly, considered equivalent to *uterque conjunctim*, "together," as the word is so used in Virg. Æneid, 2, 212. But this sense is so unusual, that it seems more in accordance with the usage of the language, to understand it as referring to the *company* of *attendants*, who followed them into the assembly.

18. Quoniam—essent, nec—posset. *Quoniam* expresses a *ground*, an *occasion* of any thing, = the French *puisque*, "since," "now as." The mood of the verb connected with it, depends entirely upon the meaning which the writer wishes to convey. If he intend to give *his own words* or *opinions*, the indicative; if the *words* or *opinions* of the person or persons about whom he is writing, the subjunctive. Here Livy states in the clauses with *quoniam*, the view taken by the parties about whom he is writing, and accordingly uses the subj. See A. and S. § 266, 3; Z. §§ 545–549; Arn. Pr. Intr. P. I. § 58. On the meaning of *quoniam*, see Z. § 346; Arn. Pr. Intr. P. II. (Eng. ed.) § 90. It may here be remarked, in general, that all clauses, whether introduced by the relative or a causal conjunction, which express the words or thoughts of another person, require the subj. Such forms of expression are equivalent to a *less formal oratio obliqua*.

23. Templa. The word *templum*, (contract. fm. *tempulum*,) from *tempus*, root *tem*, from which also τίμνω, *something cut off*, means

primarily a space, the limits of which are fixed, a *space marked off,* 9
and hence, the place of observation marked off by the wand of the
augur, for the purpose of taking the auguries. In the primary sense,
the word involves the notion of a *free, wide,* and of a *consecrated,*
space. Hence the secondary significations—1, *a free, wide space,* as
cœli templa; 2, a consecrated place (a) in general, as, e. g. the
curiæ, the *rostra,* the *tribunal,* (b) a place sacred to a deity, a *temple.*
Freund, under *Templum.* For an account of the rites of augury, see
Dict. Antiqq. under *Auspicium* and *Templum.*

Ch. VII.—**26. Tempore**—præcepto, " on the ground of *priority
of time.*" The expression = " *quod augurium tempore præcepis-
sent.*"

2. Agendo—compulisset. *Agendo* is not pleonastic, but, on the 10
contrary, emphatic, being opposed to *aversos.*

5. Excitus. See Z. under Cieo, § 180.

9. Ex loco infesto, " from the unsafe place." *Infestus* (*in-
fenstus* for *festus,* from *fendo,* from which defendo, offendo, &c.)
means—1, *disturbed, insecure, unsafe;* 2, active or neuter, *disturbing,* i. e. *hostile,* (Freund.) In the first sense, this word differs in classic
use from the kindred word *infensus.*

24. Rogitat, qui vir esset. *Rogitat,* being the historic present,
and equivalent to a past tense, is followed by a past tense. For the
subj. *esset,* see A. and S. § 265; Z. § 552.

28. Aram—Maximam. This altar was in the *Forum Boarium,*
which was in the valley between the Palatine and the Aventine, on
the side towards the Tiber. (See Plan of Rome.) Hartung's Rel. d.
Röm. vol. 2, p. 25.

33. Potitiis ac Pinariis. Buttmann, in explaining this legend,
regards the *Potitii* and *Pinarii* as two ancient families, who had the
care of these rites, the former being the regular priests, *sacerdotes,* the
latter performing a subordinate part as *ministri.* Tracing out the etymology of the two words, he further looks upon this particular relation between the Potitii and Pinarii as having sprung from a relation
of a more general character. Potitii, (from potiri, *potis,*) means the
same as *potentes,* the *powerful,* those who have the chief power;
Pinarii, (from πεῖνα, *penuria,*) the *needy, the dependent.* This seems
to point to the mutual relation between the two orders of some petty
state, occupying the Palatine long before Rome was built. In after
times, this little state was merged with its two orders in the Roman
state; these orders now became Roman *gentes,* with the names of
Potitii and Pinarii, and the sacred rites, having been adopted by
Romulus, still continued to be performed as before. Buttmann, My-
thologus, vol. ii. pp. 294–7.

35. Exta apponerentur. So, in the time of Homer, it was the
practice to burn the legs enclosed in fat, (μῆρα,) and certain parts of

Page

10 the intestines, *exta*, other parts of the *exta* forming a slight meal, preparatory to the general feast furnished from the remaining parts of the victim. See Dict. Antiqq. (*Sacrificium.*)

39. Donec—interiit. Livy mentions this circumstance more at length in B. 9, cap. 29, 34. The censor Appius Claudius prevailed upon the Potitii to delegate the priestly office to public slaves, at the same time qualifying them, by instruction, for the performance of its duties. For this profanation they were believed to have been visited by a divine judgment, as the whole *gens* became extinct within a year.

11   CH. VIII.—3. Ita—si. *Ita* means "*eo modo*," in *that manner*, *thus*. It has frequently the force of *ea conditione*, and especially when joined as here with *si*; *ita—si* meaning on *condition that*, = *only—if*, *not—unless*. Thus, in the sentence *quæ—fore ratus*, *si*, "thinking that there would *not* be, &c., *unless*, &c." The construction *sic—si* is a similar one, *sic* meaning "*hoc modo*." See Hand's Turs. III. pp. 467 seqq., and Arn. Pr. Intr. P. I. 451, and P. II. (Eng. ed.) 777.

4. Cum—tum, "not only, but also," the second being the more important notion. Hence *tum* is frequently strengthened by *maxime*, as here, or by *certe*, *præcipue*, &c. Z. § 723. The construction *cum—tum* differs from *et—et* in this: while *et—et* brings together two entirely different ideas, each of equal moment, *cum—tum* points to a close relation between the two members and thoughts, so that they appear to be closely connected, and fall under one point of view.

8. Et apparitores et hoc genus, "both the attendants (in general), and this (particular) class." *Apparitores*, (from *apparere*, in the sense of *to wait upon*, (Freund,)) a general name for the public servants of the Roman magistrates. See Dict. Antiqq.

9. Sella curulis—toga prætexta. See Dict. Antiqq.

13. Munitionibus alia atque appetendo loca, "by taking in one place after another with their works of defence." *Appeto* means *to reach after something*, *in order to seize it*. *Munitio*, in this expression, embraces every thing built for the purpose of rendering secure against attack. The idea is, that they kept pushing out farther and farther their line of walls, gaining one place, and then another, and another, and thus gradually increasing the extent of the city.

19. Qui nunc—est, "where is now the enclosure, on the descent (from the Capitol) between the Two Groves." This place fixed upon for the Asylum, here called Inter Duos Lucos, was the valley between the two summits of the Capitoline hill—the northeastern, on which now stands the Church of S. Maria in Araceli, (see Plan of Rome,) and the southwestern, on which stands the Caffarelli Palace. Becker's Handbuch d. Röm. Alterth. p. 385. Cicero refers to the place, in Epist. ad Att. 4. 3; Assequitur *inter Duos Lucos* hominem Milo.

Ch. IX.—**30. Quippe—essent.** See Preface, n. on *quippe qui* 11 —*videam*.

33. Qui peterent. For subj. see A. and S. § 264, 5 ; Z. § 567.

42. Ecquod—aperuissent ? *Ecquis*, compounded of *en*, which is interrogative, and never occurs alone, and *quis*. Like *numquis*, it is simply interrogative in *indirect* questions, but to *direct* questions gives a negative meaning. Z. § 351. *Quoque* always directly follows the word which it qualifies.

3. Consualia, derived from Consus, i. e. the god of secret delibera- 12 tions. *Consus*, according to Hartung, (Relig. d. Röm. vol. 2, 87,) is contracted from *conditus*, like *clausus* from a form *clauditus*, &c. Freund however gives the root *conso*, to which also he ascribes *consul*, *consulo*, &c. For the Consualia, see Dict. Antiqq.

21. Hanc vocem, i. e. Thalassio! Thalassio! the common cry with the Romans at marriages ; as with the Greeks, 'Υμὴν, ὁ 'Υμεναῖε. Hartung, Rel. Röm. vol. 2, p. 245.

25. Cujus—venissent. This subjunctive particularly illustrates the general remark at the end of the note on *quoniam*, c. 6. Livy wishes to represent the parents themselves, as *declaring that they had come* to the festival, &c. If he had simply intended as a writer to mention the *fact of their having come*, he would have said *venerat*. Thus the Latin expresses by the subjunctive, and by inflection, what in English we should express by some intermediate clause, as here, for instance, to whose festival, &c. (*as they said*) they had come.

30. Mollirent modo iras, "they should now soften their feelings of anger." The subj. is used in accordance with the general principle, that the *imperatives* of the *oratio recta* become subjunctives in the *oratio obliqua*. Thus in the *or. recta* we should have *mollite— date*. See Z. § 603 ; Arn. Pr. Intr. P. I. § 58.

Ch. X.—**38. Animi raptis.** For the dative, see note on c. 5, *Numitori*, etc.

5. Nomen Cæninum, "*Nomen* for *populus*, as in English *de*- 13 *nomination* for *sect*."—Folsom.

14. Pastoribus sacram. Dative case, *to the shepherds*, i. e. "held sacred by the shepherds." This Latin case thus expresses concisely, what in English we must express by a circumlocution. See Z. § 408.

15. Simul cum dono, "together with the present," i. e. at the same time that he offered the spoils, he marked out the bounds for the temple.

16. Juppiter Feretri. This passage seems to point to *fero*, as the word from which the cognomen Feretrius is derived, the spoils being carried upon a *ferculum*, (contracted from *fericulum*, from fero.) Freund traces the derivation to *ferio*, according to the passage from Propertius, 5, 10, 45–8, though that same passage points also to *fero*

13 as the primitive, Nunc spolia in templo tria condita; causa Feretri, emine quod certo dux *ferit* ense ducem; Seu, quia victa suis humeris hæc arma *ferebant,* Hinc Feretri dicta est ara superba Jovis. (Prop. in Weber's Corpus Poet. Lat.)

18. Opimis spoliis, armor and weapons taken by a Roman general from the leader of the foe, on the field of battle. This is at least the generally received definition of this word. See Dict. Antiqq.

24. Bina postea—annos. The first time by A. Cornelius Cossus, who slew Lars Tolumnius, king of the Veientes, A. U. C. 318, (Liv. 4, 19,) the second time, by M. Claudius Marcellus, who slew Viridomarus, king of the Gæsatæ, A. U. C. 532, Liv. 20, 55.

Ch. XI.—27. Per occasionem ac solitudinem, i. e. the occasion which was offered by the deserted state of the territory, "taking advantage of the occasion," &c. So Tacitus, Ann. 15, 50, *occasio solitudinis.*

38. Nomina darent. *Nomen dare,* "to enlist," in reference to a colony, the army, the navy.—Folsom.

14 **6. Magni—ponderis, magna—specie.** On the difference between the abl. and the gen. of quality, see Z. § 471, Note.

Ch. XII.—14. Palatinum Capitolinumque collem. See the Plan of Rome.

29. Quod—sit, "to be." For the subj. see A. and S. § 264, 5; Z. § 567.

34. Ab Sabinis princeps. *Ab* is used to denote the quarter from which any thing comes, the part to which it belongs, = *a parte, apud.* Thus it comes to mean, "in respect to," "as regards." *Princeps in respect to* the Sabines, *on the side* of the Sabines, nearly equivalent to the gen., "the chief of the Sabines." See Freund; also Hand, Turs. 1, p. 36.

42. Alia—acies; i. e. *reliqua.* "The rest of the Roman troops." On acies, see n. below on c. 23.

15 **Ch. XIII.—12. Si—inter vos, etc.** On the change from the *obliqua* to the *recta oratio,* see below, n. on c. 47.

27. In curias. On the Curiæ, see Dict. Antiqq.; also on the *Centuriæ,* mentioned below.

16 **Ch. XIV.—5. Occupabant—facere.** *Occupare,* in such connections as this, has in it the idea of *priority; to anticipate, do a thing before* some one else. Here *to make war in anticipation, beforehand.* Comp. 21, 39, *occupavit—trajicere, crossed first.*

13. Egressus omnibus copiis. For the omission of the preposition with *copiis,* see A. and S. § 249, III.; Z. § 473.

14. Locis circa densa obsita virgulta obscuris. This reading Alschefski retains, as the reading of the MSS., and still having those peculiarities which have caused so much discussion, and provoked so many emendations. *Densa obsita virgulta* seems to mean *thick-set bushes,* two adjectives occurring together, as not unfrequent- **16** ly they do. The expression is thus epexegetical of *locis—obscuris.* " In concealed places—*about* thick-set bushes," or, "with thick-set bushes *all around.*"

CH. XV.—8. **Quorum—fuit.** "Nothing of which was at vari- **17** ance with a belief in his divine origin, and his supposed divinity after death."

9. **Animus—consilium.** These words are in the same construction as *nihil.*

11. **Profecto.** Alschefski restores this reading, in accordance with the testimony of the MSS. Drakenborch quotes passages, to show that *profecto* of the 2d decl. may have been used for *profectu,* but yet observes, that *profecto* may have here (as undoubtedly it does) its meaning of " assuredly."

15. **Celeres,** "horsemen," (like the Greek κἑλητεс,) probably the patricians, or original burghers of Rome, the number 300 referring to the number of patrician houses. See Niebuhr, Hist. vol. i. p. 325; also Dict. Antiqq.

CH. XVI.—26. **Velut orbitatis metu.** *Velut* to be joined with *orbitatis, orbitas* meaning strictly the loss of parents or of children. " With the fear of being left, *as it were, fatherless.*"

31. **Qui—arguerent.** For the subj. see A. and S. § 264, 6; Z. § 561.

32. **Hæc—fama.** This account is given by Plutarch and by Dionysius. Livy prefers to follow the popular opinion.

37. **Gravis—auctor.** *Auctor,* in the sense of *testis, one who gives his word for any thing, a witness;* (so Freund, *Auct.* 8.) *Gravis,* like the corresponding word in English, means, metaphorically as well as literally, *of weight, weighty.* " A man, whose *word,* as we are told, would have been *of weight,* in any matter, however important."

2-4. **Quantum—fides fuerit;—lenitum sit.** *Fides* from Al- **18** schefski, instead of the common reading *fidei.* For the subj. of the verbs, see A. and S. § 265; Z. § 552.

CH. XVII.—6-8. **Necdum—certabatur.** This reading is given by Alschefski, on the authority of all the best MSS., and must be retained; especially as none of the various emendations and conjectures relieve the passage of its difficulties. The sense of the passage seems to be substantially the same as that in the words below, c. 18, *neque se quisquam nec factionis alium nec denique patrum aut civium quemquam præferre illi viro ausi, etc.,* i. e. the contest was one between parties, not individuals, as there was no one individual who had attained a pre-eminence above all the rest. But it is not easy to educe this meaning from the passage, agreeably to the ordinary meaning and construction of particular expressions which occur in it. It is manifest that *pervenerat* agrees with the subject of the preceding sentence,

18 *certamen regni ac cupido,* as the sentence with *necdum,* like all sentences with such negative particles, requires for its full explanation an intervening clause, easily supplied from what has just preceded; thus: *nec, dum* animos patrum certamen regni ac cupido versabat, *a singulis,* etc. So too, *a singulis* means *on the part of—in respect to—single individuals,* a = *apud, a parte;* see above, n. on *ab Sabinis,* c. 12. But the difficulty lies in the meaning of *pervenerat,* and in its connection with *a singulis.* It seems necessary to interpret *pervenire,* as meaning, *to completely attain, to quite reach its aim, to be carried through with success;* and to translate it with *a singulis,* as above explained. " In the mean time, the fathers were agitated by an eager contest for the throne; and yet no such contest on the part of individuals had been carried through with success, because no one among the new people possessed any pre-eminence above all the rest; the struggle was between the parties, the different bodies, (the races,) of whom the people were composed." Compare Alschefski, in the minor ed.; Schadeberg, in Archiv f. Phil. Bd. 1, p. 440.; and Weissenborn, Jahn's Jahrb. Bd. 39, p. 280.

13. **Experta,** used in a passive sense, though the participle of a deponent verb. So *onere partito,* Liv. 5, 40, *partito exercitu,* 28, 19, *partita classe,* 27, 8, *depopulato agro,* 9, 36. See Z § 632.

20. **Decem imperitabant.** Thus the supreme power was vested in a board of ten, one from each of the decuries, each of whom ruled with the title of Interrex, for five days; and if at the end of fifty days no king was appointed, the rotation began anew. See Dict. Antiqq. (Interrex.)

26. **Nec ultra nisi—et—videbantur passuri.** "*And* it seemed that they would suffer *nothing but* a king, and *that too* created by themselves." Nec means, as often, "and not," or *et non;* non—nisi, "*only,*" which is here strengthened by *ultra,* as if it were, *nothing more except,* i. e. "nothing but." The *et* equivalent to *eumque, et quidem,* "and that too."

31. **Id sic ratum esset, si,** etc. *Sic—si,* on *this condition—if—*i. e. "that it should *not* be ratified, *unless,* &c." See note on c. 8

33. **Vi adempta,** "though its force has been destroyed." The next clause explains this expression; (for) "before the people," &c.

35. **Quod bonum, faustum felixque sit,** a form of prayer of universal use with the Romans on entering upon matters of public business. So Cicero, de Divinatione, 1, 45, 102, Majores nostri *omnibus rebus agendis,* quod bonum, faustum felixque esset, præfabantur A fact in Roman public life, full of significance.

37. **Dignum—qui—numeretur.** For qui with the subj. see A. and S. § 264, 9; Z. § 568.

39. **Crearitis.** The future perfect, because the action in *crearitis* is represented as completed before that in *fient* takes place.

Ch. XVIII.—2. Quem—juvenum æmulantium studia—con-19
stat, "who, it is certain,—had (around him) circles of young men,
who diligently pursued his (favorite) studies." *Æmulantes*, in the
sense of *discipuli*, *sectatores*, "followers." So Cicero pro Muræna,
c. 29, Zeno, cujus inventorum *æmuli* Stoici nominantur. And Tac.
Hist. 3, 81, studium philosophiæ et placita Stoicorum *æmulatus*.

7. Quæ fama—excivisset. Alschefski has *quæ fama*, which
Drakenborch also pronounced the only true reading. The construction
certainly is peculiar, but yet the meaning intelligible. *Fama* is the
subject of *excivisset*, and may be so translated; or by supplying after
in Sabinos the words *penetrare potuisset* or *perlata*, the sense may
be more fully expressed. "What report of his fame could have reached
the Sabines, or by what intercourse of language have called forth any
one," &c.

27. Regiones—determinavit. The space was called Templum.
See note on c. 6. *Dextras—partes*, i. e. on the augur's right hand;
for the augur looked towards the east, while the king was sitting with
his face towards the south. The augur fixed upon some object, whether
a tree or any thing else, directly opposite to him, *contra*, and then
imagined a line drawn from that object to himself. The parts to the
south of this line, he called the right, (or the right side,) those to the
north, the left. (Hartung, Rel. Röm. vol. i. 119.) See Dict. Antiqq.
(Auspicium.)

34. Adclarassis, for adclaraveris. Gr. A. and S. § 162, 9.

Ch. XIX.—42. Janum ad infimum Argiletum. *Janum, the
Janus*, i. e. the temple of Janus, called here *index pacis bellique*, because it was open in time of war, and closed in time of peace; also
called Geminus or Bifrons, from its two gates or entrances, the *Double,
double-gated*, and Quirinus, from its being connected, by an ancient
tradition, with Romulus. This celebrated temple stood at the northeastern angle of the Forum, near the foot of the Capitoline hill. See
the Plan of Rome; also Becker's Handb. d. Röm. Alt. Thl. i. p. 118, and
Classical Museum, vol. iv. p. 29. This established position of the
temple of Janus fixes the locality of the Argiletum; and Becker accordingly describes it as a quarter of the city, extending from the
southern extremity of the Quirinal to the Capitoline and the Forum.

16. Ad cursus lunæ—congruerent. The subject of the Roman 20
Calendar has been most ably discussed by Professor Key, of London,
in the Dict. of Antiquities; and to that article I refer the student for a
minute and accurate view of the year of Numa, together with an explanation of the present passage. It is sufficient to observe here, that
Numa, in the first place, divided the year into twelve months, according to the course of the moon. But such a lunar year would necessarily fall short of the solar year, since not every successive lunation
consists of 30 days, (*quia tricenos—explet*,) and several days are thus

Page

20 wanting to complete the solar year, (*desuntque dies—orbe.*) Thus the lunar year would be constantly varying more and more from the solar, and in course of time the names of the months would lose all regular connection with the returning seasons. To remedy this evil, and to keep the lunar year adjusted to the solar, Numa, in the second place, found it necessary to insert, or *intercalate*, a certain number of days in the calendar of the lunar year; and he adopted such a system of intercalation, (intercalares—ita dispensavit,) that at the end of a cycle of 19 years, (*vicesimo anno,*) the lunar year agreed with the solar, and again coincided with the same point in the sun's course from which it started. The reading *intercalares* (sc. dies) *mensibus ita dispensavit*, Alschefski adopts on the authority of his MSS. See Dict. Antiqq. pp. 192, 193.

Ch. XX.—**25.** **Dialem flaminem**, "priest of Jupiter." *Flamen*, (*filamen, filum*, see below c. 32, *capite velato filo*,) in distinction from *sacerdos*, was a priest devoted to the service of one particular god. Livy in this chapter mentions the three earliest and always the most honored, who were appointed by Numa, the *Flamen Dialis*, *Flamen Martialis*, and the *Flamen Quirinalis*. The number was afterwards increased to fifteen.

27. Romuli quam Numæ similes. *Similis, dissimilis*, &c., take the genitive, when resemblance in character—in reference to *persons*—is expressed. Z. § 410. This, however, is not always the case with Livy, as e. g. below, c. 22, *regi dissimilis*; and c. 47, *fratri similior quam patri*; though uniformly with Cicero.

35. Salios, according to Ovid, Fasti, 3, 387, "*a saltu,*" *salio*, i. e. *the dancers*. They celebrated a festival annually, in the beginning of March, when they went through the city, arrayed as Livy here describes, and carrying the *ancilia* in their left hands, or suspended from their shoulders, at the same time singing and dancing. At the conclusion of the festival, they partook of an entertainment, which was proverbial for its magnificence, e. g. Hor. O. 1, 372, *Saliaribus dapibus*; and 2, 14, 29, *pontificum cenis*. The *Ancilia*, shields, called *cælestia arma*, from the estimation in which they were held, and the tradition that the original one had been sent from heaven. See Dict. Antiqq. (Ancile.)

21 **5. Quæque prodigia—susciperentur atque curarentur**, "and what prodigies, sent in lightning or any other appearance, should be admitted and expiated." "*Curare prodigia*, as also *procurare*, (in next chapter,) pro *expiare*, i. e. curare et facere ea, quibus deorum ira prodigiis declarata placari potest."—Ruperti.

Ch. XXI.—**14-19.** **Cum—formarent; tum—etiam—adducti sunt.** We have remarked upon the force of *cum—tum* on c. 8. But here the use of *cum* with the subjunctive must be observed. In regard the mood with *cum*, in the construction *cum—tum*, the following may be said: when the relation between the clauses is given as merely external, the clause with *cum* having in it merely the notion of *time*, as the *earlier*, the *first*, then *cum* is used with the indicative; but if the thought with *cum* is given as *causal* or *concessive*, expressed by " as," " since," or by " though," " although," *cum* is then followed by the subjunctive. See Seyffert on Cic. de Amic. p. 144. In the present sentence, the *cum* is manifestly *causal*. The thought is this :—*As all the people formed their character after the model of the king, all the neighboring nations came to entertain for them the utmost degree of respect*. Nor can it be said, that the meaning is just the same as if *tum* were not expressed. It is really different, and would be at once so apprehended by a Roman, though we may not fully express it in translation   Without the *tum*, the relation between the two clauses would be purely logical; with *tum*, the relation is this: the historian means to say that the character of the people was formed after the example of their excellent king, and especially that it gained universal respect; and at the same time to say, that the latter fact was occasioned by the former. I have thought it necessary to remark thus at length upon this sentence, because this construction *cum—tum* is peculiar, and has occasioned much discussion. I observe, in addition, that the view, (given by Zumpt, § 723 ; and by some others, as Arnold, Pr. Intr. P. II. (Eng. ed.) 275 ; and Krebs, 289,) that the clause with *cum* sustains to that with *tum*, the relation of the *general* to the *particular*, is pronounced by Seyffert (De Amic. p. 144) a mistaken one, refuted by many passages. Seyffert cites Brut. 2, 7, and 49, 183. For other examples in Livy, illustrating these remarks, see 3, 34 ; 4, 60 ; 8, 21.

23. Quod—essent. Another instance of the subjunctive with a causal conjunction, where the reason is ascribed to the person of whom the writer is speaking.

24. Soli Fidei. The reading *soli* is established by the MSS., but the difficulty of fixing its meaning has given rise to conjectures and emendations. Livy seems to indicate the special honor in which Faith was held by Numa, as that he appointed a festival to her *sole honor*. So Virgil, in his glowing description of the happy times to come, speaks of the rule of " Cana Fides et Vesta,—Remo cum Fratre Quirinus." Æn. 1, 292.

25. Manuque—sacratam esse. Thus the priests, when engaged in the performance of divine worship, had the right hand covered, down to the fingers, indicating by this outward emblem, that the right hand was sacred to Faith, as it were, *the seat* of the goddess in the human body. The image of the goddess was also covered with a white veil, to indicate her spotless purity. Hence Horace, Odes, 1, 35, 21, *albo* rara Fides—*velata panno*.

29. Argeos, (from Argos,) sacred places, chapels, in different

21 parts of the city, twenty-seven in all. The word occurs below, c. 68, as the name of certain figures, thrown into the Tiber, from the Sublician bridge, on the Ides of May, of every year. See Dict. Antiqq.

Ch. XXII.—40. Non solum—sed etiam. So also *non modo* (or *tantum*)—*sed* (or *verum*) *etiam*. These forms of expression generally express an *ascent* from something *less* to something *greater*. See Z. § 724. Zumpt says also that *non modo*—(not *non solum*) *sed* (without *etiam*) expresses a *descent* from the *greater* to the *less*. But this remark must be limited to negative sentences, to which belong rhetorical questions, and comparative forms of expression, (e. g. such as Zumpt cites in § 724.) Arnold contends (Pr. Intr. P. II. 505, Eng. ed.) that the second is *always* the *stronger statement*; a view which seems to me erroneous. Putsche says, "that in *non—sed*, the first is *excluded*; in *non modo—sed etiam*, the second is *annexed*; in *non modo—sed*, the first is *included*." Arn. (as above) 504. Seyffert also gives this view in his Palæstra Ciceroniana, p. 62.

22 6. Excepti hospitio, "hospitably entertained." *Excipere* is thus used in the same way as the more common *accipere*. Liv. 23, 4, *accipere epulis*. So Curtius, 8, 43, *hospitaliter—accepisset;* and 7, 27, *hospitaliter exceptos.*

17. Ut expetant—clades, "that upon their heads may fall all the calamities of this war." *Expetere* intransitive. So Freund, who cites this passage. Thus too in Plautus, Amph. 1, 2, 23; and 2, 1, 42.

Ch. XXIII.—24. Acie, "in a general engagement." As this word is constantly occurring, it is well to notice its different significations. It means—1, *sharpness*, a *sharp edge*, as in a sword &c.; 2, in reference to seeing, (a) *sharpness of sight, sight,* (b) *the pupil of the eye,* and *the eye* itself, (c) the *attention* in looking at any thing, (the *aim* of the eye;) 3, (from the eye to the mind,) *sharpness of understanding, insight;* 4, in military language, *line of battle, order of battle,* the notion of *edge* being transferred to the *straight line* formed by an army; (a) in concrete, *the order of battle, the army drawn up in battle-array,* (b) *the battle of an army thus drawn up, a general engagement, a pitched battle;* also *figuratively, conflict of words, disputes*—Freund. No. 4 fixes its meaning, in distinction from *pugna,* which is a conflict in its most general sense, from a duel to the bloodiest pitched battle; and from *prælium,* an action, a rencounter of separate divisions of an army.—D.

34. In—expetiturum pœnas, "would inflict punishment upon." *Expetere* is here transitive, like *capere, sumere* with *pœnam, supplicium.* So Curtius, 3, 2, 18, *expetet pœnas,* and 10, 2, 29, *expetam pœnas.* But the construction *exp. in* aliquem is unusual, the preposition being usually *a* or *ab,* or *de;* and sometimes *e,* as in Curtius 4, 13, 13. Gunn cites Curtius 4, 6, (29,) *pœna in hostem capienda,*

(where another reading is *in hoste*,) which Mützell compares with Sallust, Catil. 11, 4. See also Hand, Turs. III. p. 294. Krebs (Antibarbarus) gives "expetere *pœnas ab aliquo* or *in aliquem*, not *in aliquo*." It is strange that Freund under Expeto cites the present passage of Livy to illustrate *exp. pœnas ab aliquo.*

37. Ducit, "he advanced." *Ducere* is used absolutely, as ἐλαύνω in Greek, and as in English we say of a general, *march, advance.* This is a favorite form of expression with Livy. See below, c. 27; so also 5, 28; 9, 35; 21, 58; 22, 18; 22, 12; 31, 38; 34, 50, and other passages. We do not often find *ducere* thus used in Cæsar and Sallust; once only in Curtius, 3, 4, 1.

42. In aciem educit, "marched out in order of battle." *Educere* also here absolute. Yet *in aciem* seems not thus to be fully expressed, and perhaps to render the acc. exactly, we might say, "moved out into order of battle." So *educere*, below, 3, 42; 7, 13; ib. 60; 27, 2.

43. Postquam structi utrimque stabant, "when they were drawn up on both sides, and were standing in their ranks." The imperfect occurs, as here, in a dependent clause with *postquam*, when the action is to be represented as still continuing, and therefore cotemporary with that of the principal clause. Sometimes the action itself is completed, but its effects are still continuing; then too the imperfect is used. See Z. § 507; Krebs, 273. *Structi*, from Alschefski, instead of the common reading *instructi.* So 9, 31, *struebatur*, and 42, 51, *struxit.* Livy seems to prefer the simple verb, e. g. 4, 53, *fert* for *aufert;* 37, 11, *tendit* for *contendit;* 29, 21, *demtum* for *ademptum.*

1. Injurias—ferre. The order is this: *Et ego regem nostrum Cluilium* dicentem (or) quum diceret *injurias et non redditas res*, etc. "I think that I have heard our king Cluilius *say*, that injuries," &c. The same ellipsis occurs in 4, 20. Compare also above in 1, 16, *patribus—procella*, where we may supply some word after *patribus.*

1. Ex fœdere, "in accordance with the treaty." *Ex*, like ἐκ in Greek, and also κατά. So in the expressions *ex senatus consulto, ex decreto, ex lege*, and similar ones formed from participles, *ex composito*, above, 1, 9; 5, 11; and *ex instituto*, 6, 9.—Hand, Turs. 2, 651, and Z § 309.

7. Fuerit ista ejus—suscepit, "the consideration of that *may have been* the business of him who undertook the war." See Z. § 529, Note.

10. Quo propior es Tuscis. This is the conjectural reading of Alschefski, who compares 2, 9, Porsina—exemplum *Tuscis* ratus.

20. Quærentibus, dative, instead of ablative with *a* or *ab.* So 5, 6, *uni aut alteri—audiuntur;* 3, 54, *multitudini—violatus;* 21, 34. *Hannibali—acta est.* See Z. § 419; A. and S. § 225, ii.

CH. XXIV.—**23. Nec ferme—nobilior,** "and there is *hardly*

23 any other occurrence of antiquity that is better known." *Nec* (non) *ferme, almost not, hardly.*

24. Nominum error, "uncertainty in respect to the names." *Error* means—1, *the wandering about,* (a) literally, as error civium, (sc. mercatorum,) (b) figuratively, *fluctuating, fluctuation, uncertainty;* 2, *getting out of the right way, going astray,* (a) literally, (in this sense very seldom found,) (b) figuratively, *deviation from the truth, error.*—Freund.

25. Utrius—fuerint, "to which (of the two) people the Horatii, to which the Curiatii belonged." For subj. *fuerint,* see A. and S. § 265.

29. Ibi—fuerit. *Fuerit* is perfect subjunctive, in accordance with the usual construction in indirect discourse. The *future perfect* of direct discourse becomes *perf. subjunctive* in the indirect; e. g. in the direct speech, the words would be ibi imperium erit, unde victoria *fuerit,* (fut. perf.) Generally, it may be remarked: the *future* and *future perfect* of the direct, become respectively *present* and *perf subj.* in indirect discourse. If the sentences in indirect discourse be introduced by a past tense, the *future* and *future perfect* become respectively *imperfect* and *pluperfect subjunctive.* See Arn. P. Int P. I. p.163, obs.; Z. § 496.

32. Cujusque—imperitaret. For the mood in *vicissent* and in *imperitaret,* see preceding note; e. g. the assertion in direct speech, would be *cujusque populi cives—vicerint,* (fut. perf.) is—*imperitabit.*

36. Fetialis. The Fetiales were a college of Roman priests, twenty in number, instituted probably by Numa, to whom was intrusted the preservation of the public faith, (Fides Publica.) Hence it was their business to perform the rites belonging to the formation of treaties, which Livy here describes. Below, c. 32, are detailed the rites which they performed, on demanding satisfaction, and on declaring war. The origin of the expression *pater patratus,* the name applied to the representative of the *fetiales,* is sufficiently explained by Livy in this chapter. The etymology of *fetialis* is uncertain. See Dict. Antiqq.

38. Sagmina. The different expressions here used, *sagmina, verbena,* and *graminis herbam puram,* mean essentially the same thing, namely, the herbs taken from the enclosure of the Capitoline, and carried by the *fetiales,* in token of their sacred character. The word *sagmina* Freund traces to the root SAG, and is thus allied with the words *sacer, sancio,* &c.; perhaps the *herbæ* were called sagmina from being taken from a *sacred* place. The word *verbena* (so-called *a viriditate,* Servius, quoted by Hartung, Rel. Röm. vol. 1, p. 200) was also applied to the boughs or leaves of trees, as the laurel, olive, &c.

24   **3. Non operæ est referre,** "I have no inclination to repeat."

Operæ is commonly explained as in the *genitive*, sc. *pretium*, as in Preface, l. 1.   But it seems more in accordance with other passages to
consider it the *dative*, sc. *mihi.*   The form *non esse alicui operæ* =
non vacat, one has *not leisure, has no inclination, will not*, &c.,
occurs frequently, as 4, 20, neque *consulibus—operæ* erat; 5, 15, si
operæ illi esset; 29, 17, nec *vobis operæ* est; 21, 9, nec *Hannibali—
operæ* esse.

9. Defexit, for *defecerit.*   See A. and S. § 162, 9.

Ch. XXV.—**23. Quippe—agebatur.** *Imperium, sovereign power.
Agi, to be at stake.*

24. Itaque ergo, "accordingly, (therefore.)"   *Itaque,* comp. of
ita and *que,* corresponds to our *and so, accordingly.*   The pleonastic
use of *itaque ergo* occurs frequently in Livy, e. g. 3, 31; 39, 25; 28,
12.

29. Fecissent.   We might, at first view, expect *vicerint* (perf.)
as *concurrunt, obversatur* are in the *present* tense; but these words,
being *historic present,* and therefore equivalent to a *past tense,* may
be followed in a dependent clause, by a past tense.   The *historic
present,* in relation to the sentences dependent upon it, is sometimes
used by the writer as a *real present,* sometimes as a *perfect.*   Occasionally we find in the same sentence both constructions.   Madvig,
Lat. Sprachl. § 382, 3.

34. Agitatio anceps.   "The brisk action (of their arms) on both
sides."   *Anceps,* (from *an—caput,*) 1, *double-headed,* (so only with
the poets,) hence, 2, applied to an object having the same property on
two opposite sides, e. g. an axe that cuts on both sides, *anceps securis,
two-edged, double;* thus frequently with the historians, in reference to
a battle, *anceps prælium, on two sides, on both sides;* then *figuratively, two-sided,* as *anceps sapientia, disputatio;* hence, by an easy
transition, 3, *fluctuating, uncertain,* (like *ambiguus,*) doubtful; and,
as any thing thus fluctuating is liable to danger, 4, *critical, danger-
ous.*—(Freund.)   *Arma* is the generic word; but when with *tela,*
means *defensive* armor, and *tela, offensive.*

36. Super alium alius.   We might have expected—*alterum
alter,* especially as *duo* immediately precedes.

41, 42. Ut—sic, "*although—yet;*" sometimes may be rendered *indeed—but.*   (See Z. § 726.)   So also Livy has *ut—ita,* e. g.
21, 7; 21, 8; and *sicut—ita* 21, 35.

5. Tunc—solet, "then with such a shout as is wont to break 25
forth from applauding spectators, on occasions of unexpected success."
Faveo is frequently used to express the *applause, loud acclamations,*
of the people on public occasions, as at the gladiatorial games, Suet.
Calig. 30, *faventi turbæ;* in a public procession, Hor. O. 3. 24, 45,
turba faventium.   So also *favore,* above c. 12.

21. Ditionis facti. *Suæ ditionis fieri* means *to be brought into*

Page

25 *one's power, to become dependent upon one's power.* The genitive is used with *esse* and *fieri* to express *to whom* or *what* a *person* or thing *belongs*, or is *peculiar*. In translation we supply some expression, as *property, business,* &c., but it is not correct to say that the Latin genitive depends upon a Latin noun understood, which corresponds to such expression. To explain such constructions by an ellipsis, and to say the limited noun is wanting, is only to confound the Latin idiom with our own. See Z. § 448, Note 1 ; Madvig, § 289.

Ch. XXVI.—31. **Paludamento.** The *paludamentum* was properly the cloak worn by the general, while that worn by the common soldiers was called *sagum.* Yet Livy seems not here to observe the distinction. See Dict. Antiqq.

43. Duumviros—facio, " I appoint, according to the law, duumviri, to pass sentence upon Horatius for murder." The offence of Horatius was manifestly murder ; yet murder is not the exclusive meaning of *perduellio.* By *perduellio* was understood the crime of one who had committed an act against the state, injurious to its safety and peace. Hence strictly it was treason, crimen *majestatis.*

26 **1. Lex horrendi carminis.** The word *carmen,* in this and many other passages, means a *form of words*—a *set form*—so used from the fact that the religious and civil ordinances were drawn up in a rude species of verse. The present *carmen* ran thus—

Duúmviri pérduelliónem júdicent.

Si a duúmvirís provocárit,

Provocátióne certáto :

Si víncent, caput óbnúbito :

Infélici árbore réste suspéndito :

Vérberato intra vel éxtra pomérium.

—Niebuhr's Hist. vol. 1, p. 219, n. 36.

4—8. Hac lege—condemnassent, " after the two duumviri (who thought that by that law they could not acquit him, even if innocent) had condemned him." I render the word *innoxius* in its full sense ; but still it must be somewhat modified. The idea seems to be, that the duumviri could not inquire into the grounds on which this manifest act of murder might be justified. Thus below, the father of the criminal declares his opinion, that his daughter was slain *jure,* i. e. that his son was *innoxius.* For an account of the *Perduellionis duumviri,* see Dict. Antiqq.

20. Sub furca. *Furca* means properly a fork, but here an instrument of punishment, formed by two pieces of wood, put together in the shape of the letter V. In capital punishment, the criminal was tied to it, and scourged to death.—Dict. Antiqq.

21. Quod vix—possent, " a sight so horrible, that scarcely the eyes of the Albans could endure it." The construction = spectaculum tam deforme, quod (= ut id)—possent

29. Non tulit—nec—nec. The *nec—nec* after *non* are equiva- 26 lent to *aut—aut.* See Z. § 754, Note.

CH. XXXII.—1-4. Et avitæ—et quia—longeque. Livy seems 27 to indicate three reasons which induced Ancus to order the religious rites transcribed, and exhibited to the view of the people; viz., the example of his grandfather; the want of prosperity in the reign of Tullus, owing to neglect or bad management of religious affairs; and his own sense of the importance of returning to the religious institutions of Numa. The second alone is stated in form, preceded by *quia.* So, in a somewhat similar instance, in c. 4, *seu ita rata, seu quia,* etc. A more peculiar instance occurs below, in c. 40, *Sed et—et quia— tum—videbatur.*

15. Præterquam quod—credebat—etiam, etc., (besides that he believed, &c., he also believed, &c. i. e.) "in addition to his belief that peace had been more necessary in the reign of his grandfather, among a people both new and uncivilized, he also thought, that the state of peace which had fallen to *his* lot, (Numa,) *he* could not *himself* easily preserve without (suffering) injury."

21. Quoniam—instituisset. See note on c. 6, on *quoniam,* etc.

31. Dedier, for dedi, pres. inf. pass. See A. and S. § 162, 6; Z. § 162.

32. Siris, for *sieris, siveris,* perf. subj. from *sino.*

40. Quicumque est, nominat, "whatever people it may be, he mentions the name." With *quicumque, quisquis,* and similar general expressions, we find in Latin the indicative. So above, cujuscumque gentes *sunt.* Z. § 521.

3. Priscis Latinis. Prisci, not originally an adjective, but the 28 name of a people who united with the Latins; hence the name of the two people combined became Prisci *et* Latini, and afterwards Prisci Latini without the *et*, the *et* being omitted, according to the Roman custom, between words constantly appearing together. In a similar manner is to be explained the expression Populus Romanus Quirites, originally Populus Romanus et Quirites, the name used for the original Romans and the inhabitants of Quirium, after they became one people. We find also, as in this passage, the form Populus Romanus Quiritium. This explanation of these expressions was first introduced by Niebuhr.

19. Id ubi dixisset. In narration, the imp. and pluperf. subj. are used after relative pronouns and also adverbs originally relative, when actions of repeated occurrence are spoken of. This is called by Zumpt the *subjunctive of generality,* as the action does not refer to a distinct individual case. Z. §§ 569, 70.

CH. XXXIII. 27. Veterum Romanorum, i. e. those who had originally founded and settled the city with Romulus.

29. Aventinum, used in the neuter gender, "the Aventine," **So**

Page

28 below, in this chapter, and also 3, 67. Also occurs *Aventinus*, sc. mons.

30. Haud ita multo post, "not *very* long after." The force of *ita* here, as well as in *non ita*, grows out of an ellipsis, e. g. haud ita, ut quis putet, not *so*, as one may think, &c. We say sometimes in English, it was not *so* long, &c. This expression occurs frequently in Livy, e. g. 2, 36; 14, 5; 21, 20; 31, 39. Hand, Turs. 3, p. 491.

43. Ad Murciæ, sc. *ædem*, "near the temple of Murcia." *Ad* has here, and frequently, the sense of *apud*, near to, *in the vicinity of*, &c. The word *ædes* or *templum* is thus frequently omitted after *ad*, and sometimes also after *ab*.

29   **2. Ponte sublicio,** "a wooden bridge;" (from *sublica*, a wooden beam,) generally called the Pons Sublicius, the first bridge built across the Tiber. It was afterwards rebuilt by the *pontifices;* and it was held so sacred, that no repairs could be made in it without previous sacrifice, conducted by the *pontifex* in person. See Dict. Antiqq. (Bridge,) and the Plan of Rome.

3. Haud—a planioribus aditu locis, "no inconsiderable defence on those parts of the city which were level and easy of access." *Aditu* is a supine. The prep. *a* here is equivalent to *a parte, apud*, as above, c. 12.

Ch. XXXIV.—**26. Egerio—nomen.** For the dat. see n. above, c. 1, on *pagoque*. Just above we have, according to the regular rule, *Nomina—Lucumo atque Arruns.*

29. Et quæ—sineret. For the subj. see below, B. 2, c. 8, n. on *quæ—absolverent.*

30. Quibus innupsisset. The reading of the MSS. is *ea cum innupsisset;* Drakenborch conjectured *ea in quæ inn.*, which Alschefski adopted in the larger edition. The present reading he prefers, because the expression is supported by the authority of other authors, (e g. Ovid, Metam. 7, 856,) and because the reading is not so much at variance with the MSS., as *um* and *ibus* are not unfrequently interchanged.

36. Forti ac strenuo. See n. on these words below, B. 21, c. 4.

39. Nobilem imagine. See below, B. 3, c. 58, n. on *virum, etc.*

40. Ut—et cui—esset. See n. Preface, on *quippe qui—videam.*

30   Ch. XXXV.—**23. Regi creando.** The dative, denoting purpose, depends upon *comitia*. See A. and S. § 275, R. 2, (2); Z. § 665.

27. Cum, sc. *diceret*, may be rendered here "saying."

32. Se, ex quo—fuerit, "that he himself, when he became his own master." *Ex quo* is equivalent to *ex eo tempore, quo*, and means strictly *since, ever since*. The idea implied here is, that at the time he became his own master, he removed to Rome, and had lived there *ever since*, up to the present time.

31   **1. Minorum gentium.** According to Niebuhr, the senators added by Tarquinius Priscus, represented the third tribe, the Luceres, and were called *patres minorum gentium*, in distinction from the two older tribes. By the same appellation, the senators representing the Titienses had been distinguished from those who represented the Ramnes, the earliest and most honorable tribe. See Dict. Antiqq. (Senatus.)

7. Spectacula. This word means here *platforms*, constructed by the senators and the knights, on which they stood, to view the games. They were called *fori*, also *foruli.* Livy here relates the origin of the Circus, known afterwards by the name of the Circus Maximus, and of the celebrated games, called Ludi Romani or Magni. The site of the Circus was in the valley between the Palatine and Aventine. For an excellent account of the Circus and of the Ludi, see Dict. Antiqq. (Circus.)

Ch. XXXIX.—**20. Donec—experrectus esset.** *Donec*, in the sense of "till," "till that," like *dum, quoad, antequam,* and *priusquam*, is followed by the subjunctive, not only when a *purpose* is indicated, but in the *imp.* and *pluperf.* in narration, even when there is *simply* an *indication of time.* In the present instance, *donec* is merely *temporal*, the meaning being that the queen forbade the boy to be disturbed, *till* he had awaked of his own accord. Of course, not as if with the *purpose* of then disturbing him, but simply that he should not be disturbed during all the time that he was not yet awake, i. e. *before* his awaking. Thus *donec* is equivalent to *priusquam*, and like that particle, is here followed by the pluperf. subj. See Madvig's Lat. Sprachl. § 360. Hand says, (Turs. 2, pp. 294, 295,)—Conjunctivus poni potest, quando dicitur vel intelligitur *non diutius* et *non priusquam*, et in constructione formarum non absolutarum, quæ sunt imperfectum et plusquamperfectum. The account given by Zumpt, § 575, of *donec*, in respect to the mood with which it is used, is not adequate to the explanation of all the cases which occur. Comp. Liv. 21, 28, *donec—fecisset*, and 45, 7, *donec—misisset.*

33. Credere prohibet, "forbids our believing." For the infinitive with *prohibere*, see Z. 607, and comp. § 543.

35-9. Qui—domo. Translate in the following order:—qui ferunt, Corniculo capto, uxorem Servii Tullii,—qui princeps in illa urbe fuerat —gravidam viro occiso, cum—cognita esset, prohibitam servitio ab regina Romana ob unicam nobilitatem, edidisse partum Romæ, domo Prisci Tarquinii.

Ch. XL.—**1-6. Tum Anci filii duo—tum—crescere.** No verb is here expressed for the nominative *filii;* for to connect *filii* with *statuunt* below, seems to me forced and unnatural. Bauer proposes to read: tum *etsi filii* A.—*habuerant*, etc. But the construction seems obviously an instance of the *anacoluthon*, (see A. and S. § 323, 3, 5,) the historian beginning the sentence naturally with *filii*, as it is of these that

Page

32 he intends to speak, and then, after the long parenthetical clause *etsi —stirpis*, resuming the interrupted course of thought with a different construction, *tum impensius iis indignitas crescere.* Thus: "then the two sons of Ancus—although they had *before* considered it the greatest indignity, &c., (yet) then *their* indignation, &c."

5. Non modo—sed ne—quidem. "Not only *not*, but not even." In negative propositions, the second *non* is omitted, when both clauses have the same predicate. If each clause has a separate predicate, the whole form *non modo non* is used. Z. § 724; also Arn. Pr. Intr. P. I. p. 105.

15–19. Sed et—et quia—tum—videbatur. This passage has occasioned much discussion. Some editors reject *et* before *injuriæ*, some reject *quia*, others read *et quia* for *tum*, and yet others have *quia* in brackets, as if spurious. But all these changes are contrary to the authority of the MSS., and besides are unnecessary and inadmissible. The sense of the passage seems to be this:—The sons of Ancus, bent upon preventing by violent means, so foul a dishonor to the Roman name, and their own royal house, preferred to attack Tarquin himself, rather than Servius. And for three reasons: first, from a painful sense of the personal injury they had suffered, in being excluded from the throne, (*et injuriæ dolor;*) again, because the king, if he survived, would be a severer avenger of the murder than a private man, (*et quia—privatus;*) then too, (*tum (= tum etiam)—videbatur,*) were Servius put to death, the king could make another son-in-law his successor to the throne. The first two clauses are each introduced by *et*, as each contains a distinct and independent reason; the omission of *quia* in the first clause is sufficiently explained by the form in which the thought is expressed, and by the usage of Livy, which we have already observed in a somewhat similar passage in c. 32. If we need to go beyond the usage of the writer, and explain why he omits the particle, and gives the bare thought by itself, we may perhaps find a reason in the fact, that the logical relation of the clause to the other parts of the sentence sufficiently fixes its causal character, without the insertion of a causal particle. Finally, the last clause adds a third reason, and is introduced by *tum*, which is equivalent to *tum etiam*, or *præterea*. For the force of *tum*, see Hand, Turs. 2, pp. 537, 8, where the passage is quoted.

29. Alter elatam—dejecit, "the other lifted an axe and struck it into his head." Observe here the difference between the English and the Latin idiom. While in English we express two actions, one of which precedes the other in time, by two verbs connected together by "and," in Latin the former action is expressed by the perfect participle, and the latter only by a verb. Z. § 635, Note 1.

Ch. XLI.—**35. Ejecit.** This is the reading of Alschefski, from the best MSS. Drakenborch, in a note on B. 3, 46, refers to numerous other instances of a past tense, in connection with the historic **32** present, e. g. 1, 30; ib. 59; 2, 38; ib. 48; 4, 19; id. 57; 5, 27.

2. Si—sequere, "if confounded by the suddenness of this event, **33** you have no plans of your own, at least follow mine." *At* has the force of *saltem*, or *certe*, or *tamen*. So Hand, Turs. 1, 427 Comp. 3, 17, si—tangit, *at vos* veremini, etc., id. 31, si—leges displicerent, *at* —sinerent creari, 10, 26, sin collega—malit, *at*, etc. Other particles which precede *at* in this sense, are *etsi, etiamsi, quamquam.*

6. Ad Jovis Statoris. See note on *ad Murciæ*, c. 33.

17. Tum demum palam factum: et, etc. This is the reading of Alschefski, from the Paris and the Medicean MSS. The Harleiän I. has *palam facta*, and all the others have *palam facto*. Weissenborn conjectures *palam factum est compl.*, etc.

Cн. XLV.—**29. Eum—laudare,** from Alschefski, instead of *cum laudaret. Laudare* is the historical infinitive.

32. Perpulit—facerent, "at length induced the Latin states to build, in conjunction with the Roman people, a temple of Diana at Rome."

35. De quo—fuerat, "a point, which had been so often disputed in arms."

43. Cives—immolassent. For the tense and mood of *immolassent*, see note on *fuerit*, c. 25.

6. Quin—perfunderis flumine, "Why do you not first bathe **34** (yourself) in the running stream?" *Perfunderis* is reflexive, see Z. § 146. The word *quin*, compounded of the old ablative *qui*, which is both relative and interrogative, and the negative *ne*, (i. e. non,) means originally *how not.* Hence its double use: 1, relative, "that not" with the subjunctive; 2, interrogative, (as here,) "why not?" with the indicative. By an easy transition from its interrogative force, it is used also with the imperative, e. g. quin dic, *why not tell me?* i. e. *pray tell me.*

8. Qui—cuperet. For the subj. see Z. § 555, § 564; A. and S. § 264, 8.

Cн. XLVI.—**12. Quamquam jam usu—possederat.** The word *usus*, like our word *prescription*, is used in a legal sense to signify a claim to any thing, which is gained by long actual possession. "Although by long possession he had already gained an undisputed title to the throne."

16. Ausus est ferre—regnare, "ventured to propose to the people, whether they wished and ordered that he should be king." *Ferre*, in this legal sense, is frequently used absolutely, as here, or with *legem, rogationem*, &c. The *direct* form in which a proposition was brought before the people by a magistrate was, *Velitis, jubeatis.*

20. Quia de agro—agi, "because he had observed that *the proceedings in relation to the lands* for the commons had been con-

34 trary to the wishes of the patricians." *Agere de aliquâ re, or aliquid, to act upon, negotiate, any thing ; agi de aliquâ re, any thing acted upon, negotiated,* i. e. *the proceedings in relation to any thing.*

32. Inciderat, ne. We should expect here *ut non,* the regular expression for *that not,* denoting a *consequence.* On the contrary, *ne* is used to express *purpose.* See Z. § 532 ; Arn. Pr. Intr. P. I. 77.

43. De viro ad fratrem, de sorore ad virum, "concerning her husband to his brother, concerning her sister to her (i. e. her sister's) husband."

44. Et se rectius—contendere, "and contended that it had been better, had both he and herself not been married at all." The fut. act. part. with *fuisse,* is used in a hypothetical sentence, where in direct speech the pluperfect subj. would be used. This sentence, though not hypothetical in form, is really so in sense. See Z. § 593, Note. So, in a more marked instance, in the next sentence, *visuram fuisse.*

35   **5. Temeritatis implet.** See A. and S. § 220, 3 ; Z. § 463.

CH. XLVII.—**16. Si tu is es, cui—arbitror.** The historian here abandons the indirect form of narration, and brings Tullia herself before us, addressing her husband in a style of earnest, energetic appeal.—For other passages illustrating the transition from the indirect to the direct discourse, see B. 2, 2 and 7 ; 6, 24 ; 7, 32 ; 21, 10 ; 23, 45 ; 35, 49 ; 38, 59.—Si tu *is* es, cui—arbitror, must be translated, "if you are *the* man," *whom* I think I have married, not "*such* a man *as,*" a construction which would of course require *arbitrer.*—W. M. Gunn, (Dymock's Livy, 1843.)

18. Quod istic—scelus. *Istic,* like *iste,* points to the second person, and as an adverb of place, means the place of the person addressed. See Z. § 291. Thus here Tullia, addressing her husband, says, "because here (i. e. in you) is guilt together with cowardice."

19. Quin accingeris. See note on *quin perfunderis,* c. 45.

29. Duo continua regna, "the kingdom twice in succession."

30. Nullum momentum—faceret, "could exert no influence." Momentum (fr. *movimentum, moveo*) means *that which moves, a moving power, that which turns the scale;* hence *influence.*

33. Minorum gentium. See note on this expression, c. 35.

35. Regis criminibus, "by charges *against* the king." *Regis* is the objective genitive.

36   **5. Ereptum—divisisse,** "had taken away the lands from the first men of the state, and divided them among the meanest." See note on *elatam,* above, c. 40.

CH. XLVIII.—**18. Regnaturum, qui vicisset.** See Arn. Pr. Intr. P. I. 163, obs. ; Z. § 496 ; also note on B. 1, c. 24, *ibi—fuerit.*

24. Sine regio comitatu. This is the conjectural reading of Alschefski, in preference to the varying readings of the MSS. *Sine*

might well be expected from the fact stated in the sentence immediately preceding, that all the attendants had fled. Weissenborn
(Jahn's Jahrbücher, vol. 35, p. 387) conjectures *sine omni*, observing
at the same time that such an expression is one of rare occurrence.

30—32. A quo—ad summum C. vicum, " when, on being
ordered by him to retire from so great a tumult, she was on her way
home, and had reached the top of the Cyprian street." A *Vicus* was
a division of the city, consisting of a main street and several smaller
by-streets. Thus the full meaning here is, *the top of the main street
of the Cyprian quarter.* See Dict. Antiqq. (Vicus).

32. Flectenti, etc.—ostendit. *Flectenti* =" cum flecteret, i. e.
flecti ad dextram carpentum juberet :" and the passage may be translated thus : " the person, who drove the horses, struck with horror,
stopped and drew in the reins, and pointed out to his mistress, who was
turning the chariot to the right towards the Urbian hill, in order to ride
up to the Esquiline, the body of the murdered Servius lying upon the
ground." Yet a construction, so unusual, must ever leave in some uncertainty the reading *flectenti*, notwithstanding the uniform testimony
of the best MSS. Gronovius conjectured the nominative *flectens*, agreeing with *is;* a reading, however, which is far from relieving the passage of its difficulty.

4. Quia unius esset. For the subj. see note on *quoniam*, etc.
c. 6, and Z. § 549.

Ch. XLIX.—**7.** Occepit. This word occurs otherwise, only in Plautus,
Lucretius, and Tacitus. Grysar refers to this word, with several other
expressions, to illustrate the influence of the earlier poets and annalists
upon the style of Livy. Other words which he pronounces archaisms,
are *mussitare* 1, 50; *edissertare* 22, 54; *participare* 3, 12; *noscitare*
2, 53. Among the words used by Livy, which occur either seldom or
not at all in other classic Latin writers, are *prævalere*, (in the Preface,)
deses 1, 32; *obtentus* 1, 56, (used also by Sallust;) *bellator* 1, 59;
invisitatus 5, 33 and 37; *pacificare* 5, 23; *potentatus* 26, 38; *per-
pacatus* 36, 42; *perpopulari* 34, 56; *pervidere* 33, 5.—See Grysar,
vol. 1, p. 9.

15. Ut qui—regnaret, " since he reigned." See A. and S. § 264,
8; Z. §§ 564, 565.

21. Sed unde, " but those from whom." *Unde*, i. e. eos, a quibus.
Unde, though strictly *local* in its meaning, is not unfrequently thus
used, in reference to persons, and especially with proper names. So
above, c. 8, ab Etruscis, *unde*, etc. So also in Curtius, 3, 3, 22,
Heneti *unde*. In like manner *inde* is used for ex illis. See Hand's
Turs. 3, p. 364, who quotes Liv. 36, 11. Comp. Mützell's Curtius, p. 6.

Ch. LIII.—**38.** Degeneratum. The neuter part. is here used
substantively, in accordance with a common usage of Livy. See Z.
§ 637, where several passages are referred to. To these may be added,

37 3, 33, ut *demtum—adjiceret;* 7, 8, *diu non perlitatum;* 21, 54, *ad destinatum;* 27, 37, *nuntiatum;* ib. 45, *auditum.*

42. Divendita.—refecisset. The reading of this disputed passage I give according to Alschefski. *Divendita* is found in two of the best MSS. Alschefski compares Livy 30, 57, and Tac. Ann. 6, 17. *Quadraginta* occurs in Alschefski's two MSS. *Ausique,* which occurs in many MSS., is wanting in the three best ones. *Refecisset* has less authority, as it occurs only in the Medicean MS. Alschefski compares 35, 1, *refectum.*

38 Ch. LVI.—**5. Operis,** "laborers," for *operariis.* See Lexicon, *opera,* at the end.

9. Foros. See n. c. 35, on *spectacula.*

" **Cloacamque maximam.** The construction of this great sewer is commonly ascribed to Tarquinius Priscus, and was certainly commenced by him. See Livy, c. 38. It is still visible at Rome, a massive monument of the greatness of Rome in the regal period. It was formed of three tiers of arches, one within the other, the innermost of which is a semicircular vault, of eighteen Roman palms, about fourteen feet in diameter. The arches are formed of immense blocks, more than five feet in length, and nearly three in thickness. See Dict. Antiqq.; Arn. Hist. 1, p. 47; Schmitz, Hist. p. 39.

23. Responsa sortium, i. e. the responses of the oracle, given by means of the *sortes* or *lots.* See Dict. Antiqq., Sortes, and below, n. on *sortes,* B. 21, c. 62.

34. Bruti—cognomen. The word Brutus means *dull,* or *stupid.* As a cognomen Dr. Arnold translates " the Dullard."—Hist. 1, p. 74. See below, c. 59, n. on *ad Tribunum.*

39 3, 4. **Cum—redissent—daret.** On the pluperf. and imperf., in dependence upon the present *permittunt,* see n. on *fecissent,* above, c. 25.

Ch. LVII.—**10. Ardeam Rutuli habebant,** "Ardea belonged to the Rutulians."

10. Ut in ea regione, etc. *Ut* may be translated "for," " for that region, &c." The construction is elliptical, and may be explained by supplying after *ut,* e. g., the words *fieri poterat, as was possible.* Compare Livy, 2, 50, ex opulentissima, *ut tum res erant,* Etrusca civitate. Also 10, 46, in insigni, *ut illorum temporum habitus,* erat triumpho; and many other passages. So also, Cic. Brutus 10, 39, hi, *ut populi Romani ætas est,* senes. These passages sufficiently explain the ellipsis in the present passage, and also in Livy 21, 34; 30, 33; and Cic. de Orat. 3, 18; De Senectute, 4, 12; Brut. 10, 41; and all similar passages.

26. Negat verbis—esse, paucis—sciri. *Negat* = dicit non, "said that there was no need, &c., that it could be, &c."

27. Quin—conscendimus. See note on c. 45, *quin perfunderis*

27. Ubi Lucretiam—inveniunt. This poetic description of 39
Lucretia well illustrates the domestic manners of Grecian and Roman
women, and reminds us of many a pleasant picture of home life in the
pages of Homer and of Virgil. In the houses of even the rich and
high-born, the articles of clothing were wrought by the hands of the
women of the household, the mistress and her daughters, assisted by
the female slaves. Thus, in a fine comparison in the Iliad, 12, 433,
we see a poor woman toiling for her children ; and Iliad, 6, 490, Odys-
sey, 5, 59, Od. 10, 221, we find Andromache, Calypso, and Circe
engaged in similar occupations. So too in Virgil, Æneid 7, 14 ; 8, 408,
and in Georg. 1, 293. See Dict. Antiqq., Tela.

36. In medio sedium, i. e. in the Atrium. The Atrium was the
first as well as the largest saloon in a Roman house, and was the sit-
ting-room of the family. Here stood the looms, *telæ ex vetere more
in atrio texebantur*—Asconius, ad Cic. pro Milone, c. 5. See Becker's
Gallus, pp. 191–97, and Dict. Antiqq., Roman House.

Cн. LVIII.—**23. Satin' salve ;** sc. *agis*, literally, are you quite 40
well ? " Is all well ?" *Satin'* is an abbreviation for *satisne*, and *salve*
is an adverb. Alschefski has *satin' salve*, on the authority of the Paris
and the Medicean MSS. The Latinity of this expression has been
disputed, especially by Gronovius and Duker. Krebs, in his Antibarbarus, p. 702, says it is doubtful, but refers to the Lexicons. Freund,
in his Lexicon, explains the expression as above, citing this passage,
and also Livy, 40, 8 ; also Plautus, Stich. 1, 1, 10 ; Trin. 5, 2, 53.

38. Conclamat vir paterque. It was usual with the Romans,
after the eyes of a deceased person had been closed, for the friends
present to cry out with a loud voice, and call upon the departed by
name, for the purpose of recalling him to life, if he should be only in a
trance. The word that expresses this custom is *conclamare*. Thus
too in Livy, 4, 40,—ex mœstis paulo ante domibus quæ *conclamaverant
suos*. Other passages, Quintil. Declam. 8, 10 ; Amm. Marcell. 30, 10 ;
Ovid, Trist. 3, 3, 43 ; Lucan. 2, 23. Hence the formula applied to
any occurrence in life, when no more hope remained, *conclamatum
est, it is all over.* See Becker's Gallus, (Transl.) pp. 401, 2 ; Freund's
Lexicon.

Cн. LIX.—**40. Manantem cruore.** Alschefski compares Livy
40, 39, *manantia cruore spolia*, in favor of *manantem* rather than
manante. In this passage Livy does not seem to hold to the distinction usually observed between *sanguis* and *cruor*. *Sanguis* is the
blood circulating in the body, *cruor* the blood gushing from the body,
the blood that is shed. *Sanguis* is the condition of physical life, *cruor*
the symbol of death by slaughter.—D.

1. Exsecuturum means here to *follow with enmity, to take ven-* 41
geance upon. So Freund, who cites this passage, and at the same
time remarks that the word occurs nowhere else in this sense, with an

41 accusative of a person. Alschefski says that *exsecuturum* in this
passage embraces in itself the meaning both of *persecuturum* and of
exacturum.

11. **Quod viros, quod Romanos deceret.** The subjunctive is
used here, in accordance with a grammatical principle already frequently illustrated, because the words are ascribed to Brutus. "Which,
as he said, became them as men, as Romans." A. and S. § 266, 3;
Z. § 549.

14. **Pari præsidio,** "a sufficient garrison." Par—"significat
præsidium quantum et tempus et locus postulabant."—Alschefski.

23. **Ad tribunum Celerum.** For an account of the Celeres,
see note above on c. 15. The Tribunus Celerum was the commander
of the Celeres, "and was to the king what the master of the horse was
afterwards to the dictator." It is hardly necessary to point out the ex-
travagance in representing Brutus, though a reputed idiot, yet invested
with such an important office. Festus says that Brutus in old Latin
was synonymous with *Gravis;* this would show a connection between
the word and the Greek βαρύς. It is very possible that its early signification as a cognomen may have differed very little from that of
Severus. When the signification of "dulness" came to be more con-
firmed, the story of Brutus's pretended idiocy would be invented to
explain the fact of so wise a man being called by such a name. Arn.
Hist. 1, p. 77, n. 10.

29. **Esset.** For the subjunctive, see above, note on *deceret.*

BOOK II.

Ch. I.—**5.** Ita regnarunt, ut—numerentur, "reigned in such a manner, that they may be considered." *Regnârunt* is the perf. indefinite, and yet is followed by the present subj. The reason seems to be, that the writer from his own point of view, as a narrator, simply expresses the idea of the *reigning* of the kings as *something past.* See A. and S. § 258, II.; Z. § 512, Note.

9. Pessimo publico, = maximo reipublicæ damno, "with the greatest injury to the state." In like manner *malum publicum*, Liv. 4, 44, ut in parcendo uni malum publicum fiat, and *bonum publicum*, Liv. 2, 44; 9, 38; 28, 41. So *commune magnum*, Hor. Odes, 2, 15, 14.

10. Facturus fuerit, "would have done." The perfect in the periphrastic conjugation, both indicative and subjunctive, has in hypothetical sentences the force of the pluperfect. See Z. § 498.

11. Quid enim futurum fuit, "for what would have been the result." *Futurum fuit* = accidisset. See preceding note.

13. Templi. This refers to the Asylum of Romulus. See B. 1, c. 8

22. Quia—factum est, quam quod—diminutum sit. *Quia* and *quod* both denote a cause; but Livy in using *quia* with the indicative *factum est*, gives a cause which he himself holds to be the true one; and in using *quod* with the subjunctive *diminutum sit*, a cause which is alleged by some one else, or a merely supposed cause. We must ascribe, he says, the origin of liberty to the *fact* of the consular government being made an annual one, rather than to the *alleged circumstance* of any falling off from the power which the kings had possessed.

12. Traditumque—essent, "and from this circumstance is said to have been handed down the custom of summoning to the senate, the Patres and the Conscripti." Livy thus explains the customary form of addressing the senate, Patres Conscripti. It was originally Patres et Conscripti, i. e. the original patrician senators, and the new senators chosen, according to Livy, by Brutus. These new senators were probably plebeians of equestrian rank. See Dict. Antiqq., Senatus.

Ch. II.—**18. Regem sacrificulum.** Under the regal government, the king was, by virtue of his office, high-priest of the nation,

45 and performed in person some of the *sacra publica*. Under the republican government now established, a *rex sacrificulus*, otherwise called *rex sacrorum*, was appointed to discharge those priestly duties which formerly devolved upon the king. But lest the title *rex—additus nomini honos*—should be in any way injurious to the interests of liberty, the new office was made subordinate to that of the *pontifex maximus*. See Dict. Antiqq.

21. Nescio, an. This expression, denoting uncertainty, and thus joined with the subjunctive, yet expresses an opinion leaning to an affirmative It is the same as *fortasse* or *videtur mihi*. See A. and S. § 265, R. 3 ; Z. §§ 354, 721.

22. Consulis alterius, i. e. L. Tarquinius Collatinus.

37. Dicturum fuisse. See note on futurum fuisse, B. 1, c. 46.

46 **13. Ex senatus—consulto.** See note on *ex fœdere*, B. 1, c. 23.

15. Comitiis centuriatis. This ablative, which frequently occurs in Livy, falls under the rule for the abl. of time. So *ludis, gladiatoribus, tumultu,* and others. See Z. § 475, Note. For an account of the Comitia Centuriata, see Dict. Antiqq. On the meaning of the word *creavit,* see note below on B. 21, c. 15, *creatus ab T. Sempronio.*

Ch. III.—**18. Spe—serius.** See A. and S. § 256, R. 9 ; Z. § 484.

21. Nec hi—orti, "and *these too*, of no mean descent." See Arn. Pr. Intr. 385 ; Z. § 699.

31. Periculosum—vivere, "that it was a perilous thing, in the midst of so many errors to which men are liable, to rely solely upon one's innocence." The fine tone of irony running through this whole passage well illustrates the condition and sentiments of a corrupt nobility, suddenly forced to exchange the license of a bad monarchy for the strictness and equality of a republic.

36. Tenuit, "continued." So Freund, who also cites this passage. Other passages, in which *teneo* has the same sense, are 23, 44 ; 24, 47 ; 33, 22.

47 Ch. IV.—**11. Nam aliter qui—afferri.** These words give the ground on which the legati urged the conspirators to give them letters to the Tarquinii. They wished the letters as credentials, "for how otherwise," (said they,) "would they believe," &c.

14. Et cenatum. "Copula *et* impeditam facit orationem, quæ ea sublata melius procedit."—Duker. Yet the *et* is established by the MSS.

Ch. V.—**29. Contacta,** nom. case, agreeing with *plebs* understood. "that the commons having shared in." Comp. below c. 6, bona sua diripienda—expers esset.

30. Ager Tarquiniorum, etc. According to Livy here, this land was, after the expulsion of the Tarquins, consecrated to Mars,

and afterwards distinguished by their name. But Dionysius states
that it was originally consecrated to Mars, and appropriated by the
Tarquins to their own use, and then after their expulsion restored to
the service of Mars.

37. Insulam inde—factam. This island, the origin of which
Livy here explains in accordance with the popular tradition, is the Insula Tiberina, or, as it is now called from a church which is upon it,
Isola di S. Bartolommeo, the Island of St. Bartholomew. From its
shape it has been sometimes called the Ship of the Tiber. It was connected with the right bank of the river by the Pons Cestius, and with
the left by the Pons Fabricius; hence it was also called *inter duos
pontes.* It was celebrated in ancient times for its temple of Æsculapius.
See the Plan of Rome; Becker's Röm. Alterthümer, Bd. 1, 651.

13. Eminente—ministerium, "the feelings of the father clearly 48
appearing, in the midst of the execution of a public punishment." This
is clearly the idea of Livy. The struggle between the *father* and the
consul is expressed by the contrasted words *patrio* and *publicae.* Dr.
Arnold thus gives the sense of the passage: "Brutus neither stirred
from his seat, nor turned away his eyes from the sight, yet men saw,
as they looked on, that his heart was grieving inwardly over his children."—Hist. of Rome, 1, p. 79.

Cʜ. VI.—**25. Ne se ortum,** *se═ex ipsis,* referring to the Veientes
and Tarquinienses. So below, *eos inter se,* and *suas* quoque veteres,
the reflexive pronouns refer respectively, without possibility of ambi-
guity, to the subject of the dependent sentence.

36. Pro se quisque—fremunt. Livy and other prose writers use
a plural verb and also a plural participle with quisque, pro se quisque,
and similar partitive expressions. This construction, however, does not
occur in Cicero. A. and S. § 209, R. 11, (4); Z. § 367.

37. Romano saltem duce, "that at least with a Roman at their
head," i. e. that so favorable an opportunity for redressing their wrongs
should be eagerly embraced.

1. Primus eques hostium agminis fuit, i. e. eques (═equitatus) 49
in hostium agmine primum locum tenuit.—Crevier. "The cavalry
formed the enemy's vanguard."

12. Dum vulneraret, "so long as he wounded." *Dum,* as well as
donec, in the sense of *so long as, if only,* where a purpose is indicated,
takes the subjunctive.—Cf. Arn. Pr. Intr. P. I. 654, (Eng. ed.) ; Madvig,
360, 2.

Cʜ. VII.—**23. Suas quisque.** *Quisque* here refers to each of the
two *armies.* It generally however is used in reference to a subject,
representing two or more persons, in order to express forcibly the notion
that each *individual* shares in the action of the verb. Cf. Drak. ad
Liv. 2, 22 ; Mützell's Curtius, p. 51.

26. Uno plus—acie, "that one man more had fallen on the side

49 of the Etruscans than on the side of the Romans," lit. more of the Etruscans *by one.* See Z. § 488; A. and S. § 256, R. 16

33. Quia—quod—fuisset. See note on *quia—quod*, B. 2, c. 1.

40. In summa Velia. There has been much discussion, in regard to the situation of the Velia. Becker fixes it as the ridge extending from the Palatine to the Esquiline. The Basilica of Constantine and the Temple of Venus and Roma are on this hill.—See the Plan of Rome. Becker, Röm. Alterth. vol. 1, p. 246; also Arnold, Hist. Rome, 1, 80.

50　　**3. Ibi audire jussis,** i. e. "cum ibi in concione populus audire jussus esset."—Alschefski.

11. Timerem, the imp. in the sense of the pluperf. So in the next sentence, *si—habitarem—crederem.* The imperf. is thus used where a continued or a repeated action or condition is meant to be expressed. So in the common expressions in Livy, *cerneres, nescires, decerneres.* See Krebs' Guide, 232; Z. § 528, N. 2.

21. Vicæ Potæ. *Vica Pota,* an epithet of the goddess of victory, the goddess, *quæ vincit et potitur.* (Hartung, Rel. der Röm. 2, 256.) For the government of the word, see note on *ad Murciæ,* B. 1, c. 33.

Сн. VIII.—**22. Quæ—absolverent—verterent.** The subj. seems here to be used with the relative, in dependence upon a demonstrative pronoun to be supplied with *leges* in the preceding clause, "laws of *such a nature,* that they not only cleared the consul," &c. See Z. § 558, and the Note.

42. Postem, i. e. of the temple which he was dedicating.

44. Funestaque familia, "and that while his family was thus defiled by the unburied corpse." A family was said to be *funesta,* so long as the body of a deceased member of it remained unburied, and the funeral rites were unperformed. In general, "the idea of non-burial was considered by the ancients a most deplorable calamity, and the discharge of this last service a most sacred duty." Thus it was a "regulation that any family, a member of which had remained unburied, should yearly offer a propitiatory sacrifice, and only under such a condition was the *familia pura.*" Becker's Gallus, p. 400.

51　　**3. Nihil aliud—quam,** "only," "merely." See Z. § 771. Dr. Arnold, in his version of this story, says: "But he said, ' Then let them carry him out and bury him ;' and he neither wept nor lamented, for the words of lamentation ought not to be spoken, when men are praying to the blessed gods, and dedicating a temple to their honor." Hist. Rome, 1, p. 81.

Сн. IX.—**9. Lartem.** "Lars," like "Lucumo," is not an individual name, but expresses the rank of the person, like ἄναξ. Micali connects it with the Teutonic word "Lord." Arnold's Hist. Rome, 1, p. 81.

29. In publicum omni sumptu. This is the reading of the MSS. Gronovius proposed *omne sumptum.* Alschefski in his larger edition

Page
51

adopted the conjecture of Divæus, *omni sumpto ;* but in the later school
edition he has restored the reading of the MSS. To translate the passage, we must supply a participle with *sumptu,* e. g. *translato.* Render
thus : " The privilege of selling salt also, as it was sold at an extrava-
gant price, was taken away from ,private individuals, all the expense
attending the business being transferred to the public treasury ;"
i. e. after the state had assumed all the pecuniary responsibilities attending the manufacture and sale of the article. This is substantially
the explanation and translation, which are very clearly given by Folsom, who adds, that the government took the business into their own
hands, that the commodity " might be afforded to the people at a cheaper
rate, since the profits formerly made by the private contractors, or
farmers, no longer formed a part of the price." The same view is
given by Alschefski ; also by Weissenborn, in Jahn's Jahrbücher, vol.
39, p. 279.

31. Oneri ferendo essent, " were able to bear the burden." This
construction of *esse* with the dat. of the gerund is generally explained
by an ellipsis of *idoneus* or *par.* But such expressions can only be
resolved into an idiom of the language. Cf. Z. § 664, N. 1 ; Madvig,
§ 415, A. 1.

Ch. X.—**40. Pons sublicius.** See note on this word, B. 1, c. 33.

41. Pæne—dedit, " *had* nearly *given*." The perf. indic. for the
pluperf. subj., as it renders the description more animated. See Z
§ 519, b. ; A. and S. § 259, R. 4.

4. Si transitum pontem. I prefer to consider *transitum* a noun :
" if they should leave behind them the *bridge as a passage,*" i. e.
" the passage of the bridge." A single MS. has *transitum per pontem.*
Clericus conjectured that the original reading was *pontem,* and that
transitum was first inserted in the margin as an explanation, and that
it afterwards crept into the text. Gronovius considered the word as a
participle, = *quem transiissent.* There is no doubt that the word
occurs as a participle, as Liv. 21, 43, Alpes *transitæ,* and 23, 28,
transito amne. In either case the meaning is plain. The enemy had
already gained the Janiculum, and needed only to win the bridge to
have a clear passage into the city.

7. Ferro, igni, etc. Cf. Liv. 1, 59, *ferro, igni, quacumque dehinc vi possim. Ferro, igni* is an almost proverbial expression. In
Curtius, 3, 4, however, we find the words in an inverted order, *igni
ferroque.*

9-11. Insignisque—armis, " and readily distinguished among
those who showed their backs as they fled, by his turning to the front,
with his arms ready for close combat." *Terga cedentium* and *obversis armis* are contrasted with each other.

16. Exigua—rescindebant, " when a small part of the bridge
was left, and those who were cutting it down, were calling them back."

52

Page
52   **19. Servitia,** for *servos.* Servitium in its primary meaning *slavery,* carries with it the idea of contempt, in distinction from *servitus, slavery* as a legal condition.—D.

21. Cunctati, etc. "For some time they stopped, looking round one upon another, to begin the fight."

> Six spears' length from the entrance,
> Halted that mighty mass,
> And for a space no man came forth,
> To win the narrow pass.   —Macaulay.

23. Aciem. See note on this word, B. 1, c. 23.

25. Ingenti—gradu, "with a lofty bearing." *Gradus,* in military language, represents the *attitude* of a person engaged in a conflict. It also occurs in this sense in descriptions of gladiatorial combats. Livy will represent the *lofty bearing* of Horatius, standing ever erect, unmoved, and resolutely holding to his post, amid the showers of javelins hurled at him from all quarters.

31. Ita sic armatus, "and so, armed as he was." *Ita sic* is not pleonastic. *Ita = itaque, and so, accordingly; sic = εύθνς, at once, without hesitation,* an expression used in reference to sudden things. Cf. Hand, Turs. 3, p. 489.

53   Cн. XII.—**1. Itaque, magno,** etc. *Itaque* here resumes the construction and course of thought interrupted by the long clause *cui— fuderit,* and connects Mucius with its verb *constituit.* The particle is really equal to a repetition of Mucius, as if it were, *Mucius, I say.* The passage illustrates what is called by grammarians *anacoluthon.* See Z. § 739; Hand, Turs. 3, 507.

5. Forte deprehensus, etc., "he should be seized and carried back."

6. Crimen affirmante. Affirmare = *credibile reddere.* "The existing condition of the city giving force to the charge." (Gunn.)

40. Juberem macte virtute esse. *Macte,* with *virtute* and the imperative of *esse,* expresses praise and congratulation, meaning *increase in virtue, a blessing on your valor,* &c. *Macti* also occurs. But this construction with the infinitive is entirely anomalous. We can explain it only by the dependence of the expression on *juberem.* Zumpt (§ 453) considers *virtute* the ablative of cause. But as *macte* is supposed to be compounded of *magis auctus,* Kühner (Schul Gr § 15, A. 16) explains *virtute* by the rule embracing all expressions of *plenty* and *want;* also Madvig, L. Sprachl. § 268, A. 3. Madvig contends that it is a mistake to consider *macte* a vocative of a defective adjective. A. and S.'s grammar is certainly wrong in giving *macte* as an acc. form, § 115, 4.

43. Quasi remunerans meritum, etc. Dr. Arnold, in his version of this story, says that he follows "Dionysius rather than Livy, because in Livy's story Mucius tells Porsenna in reward of his gene-

rosity no more than he had told him at first, as a mere vaunt to frighten
him." Hist. Rome, I. p. 82, note. Certainly the information given in
the present passage is substantially the same as Mucius had already
given in his first address to Porsina.

Ch. XIII.—**12. Quia—quod—ignoraret.** See note on these
particles, B. 2, c. 1.

23. Dux agminis virginum, "at the head of a company of
maidens."

29. Et præ se—remissurum, "and declared that, as in case the
hostage were not returned, he should consider the league broken, so if
she were returned, he would send her back, and send her too, un-
harmed." Alschefski gives inviolatumque on the authority of his
MSS., and contends that que is equal to etiam, quoque.

40. In summa Sacra via, "at the head of the Sacred Way."
See the Plan of Rome.

Ch. XXXIV.—In connection with this chapter, and the remaining
ones selected from this book, the student should read Shakspeare's
tragedy of Coriolanus, the richest poetry in which this fine story was
ever recorded; also the Life of Coriolanus in Plutarch's Lives.

43. Agitatumque, etc., "and the question was discussed in the
Senate, at what price it should be given to the common people."
There was a famine, and the commons were in distress.

2. Secessione. This refers to the celebrated Secession—A. U.
C. 260, B. C. 492. The plebeians, reduced to the utmost pecuniary
distress, involved in debt to the patricians, and exposed without protection to their merciless cruelty, at length escaped from Rome in a body,
and withdrew to a hill beyond the Anio, which was without the limits
of the Ager Romanus, but within the limits of the district assigned
to the Crustuminian tribe. Afterwards, when the patricians had
agreed to terms of compromise, and the commons had returned to
the city, the hill was considered sacred ground, and ever afterwards
went by the name of the Sacred Hill. Dr. Arnold well compares
it with the English Runnymede.

2. Marcius Coriolanus. According to the common story, Marcius won the name of Coriolanus by his valiant conduct at the taking
of Corioli. As Dr. Arnold has it, " all men said, ' Caius and none else
has won Corioli ;' and Cominius the general said, ' Let him be called
after the name of the city.' " (Hist. of Rome, 1, 126.) By the note,
however, upon this passage of Arnold, it will be seen that his own
view of the origin of the surname is a different one.

3. Tribuniciæ potestatis. The office of Tribune of the people
was established in agreement with the demands of the commons, at
the secession. See Dict. Antiqq. (Tribunus.)

3. Annonam—veterem, "corn at the former *price*." *Annona*
(from annus) means—1, *the yearly produce*; 2, κατ' ἐξοχὴν, *means of*

Page

subsistence, generally *grain;* 3, *the price of grain, and of othe*·
articles of food; 4, in military language, *stock of provisions.* (Freund.)

11. Tertio anno = *tertio ante anno*, i. e. " two years ago."

14. Haud tam facile, etc. Faciendumne fuerit = utrum fieri
debuerit, " whether it should have been done." " Whether such a
measure ought to have been put into execution it is not so easy to say;
but I think that it was a possible thing for the patricians, by lowering
the price of the corn, to have freed themselves not only from the tribunician power, but also from all those laws which had been put upon
them against their will."

Cʜ. XXXV—**25. Diem dixissent;** *dicere diem* means *to appoint a day for trial.*

31. Ut unius pœna—patribus, " that the patricians were obliged
to make a sacrifice of one of their number."

33. Dispositis—clientibus. It was very common with the patricians, when they wished to defeat any plebeian measure, to come in
great numbers with their clients to the forum, where the comitia were
held, and by purposely exciting a disturbance, to interrupt and hindei
the progress of business.

56   **2. Ita—stimularet**, " thus a hatred of long standing stimulating
the one, and a fresh feeling of anger the other." *Vetus, old,* that
which has long existed; *recens, recent,* that which has lately begun to
exist.—D.

Cʜ. XXXVI.—**8. Ludi forte**, etc., " it happened that prepara-
tions were making at Rome for a repetition of the great games." See
note on Ludi, B. 1, c. 35.

10. Ludis. For the construction, see note on *comitiis*, B. 2, c. 2.

11. Sub furca. See note on this word, B. 1, c. 26.

13. Haud ita multo post. See n. on this expression, B. 1, c. 33.

21. Ægro animi, etc. For the construction of *animi*, see Z. § 437,
N. 1. *Species*, " vision."

22. Satin', compounded of *satis* and the enclitic *ne*. See n. B. 1,
c. 58.

Cʜ. XXXVII.—**42. Invitus**, etc. *Quod sequius sit* = *quod minus
laudi sit.* " I am unwilling to say any thing to the discredit of my
countrymen." *Sequius*, also written *secius*, is the comparative of
secus. See Z. § 283.

44. Nimio plus, literally *more by too much*, i. e. *far too much*—
" fickle, to a degree far greater than I could wish." For the construction of *nimio* see note on *uno*, B. 2, c. 7.

57   **10. Ne cujus**, etc., " that I may not, by being present, be exposed to injury, from supposed participation in any word or action."

14.   Urbem excederent. For the accusative, see Z. § 386,
Note; A. and S. § 233, Rem. 1.

Cʜ. XXXVIII.—**21. Ad caput Ferentinum.** Dr. Arnold trans-

lates, " to the well-head of the water of Ferentina." (Hist. vol. 1, 128.)
Ferentinum was a town in Latium, southeast of Rome, belonging to
the Hernici, but originally a Volscian town.—(Cramer's Italy, vol. 2,
p. 80.) In Livy, B. 1, c. 50, occurs the expression, *ad caput aquæ
Ferentinæ*, substantially the same as in the present passage, meaning
the source of a stream near Ferentinum. *Ferentina* also occurs as
the name of a deity worshipped near the town, as in Livy, 1, 50,
lucus Ferentinæ. Freund gives as the meaning of *caput Ferentinum*,
" probably the town of Ferentinum."

23. Secunda iræ verba, " words that favored their resentment."
Iræ is in the dative case.

24. Multitudinem aliam, " the rest of the multitude." *Alia* for
reliqua, as frequently in Livy, e. g. 1, 57, *aliam superbiam ;* 5, 40, *alia
turba ;* 3, 50, *alia violentia ;* 21, 27, *alius exercitus. Alius* means
*other—reliquus, the remaining, all that remains of a determinate
number.* So *alii* means *others, some others ; ceteri, the others, all
the others ; reliqui, all the remaining, the rest.*—Grotefend.

25. Veteres—injurias cladesque, etc. *Injurias* and *clades*
are in the same construction as *omnia.* " Though you forget the
former injuries you have received from the Roman people, and the
calamities, &c., though you forget all other things." Alschefski remarks, that the conjunction is often removed from the beginning of the
sentence, especially when some particular thought is to be expressed
with emphasis.

29. An non sensistis, etc. " Or, did you not perceive," &c. It
must be noticed that *an* is not used as the sign of a simple question,
either direct or indirect. It either follows an interrogation, or is so
closely connected with the sentence that goes before, that a preceding interrogation is supposed, and may be easily supplied. The
only exception to this remark is in the use of *an*, meaning *whether
not*, after *haud scio, nescio,* and similar expressions denoting uncertainty ; and even these expressions seem to suppose a previous alterna-
tive. See Z. §§ 353, 354 ; Arn. Pr. Intr. 120.

Ch. XXXIX.—**11. Bovillas.** The conjectural reading of Gronovius, which Alschefski adopts, except that he writes the name Bo-
vellas. *Novella, new, lately acquired,* is the common reading, on the
ground that their capture is mentioned in this book, c. 33. *Novellam*
is the reading of the MSS.

12. Corbionem, Vitelliam, etc. Of the towns mentioned here,
and in the preceding sentences, Circeii, Satricum, Corioli, Lavinium,
Corbio, Lavici, and Pedum, were, in the year of Rome 261, Latin
cities, and were among the thirty Latin cities, which in that year concluded the league with Rome. The rapid succession in which these
towns are represented as yielding one after another to the victorious
arms of Coriolanus, well accords with the style and whole character of

58 this celebrated story. But it is the opinion of Niebuhr and of Arnold, that these conquests were not effected at once, but in the course of several years. See Arnold's Hist. Rome, vol. 1, c. 11.

14. Ad fossas Cluilias. See B. 1, c. 23. Also in same chapter, see note on *ducit.*

22. Id—conveniebat, "this alone was a point of disagreement."

29. Referre de—mittendis, "propose the sending of deputies."

32. Oratores, = *legati* above, *deputies.*

Ch. XL.—**40. Matronæ—matrem.** It will be observed that in this chapter occur nearly all the Latin words applying to woman. *Mater, matrona,* between which is the same difference as in English, *mother, matron; mulier, woman* in opp. to *vir; uxor* and *conjux, wife,* in opp. to *maritus, uxor* in relation to the man, *wife; conjux* from *conjungere,* in *mutual* relation to the husband, *spouse, consort.*—D.

40. Veturiam—matrem, Volumniamque uxorem. Plutarch calls the mother of Coriolanus, Volumnia, and his wife, Virgilia. The same names are used by Shakspeare, and also by Dr. Arnold.

59 **12. Ab sede—complexum,** sc. *prosiliens* or *se proripiens. Ferre complexum* = *obviam ire amplexurum, go to meet with the intention of embracing.* Render, " as he leaped from his seat and hastened to meet and embrace his mother, as she advanced."

13. Sine—sciam, " let me know"—" whether I have come to an enemy or a son"—" whether I am in your camp a prisoner or a mother?" In this address the historian has admirably conceived and described the feelings and circumstances of Veturia. The language which she utters, breathes at once all the tenderness of a mother, and all the dignity of a Roman matron.

18. Non tibi, etc., "although you had reached the Roman borders with revengeful and hostile feelings, did not your anger subside as you entered them?" i. e. you might have indulged in feelings of hostility through the whole progress of your march, but at the moment that you first touched the Roman soil, did not your angry feelings subside?

23. Sed ego nihil, etc. *Nec—nec* must be connected with *nihil,* the second nec meaning *nor* in the sense of *and yet not, nor yet.* " But I can suffer nothing, which will not bring more disgrace upon you than misery upon me ; and yet, wretched as my lot may be, I am not to endure it long." Veturia wishes to dissuade her son from persisting in his plans against the city ; and also to remind him, that even if he did persist in so disgraceful a course, she herself would not long survive the ruin of the city.

25. De his videris. *Videris* is fut. perf. in the sense of the simple future. (See Z. § 511 ; Cf. Madvig's Lat. Sprachl. § 340, A. 4.) Literally, *you will see to these,* i. e. his wife and children. " Look to thy wife and children."

31. Invidia—leto. Both Plutarch and Dionysius relate that he was put to death by the Volscians. Dionysius says that he was stoned to death.

32. Apud Fabium, etc. So in B. 1, 44, scriptorum antiquissimus, *Fabius Pictor.* Also B. 22, 7, *Fabium æqualem temporibus hujusce belli potissimum auctorem.*

35. Non inviderunt, etc. *Laude sua* from Alschefski, according to the best MSS. *Invidere* is used in the sense of *privare*—" did not deprive the women of their deserved honor." See Z. § 413.

I have been unwilling to interrupt the progress of this fine story by mentioning either the speculations or the well-founded opinions entertained by Niebuhr and Arnold in regard to its historical character. It is sufficient to notice in conclusion the remark of Dr. Arnold, that " the story must be referred to a period much later than the year 263, the date assigned to it in the common annals; and the circumstances are so disguised, that it is impossible to guess from what reality they have been corrupted."—Hist. Rome, vol. 1, p. 125.

THE chapters of the Third Book embraced in the present edition, contain the tragical story of Virginia. Macaulay, in his lay of Virginia, has admirably used the poetic features of this story, and has furnished indeed a graphic, living picture of the social and political life of this period of Roman history. The name of Appius Claudius the decemvir was scarcely less detestable than that of Sextus Tarquinius. He had inherited all the haughty pride of his ancestors, and all their inflexible spirit of opposition to the interests of the Roman commons. The character and bearing of himself and his race are described with surpassing force and truth in the opening lines of Macaulay's poem.

At the opening of the story, the second year of the decemvirate had already passed by; but Appius and his associates still retained their office, and ruled with a tyrannic sway. Their government had been marked with all the abuse and license of the worst of the ancient aristocracies, and the people were constantly on the eve of resistance and revolution. This last act of tyranny attempted by Appius was a "signal for a general explosion. Camp and city rose at once; the Ten were pulled down; the Tribuneship was re-established; and Appius escaped the hands of the executioner only by a voluntary death."— Cf. Arn. Hist. 1, ch. xv.; Schmitz's Hist. ch. viii.

61   CH. XLIV.—7. **Honestum—ducebat.** *Ordo = centuria, a company. Ducere ordinem, to command a company,* i. e. *to be a captain.* But there was a difference in the rank of the companies and of their captains. Render, "held a high rank as a captain in the army on the Algidus." The Romans were now at war with the Sabines and the Æquians. One army was sent against the Sabines at Eretum, and another to Mt. Algidus. In c. 42, Livy mentions the defeat of both these armies, and the retreat of the former to Fidenæ, and of the latter to Tusculum.

9. Perinde uxor, etc. *Perinde = prorsus eo modo, exactly in the same manner,* and refers to what has just been said of Virginius. That is, "uxor instituta erat *prorsus eo modo, quo* Virginius erat exempli recti" "His wife had been educated in the same manner as Virginius, and so were their children educated."—Hand, Tursell. vol. 4, p. 462.

15. Virginem in servitutem, etc. *Asserere* or *vindicare ali-*

Page
61

quem in servitutem, *to claim one as a slave ;—in libertatem, to claim as free.* *Vindiciæ* means an interim decision, that the condition of the person in question, whether a slave or a free person, shall remain the same as it has hitherto been, till the final decision of the suit.

27. Auctoribus—sequerentur. *Adesse,* to be present; hence, to *stand by, to take one's part.* *Auctoribus* is in abl. abs. with the antecedent of *qui.* " While those who took her part advised them to follow." *Them,* i. e. Virginia and the nurse.

Ch. XLV.—**43. Cæterum ita,** etc. *Ita—si* = *not, unless.* See note on B. 1, c. 8. " That however there would not be in that law a firm security for liberty, unless it were invariable in its operations in respect to all causes and persons."

44. In his enim, etc. Appius preferred to consider the case of Virginia as one without the province of the law in question. He contended that it applied only to those who were independent, and free *sui juris.* If such a person were claimed as a slave, the law allowed him, by an *interim* decision, to be considered free, till he was proved a slave, and required the claimant to be content with taking the offered security. But this maiden, he argued, was not in any case free ; she belonged either to her master or to her father ; and as her father was not present, her master had for the present an exclusive title to her.

14. Ut tacitum feras, etc. *Ferre,* metaphorically as the English *carry,* as in the expression *carry a point.* So *ferre tacitum ab aliquo,* i. e. *carry a thing without one's speaking of it,* when one submits without a word of opposition. This occurs in B. 1, 50. Ne id quidem *ab Turno tulisse* (sc. Tarquinium) tacitum ferunt.—Compare Terence, Andr. 3, 5, 4, sed inultum numquam id auferet.

62

14. Virginem—nuptamque pudicam habiturus, " I intend to marry this maiden, and will have in her a chaste bride." This reading is from Alschefski, instead of *nuptam pudicamque.*

27. Virginius viderit. See note on *videris,* B. 2, c. 40.

29. Conditionem filiæ, etc. *Conditio,* properly the *making firm, settling ;* hence, 1, *condition, relation,* (a) of persons, (b) of things ; 2, in the language of business, *making the conditions for something,*— hence, *condition, agreement, proposal ;* 3, in relation to the conditions agreed upon in marriages, *marriage, marriage-connection, settlement.* (Freund.) " Must seek another marriage-connection for his daughter."

Ch. XLVI.—**38. Justo die se,** etc. This is the reading of Alschefski, from three of the best MSS. With *dicturum* must be supplied *vindicias secundum servitutem ;* or *dicere* may be taken absolutely, as in c. 45, *decresse.* *Justo die* means the day on which he ought to pronounce sentence, the *regular day.*

40. Vindicarique puellam, etc. *Vindicari,* i. e., *in libertatem, to be claimed as a free person.* Appius says that he will request

62 Claudius to waive his own right, to accept of sureties for the girl's appearance, and to allow for the present her claim to freedom. Render, " and allow her to be bailed until the morrow."

63 **5. In eo verti—al**, etc. Literally, that the safety of the maiden *turned* upon *that circumstance*, namely, *if* he should be ready, &c., i. e. " that the safety of the maiden depended upon his being present in time on the next day, to defend her from injury." *Injuriæ* objective gen. = *contra injuriam.*

8. Ut vindicaret sponsoresque daret, (sc. Icilius.) Claudius now urges Icilius to proceed in accordance with the above words of Appius, *vindicarique puellam*, etc., i. e. to claim the maiden's liberty, and give securities for her appearance on the morrow.

10. Dum præciperent, etc. *Dum* has here nearly the same force as *ut*. " That the messengers might gain time," &c.—Hand, Turs. 2. p. 819.

16. Postquam—adibat. For the imperf. see note on *p. stabant*, B. 1, c. 23.

Ch. XLVII.—**24. Virginius sordidatus filiam secum—deducit.** *Secum* is the reading of the best MSS., and must be referred, not so much to *deducit* as to *sordidatus* and *obsoleta veste.* " Virginius in mourning attire brought down his daughter to the forum, dressed *as he was* in mourning."—Alschefski. " In the same manner as in times of distress and mourning, whether for public or domestic calamities, the sufferers testified their affliction by sedulous neglect of their personal appearance ; so they, over whom the danger of a heavy accusation was impending, appeared in *sorry apparel*, with disordered hair, and divested of all insignia and ornaments, *sordidati*."—Becker's Gallus, p. 115, Note.

27. Non orare solum—petere, " not only begged their aid as a favor, but also demanded it as a due."

32. Hæc prope concionabundus. *Concionabundus* governs *hæc*. See A. and S. § 233, Note.—" Uttering these things almost in the same manner as if he were addressing an assembly."

40. Quem decreto—tradiderint, etc. *Forsan* (*fors-an*) means *it may be that, perhaps.* The sentence expresses the conjecture on the part of Livy, that the *real sermo, verum sermonem*, was recorded by some ancient author. Literally, thus: It may be, that ancient authors recorded some real discourse, which Appius prefixed to his decree. Render: " It may be that some ancient author recorded the *pretext* actually assigned by Appius for this decree." The sense of the whole passage is thus given by Hand, (Tursell. 2, p. 718:) facile credo auctores antiquos etiam verum sermonem tradidisse, sed in iis, qui nunc exstant, auctoribus, non invenio sermonem, qui cum tanta fœditate decreti conveniat. *Ullum—verisimilem*, " any probable one for such a profligate decree." We cannot but admire the good sense of

Livy, in contenting himself with simply recording the sentence. Com-63 pare Niebuhr, 2, p. 351.

Cɴ. XLVIII.—**12. Alienatus ad libidinem animo.** *Ad* here 64 means, in consequence of, *from, by.* " Maddened by lust."

20. Quiesse, perfect instead of the present. Z. § 590 ; also Madvig, § 407.

31. Hoc—modo, " in this way, the only one in my power."

33. Te—consecro, " on thee and on thy head, Appius, be the curse of this blood."—Arnold.

36. Ille ferro—perrexit. " He forced his way with the knife, wherever he went, until, protected also by a multitude who followed him, he reached the gate."

And as Virginius through the press his way in silence cleft,
Ever the mighty multitude fell back to right and left.
And he hath passed in safety unto his woful home,
And there ta'en horse to tell the camp what deeds are done in Rome.
[Macaulay.

44. Tota—potestatis—erat, " had exclusive reference to the withdrawal of the power of the tribunes and the right of appeal to the people." For the construction of the genitives with *erat,* see note on *ditionis,* B. 1, c. 25.

Cɴ. XLIX.—**10. Vindicare se a privato.** *Privato* refers to 65 Appius. Horatius and Valerius contended, that, as the year of the decemvirate had expired, and there had been no new appointment, Appius and his associates were simply private citizens, and no more authorized than themselves, to exercise the privileges of the magistracy. In preceding chapters, the 39, 40, 41, Livy has done full justice to the spirit and resolution with which they maintained this view in the senate, and in the presence of the decemvirs.

15. Pro imperio, etc. Hand (Turs. 3, 587) makes *pro imperio* equivalent to *secundum imperium,* or *nomine imperii, in an authoritative manner, with an air of authority.* For *a privato* see note above. Valerius claims as much authority as Appius, and orders the lictors to leave Appius, as he was nothing but a private citizen.

20. Agitatus deinde consiliis—atque, etc. The reading and punctuation of Alschefski, the former in accordance with all the MSS. Alschefski considers the clause *atque—trepidaverat* explanatory of *agitatus—consiliis, atque* meaning *and indeed, in truth.*

Cɴ. L.—**28. In Monte Vecilio.** See second note on this book, c. 44. The Vecilius was probably near Tusculum. Niebuhr thinks it is the modern Monte Cavo.

31. Nam præterquam—convertit. The clause *strictum—convertit,* connected by *etiam* is additional to *præterquam quod—conspectus est. In addition* to the fact *that he attracted attention,* i. e. " be-

65 sides attracting attention by coming with a band, &c. his drawn sword also," &c.

66 3. Nec se—futurum fuisse, "nor *would* he *have* survived his daughter." In direct speech it would be *nec fuissem*. See note on *futurum fuisse*, B. 1, c. 46.

16. Et immixti—insecutisque, etc. *Cum—simul* = *cum—tum, et—et, partly—partly*. I give *insecutisque*, the conjecture of Alschefski, as on the whole the best reading. He considers *insecutisque—dicerent* explanatory of the preceding clause, *and persons having arrived who said*, &c., their later intelligence thus confirming the previous announcement, *that the decemviral power was already in a desperate condition*. But this conjecture does not relieve the passage of its difficulty. It remains so involved, and singular in construction, that we must be content with considering the text corrupt.

67 CH. LI.—8. In Sabinis. See note on *honestum ordinem*, etc., B. 2, c. 44.

10. Siccii cædes. The fate of Siccius is recorded by Livy in a previous chapter. He was a veteran soldier in the army sent against the Sabines, and tradition ascribed to him prodigious exploits and honors. As he was understood to be disaffected and inclined to promote a secession, the generals determined on his death. According to Livy's account, he was sent out, "with a band of assassins, to view the country, and choose a place for a camp. In a lone spot his companions fell on him, when he suspected no danger: he died, but not unavenged, amid a heap of traitors whom he slew."—Niebuhr, 2, p. 347.

13. Ne—prærogativam—sequerentur. I give *prærogativam*, the common reading, and certainly the usual expression, in preference to *prærogativa*, the reading of Alschefski. *Prærogativa*, sc. *centuria*, means primarily the *century that voted first*—so too with *tribus* in the same sense. At the comitia, it was decided by lot which century should vote first; and as the Romans regarded the result of the lot as an intimation of the divine will, the following centuries ordinarily voted in the same way as the *centuria prærogativa*. To this fact Cicero alludes in the Orat. pro Muræna, c. 18, tanta illis comitiis religio est, ut adhuc semper *omen* valuerit *prærogativum*. Hence, by a natural transition, the expression *prærogativa* came to mean *vote*, *choice*, whence too our word *prerogative*.

28. Quo anno—abissent. *Quo* refers to *magistratus*, and depends upon *abissent*. *Abire magistratu, go out of office*, substantially the same as the preceding expression *deponere insignia magistratus*. In this connection it may be rendered, "which had expired the year before."

CH. LII.—37. Sciturosque, quam, etc. Alschefski adopts this reading, the conjecture of Rhenanus; "and that they would know how impossible it would be for affairs to be restored to harmony without **67** the restoration of the tribunician power."

40. Patrum suorum, etc. In reference to the first secession. See note on *secessione*, B. 2, c. 34

12. Ubi—moveatur. *Parum, too little, scarcely any thing,* **68** *nothing.* "When (i. e. so soon as) nothing is gained by the secession." —Alschefski.

14. Nos—plebeiis, "we would sooner be without patrician magistrates, than they without plebeian."

17. Ne—ferant desiderium. *Ne = nedum,* "not to mention that," *much less.* See Z. § 573; Haud, Turs. 4, p. 54.

18. Cum præsertim—egeant, "especially as we do not restrain the exercise of our authority, *to prevent* their needing protection."

Ch. LIII.—**24. Conditionibus quibus videretur,** "on such conditions as should seem proper to them." Compare note on *leges— quæ,* B. 2, c. 8.

29. Ob hæc—actæ, "For these things, thanks were rendered them on their coming."

39. Vivosque igni, etc. On this demand Dr. Arnold remarks: "The friends of the commons had met this fate within the memory of men still living, and certainly not for greater crimes."—Vol. 1, p. 195. This remark doubtless refers to his account in vol. 1, p. 154, of a story concerning the burning of nine men as traitors. The subject is there discussed in full, and the fact itself thus recorded: "We only know that at some time or other during the latter half of the third century of Rome, nine eminent men who advocated the cause of the commons were burned alive in the Circus." Compare Niebuhr, vol. 2, pp. 126, 7.

40. Quæ—postulastis, "such of your demands as have come from deliberation, are so just."

44. Quippe qui—ruitis. The indicative, contrary to the usual practice. Z. § 565.

Ch. LIV.—**19. Nihil ne ego quidem,** etc. Two negatives, which, **69** however, do not destroy each other. So also, *non—ne—quidem.* See Z. § 754, note.

21. Q. Furius—crearet. On the meaning of *crearet,* see below B. 21, c. 15, *Creatus ab T. Sempronio.*

29. Pro concione, "before the assembly." The expression is equivalent to *palam* or *publice.* Hand, Turs. 4, p. 578.

33. Multitudini—violatus. Dative for abl. with *a.* See n. B. 1, c. 23; Z. § 419; A. and S. 225, II.

2. Qui—insignem—gesserat, "who had administered the tribune- **70** ship with distinguished honor before the appointment of the decemvirs."

6. Plebem rogavit, = *Ad plebem rogationem tulit.* See note on similar expressions, B. 1, c. 46. For the force of the word *rogatio,* see Dict. Antiqq. p. 580.

70   9. In pratis Flaminiis.   These meadows were outside the
Porta Carmentalis, at the foot of the Capitoline hill.   See Plan of
Rome.   The election of tribunes took place on the Aventine.   The
words *ea omnia* refer only to the business transacted by the tribunes
after their election.   Comp. Niebuhr, vol. 2, p. 360, Note 790 ; Arnold,
vol. 1, p. 195.

 Ch. LV.—19. Ut quod—teneret, "that what the commons had
ordered in the assembly of the tribes should be binding upon the people."   We are forced to believe with Niebuhr and Arnold, that there
was a restriction on the power of the plebs, which Livy does not here
mention, namely, that the plebiscitum was subject to the sanction of
the senate and of the curiæ.   This Valerian law formally acknow-
ledged the national character of the Comitia Tributa ; its decrees,
where not directly interfered with by another power equally sovereign,
were to embrace not the commons only, but the whole nation.   See
Niebuhr, vol. 2, pp. 364, 5 ; Arnold, vol. 2, p. 198.

 32. Ut qui—venum iret, "that whoever harmed the tribunes
of the commons, the ædiles, the judges, the decemvirs, should be ac-
cursed ; and his property be confiscated to the temple of Ceres, Liber,
and Libera."   (See Anthon's Class. Dict. *Liber.*)   By the *Judices*
Dr. Arnold understands the two supreme magistrates, called now for
the first time *consuls*, their title up to this period having been *prætors*.
The *decemviri* here mentioned, are, according to his opinion, the " ten
tribunes of the soldiers, chosen five from the patricians, and five from
the commons, to command the armies in war, and to watch over the
rights of the patricians ; while the ten tribunes of the commons, also
chosen from both orders, were to watch over the liberties of the commons."—Hist. 2, p. 199.

 35. Hac juris lege interpretes, etc.   *Negant quemquam =
affirmant haud quemquam;* the following infinitives, *sanciri, prehendi,
duci, esse,* etc., depending upon *affirmant* alone.   The opinion here
ascribed to the lawyers was founded in the primary and strict meaning
of *sacrosanctus!* Composed of *sacer* and *sanctus* from *sancio,* i. e.
sacer—sanctus, the word means properly, *appointed, consecrated by
religious ceremonies.*—(Freund.)   The lawyers held that this law did
not make any magistrate *sacrosanctus;* that accordingly an ædile,
though protected by this law, might still be arrested and thrown into
prison by the *majores magistratus.*   On the other hand, the tribunes
of the people, when that office was first established, were made *sacrosancti* by religious ceremonies, *vetere jurejurando plebis, quibusdam
cæremoniis.*   For *majores magistratus,* see Dict. Antiqq., Magistratus.

71   1. Judicem enim consulem appellari, etc.   The opinion referred to in this passage, is quite the same as that mentioned above, in
explanation of the word *judices,* namely, that the consul was called

judex, and that this Horatian law therefore extended to the patrician
magistrates, the consuls and the prætors. In reply to the objection
urged here by Livy, " that, in these times, it was not yet customary
to call the consul *judex*, but *prætor*," Dr. Arnold thus remarks : " According to Zonaras, who derived his materials from Dion Cassius, the
consuls *ceased* to be called prætors at this very time, and were now
first called consuls."—Arnold, vol. 2, p. 200, note 9.

10. " **Tergo ac capite puniretur,**" "should be scourged and
beheaded." Both Niebuhr and Arnold favor the statement of Diodorus, that the punishment denounced by this law was death at the
stake.

Сн. LVI.—**26. Nisi judicem dices,** etc. This is the reading of
the MSS., and must be retained, notwithstanding the objection of Niebuhr, who proposed *doces.* Freund gives *judicem dicere, to name a
judge,* as the legal expression used in reference to a defendant, in
joining issue on an action brought against him. The corresponding
expression used of the plaintiff is *judicem ferre,* which occurs below,
in c. 56. Dr. Arnold says, that *nisi judicem dices* signifies, " Unless
thou wilt give me notice to come before a judge with thee, to have this
issue tried." He adds, that " in regard to the transaction itself, the
judge would have had to try simply the question of fact whether Appius had given vindiciæ or possession in favor of slavery or not." The
whole sentence may be thus rendered : " Only in regard to one charge,
unless you prove before a judge, that you did not, contrary to the laws,
give a sentence condemning a free person to slavery, I order you to be
thrown into prison." Comp. Arnold, vol. 2, p. 201 ; Niebuhr, vol. 2,
pp. 370–75.

30. Tribunos appellavit, i. e. to save him from being thrown
into prison.

30. Nullo morante, "no one interposing."

11. At se. Alschefski adopts *at,* the conjecture of Gronovius,
instead of the reading of the MSS., *ait.* " That he *at least,*" &c.
See note on *at,* B. 1, c. 41.

Сн. LVII.—**20. Legum—esse,** "had no claim to the laws, nor
to civil nor human society."

35. Ni vindicias, etc. *Ni = si non.* " *To decide, whether* he
did *not* give sentence," &c. *Ni* is frequently used in this sense in ju-
dicial forms. A parallel passage, Liv. 3, 24, *ni ita esset,* multi—*ferebant judicem,* in which passage, however, Alschefski reads *nisi.* Hand,
Turs. 4, pp. 196, 197.

37. Ut haud quoquam—sic, etc. " He was thrown into prison ;
a proceeding, which *though* it excited no disapprobation, *yet*—."

2. Iisdem auctoribus, "by the same authority."

9. Urbem egrederentur. For acc. see note on **urbem excederent,** B. 2, c. 37.

73 **11. In publico.** The tables were set up in the Comitium.

Ch. LVIII.—**14. Regillum, antiquam in patriam.** The emigration of the Claudian gens from Regillus to Rome, is mentioned by Livy in B. 2, c. 16.

18. Eam inustam maculam, "such a stigma to be fastened."

20. Visum, honoratissimæ imaginis, etc., i. e. virum, cujus imago futura esset posteris in maximo honore; in allusion to the Roman custom of perpetuating the memory of illustrious ancestors, by placing their *imagines* in the atrium of the house. Only those had this privilege, who had borne a curule office. These *imagines* were ordinarily made of wax, "and were kept in little presses, placed up against the wall, and under them stood the name of the deceased, his honors, and merits, *tituli*."—Becker's Gallus, p. 20, note 7.

30. Pietate, "affection for his family." *Pietas* is the feeling of *dutiful affection*, springing from some natural relation: towards the Deity, *piety;* one's parents, *filial affection;* one's country, *love of country, patriotism;* one's relatives, family, *natural affection, love of family.*

36. Appius mortem sibi conscivit. Dr. Arnold refers to the account of Dionysius, that Appius was put to death in prison, by the order of the tribunes; and adds, "It is not improbable that the tribunes dealt with Appius, as Cicero treated the accomplices of Catiline in the very same prison. Cicero's conduct on that occasion was sanctioned by Cato, and by the majority of the senate; and certainly the crimes of Appius were neither less flagrant, nor less notorious than those of Cethegus or Lentulus."—Hist. of Rome, vol. 1, p. 202.

74 **3. Exsilii,** etc., "went into exile." *Vertere* here = *mutare.*

7. Manesque Virginiæ—quieverunt, "and the shades of Virginia, more fortunate after her death than in her life, having wandered through so many families in search of vengeance, at length, when no guilty one was left unpunished, rested in peace."

Thus Livy closes this sad tale, with a poetic expression of an idea, borrowed from the ancient mythology, and frequently mentioned and illustrated in the classic writers. The troubled spirit of the injured Virginia found no rest from her wanderings, till a deserved punishment had fallen upon all who had wronged her. So Plato taught that the spirits of the murdered followed with their vengeance their murderers, and ceased not to disturb and terrify them. The Greek Drama, in the case of Clytemnestra, and in many other subjects of tragedy, is full of illustrations of the same idea.

Ch. LIX.—**17. Nihil—spondet,** "is a sufficient security, that nothing will be done to require the aid of the tribunes."

21. Quod—fuissent, "because they had been so entirely devoted to the interests of the commons." For the genitive *plebis,* see note on *ditionis,* B. 1, c. 25. *Cepisset,* in the same construction with *fuissent.*

The connection between the clauses is as follows: quod—fuissent, et—cepisset, antequam appareret, etc.

26. Qui—auctores fuissent, "who said that the senate had proceeded with too much indulgence in giving their sanction to the laws proposed by them," (i. e. the consuls.)

27. Neque erat dubium, etc. This clause, like the preceding one, is said in accordance with the opinion of the senators referred to, *multi.* They had no doubt that nothing but the necessities of the time had compelled the senate to pass the laws proposed by the consuls. Alschefski thinks that the idea is implied, that so soon as the times should change, the senate would regain what it had lost, and reassert the rights of the patricians.

BOOK IV

THE chapters selected from this book refer to two important plebeian laws: first, the law of Canuleius, to repeal the law of the twelve tables, which forbade connubia between the patricians and the plebeians; second, the law proposed by the other nine tribunes, " that the consulship should be thrown open, without distinction, to the members of both orders." To the Canuleian law, the patricians, after making a vigorous opposition, were at length compelled to give their consent, and the law was passed. The passage of the second law they evaded by resorting to the device of appointing military tribunes, with consular power, who might be either plebeians or patricians. Compare Arn. Hist Rome, vol. 1, ch. xvi.; Schmitz's Hist. Rome, (Andover ed.,) p. 93.

75 CH. I.—**3. Connubio.** Connubium is a term comprehending all the conditions of a legal Roman marriage. See Dict. Antiqq. (Marriage.) Before the passage of the Canuleian law, marriages were frequently contracted between the patricians and the plebeians; but as there could be no regular marriage (*justum matrimonium*) without connubium, such connections were liable to many legal restrictions; the children were not subject to the father's power, and could not inherit his property if he died intestate.

4. Rogationem promulgavit. See notes, B. 1, c. 46; B. 3, c. 54, and Dict. Antiqq. p. 580.

6. Jura gentium, i. e. of the Roman *Gentes*, or Houses; for an account of which see Dict. Antiqq. p. 470.

76 **9. In majus—acceptis,** " being exaggerated;" i. e. ita acceptis, ut majora viderentur, quam essent. So, *in majus ferre*, B. 21, c. 32, *incerta in majus—ferri solent.*

18. Ad concionem advocavit; sc. plebem.

CH. II.—**29. Ut—quemadmodum,** etc. This is the reading of all the MSS. With the latter part of the sentence must be supplied from what goes before, *gloriari possent.* So also 34, 31, *Ibi permisso, ut, seu dicere prius seu audire mallet, ita cœpit tyrannus,* i. e. *ut, seu,* etc., aut diceret prius aut audiret.—Büttner.

34. Perturbationem—afferre. The patricians claimed the sole and exclusive right of taking the auspices; see below, in c. 6, p. 80, *quod nemo plebeius auspicia haberet.*

39. Sanguinis—sacrorum sit. For the genitive, see n. on diti-76 onis, B. 1, c. 25.

10. Subituros fuisse. See n. on *et se*, etc., B. 1, c. 46, and Z. 77 § 593, Note.

16. Illine ut, etc., sc. *fieri posse*, or *concedi posse.* Such an ellipsis frequently occurs, in questions expressing indignation; and sometimes even without any interrogative particle. See Z. § 609.

18-20. Cum—sed audeat, etc. *Tantum non, almost,* in which it frequently occurs, not only in Livy, but in other writers. Alschefski, by an ingenious conjecture reads thus: Cum hostes arcessierint, exercitus—hostes *non tantum non* patientur, sed audeat, etc. But the sense is clear in the common reading, (which is also the reading of Alschefski's MSS.,) and the grounds for the conjecture seem to me insufficient to warrant its adoption.

Cʜ. III.—**34. Viveretis.** For the subj. see A. and S. § 264, 9; Z. § 568.

44. Quid tandem est. *Tandem,* in questions, means *pray, I ask, in the world,* expressing impatience. See Z. § 287.

7. Perinde hoc valet—dicat. *Perinde tamquam, just as if,* 78 *exactly as if.* Plebeiusne consul fiat, Alschefski reads, *plebeius ne,* etc., translating *ne, that not.* But the interrogative form of the clause seems best to agree with what follows: "And does this question, whether a plebeian can be made consul, mean just the same as if some one said that a slave or the son of a slave was to be consul?"

9. Libertinum. *Libertinus* meant originally the *son of a freedman,* in distinction from *libertus, a freedman,* one once a slave but now free; but in the lapse of time, as the distinction between the freeborn and the children of freedmen gradually faded away, there was less occasion for the latter being called *libertini,* so that finally this word *libertinus* was also given to persons themselves made free. Thus both *libertus* and *libertinus* came to be applied to a freedman, with this distinction, that *libertus* had reference to the manumission and the relation to the former master, e. g. in such an expression as *libertus Augusti, libertinus* to the rank of the freedman, and his place in the State.—Becker's Röm. Antiqq.; Bibliotheca Sacra, vol. 2, p. 580, (1845.)

18. En unquam creditis fando auditum esse, sc. a nobis, "Do you then believe that we have ever heard?" On *fando audire,* see Z. § 220.

22. Tarquinium non modo—sed ne—quidem. See note on this construction, B. 1, c. 40.

38. Fortis ac strenuus. See below, B. 21, c. 4, n. on *fortiter,* etc.

Cʜ. IV.—**1. Quid postea?** = quid inde consequitur? "What 79 then?"

11. Decemviros legibus scribendis. See Z. § 665. A. and S. § 275, R. 2, (2.)

16. Paucis his annis, "a few years ago." See Arn. Pr. Intr. P. I. 311.

17. Pessimo exemplo publico. Alschefski gives this reading on the authority of three of the best MSS., in preference to the reading proposed by Gronovius, *pessimo publico*. *Pessimo publico* certainly occurs in Livy, (see B. 2, c. 1, and the note ;) but it seems here to be the meaning of Livy, that the law of the decemvirs furnished a *precedent* of the *greatest injury* to the *public interests*, inasmuch as there were not wanting persons, who were in favor of some such restrictions upon the plebeians at the present time.

21. Ne affinitatibus—caveant, etc. *Caveant*, not *cavent*, is the reading of the best MSS. ; and, as Alschefski has clearly shown, is required by the connection. The sentence is connected in thought with the sentence below, *verum enimvero*, etc. " Let them see to it, (or, they may see to it,) that we are not united to them by marriage and relationship, that our blood is not mingled with theirs. How? If that is a stain upon that nobility of yours, could you not preserve its purity by private regulations? &c. ; but, verily, that this should be prohibited by law—that, indeed, is insulting to the commons."—*Propinquitas* is *relationship*, in general ; affinitas, *relation by marriage*. *Cognatio* means relation by blood.—D.

40. Cur non sancitis, etc. This indignant expostulation of the plebeians may be compared with the plea of Shylock for the Jews in Shakspeare's Merchant of Venice, Act 3, Sc. 1 : " Hath not a Jew eyes? hath not a Jew hands, organs, dimensions, senses, affections, passions? fed with the same food, hurt with the same weapons, subject to the same diseases, healed by the same means, warmed and cooled by the same winter and summer, as a Christian is? If you prick us, do we not bleed? if you tickle us, do we not laugh? if you poison us, do we not die?"

Ch. V.—10. In suffragium. On the meaning of *suffragium*, see Dict. Antiqq.

12. Si non quantum, etc. "*As if* you had not twice tried," &c. *Bis*, in reference to the two instances of the secession of the commons.

15. An ideo, etc. " Or, was it on that account, that you did not proceed to extremities, because the stronger party was also the more moderate ?"

22. Necessitudinibus. *Necessitudo*, in distinction from the words noticed above, c. 4, has a wider signification, and means a connection, either official, as that of *patronus, collega*, or private, as that of *amicus*.—D.

23. Strenuis et fortibus. See n. on these words, B. 21, c. 4.

Ch. VI.—34. Ut—sic. See n. on these words, B. 1, c. 25.

42. Ut de connubio ferretur, concessere, " gave their consent to the passage of the law concerning the connubium."

23. Cessisse possessione. On this construction, see Z. 413. But certainly with *cedere* in the sense of *give up*, usually is found, not the accusative, but the abl. of the thing given up.

BOOK V.

Ch. XXXV.—This chapter, and the following ones selected from this Book, contain Livy's account of the battle of the Alia, and of the invasion of Rome by the Gauls. The whole narrative admirably illustrates the historical style of Livy, and especially that graphic power of description for which he is unrivalled among the ancient historians. It is indeed a series of historical pictures, from the hand of an ancient master, which bring directly before our eyes all the scenes belonging to this period of Roman history. The historian Niebuhr, while he rejects some of the details in Livy's account of these events, and prefers to follow other writers, yet accords the highest praise to this well-known and masterly narrative, and confesses that criticism cannot impair the imperishable fame of its author. " In his own peculiar excellences, (I quote his own words,) in that richness and warmth of coloring, which many centuries after were the characteristics of the Venetian painters born under the same sky, Livy never shone more brilliantly than in this description: a more vivid one is not to be found in any Latin or Greek historian."—Hist. Rome, vol. 2, p. 544.

83   **9. Adversus Romanos.** *Adversus* means primarily *turned towards*, and hence as a preposition, means in a hostile sense, *against*, like *contra*, or in a friendly, *towards*, like *erga*. It here means *in respect to.*—Freund, and Hand, Turs. 1, p. 187.

Ch. XXXVI.—**22. Novum nomen, etc.** " Novum, i. e. tanquam novum = nomen R. *quod* audiant, sit *ipsis* novum."—Bauer.

32. Quodnam, etc. The order of translation thus: Cum, Romanis quærentibus, quodnam—arma, et quid—esset, illi—dicerent, etc.

84   **8. Ne id—obstabat.** *Ne* with *obstare* as the more common *quominus*, "kept them from decreeing." *Ambitio*, love of favor, has here particular reference to the Fabii and their friends.

10. Cladis—acceptæ. *Acceptæ*, (not *accipiendæ*, as proposed by some editors,) because the writer means to represent the evil as something already past, not something which must presently be sustained. Alschefski says, Faber malebat *accipiendæ;* quod L. non scripsit, ne diceret videretur illos jam tum cladem imminentem ante oculos habuisse.

Ch. XXXVII.—**20. Tanta moles mali,** "such a heavy calamity."

22. Quæ—dixisset. For subj. see note on *leges, quæ,* B. 2, c. 8. 84

31. Ultro, "even," i. e., that they were not only not punished, but *even* honored.

34. Ad—tumultum, "at their tumultuous movement, as they rapidly passed by."

41. Quippe quibus—occursum est. *Quibus* refers to *hostium.* For the indic. with *quippe quibus,* see note on B. 3, c. 53. Dr. Arnold, following the account of Diodorus, states that the Romans first crossed the Tiber, expecting to meet the Gauls on the right bank of the river; but on learning that the Gauls were advancing on the left bank, they were obliged to recross the river, " and without an instant's delay march out by the Salarian road, in order to encounter the enemy at as great a distance from the city as possible." Hist. Rome, vol. 2, p. 323. In this manner Dr. Arnold accounts for the suddenness with which the battle of the Alia took place. Ib. p. 322, Note 27.

42. Ad undecimum lapidem. The milestones on the Roman roads were called *milliaria,* from *mille passus;* also, as here, *lapides.* Thus *ad undecimum lapidem* means *eleven miles from Rome.* The miles were reckoned from the gates of the city. The Via Salaria, the road here referred to, commenced at the Porta Collina. See Dict. Antiqq., Milliarium.

43. Flumen Alia. " It is well known that to identify the famous Alia with any existing stream is one of the hardest problems of Roman topography. Virgil and Livy agree in placing it on the left bank of the Tiber. Westphal says, ' that something less than eleven miles from Rome there is a small brook with high banks,' and that on the right of the road at this spot you see the village of Marcigliana Vecchia." Arnold's Hist. Rome, vol. 2, p. 323, N. 32. Marcigliana Vecchia is supposed to be the site of the ancient Crustumerium. The mention of the Alia in Virgil occurs in Æn. 7, 717.

Cн. XXXVIII.—**6. Auspicato—litato.** These words, originally 85 ablatives absolute, are here used adverbially. See Z. §§ 266, 647, 648.

8. Æquari frontes poterant; *Æquare frontem,* a military term, *to form a front, to form a line.*—Freund.

9. Cum extenuando—haberent. A parallel passage in Livy, 31, 21, ut *extenuatam mediam diductis cornibus aciem* Gallorum vidit.

18. Tantum superanti multitudini. The Gauls were seventy thousand in number, the Romans forty thousand. See Arnold, vol. 1, p. 322; Niebuhr, vol. 2, p. 538.

25. In reliqua acie, etc. The right of the Romans, consisting of the *subsidiarii,* was posted on hilly ground, the left, consisting of the regular legions, on the plain between the hills and the Tiber, the extreme flank resting on the river. But on account of the course of the river, the left was thrown back behind the right; hence, when the

85 troops on the right were chased from their ground by the Gauls, the shout was heard by the *proximi*, the part of the Roman line nearest the *subsidiarii*, on their side, *ab latere;* by the *ultimi*, those on the left, *ab tergo*, on their rear. Hence, too, as mentioned in the next sentence, the fugitives in their flight disordered the ranks of the legions, and the whole army was thus routed. See Arnold, vol. 1, 324.

35. Non modo præsidii—sed ne—quidem. Z. § 724. See note on B. 1, c. 40. Yet above, the second *non* is expressed, *non modo non tentato*, etc. Alschefski cites another passage from 4, 3, *non modo non patricium sed ne civem quidem.*

86 Ch. XXXIX.—**9. Romani**, etc. The construction as follows: *Romani—complorati—impleverunt. Impleverunt*, i. e. "dederunt causam lamentis, quibus urbs impleta est."—Crevier. By a bold and not inelegant figure, the historian represents the dead and the living (that is, the absent, who were supposed to be dead) as filling the whole city with lamentations, because they were the occasion of the general mourning.

18. Primo adventu, etc. I give the common reading, *adventu quo*, instead of that of Alschefski, *adventus quia.* The punctuation is also somewhat changed, and is given chiefly according to Büttner. (Observ. Livy, p. 35, quoted by Bauer.) *Identidem* is explained in the successive clauses, and by the particles *deinde—tum—postremo.* It is not easy to perceive the force of the clause *quia—supererat,* as a reason for the opinion that the attack would be made *before night, ante noctem.* Hence Alschefski suggests either *quamquam* instead of *quia*, or a transposition of the clause *quia—supererat,* so that the sentence should read, deinde sub occasum solis, ante noctem rati se invasuros; tum, quia—supererat, in noctem, etc.

24. Continens fuit, i. e. nullo intervallo secutum, "immediately followed."

25. Ea nocte, neque insequenti die. The battle was fought on the 16th of July. As the Gauls did not enter the city till the morning of the 18th, the Romans had the night of the 16th, and the whole day of the 17th, in which to make such defensive arrangements as their circumstances allowed.

31. Ex loco inde munito. *Inde*, i. e. ex Capitolio, tanquam *ex loco munito.* So below, c. 43, *atque inde ex loco superiore.*

32. Flaminem, i. e. Quirinalem, as mentioned in the next chapter.

Ch. XL.—**44. Ad agmen juvenum.** Florus says that the force which garrisoned the Capitol did not exceed a thousand men.—I. 13 ; Arnold, vol. 1, p. 325, n. 38.

87 **8. Nihil, quod,** etc., i. e. "Nihil relinquebant, quod humana mala possent adjicere ad præsentem Romanorum calamitatem."—Crevier.

10. Persecutæ sunt, not *prosecutæ sunt.* "Non enim *prosequebantur* (accompanied) modo viros usque ad arcem, sed *perseque-*

bantur in arcem."—Alschefski. Yet we have above, *in* Capitolium atque *in* arcem *prosequebantur*, where *in* must have the force of *usque ad.*

25. Onere partito, part. of a deponent verb, used passively. See note on *experta*, B. 1, c. 17.

25. Sublicio ponte. See note on B. 1, c. 33, and the Plan of Rome.

Ch. XLI.—**40. Quæ augustissima vestis—ea vestiti,** i. e. ea aug. veste, quæ, etc. See Arn. Pr. Intr. P. I. 30, 53; A. and S. § 206, (7.)

40. Tensas ducentibus. The *tensæ* were sacred vehicles, in which were carried the statues of certain deities, in the procession of the Circensian games. "They were escorted (*deducere*) by the senators in robes of state, who laid hold of the bridles and traces, or perhaps assisted to drag the carriage (*ducere*) by means of thongs attached for the purpose."—Dict. Antiqq.

41. Medio ædium. See note on this expression, B. 1, 57.

41. Eburnis sellis, i. e. the sella curulis, the chair of state, which was ornamented with ivory. Under the republic, the right of using this chair belonged to the dictator, the consuls, prætors, curule ædiles, censors, and to the Flamen Dialis. See Dict. Antiqq. (Sella.)

42. Sunt, qui,—devovisse eos se—tradant. Plutarch gives this account in his Life of Camillus, 21. The devoted offered himself, *diis manibus tellurique,* (Liv. 8, 9,) as a willing victim on the part of his own countrymen, that the other victims required by fate might be taken from the army of the enemy. The *Dii manes,* strictly the spirits of a man's own ancestors, here are the powers of death generally. *Tellus* has in it the notion of the grave. See Arnold, vol. 1, p. 327, note 45.

4. Patente Collina porta. Niebuhr says that the story of the gates being left open is incredible, and adds that Diodorus " states that the Gauls, on finding the walls entirely deserted, *burst open the gates.*" —Hist. Rome, vol. 2, p. 543.

8. Vacuis occursu hominum viis, i. e. "viæ, in quibus nulli homines occurrunt."—Ruperti. Niebuhr compares the feelings of the Gauls on entering the city, and finding it all desolate and deathlike, with that " awe which comes upon a stranger, on passing in summer through a town, in a high northern latitude, at midnight, when all is clear as day, yet no mark of life is to be seen in the streets."—Vol. 2, p. 544.

9. Ea demum. *Demum, at least, certainly.* "Demum cum pronominibus cujusvis generis conjungitur, ut præstantia aut qualitas propria significatur, et ut major vis adjiciatur demonstrationi."—Hand, Turs. 2, p. 256.

13. Plebis ædificiis—atriis principum. *Ædificium* is the

88 generic word for buildings of all kinds, like *οἰκόδημα*. Atrium is a nobler expression, *hall;* as we say, *halls of the great.* Other synonymes are *ædes, domus,* both meaning a *dwelling-house; domus* as the home of a family, *ædes* as composed of several apartments, like *δόμοι, δώματα.*—D.

16. In ædium vestibulis. " Paulo ante dixit, ' medio ædium. In medio scilicet atrii, quod fere in aditu ædium."—Ruperti. Plutarch, in his Life of Camillus, c. 21, states that they sat in the Forum. Zonaras, 7, 23, says that they were eighty in number. See Niebuhr, vol. 2, p. 542.

16. Ornatum habitumque. *Ornatus* refers to dress, *splendor of apparel;* "*habitus* has a more general sense, whatever belongs to the exterior, cleanliness, mode of dressing the hair, carriage of the body," &c., (Döderlein,) *bearing, outward appearance.* So also we find in Livy *vestitus habitusque,* 28, 12; ib. 27; 29, 17; 30, 33. Also *cultus habitusque,* 23, 34.

18. Simillimos diis. " Primo ut *deos venerati,* deinde ut homines despicati interfecere." (Auctor de viris illustribus, in Camillo, quoted by Arnold, vol. 2, p. 328.)

20. Gallo—permulcenti. See note on *male sustinenti,* B. 1, c. 25. "When the Gauls saw these aged men in this array of majesty, sitting motionless amidst the confusion of the sack of the city, they at first looked upon them as more than human, and one of the soldiers drew near to M. Papirius, and began to stroke reverently his long white beard."—Arnold, vol. 2, p. 328.

Ch. XLII.—**30. Perinde atque.** See note on *perinde,* B. 3, c. 44. *Atque,* " as." Z. § 340, Note.

34. Non solum—sed ne—quidem. See note on non *modo—* sed ne—quidem, B. 1, c. 40.

35. Concipere. This is the reading of the MSS., *consipere,* the conjecture of Lipsius, the reading of most editions. With either reading the sense is substantially the same: " not only lost all control over their minds, but even their ears and eyes." They were completely bewildered, and could not credit the evidence of their senses.

38. Avertisset, the reading of the MSS., not *advertisset,* the reading in most editions. Comp. B. 1, 12, *averteratque ea res;* 6, 23, *in se averterat.*

44. Lux deinde, etc. " *Nec tranquillior,*" belongs to *lux* as well as to *nox.*—Alschefski.

89 Ch. XLIII.—**17. Testudine facta.** " The name of *testudo* was applied to the covering made by a close body of soldiers, who placed their shields over their heads, to secure themselves against the darts of the enemy." See Dict. Antiqq.

21. Medio fere clivo, etc. The Capitoline hill was at this time guarded all round by a natural defence of precipitous cliff; and

there was only one regular means of access to the summit from below, 89
the clivus or ascent to the Capitol. Comp. Arnold, vol. 2, p. 328.

22. Inde ex loco, etc. See above, c. 39, note on *ex loco munito.*

24. Ut nunquam, i. e. *ita ut,* "so that."

32. Ad Romanam, etc. This clause must be joined with *duxit,*
not *proficiscentes.*

35. Senesceret, "mœrore contabesceret."—Crevier.

Ch. XLIV.—**43.** Quando, "since." Z. § 346. In this sense it
frequently occurs in historical writers.

44. Conditionis meæ, i. e. as an exile.

6. Bello, i. e. *belli tempore.* So 7, 1, *pace belloque;* 24, 1, *pace* 90
ac bello. Also 27, 5 ; 42, 46. Yet the ablative alone occurs more
commonly, joined with an adjective or genitive, as *primo Punico bello,*
21, 1 ; *Pyrrhi bello,* 31, 31. Where the preposition occurs even with
an adjective or genitive, e. g. 2, 27, *in Volsco bello,* and 6, 27, and in
other passages, the expression has not an exclusive reference to time.
See Z. §§ 318, 476, Note.

12. Cui—dederit. For the subjunctive, see Z. § 558, Note.
Comp. above first note on B. 2, c. 8.

17. Vagique—palantur. These words occur together very frequently in Livy. Thus *vagos palantes* in 7, 17 ; 10, 20 ; 23, 42 ;
palati vagabantur, 31, 21 ; *vagos palatosque,* 33, 15. The idea of
wandering about without fixed purpose is common to both expressions ·
but *palari* has in it the additional idea of separation from others, and
wandering alone.—D.

19. Stationibus ac custodiis. *Stationes* and *custodiæ* are
nearly allied in signification, both meaning bodies of soldiers under
arms ; but *statio* from *stare* has in it the idea of *remaining,* being
posted in some place, like our word "post," "outpost ;" *custodia,*
from *custos,* the idea of *guarding, protecting,* "guard." Thus they
are connected by *ac* or *que,* not by *et.* So in B. 21, 14, *stationibus
custodiisque.* So in B. 2, 39, *vigiliæ,* "watches," "night-watches,"
occurs with *stationes,* and connected in the same way, *stationes vigiliasque.* On the difference between the conjunctions, see Z. § 333 ;
Arn. Pr. Intr. P. I. p. 18.

22. Omnia Galliam fieri, i. e. "totam hanc regionem fieri Gallorum."—Ruperti.

Ch. XLV.—**26.** Æquis iniquisque, i. e. "amicis et inimicis."—
Ruperti.

28. Corpora curant. *Corpora curare* in the sense of *cibum
sumere, taking food, refreshment,* is a common expression in Livy.
S. 3, 60 ; 25, 23 ; ib. 38 ; 31, 39. So *cibo curare,* 9, 37 ; *vino et cibo
curare,* 34, 16.

44. Ut—habuerint. For the perf. subj. see n. B. 1, c. 3.

7. Compressique. *Que* has here an adversative force, "but," 91

Page

91 like *sed.* Arnold, Pr. Intr. P. II. (Eng. ed.) 241, remarks, " *que* has sometimes an adversative force, especially after negative clauses, like *atque, et.*" So also Madvig, Lat. Sprachl. § 452, Anm. 2.

8. Rem—sustinuere, i. e. *distulerunt,* "put off." So B. 3, 60, *sustinuit—bellum ;* ib. 65, *sustinendo rem.*

CH. XLVI.—**15. Esse,** the historical infinitive, which occurs not unfrequently in the apodosis. Thus B. 5, 9, *cum iretur,—tribuni—contradicere,* 6, 11 ; 21, 54 ; 22, 30 ; 23, 3.—Z. § 599, Note.

19. Gabino cinctus. Comp. 8, 9, *Incinctus cinctu Gabino.* For the description of the *cinctus Gabinus,* see Dict. Antiqq. p. 987.

22. Terrorem, used, by metonymy, for any thing which occasions fear. So in B. 4, 21, *terrores ac prodigia ;* 29, 27, *cœlestes maritimique terrores.* In like manner occur, *metus, timor, formido.*

37. Negare se commissurum cur, etc. *Negare = dicere non. Committere cur,* "to give occasion for." *Committere* in this sense is usually followed by *ut.* The construction with *cur* is rare. Crevier thus gives the sense of the passage : C. declarat sibi curæ fore ne exspectet, dum sibi ab alio aliquo, sine deo sine homine finiatur imperium, sed potius ut ipse posceret imperatorem, eique libens pareret.

92 **1. Secundo Tiberi,** "down the Tiber." So 21, 28, *secunda aqua ;* ib. 47, *secundam aquam,* "down the stream."

9–14. Seu—quod—dictus. Livy mentions two opinions in regard to the return of Camillus ; the first, that he was conducted to Veii, before the law had been passed by the curies, (*lex curiata,*) appointing him dictator ; the second, that he did not leave Ardea, until after the lex curiata had been passed, and he had been appointed, in his absence, dictator. To the second, Livy himself inclines, as the more probable.

CH. XLVII.—**18. Ad Carmentis,** sc. ædem. See note on *ad Murciæ,* B. 1, c. 33.

23. Fallerent. *Fallere,* "to escape the notice of," is very frequent in Livy. So below, *fefellere ;* and 2, 19, *nec fefellit—ducem ;* 3, 8, *Lucretium—agmen fefellit.*

39. Classico, primarily a *signal* given with the *cornu,* trumpet ; then, by metonymy, the instrument itself. Dict. Antiqq., Cornu.—Freund.

93 **12. Ab—memoria.** *Ab =* propter, "on account of." So above, c. 44, *ab secundis rebus incauti.* Also, 2, 49, *ab levitate ;* 4, 32, *ab—occasione ;* ib. 41, *ab re male gesta ;* 21, 36, *a glacie.* So also, *ab ira, a cupiditate, ab odio.* See Z. § 305 ; Hand, Turs. I. p. 32.

CH. XLVIII.—**17. Quorum—fecere.** The two parts of the sentence as follows : *Cum gens—morerentur, jam—urebant bustorumque—fecerunt.*

31. Quibus—adoriatur. For the subjunctive, see Z. § 567 ; A. and S. § 264, 5.

32. Stationibus vigiliisque. See above, on c. 44   93

34. Diem de die. *De die*, literally, "from," "away from," i. e. "immediately after," "day after day," "from day to day." So, 25, 25, *diem de die deferret.* Z. § 308; Hand, Turs. II. p. 207.

36. Cum stationes procederent, i. e. "*cum progrederentur militel*; ponit ecce, ante oculos, ut aspiciamus fame affectos, procedentes cum armis, vix incedentes, vix arma tenentes."—Bauer.

43. Mille pondo. See Z. § 87.

Ch. XLIX.—5. Prohibuere—vivere. For *prohibere* with the 94 infinitive see note, B. 1, c. 39. The construction is common in Livy. Compare 4, 49; 5, 26; 8, 38; 9, 30; 26, 41.

20. Providit. We might expect *providet*, as *instruit* precedes, were not the change in tenses so common in Livy. Thus, below we have, ibi—*obtinuit;* castra capiuntur, et—*relictus.* Compare B. 1, 48, *arripit—dejecit.*

24. Majore momento, i. e. *m. vi.* Compare note, B. 1, c. 47. *Momentum* is thus frequently used for the *force* or *effort* put forth, in order to effect any thing. Compare 8, 19, *levi momento;* 21, 43, *perlevi momento;* also 23, 24; 24, 34; 42, 59.

25. Justiore—prœlio. *Prœlium justum* is a formal, *regular* battle, in opposition to *tumultuarium p.*, i. e. one that takes place without due preparation. *disorderly.* So, in B. 23, 37; ib. 40; 35, 4. So also *justa pugna*, B. 22, 8, and *justa acies*, 21, 8. For an account of the corruptions of the story of the retreat of the Gauls, see Arn. Hist. Rome, vol. 1, p. 330.

BOOK XXI.

95   Ch. I.—2. Summæ totius. *Totius* agrees with *summæ;* the whole expression = *operis universi, the whole work,* "the wnole," in distinction from *parte operis.*

2. Plerique = *permulti.* In this sense frequent in Livy: e. g. 10, 33; ib. 31; 23, 13. Compare Z. § 109, Note.

4. Quod—gessere. On the use of the indic. in this clause, instead of the subjunctive, see Z. § 546,

7. His ipsis, i. e. the Romans and the Carthaginians.

7. Virium—roboris. *Vires,* strength in attacking, force as the means of effecting any thing; *robur,* strength in resisting an attack, in remaining firm.—D.

8. Inter sese. From Alschefski, instead of *inter se.* A. joins the words with *conserebant,* comparing *artes conserere* with *manus conserere, arma conferre.*

9. Expertas; used passively. See note, B. 1, c. 17. On *bello,* see note, B. 5, c. 44.

11. Ut—fuerint. On the use of the perf. subj., see n. B. 1, c. 3.

15. Annorum—novem. On the construction, see Z. §§ 397, 426.

16. Duceretur. *Ducere,* here, *to take with.* Sometimes *secum* is expressed, as in 10, 25, and 34, 56.

96   5. Concessam. The verb on which this word with its acc. depends, is readily supplied from *angebant,* e. g. *angebatur.* Fabri compares with 1, 46, *Angebatur—Tullia, nihil—esse;* and 38, 8. Also Cic. Lælius, 24, 90; Cic. Epist. ad Quint. Fr. 3, 5; Fam. 7, 15. By the terms of the treaty at the end of the First Punic War, Sicily was given up to the Romans.

7. Stipendio—imposito. *Etiam* belongs to *stipendio. Insuper,* "besides." The troops in Sardinia had revolted from the Carthaginians; and as the Carthaginians were preparing to assert their dominion over the island, they were threatened by the Romans with war In the end, the Carthaginians were obliged to give up Sardinia, and even to pay the sum of twelve hundred talents (*stipendium*) as compensation for injuries, which it was alleged they had done to the Roman shipping. Compare Schmitz, p. 190.

Ch. II.—8. Sub recentem pacem. *Sub,* "immediately after. See Z. § 319.

9, 10. Africo bello—quinque annos. The African, some-times called the Civil War, took place at the end of the First Punic War, and was occasioned by the failure of the Carthaginians to pay their mercenaries for their services in Italy. According to Polybius, 1, 28, it continued only three years and four months.

18. Ob aliam indolem profecto animi. This reading of the MSS. Alschefski has restored, the common reading being, according to the conjecture of Lipsius, *altam ind. provecto annis.* Alschefski thus explains the passage: Primo dicit Livius, Hasdrubalem Hamilcari conciliatum esse *fiore ætatis,* quem illi fruendum præbuerit; deinde eun. ab eodem generum ascitum esse—quod magna aliqua animi ingeniique indoles in Hasdr. inesset,—*ob aliam,* id est, *ceteram indolem;* ac, ne quis de hac ejus indole dubitaret, *profecto animi* addidit.

19. Factionis Barcinæ. There were two parties at Carthage; the Barcine, (from Barcas, Lightning, the cognomen of Hamilcar,) and another which favored Hanno. See below, c. 3.

22. Hospitiis, "by friendly connections."

29. Ut—præbuerit. On the perf. tense, compare n. B. 1, c. 3. In this instance, the clause with *ut* does not really express a *consequence,* but simply explains more exactly what has gone before. As therefore the two actions or states in the verbs *fuit, præbuerit,* do not stand to each other in the *relation* of *succession,* but are *coincident in time,* the perfect is manifestly the proper tense.

31. Fuerat—renovaverat. The pluperfect, because mention had been made of the death of Hasdrubal. But this tense is also frequently used in describing events which are considered preparatory to others, or introductory to them. Compare 21, 11, *habuerant;* ib. 21, *concesserat;* ib. 32, *venerat.*

Ch. III.—35-38. In—locum—sequeretur. A change of construction. We should expect with *in locum* some such expression as *Hannibal succederet.* Such instances of *anacoluthon* are not uncommon in Livy. See A. and S. § 323, 5; Z. § 815.

39. Vixdum puberem. Yet Hannibal was then about twenty-two years old.

44. Quod petit. For the indicative, see above on *gessere,* c. 1.

5. An—timemus, etc. "*Or,* do we infer," &c. See note on *an non sensistis,* B. 2, c. 38.

Ch. IV.—12. Pauci ac f. opt. quisque. *Ac* is explicative; " *and especially,*" " *and yet;*" *f. opt. quisque,* " almost all the worthiest men." See Arn. P. Int. P. I. 400, (c.)

19. Ut pater, i. e. his resemblance to his father. On *momentum,* compare notes, B. 1, c. 47, and B. 5, c. 49.

22. Discerneres. See note on *timerem,* B. 2, c. 7.

24. Fortiter ac strenue, "with energy and activity." *Fortis* and *strenuus* frequently occur together in Livy and in other writers.

97 *Fortis* means *full of force, energy,* vigorous, *able; strenuus, quick in action, active.* They express manly qualities, and are therefore used of men as expressions of respect and honor.—Fabri.

24. Ubi—agendum esset. For the subj. see Z. § 570.

31. Id, i. e. *id temporis. Quod—superesset.* Z. § 569.

34. Custodias stationesque. See note on B. 5, c. 44.

36. Idem, "at once," "*at the same time.*"

38. Has—viri virtutes, "these his extraordinary virtues." *Vir,* as well as *homo,* has frequently the same force as *is* or *ille.*

39. Inhumana crudelitas, etc. It must be borne in mind, that this picture of Hannibal is drawn by a Roman, by an historian who was writing for the Roman people. Dr. Schmitz says with truth, that "the character which Livy has drawn of Hannibal is unfair; the charge of inhumanity is expressly contradicted by Polybius, and of his alleged faithlessness not a single instance is known." Hist. p. 195. Compare Dr. Arnold's view of the character of Hannibal, Hist. vol. 2, p. 489.

43. Magno futuro duci ; *futuro,* "that was to be ;" "by one destined to be a great general."

98 CH. V.—**1. Ceterum** means primarily " for the rest," = *quod ad cetera pertinet.* It seems to be used here in the sense of "however," to indicate that the historian now resumes the course of the narrative, which had been interrupted by the preceding chapter. See Hand, Turs. 2, p. 38.

6. Quibus—quia—movebantur. The sense is the same as if it were said more fully, "quia, si Saguntini oppugnarentur, nihil dubitandum erat, quin futurum esset, ut Romana arma *moverentur.*"— Alschefski. This use of the indicative for the subjunctive is not very unusual in the apodosis of conditional clauses. See A. and S. § 259, R. 4; Z. § 519, *a, b.*

9. Rerum serie, finitimis domitis gentibus jungendoque. *Rerum serie* is more particularly explained by *finitimis—jungendoque.* The expression *jungendoque* has occasioned much discussion. The more probable interpretation is given by supplying as an object to *jungendo,* eas gentes. Fabri considers *jungendo* as used absolutely; but his explanation seems to me scarcely intelligible. Alschefski regards the whole expression as an instance of hendiadys, (see A. and S. § 323, 2, (3) ; Z. § 741,) and equal to *ad conjungendam domitarum gentium seriem.*

12. Quo metu, i. e. *cujus rei metu.*—Fabri.

13. Stipendio imposito. The abl. abs. expresses the circumstances under which the action in *imperium accepere* took place; "after a tribute had been imposed upon them."

16. Stipendo præterito, "arrears of pay."

29. Adorirentur—disposuit. I follow the reading of Fabri,

Page

except that *et*, the conjecture of Gronovius, is omitted. Alschefski 98
reads thus: *adorirentur peditum agmen: in ripa elephantos—quadr. a. erat—disponit.*

32. **Si—dimicaretur;** the imperf. subj. instead of the pluperf. *dimicatum esset.* See Z. 525.

33. **Et—freti—et, quod—credebant.** On the change in the form of expression, see note on *et avitæ*, etc., B. 1, c. 32, and on *sed et*, etc., ib. c. 40.

35. **Quod,—interesset.** Just before, *quod—credebant.* For the difference in mood, see note on B. 2, c. 1.

37. **Vis ingens—in flumen immissa.** A parallel expression in B. 2, c. 5, *magna vis hominum simul immissa*, sc. in campum. -

39. **Quippe ubi—posset—gereret.** *Q. u.* "since there." For the subj. see A. and S. § 264, 8; Z. § 565.

39. **Vel ab,** etc., "even by," &c. "So *vel* per medios," etc.

Ch. VI.—**8.** **Ceterum** has here an adversative force, *tamen,* "yet." 99
But comp. on this word, Hand, Turs. 2, pp. 35, seqq

9. **Quibus—idem—sator.** "Sensus est, *Hannibalem,* (*idem,*) qui litem inter Turdetanos et Saguntinos serebat, Turdetanis affuisse contra Saguntinos."—Sigonius.

11. **Legati—missi—orantes.** We might expect *qui orarent;* but there are many similar instances of such a use of the participle. Comp. 22, 38, *Consulis—denuntiantis*, for *in quibus denuntiabat;* 42, 46, *legatos—potentes*, for *qui—peterent.* A bolder use of the participle occurs in the preceding chapter, *invicta acies*, for *quæ invicta acies fuisset.* On the use of the participle in Livy, see Grysar, (Theorie, etc.) p. 12.

16. **Quibus si videretur—denuntiarent,** i. e. *qui, si iis videretur, denuntiarent.*

20. **Hac—missa.** These words sum up in brief the contents of the complicated dependent clause *qui—deferrent,* and prepare the way for the principal clause, *omnium—allatum est.*

21. **Spe celerius.** See A. and S. § 256, R. 9; Z. § 484.

23. **Decernentes.** *Decernere*, when used in reference to a single person, is equivalent to *decerni velle.*—Fabri. See B. 2, 29, *decernente ferocissimo quoque;* also, 4, 50; 21, 10; 27, 25.

25. **Intenderant;** the reading of Alschefski from the MSS. instead of *intendebant.* "Had directed," i. e. had declared that the war ought to be directed.

26. **Exspectandosque.** *Que* seems here too to be adversative. See note on *compressique*, B. 5, c. 45

Ch. VII.—**38.** **Disciplinæ sav .titate.** "*Disciplina* hic pertinet ad cultum domesticum, mod. utionem in illis, quæ ad victum, cultum, voluptates adhibentur."—Gronovius. "Purity of their institutions." *Qua,* "in consequence of which."

99　**43. Vineas—aries.**　Seo Dict. Antiqq.

44. Ut—ita, "though—yet." Z. § 726.　Comp. n. on *ut—sic*, B 1, c. 25.

100　**3. Succedebat;** used impersonally.　Fabri refers to 24, 19, *cum—inceptis succederet;* 25, 37; 38, 25; 40, 11.

4. Ut in suspecto loco.　Livy frequently uses *ut* in a clause which describes the circumstances under which that which is mentioned in the principal clause takes place; "as in a suspected place," i. e. as is usual—generally is the case—in a suspicious place. So 2, 11, *ut in spem universæ prædæ;* and below, c. 36, *ut a—glacie.* Such expressions as *ut fit, ut plerumque fit,* illustrate this use of *ut.*

8. Munientibus, "the working parties," i. e. those who were busy with the works, *opera,* requisite to the conduct of the siege. *Munire,* and the words derived from it, refer to the operations, offensive and defensive, alike of a besieged and of a besieging party.

13. Adversum femur, "the front part of the thigh."

15. Opera ac vineæ.　*Opera* is the general word, including all the works employed in carrying on a siege. So just below, c. 8, *operum ac munitionum;* c. 11, *vinearum aliorumque operum;* and B. 2, 17, *vineis aliisque operibus.*

Ch. VIII.—**16. Dum—curaretur,** "while—so long as—the wound of the general was healing," i. e. *in order that in the mean time* the wound, &c. The subjunctive, because *the idea of purpose* is involved. So also B. 24, 10, quievere milites, *dum præfectus—inspiceret;* which Fabri thus explains: *eo consilio* quieverunt, *ut* præf. *inspiceret.* The account of the construction with *dum* in Z. § 575, is insufficient. Madvig, § 360, A. 2, has a remark directly to the point.

29. Qua, = *qua ruina facta* vel *per quam ruinam.*—Alschefski. The pluperf. *crediderant* expresses the error of the Carthaginians in having supposed their work already done. They *had supposed* that the city was taken; but, on attempting to enter, they found, on the contrary, that *through this very breach* in the wall, the Saguntines were advancing to meet them.

33. Justæ acies.　See note on *just. prælio,* B. 5, c. 49.

101　**1. Habebat,** sc. phalarica.　This enormous spear was thrown by the aid of twisted ropes.—See Dict. Antiqq. under Hasta.

4. Medium accensum, sc. telum, "set on fire in the middle."

Ch. IX.—**S. Quia—resisterent—vicisset.**　For the subj. see note on *quia—quod,* B. 2, c. 1. *Pro victo,* i. e. ut victus, *as conquered,* "*was as good* as conquered" So also B: 2, 7, abiere Romani *ut victores,* Etrusci *pro victis;* 4, 3 ': 8, 1; 10, 35.

16. Nec—Hannibali—opo. e esse, i. e. Hannibalem non vacare, "and that Hannibal had no leisure.　See n. on *op. est,* B. 1, c. 24.

Ch. X.—**26. Monuisse, prædixisse,** "*had* advised, *had* forewarned." See A. and S. § 272, R. 4.

30. Juvenum, etc. On the transition from the *oratio obliqua* 101 to the *recta*, see note on B. 1, c. 47.

38. Utrum—an—an. See Z. § 352. In B. 28, 43, we find *utrum—an—an—an.*

41. Unde, *from which,* i. e. from the camp of Hannibal, to which the legati had been sent, to deliver their commission to Hannibal. Alschefski thus explains: legati pulsi *ab eo loco,* (i. e. prohibiti ne eos adire possent, ad quos a suis cum mandatis ire jussi erant,) *unde* ne hostium, etc.

43. Publica fraus absit. Hanno, in these words, expresses the sentiments of the Roman ambassadors, speaks, as it were, in their name: " restitution is demanded in accordance with the treaty: let the state be free from guilt, but the author," &c.

1. Ægates insulas Erycemque; the naval victory gained by 102 the Romans under Lutatius Catulus, in the first Punic war; in consequence of which, Hamilcar, with his troops, was obliged to evacuate Eryx.

5. Sed Tarento, etc. Philinus, an author quoted by Polybius, 3, 26, says that by a league concluded between Carthage and Rome before the first Punic war, the former was to keep aloof from all Italy, the latter from all Sicily.—Crevier.

7. Id de quo—dedit. Another instance of *anacoluthon.* See above, c. 3. Perhaps Livy intended to say id, de quo, etc., *dijudicatum est,* and then changed the construction, and wrote eventus—dedit.— Fabri. Alschefski proposes the following in explanation: *quod ad id attinet,* de quo, etc., *in respect to that which was,* &c.

Ch. XI.—**29. Hannibalis erat,** " was in Hannibal's interest." For the genitive, see note on *ditionis facti,* B. 1, c. 26. Grysar (Theorie, &c. p. 10) refers to this use of the gen. with *esse,* as one of the peculiarities of Livy's style.

39. Nunc ira, in—stimulando, etc. Gronovius proposed ira stimulanda; but, as Fabri has clearly shown, *iram stimulare* nowhere occurs in Livy, whereas *animum stimulare* is very common. The expression *in—stimulando* explains *ira.*

40. Pro concione. See on this expression, B. 3, c. 54.

3. Aliquanto atrocior. See Z. § 488. 103

6. Turris mobilis. For a description of such a *moveable tower,* see Dict. Antiqq., Turris.

8. Catapultis ballistisque. See Dict. Antiqq., Tormentum.

20. Interiora tuendo, " in defending the interior of the town;" i. e. in being compelled to retreat farther and farther into the town, the farther the enemy advanced.

Ch. XII.—**31. Cives,** i. e. the Carthaginians.

40. Postquam nihil—movebant. For the imperf. see note on *p. stabant,* B. 1, c. 23. *Nihil* is used adverbially. So also above,

Page

103 *aliquid* with *moturum.* See Z § 677 The object of *movebant* and *moturum* is *Hannibalem.*

43. Sub conditionibus iis. Fabri remarks that there is but one other passage in Livy, where *sub* is used with *conditionibus*, viz. 6, 40. Everywhere else the abl. alone is used. The practice of Cicero is the same.

104 **5. Interpretem,** "negotiator."

6. Publice—hospes, "connected with the Saguntines by ties of friendship and public hospitality." *Publice* refers to his personal relation to the Saguntine state. By a decree of the state the honors of a *hospes publicus,* of public hospitality, had been conferred upon him. See Dict. Antiqq., Hospitium.

Ch. XIII.—**14. Quo—venissem,** "since I should have come." Alschefski prefers to translate: since *I have come,* taking *venissem* for *veni,* and accounting for the plup. subj. by the close connection of the clause with the preceding one.

21. Vel ea fides sit, "let even this be a proof."

24. Postquam—est. Fabri remarks that this is a brief expression for *p. eo ventum est ut sit,* etc. *Postquam* is not construed with the present, unless it is the historic present.

27. Ita—si, "on this condition—if," "on condition that." Comp. note, B. 1, c. 8.

36. Cum binis vestimentis. As we read in the preceding chapter *cum singulis vestimentis,* we must necessarily suppose that in either the one or the other of the passages, some mistake has crept into the text.

Ch. XIV.—**44. Permixtum senatui.** The simple verb *miscere* also occurs with the dative. See A. and S. § 224, R. 3. But generally with the abl. See A. and S. § 245, II.

105 **1. Secessione facta,** "having withdrawn." The expression does not imply any disagreement, but simply means *a loco discedere.*

3. Eodem ; adverbial, referring to *ignem.*

12. Quod—eventu est, i. e. "quod imperium crudele quidem *fuit,* ceterum prope necessarium cognitum ipso eventu est." It is an instance of the Zeugma, see A. and S. § 323, 1, (2); Z. § 775. On *ceterum,* see above, c. 6.

14. Super se ipsos, *over themselves,* "over their own heads."

Ch. XV.—**23. Octavo mense, quam ;** i. e. postquam. *Post* is thus often omitted. See Arn. Pr. Intr. P. I. 310; Z. § 477; A. and S. § 253, R. 1.

27. Ut—fuerint. For the subj. see Z. § 621.

29. Missi sint—et—pugnaverint. The subjunctive is used. because these two relative clauses form an essential part of the leading proposition introduced by *fieri non potuit.* See A. and S. § 266, 1; Z. § 547.

36. Creatus a Tib. Sempr., i. e. he had been appointed consul at 105
the comitia over which Sempronius presided. The word *creare* is thus
frequently applied to the presiding magistrate. Fabri, who thus explains the meaning of *creatus*, quotes, in illustration, B. 2, 2, *Brutus
collegam sibi comitiis centuriates creavit P. Valerium;* 3, 54, Q.
Furius pontifex—*tribunos plebis crearet;* 25, 41; 28, 10; 32, 27.

Ch. XVI.—**4. Congressum—fuisse.** Fabri remarks the fre- 106
quent omission, in animated narration, of the verba *dicendi et sen-
tiendi,* (A. and S. § 272; Z. § 602,) on which the construction of the
acc. with the infinitive depends. In illustration, he refers to B. 2, 2;
ib. 32; ib. 45; 6, 20; 21, 53; ib. 57; 22, 1; ib. 28.

5. Sardos, Corsosque, etc. The wars with these nations occurred
during the interval between the first and second Punic wars. Sardinia
was occupied by the Romans at the termination of the African war,
and Corsica soon after. The war with the Illyrians arose from their
queen Teuta having put one of the Roman ambassadors to death. The
Istrians were a tribe of pirates at the northern extremity of the Adriatic, the war with whom was unimportant. The Cisalpine Gauls had
various engagements with the Romans between the first and second
Punic wars. Comp Keightley's Hist. of Rome, Pt. 3, ch. 2; Arn.
Hist. vol. 2, ch. 42.

8. Trium et vig. annorum; i. e. the interval between the first
and the second Punic wars.

Ch. XVII.—**20. Quattuor et viginti ped.,** etc. Each legion
thus consisted of 4,000 foot and 300 horse.

24. Vellent, juberent. See note on these words, B. 1, c. 46.

29. Ea—erant. For *ea* instead of *eæ*, see Z. § 372.

32. Naves longæ. These were the ships of war, so called from
their length. The ships of burden, *naves onerariæ*, were not so long,
but were broader. See Dict. Antiqq., Ships.

40. Cum suo justo equitatu, "with their proper quota of cavalry." See above, n. 1.

43. Eodem versa. This is the reading of Alschefski, from the
MSS., instead of *eodem anno v.*, the common reading, which is desti-
tute of authority, and of *nondum versa*, the conjectural reading of
Gronovius. *Eodem* is used adverbially, as above in c. 14. I prefer,
with Fabri, to follow Heusinger in referring *versa* to the troops mentioned just before, legiones, etc. The objection to this construction
arising from the position of *versa*, Fabri has removed by quoting other
passages, about which there can be no doubt; e. g. B. 2, 4, *quorum
vetustate memoria abiit*, where *quorum* of course depends upon *memoria*, not upon *vetustate*. Also 2, 13, *expressa necessitas obsides dandi
Romanis;* 3, 53, *ne cui fraudi esset, conclsse milites;* 22, 42, concursus fit ad prætoria consulum nuntiantium;* 43, 19, *qua spe cele-
riore deditione erectus;* and several others.

107   **Ch. XVIII.—7. Ut indicerent—bellum.** We might expect *ad indicendum—bellum*, to agree with the preceding expression, *ad percunct. Carth.*; but such changes of construction are frequent in Livy, as we have observed already in several places. See above, c. 5, on *et—freti*, etc., and the passages there referred to.

12. Ceterum. See n. above, c. 6. As if it were more fully said thus: *yet, passing over that former one, this embassy*, &c. *Ceterum* may be taken as equivalent to *contra, ab altera parte.* See Hand, as above.

13. Adhuc, "thus far," the speaker implying that the Roman ambassadors had not yet delivered all their instructions.

18. Censeam, the subj., because the expression of opinion is thus given in a milder and more modest manner, than if the indic. *censeo* were used. See Z. § 527 ; A. and S. § 260, R. 4.

23. Nobis—fœdus est. We might expect here, instead of an independent clause, a clause with an acc. and infin. dependent upon some *verbum dicendi*; e. g. Since you see fit, &c., then *I may remind you that* a treaty was concluded, &c. Fabri and Alschefski both remark upon this point, and refer to other passages. See the Preface, si—origines suas—ea belli, etc.; B. 2, 12, quandoquidem—honos,—trecenti, etc.; and many others. Such a construction, however, is not peculiar to Livy.

24. Caveretur—sociis. On the case which *cavere* takes, see Z. § 414; Arn. Pr. Intr. P. I. 233.

26. At enim, etc. "But, (you will say,)" &c. *At enim* is thus frequently used to introduce a real or a supposed objection; *but it may be said, but some one will say,* &c. It is like the Gr. ἀλλὰ γάρ. Hand, Turs. 1, p. 444; Arn. Pr. Intr. P. II. (Eng. ed.) 471.

31. Aliud—ictum est. "Senatus Rom. non stetit conditionibus iis pacis, de quibus inter Lutatium et Hamilcarem convenerat; verum decem legatos in Siciliam misit, ex quorum sententia auctoritateque aliud ictum fœdus ac confirmatum est."—Sigonius.

34. Icit. Alschefski has *fecit;* also below, *quod—fecit.*

41. Bellum dare, sc. *se.* See Z. § 605.

108   **Ch. XIX.—1. Sagunto excisa.** *Sagunto* is here the abl. of *Saguntus*, which is feminine.

2. Nam, etc. The thought, which is not fully expressed, Fabri thus explains: It was because it best accorded with the dignity of the Roman people that they preferred such a brief, pointed declaration; *for,* if they had chosen to go into a verbal controversy, they might have argued as follows: *quid fœdus,* etc.

2. Si—esset. Imperf. for pluperf. See Z. § 525.

4. Quid—comparandum erat. See Krebs' Guide, 270, a; Z. § 518.

9. Quamquam, "nay more." See Z. § 341, at the end of the Note

14. **Tantum ne,** *only that not, provided that not.*

19. **Ut—pellicerent—averterent.** These verbs depend upon *adirent; adirent ut pell. aut avert,* "to visit the states, for the purpose of persuading," &c.

Ch. XX.—35. **In iis,** i. e. *Gallis;* to be referred to *Galliam,* as if *Galli* had there been used.

3. **Ob quæ,** i. e. *ut ob ea.* A. and S. § 264, 5; Z. § 567.

109

13. **Cujus—est.** On the indic., see Z. § 548. Comp. n. above, c. 1, on *gessere.*

Ch. XXI.—35. **Jam desiderantibus—desiderium,** "as they had already been *absent—absence.*"

39. **Ad edictum.** *Ad,* "according to." Z. § 296.

2. **Ab Sicilia,** "on the side of Sicily." See note on B. 1, c. 33, *haud a—locis,* and Z. § 304.

110

6. **Melior—futurus ut. miles,** "*in the expectation that* both *would be,*" &c. Compare above, c. 4, *futuro duci.*

8. **Cetratos,** from *cetra,* a target, "a small round shield made of the hide of a quadruped."—See Dict. Antiqq., *Cetra. Funditores,* Ib. Funda.—The natives of the Balearic isles (Majorca, Minorca, and Ivica) were celebrated for their skill as slingers. *Baleares,* from βάλλειν, *slingers.*

Ch. XXII.—15. **Atque ideo haud minus, quod, etc.** *Haud minus, no less,* "especially," "and especially on that account, because," &c.

22. **Mixtum—Afris.** See note on *permixt. senatui,* above, c. 14.

23. **Ad mille octingenti.** *Ad,* "about," "nearly." See Z. § 296.

34. **Ducit.** On this absolute use of *ducere,* see note on the word, B. 1, c. 23.

38. **Cura humani ingenii,** "through a curiosity natural to man."

40. **Temperare oculis.** On the construction of *temperare,* see Z. § 414; Arn. P. Int. P. I. 220.

1. **Pergeret porro ire.** Fabri remarks, that the infinitive of a verb of motion is used very frequently by Livy, in connection with *pergere,* especially as here *ire.* He refers to below, c. 30; ib. 57; 22, 19; 24, 2; 26, 13. Not unfrequently, also, as here, *porro* is added. So 1, 37; 9, 2. On the subj. in *pergeret,* see n. B. 1, c. 9, on *mollirent.*

111

Ch. XXIII.—15. **Iter averterunt,** "changed the direction of their march," i. e. left Hannibal. So also *flectere viam.* See B. 1, c. 60.

19. **Et ipse,** "he also," i. e. as well as others. The antithesis to *et ipse* is not directly expressed. Fabri thus explains the sense of the whole: the aversion of the Carpetani to longer service had escaped the attention of Hannibal, though it had been observed by others. Others were cherishing the same aversion. As *he also* (*et ipse*) had

23*

111 observed it in these, he dismissed them, pretending that the Carpetani also had not withdrawn without his knowledge.

Ch. XXIV.—23. Iliberri. "This form is here given as an indeclinable noun, the foreign termination being retained. Below occurs *Iliberim*, the accusative with the termination of a Greek noun."— Fabri.

26. Ruscinonem. The acc. of *place*, because the idea of *motion* is implied in *conveniunt*.

29. Oratores—misit, colloqui. The *verbum dicendi* on which the *oratio obliqua* beginning with *colloqui* depends, is omitted ; (qui dicerent,) *colloqui*, etc., (to say) that, &c.

30. Et vel illi, etc. *Et, and hence, and therefore.*

33. Hospitem—non hostem. A *paronomasia*, or play upon words, (see A. and S. 323, 25 ; Z. § 825,) a rhetorical figure which, as Fabri remarks, Livy is fond of using. F. quotes B. 1, 12, *perfidos hospites, imbelles hostes ;* 6, 26, *hospitaliter magis quam hostiliter ;* 23, 33, *hostes pro hospitibus—accepit ;* and many other similar illustrations.

112 Ch. XXV.—1. Placentiam Cremonamque colonias. "The Romans suspected that the Gauls would rise in arms ere long ; and they hastened to send out the colonists of two colonies, which had been resolved on before, but not actually founded, to occupy the important stations of Placentia and Cremona on the opposite banks of the Po." Arn. Hist. Rome, vol. 2, p. 278.

5. Triumviri, i. e. *ad colonos deducendos,* (Livy 37, 46,) "the commissioners" appointed to superintend the allotment of lands to the settlers. See Dict. Antiqq. p. 280.

6. Confugerint. For the tense, see note on *ausi sint*, B. 1, c. 31.

14. Eadem, "and also." See Z. §§ 127, 697.

19. Dimissuros, sc. *se.* On the omission of the pronoun, see Z. § 605.

35. Contendere. Perfect tense, as *ademere* in the preceding sentence. Fabri refers to other passages in which Livy uses this form of the perf., when it cannot be distinguished from the present infinitive, and might therefore be considered the historical infinitive. Thus below, c. 33, *ut—videre.* Also 3, 43 ; 6, 8 ; 24, 7.

36. Ad tempus, "for a time."—Z. § 296.

" **Commeatibusque fluminis ;** i. e. the provisions brought down by the river. On the genitive, see Z. § 423, Note 1 ; Arn. P. Int. P. I. § 24.

Ch. XXVI.—43. Qui—pervenit. *Qui* refers to *C. Atilium.*

113 2. Transcripta, briefly for *scripta legione nova ac* deinde in locum *ejus—transcripta.*—Fabri.

7. De Rhodani quoque—transitu. The *quoque* requires something not directly expressed. The sense is : that he had *not only*

crossed the Pyrenees, *but* was deliberating upon the passage of the
Rhone *also*.

15, 17. Citeriore—ulteriorem; in reference to the position
of the Carthaginians.

18. Et eorum ipsorum, quos. *Eorum ips.* refers to the Volcæ,
and the genitive depends upon *quos.* As if it were written thus:
(the relative preceding the demonstrative, as often in Livy,) et quos
eorum (sc. Volcarum) sedes, etc., "and also those of (the Volcæ)
themselves, whom," &c.

19. Simul pellicit—simul et ipsi—cupiebant. The clauses
of the sentence do not exactly agree together. We should rather expect an arrangement like this: *Ceteri accolæ—ipsorum—simul ab*
Hannibale pelliciebantur—simul et ipsi—cupiebant.—Fabri.

Ch. XXVII.—**33. Adverso flumine,** "*up the river*," as *secun-*
do fl. (see note on B. 5, c. 46) *down the river.* So also *adversa ripa,*
below, c. 31.

43. Alius—exercitus. *Alius* for *reliquus,* "the rest of the army."
See note on *mult. aliam,* B. 2, c. 38.

3. Prodito fumo, "by raising a smoke." Alschefski joins *pro-*
dito with *loco,* taking *prodito* in the sense of *edito;* but he gives no
evidence of *prod.* ever being used in that sense. 114

6. Equites fere propter equos, etc. *Agmen* is the subject of
the sentence ; *equites* is governed by *transmittens,* and *nantes* agrees
with *equos. Propter* means "near," Z. § 302. The order is as follows : Navium agmen equites ad excipiendum adversi fluminis impetum parte superiore, fere propter nantes equos transmittens tranq.—
præbebat.—The *naves,* vessels of the largest size, were used for the
cavalry, and the small boats, *lintres,* for the infantry. Alschefski
reads *eques,* etc., but, as it seems to me, fails to establish his view of
the meaning of the passage. Dr. Arnold thus describes the arrangement: "The heaviest vessels were placed on the left, highest up
the stream, to form something of a breakwater for the smaller craft
crossing below : the small boats held the flower of the light-armed foot,
while the cavalry were in the larger vessels."—Hist. Rome, II. p. 280.

9. Equorum pars magna nantes, etc. *Nantes* agrees with
pars by Synesis.—See A. and S. § 323, 3, (4) ; Z. § 368. The idea,
which is merely indicated in the preceding sentence by the words
propter eq. nantes, is here fully given.

Ch. XXVIII.—**17. Et qui—et qui,** etc. "Both (of those) who
—and (of those) who," &c. *Qui ex altera ripa,* etc., i. e. those who
had not yet begun to cross over.

20. Anceps, "double." See note on this word, B. 1, c. 25.

23. Utroque, i. e. in utramque partem. Alschefski has *ultroque*
from one MS. *Ultro* is the reading of most MSS.

23. Postquam—pellebantur. See note on *p. stabant,* B. 1, c. 23.

114   **31. Refugientem—nantem;** the two participles, unconnected by a conjunction, an ellipsis very common with Livy. See A. and S. 323, 1, (1).   Büttner refers to an exactly similar instance, B. 2, 46.

38. Secunda aqua. See note on *sec. Tiberi,* B. 5, c. 46.

115   **5. Donec—agerentur,** "as long as—they were driven." *Donec, as long as,* here in the subj. because the clause expresses not only *how long,* but also *why* the elephants remained quiet.   Compare the use of *dum,* above, c. 8.   Alschefski translates thus: so lange sie —zu stehen *glaubten,* so long as *they thought* that they stood.

7. Donec fecissent.   See note on *donec—experr. esset,* B. 1, c. 39.   Fabri also quotes on this passage from Hand, Turs. 1, p. 296, as follows: imperfectum et plusquamperfectum, ubi intelligitur finis, (usque eo,) semper conjunctiva forma exprimuntur.—I add here a remark of Arnold's: "of a past action the *perfect* with *donec, until,* is always in the indicative, the imperfect and pluperfect in the subjunctive."—Pr. Intr. P. II. (Eng. ed.) p. 138.

Ch. XXIX.—**17. Quam pro numero,** "more than *was* in proportion to."   There is here an ellipsis, similar to that which we have observed with *ut,* in B. 1, c. 57.   It also occurs below, c. 32, *quam pro numero manentium;* 26, 41, *quam aut prò memoria—aut pro ætate.* Grysar, p. 14, compares this use of *quam pro* with that of the Greek ἢ κατά or ἢ πρός.—See A. and S. § 256, R. 11; Z. § 484.

23. Summæ rerum. *Summa rerum = universum bellum,* "the whole war."   So also, 3, 61, *summa belli,* and 30, 3, *summa rerum bellique.*—Fabri.

33. Libatis viribus, i. e. *paululum imminutis.* *Libare,* λειβειν, *to pour out, to diminish, to impair.*

Ch. XXX.—**43. Diversa maria,** i. e. the ocean and the Mediterranean. *Diversus, lying over against, opposite.*

116   **10. Italiæ sit.**   For the gen. see note on *ditionis—facti,* B. 1, c. 25.

10. In—subsistere.   These words to be joined with *nunc.*

11. Quid—aliud esse credentes quam, etc.   The participle used instead of the verb.   "What else could they believe the Alps to be but," &c.   Fabri observes that the interrogative form is thus frequently used in a participial sentence, and also in one having *ut* or *cum* and the subjunctive.   He refers to 40, 15, *cum quid aliud quam— periclitarer;* ib. 13, *ut quibus—sacris—mentem expiarem. Pyrenæi,* sc. saltus.   So also just above, *Pyren. saltum,* 24, id.; below, c. 60, *citra Pyren.*   Also *Pyrenæi montes,* but not *Pyrenæa juga.*

14. Pervias paucis esse—et exercitibus? "that they are passable by the few—and by armies—?" i. e. and shall they be *impassable* by *the many?*   This is the emended reading of Alschefski.   An old edition has *exercitibus invias,* and the same is found in the margin of one MS.   Gronovius conjectured, *non* exercitibus.

16. Sublime; used adverbially. Fabri refers to Virgil, Georg. 3, **116** 108, *elati sublime;* Cic. De Natura Deorum, 2, 39, 101, *sublime fertur;* ib. 56, 141, id..

23. Quid—esse. Direct questions, expressed in *oratio recta*, in the indic., are expressed in *oratio obliqua* in the acc. with infin.; except questions addressed to the second person.—See Z. § 603.

Сн. XXXI.—**30.** Corpora curare. See n. on this expression, B. 5, c. 45.

32. Mediterranea Galliæ, "the interior of Gaul." *Galliæ* in the gen. dependent upon *medit.* See A. and S. § 212, R. 3, n. 4; Z. § 435

32. Non quia—esset sed—credens. See Z. § 537. The mention of the reason on the part of Hannibal for proceeding up the Rhone, is the first important particular in which Livy's narration differs from that of the Greek historian Polybius, whom Livy for the most followed. It is clear from Polybius, that the movement up the Rhone was a part of the original plan of Hannibal, which he had carefully formed before setting out.

36. Quartis castris; literally, after pitching his camp four times, "after four days' march," i. e. from the passage of the Rhone, a distance of seventy-five miles.

37. Ibi Isara. The reading of Alschefski, and clearly the true one, though many MSS. have Arar. The MS. which A. follows reads *ibisarar*, etc., and another reads *bisarar.*—The great distance from the place of the passage to the junction of the Rhone with the Arar, the modern Saone, would be entirely inconsistent with *quartis castris.* See the Map.

38. Mediis—Insulæ—inditum. The name Insula, from Polybius, who calls the country the νῆσος. Polybius compares it with the Delta in Egypt, remarking, however, that the sea forms one of the sides of the Delta, and that the third side of the Insula is closed by a chain of steep and rugged mountains.

44. Pellebatur, the imperfect, because the contest was not yet decided.—Fabri.

7. Ad lævam in Tricastinos flexit. Livy mentions this **117** change in the route, in conformity with his opinion, which he explicitly states below, c. 38, that Hannibal crossed the Alpes Cottiæ, the modern Mount Genevre. Still these words are inexplicable, on the supposition that the country of the Tricastini lay along the Rhone, between Orange and Montelimart, as given by D'Anville, and in the map accompanying this volume. But Mannert, in his Geography of the Greeks and Romans, vol. 2, p. 99, states, on the authority of Ptolemy, that this people formed a part of the Allobroges, and lived "to the east of Valence, towards Grenoble, and on the south side of the Isara." There still remains, however, a difficulty in the words *ad lævam.* Drakenborch asserts that the sense requires either *ad dextram* or *a*

117 *læva.* Stroth refers the words to the position of Livy, or any one else, at Rome, or in Italy; a view which is adopted by Alschefski. But this view seems vague and unsatisfactory. It seems necessary to understand the words as Fabri has done, in reference to Hannibal himself. If we suppose Hannibal at Valence, with his face towards the Alps, *cum jam Alpes peteret,* he would be obliged to go in a north-easterly direction, i. e. *ad lævam,* in order to reach the country of the Tricastini, as described by Mannert.

14. Vada—gurgites. To be joined with *volvens.*

15. Pediti quoque. The *quoque* to be explained by referring back to *non tamen navium,* etc.

Cʜ. XXXII.—**25. Ita—occursurus.** *Ita, thus, in this manner,* i. e. if he returned to his ships and did not attempt to overtake Hannibal; *occurs. to meet, resolved to meet;* "*thinking that* in this manner he should meet."

32. Italiam defensurus, "purposing to defend." The fut. part. has the same force as, above, *facturus, occursurus.*

39. Pecora jumentaque. *Jumenta,* the larger sort of cattle, horses, bullocks, asses; *pecus,* the smaller sort, swine, goats, sheep.—D.

40. Frigore—gelu. *Frigus,* cold in general; *gelu,* cold that produces ice, ice-cold. *Glacies* means *ice* as the effect of *gelu.*—D. *Torrida* denotes the state of the body under the influence of frost, *shrivelled, frostbitten.* So below, c. 40, *torrida gelu.*

118 **4. Confrag. omnia præruptaque,** "places *all* craggy and steep," *entirely, exclusively,* where there was *nothing but* craggy and steep places.

9. Ut—vim per angustias facturus, i. e. *ut* vi transitum *per ang.* patefacturus, "as if he intended to force his way through the defile."

13. Quam pro numero; see n. on *quam pro,* above, c. 29.

16. Angustias evadit. On the acc. see A. and S. § 233, Rem. 1; Z. § 469.   •

Cʜ. XXXIII.—**18. Castra mota.** *Castra movere, to break up a camp.*

19-21. Jam—conspiciunt. *Conveniebant,* i. e. convenire cœperunt. On *cum* with the present tense, *consp.,* see Z. § 468, 2.

24. Suoque ipsum tumultu misceri, "brought into disorder by its own hurried movement."

25. Quidquid adjecissent—satis—fore rati. See n. on B. 1, c. 24, *ibi—fuerit.*

26. Perversis—decurrunt. Doederlein (Synon. 1, p. 69) gives, as the meaning of *perversis, loosened from their place, thrown down.* But, as Fabri has observed, *rupes* is not used for single, detached masses of rock, but rather *rocks, cliffs,* fixed, and in their natural posi-

Page 118

tion. For the detached pieces of rock, Livy uses *saxa*. *Perversis* seems to have with *rupibus* the same meaning as our word *perverse*, when used in reference to persons, to character; or, as when we say a *perverse* thing, arrangement, &c. Alschefski explains *perversum* as id, quod contra est atque esse oportuit, *what is just the opposite of what it ought to be, distorted, awry,* "irregular," "awkward." *Invia* means *impassable*, places or tracks where none but mountaineers can go; *devia, devious*, where all but mountaineers would *go astray*. *Rupibus* is in the abl., depending upon *decurrunt;* Doederlein says that it is equivalent to *per rupes. Inv.* and *dev.* are in the accusative, depending upon *assueti;* an unusual and poetical construction. Fabri refers to Virg. Georg. 6, 832. In B. 38, 17, Livy uses *assuescere* even with the genitive.

29. Sibi, the *dativus commodi*, (Z. § 408; A. and S. § 228, Note,) = *pro se*, " for himself." Alschefski reads tendenti.

38. Ruinæ max. mod., "just like the fall (of a great building") The comparison is made in reference to the noise, *the crash*, as the beasts were thrown down the steep.

42. Exutum, i. e. *si exutum esset*. On the peculiar use of the part. in Livy, see above, note on *orantes*, c. 6.

43. Traduxisset. The subj. of the fut. perf. is usually expressed by the fut. act. participle with the perf. subj., so that we should expect here *traducturus fuerit*. See note on *fac. fuerit*, B. 2, c. 1.

5. Ejus regionis. According to the best established view of the route of Hannibal, the country here referred to was that " wide and rich valley which extends from the lake of Bourget, with scarcely a perceptible change of level, to the Isere at Montmeillan." Hannibal afterwards proceeded up the right bank of the Isere, until he reached the central ridge of the Alps.—See the Map.

Page 119

6. Captivo ac pecoribus. *Captivo*, a general expression for all that had been taken; *ac pec.* means, " and especially with the cattle." —Alschefski.

7. Montanis—perculsis; abl. abs.; but the sense is really the same as if it were *a* mont. perc. For a similar instance, Fabri refers to B. 21, 61, *proximis censoribus.*

Ch. XXXIV.—**10.** Ut inter mont. Ut has here too a limiting force, " for," " considering that," and the clause is elliptical. See n. on *ut in ea*, etc., B. 1, c. 57.

23. In angustiorem viam, etc. " The Alpine valleys become narrower, as they draw nearer to the central chain; and the mountains often come so close to the stream, that the roads in old times were often obliged to leave the valley, and ascend the hills by any accessible point, to descend again, when the gorge became wider, and follow the stream as before. If this is not done, and the track is carried nearer the river, it passes often through defiles of the most for-

Page

119 midable character, being no more than a narrow ledge above a furious torrent, with cliffs rising above it absolutely precipitous, and coming down on the other side of the torrent abruptly to the water, leaving no passage by which man or even goat could make its way."—Arnold's Hist. vol. 2, p. 286. It would seem to have been in one of these defiles, that the Carthaginians were now attacked by the mountaineers.

29. Accipienda fuerit. The fut. pass. part. with the perf. subj. forms the subj. of the fut. perf. of the passive voice, in the same way as the fut. act. part. with the same tense forms the subj. of the fut. perf. of the active voice. See Z. § 499; and comp. n. on *fact. fuerit*, B. 2, c. 1. Thus the above words have in this hypothetical sentence, the force of a pluperf. subj.; " would have been received."

35. Hannibali—acta est. The dat. for the abl. with *ab*. See Z. § 419; A. and S. § 225, II. Comp. n. on *quærentibus*, B. 1, c. 23.

Ch. XXXV.—41. Primum—novissimum agmen. *Primum ag.*, " the front," or " the van." *Novissimum agm.*, " the rear." In the preceding chapter, *extrema agminis*, " the rear."

41-43. Utcunque—daret—fecissent. For the subj., see Z. § 569.

42. Opportunitatem—occasionem. *Occasio* and *opportunitas* are the opportunities which fortune and chance offer; *occasion*, " occasion," in a general sense, like καιρός; *opportunitas*, in a special sense, an opportunity to undertake something with facility and with a probability of success, like ἐυκαιρία.—D.

43. Sicut—ita, " though—yet," " although—still." See Z. § 726; and comp. note on *ut—sic*, B. 1, c. 25.

120 **5. Ubi—esset.** Comp. n. on *ubi dixisset*, B. 1, c. 32; and see Z. § 570.

16. Mœniaque, etc. These words, in the *oratio obliqua*, may depend directly upon *ostentat*. Fabri refers for a similar use of this verb, as a *verbum dicendi*, to B. 26, 24, cum *Syracusas Capuamque captam—ostentasset*; and Alschefski to B. 1, c. 6, Numitor—cædem seque ejus auctorem *ostendit*. Or a word may be easily supplied, e. g. eosque docet, *mœniaque*, etc.

20. Nihil ne—quidem. See Z. § 754, Note; and comp. n. B. 3, 54.

23. Sicut—ita, "indeed—but." See n. above on these words.

25-27. Ut—occiderent. The order and construction as follows: *ut neque—possent, nec,* possent ii, *qui paul. titubas., afflicti, hærere vestigio suo, aliique,* etc. *Hærere* depends upon *possent*. *Affligi* means *to be thrown down; afflicti,* " after they had been thrown down." *Vestigio* (dative) means the place which they had before had, " footing." The *que* in *aliique* seems also here to have an adversative force.

Ch. XXXVI.—29. Rectis saxis, abl. of *quality;* the words to be joined with *rupem*. *Rectis, upright, perpendicular.*

32. In—admodum alt., " to the depth of about a hundred feet." **120**
It was probably a place where the track had been carried away,
" leaving the mountain-side a mere wreck of scattered rocks and snow.
To go round was impossible ; for the depth of snow on the heights
above rendered it hopeless to scale them ; nothing therefore was left
but to repair the road. A summit of some extent was found, and
cleared of the snow ; and here the army was obliged to encamp,
whilst the work went on."—Arnold, Hist. 2, p. 288. In Polybius, this
slip of the road is stated to have taken place, not in reference to depth,
but to length.

43. Tetra—volutabantur. I follow throughout the reading of
Alschefski, which is supported by the best MS. authority, and at the
same time relieves the passage of the difficulties which have hitherto
perplexed the commentators. In the smaller edition Alschefski had
adopted the emendation of Gronovius and Drakenborch, *pedes fallente ;*
but in the larger edition he restored the reading found in all the MSS.,
pede se fallente, and defends the Latinity of this latter expression,
which had been condemned by Gronovius and Drakenborch, and afterwards by Fabri. Alschefski compares *pes fallitur, se fallit,* with *animus fallitur* or *se fallit.*

43. Ut a lubrica glacie. *Ut* has here the same force as above,
c. 7, where see the note on *ut—loco.* Fabri very aptly compares B.
33, 14, *ut fit ab nimia fiducia.* The preposition *a* gives the *reason* for
tetra luctatio.—Comp. on this force of *a* or *ab*, note on B. 5, c. 47, *ab
memoria,* and see Z. § 305. Literally, *as from—on account of—the
slippery ice not admitting a firm foothold, &c.*—i. e. " *because* the
slippery ice did not," &c. Alschefski well translates, though as usual
too freely, thus : Schrecklich war, wie sich leicht denken lässt, die
Noth über das schlüpfrige Eis fortzukommen, auf dem man nirgends
fest stehen konnte, usw.

2. Ipsis adminiculis prolapsis. *Adminiculis* refers to *mani-* **121**
bus and *genu,* " when these props themselves had slipped," or " these
props themselves slipping."

5. Jumenta—nivem. *Infimam nivem,* " the deepest part of the
snow," i. e. the hardened snow of the previous year, which lay below ;
called above *veterem.* *Interdum etiam, sometimes also,* i. e. as they
were so heavy, they cut into this even, hard as it was.

7. In conitendo, " in their efforts to rise.".

Ch. XXXVII.—**12. Ad rupem muniendam,** i. e. ad viam per rupem muniendam. *Munire,* to make the road passable, i. e. to make a
road through the rock. *Iter munire, viam munire,* are common expressions.

17. Infuso aceto. Pliny, in his Hist. Nat. 23, 1, says : Acetum
saxa rumpit infusum, quæ non ruperit ignis antecedens. But Polybius
makes no mention of such an expedient for softening the rocks, and

121 whatever may be the origin of the story, no credit is attached to it in modern times.—Comp. Juvenal, Sat. 10, 153, *montem rumpit aceto.*

22. Inferiora, i. e. *radices Alpium,* " the lower parts of the mountains ;" nom. to *habent.* We have already had several instances of this substantive use of the neut. plural of adjectives. Above, c. 35 *pleraque Alpium,* and *per invia pleraque ;* c. 34, *inter montana ;* c. 25, *plerisque incultis.*

Ch. XXXVIII.—**29. Quinto mense a Carth. nova.** Breviter dictum pro: quinto mense, postquam a Carth. discesserant.—Hand, Turs. 1, p. 46.—Fabri.

30. Quinto decimo die. Yet according to Livy himself, the number of days was nineteen ; nine in reaching the summit, c. 35, *nono die ;* two on the top, ib., *biduum in jugo ;* four in getting through the rock, c. 37, *quadriduum circa rupem cons. ;* three of rest, ib., *quies data triduo ;* and one must be added for the descent, *ad planum.* Perhaps the words *ut quidam—superatis* are to be read in parenthesis.

34. L. Cincius Alimentus. A Roman historian. He wrote in Greek a Roman history, from the foundation of the city down to his own times. None of his writings are extant.

38. Magis affluxisse, etc. ; i. e. that the Gauls and Ligurians joined Hannibal in Italy, after the passage of the Alps. But the *octog. millia ped.* and *decem eq.* seem to refer to the numbers with which Hannibal crossed the Ebro.

40. Triginta sex millia amisisse. Hannibal crossed the Ebro with 90,000 foot and 12,000 horse—Polybius, 3, 35 ; Liv. 21, 23 ; on reaching the Pyrenees he had 50,000 foot and 9,000 horse—Polyb. ib. ; after the passage of the Rhone, the army numbered 38,000 foot and 8,000 horse—Polyb. 3, 60: it numbered 20,000 foot and 6,000 horse on reaching Italy. Thus the entire loss from the Pyrenees to Italy was 33,000 ; a number which differs so little from that reported in this passage, on the authority of Cinc. Alimentus, that it has been supposed, and with reason, that Livy may have misunderstood his author, and that the words *triginta sex m.* refer to the same time as that mentioned by Polybius, viz. from the passage of the Pyrenees (not that of the Rhone) to the arrival in Italy.

41. E Taurinis—deduxerint. I have given in this sentence the reading of Lipsius, adopted by Alschefski in his smaller edition. In the larger edition, Alschefski has changed, but, I think, not emended, thus : *amisisse e Taurinis* quæ Galliæ proxima gens erat, in Italiam *digressum. Id* cum, etc.

43. Cum inter omnes constet. I have already referred, in a note on c. 31, to Livy's opinion, that Hannibal crossed the Cottian Alp. In this sentence he gives the ground of this opinion, viz. that on cross-

ing the Alps, he arrived among the Taurini. But the words *cum inter* 121
omnes constet are quite inconsistent with the statement of Polybius,
3, 56, that " Hannibal having spent fifteen days in crossing the Alps,
descended boldly into the plains that are near the Po, and the territory
of the Insubrians."—See Wickham and Cramer, Passage of Hannibal,
p. 224. This statement of Polybius is a strong consideration in favor
of the passage by the Graian Alp, the modern Little St. Bernard.—See
the Map.

44. Vulgo credere, i. e. plerosque credere, " that most persons
believe."

2. Cœlium per Cremonis jugum. L. Cœlius Antipater, a Ro- 122
man historian, who lived about 625 U. C., and wrote a history of the
second Punic war. *Cremonis jugum,* another name for the Graian
Alp; see Geogr. Index. The authority of Cœlius, by Livy.'s own account, is thus in favor of the Little St. Bernard.

4. Libuos Gallos. The Libui are reckoned by Ptolemy among
the Insubrians.

Ch. XXXIX.—11. Taurinis. Dat. case. See n. on *quærentibus,*
B. 1, c. 23 ; and Z. § 419 ; A. and S. § 225, II.

13. Parti alteri, i. e. *alterutri,* to one or the other, i. e. " to
either party."

22. Unam urbem, caput. Augusta Taurinorum, now Turin.

38. Occupavit—trajicere, i. e. *prior trajecit* " crossed first."
Comp. n. B. 1, 14, on *occupabant.*

39. Educeret. See n. on this word, B. 1, c. 23.

Ch. XL.—43. Qui—vicissent. We might expect *vicerant,* as
the relative clause seems to express a fact. Perhaps Livy chose the
subj. in reference to the feelings of the *equites* themselves, as if they
too considered it unnecessary that troops which had already gained
such distinction, should be exhorted to deeds of bravery.

10. Cum iis, etc. Instead of a dependent clause, with some 123
verbum dicendi. See above, c. 18, n. on *nobis,* etc.

16. Qui—detrectavere. The indic. expresses the thing as a
fact. See A. and S. § 266, R. 5 ; Z. § 547, Note.

17. Duabus partibus, " two-thirds," as in Greek, τὰ δύο μέρη.
Fabri refers, in illustration, to Liv. 8, 1 ; 22, 23 ; ib. 24. Also, Cæsar,
Bell. G. 1, 12, *tres partes, three-quarters.*

19. At enim. See n. above, c. 18.

32. Commissum, etc. *Committere bellum,* to begin a war ; *profligare—,* to bring nearly to an end ; *conficere—,* to finish.

Ch. XLI.—33. Vestri adhortandi. On the number of *adhort.,*
see Z. § 660 ; Arn. Pr. Intr. P. I. 334.

34. Licuit—ire, " I might have gone." See Arn. Pr. Intr. P. I.
124 ; Z. § 518.

40. In terram egressus, " having landed."

Page

123 **41. Qua parte;** by synesis, as if *equitum prælio* had preceded.

44. Terra, abl. of place, as in *terra marique.* See Z. § 481.

124 **1. Quanta maxima c.** *Quanta* with the same force as *quam.* See Z. § 689.

6. Viginti ann.; a round number for the interval between the first and second Punic wars.

7. Ad Ægates—ab Eryce. For the allusion, see above, c. 10.

10. Vectigalis stipendiariusque. *Vectigalis,* a man or a people, who pay taxes according to the census and to the produce of the year; *stipendiarius,* one required to pay a certain tribute, independently of any such circumstances. *Vectigalia* is the general word for all provincial taxes. The two words together, here imply a relation of entire dependence, in consequence of which one is required to pay tribute.

11. Quem—agitaret—respiceret, i. e. *qui—eum agitaret—respic.* *Agitare* here means to *drive to desperation, to drive mad.* It is frequently used by Livy in this sense, as in B. 1, c. 48, *agitantibus furiis;* 34, 18, *consulem—cura agitare.* Also Curtius, 3, 6, *curis agitabant;* 6, 38, *agitant eos furiæ.*

19. Indignatione—atque ira. " *Ira,* anger, as a passion, which thirsts for vengeance ; *indignatio,* indignation, an excited moral feeling, which expresses with energy its disapprobation."—D.

26. Tutelæ—duximus, sc. *eos esse. Tutelæ,* dat. of the end.

125 **Ch. XLII.—4. Ad unum omnes,** " all to a man ;" a common expression in Livy.

5. In id, denotes purpose ; " for the purpose of deciding the matter." See Z. § 314.

9. Ubi—dimicarent. See Z. § 569. The meaning is not the same as *cum dimicarent, when—as,* but *while—during all the time that—they were fighting.*

Ch. XLIII.—12. Cum. I have ventured, with Fabri, Bekker, and others, to read *cum,* though most of the MSS., and also Alschefski's edition, have *dum.*

21. Habentibus. We might expect *habentes,* agrees with the object of *claudunt.* The word is in the abl. abs., for which the subject *vobis* is to be supplied. Alschefski considers it a dative, and supplies as the object of *claudunt, viam* or *effugium.*

34. Satis adhuc, " long enough."

40. Emeritis stipendiis. *Stipendium,* primarily *tribute, tax,* means in a military sense—1, *wages, pay of soldiers;* 2, (a) *military service,* in this sense generally in the plural; *stipendia merere,—facere, to do military service, to serve; stipendia emereri,* to finish one's military service, *to serve out;* (b) *service of a single year, a campaign.* In the above expression, *emeritis* is used passively ; " after

Page 125

you have completed your time of service." Compare B. 3, 57. *Eme-* *ritus stipendia* does not occur in Livy, or in any good writer.

44. Perlevi momento. See n. on *maj. momento*, B. 5, c. 49.

3. Illa virtute—illa fortuna. *Ille* emphatic in the sense of 126 *tantus, tam egregius.*—Fabri.

10. Victorem eundem. *Eundem* supplies the place of *etiam;* "conqueror too." See Z. § 697. So also just below, *idem.*

Ch. XLIV.—**24. Frenatos infrenatosque;** the former the Carthaginian and Spanish horse, the latter the Numidian. Thus, below, Livy says, c. 46, *Hannibal frenatos equites in medium accipit, cornua Numidis firmat.*

30. Indignitas means *unworthy treatment.*

34. Arbitrii facit. For the gen. see n. on *dit. facti*, B. 1, c. 25. "Makes every thing subject to its own will."

35. Modum imponere, *to fix a limit,* i. e. *to prescribe, to dictate.*

38. Ne transieris—ne quid Saguntinis. To be understood as commands, uttered by the Romans, to which Hannibal replies, *ad Iberum* (i. e. non trans Ib.) *est Saguntum.* Again the words of the Romans, *nusquam—moveris.*

42. Inde cessero, sc. *si.* By the omission of *si,* the expression is more emphatic.

43. Transcendes autem dico. *Autem* equivalent to *quid dico?* or *dico?* "But what do I say? *will* pass over?"

1. Illis timidis et ignavis esse licet. On the dative after 127 *esse,* see Arn. P. Int. P. I. § 23; Z. § 601; A. and S. § 227, R. 5, N. 1. So below, *vobis necesse,* etc.

8. Nullum enim telum. The ingenious reading of Alschefski, instead of the unmeaning readings, *n. contemtum, contentum, conceptum;* or *n. momentum,* as that word is unsuited to *acre;* or that of Gronovius, *nullum eo telum.* Livy also has *acre* with *telum,* in B. 3, 55, *telum acerrimum datum est;* and 3, 69, *telum acerrimum.*

Ch. XLV.—**12. Ponte Ticinum jungunt,** "throw a bridge over the Ticinus."

13. Castellum means here what the French call *tête de pont.*

18. Traductus in agr. Insubrium. Scipio had crossed the Po at Placentia, and ascended the left bank of the Ticinus. The bridge now made, he crossed the Ticinus, and entered what are now the Sardinian dominions.

19. Victumulis, the reading of Alschefski from the MSS. instead of *Victumviis,* the common reading. Both Mannert and Cramer, following Strabo and Pliny, give the situation of this place in the district of Vercellæ. Cramer places it near the source of the Sesia; but in this case the place would be too far from the Ticinus to be the scene of this battle. Compare Mannert, Geogr. 9, (1,) p. 185; Cramer, Geogr. 1, 48.

Page

127 **30. Mutatam secum fortunam.** *Secum*, i. e. cum sua fortuna. *Mutare* means here *to exchange;* and, together with its compounds *commutare, permutare,* is construed with the abl. like verbs of buying and selling. Here *cum* is used with the ablative, but it also occurs alone, in Livy and in other writers. See Z. § 456, Note.

34. Si falleret. Fallere here means *to deceive, not keep one's word.*

38. Id moræ—rati. *Id moræ,* sc. esse *ad potienda sper.;* "that there was only *this hinderance,*" viz. *quod n. pugn.* Compare above, c. 5, id morari, etc., and on *quod* with *pugnarent,* ib., *quod interesset.*

Cʜ. XLVI.—**44. Quibus procuratis.** See n. on *prod—curarentur,* B. 1, c. 21. Also Dict. Antiqq., Prodigium.

128 **12. Inter subsidia ad sec. aciem.** The *subsidia* themselves formed the secoud line, as already mentioned just above. The words *ad sec. ac.* seem to explain *inter subsidia.* The sense is, that the spearmen fled to the second line, to the *spaces between* the maniples of the reserve.

16. Donec Numidæ—ostenderunt. *Donec* seems to refer to something not directly expressed: as *quæ pugna permansit.*—Fabri.

24. Alius—equitatus = *alia manus,* i. e. *equitatus,* since the *jaculatores* of course did not form part of the cavalry.—Fabri.

Cʜ. XLVII.—**40. In citeriore ripa Padi.** Many editors omit *Padi;* but even then it is plain from the context that it is the bank of the Po which Livy means. In this respect the account of Livy varies from that of Polybius, who states that the six hundred were taken on the bank of the Ticinus. Compare Cramer's Geogr. of Italy, 1, p. 58. Dr. Arnold says: "The Romans therefore hastily retreated, recrossed the Ticinus, and broke down the bridge, yet with so much hurry and confusion, that six hundred men were left on the right bank, and fell into the enemy's hands." Hist. Rome, vol. 2, p. 289.

129 **5. Ut—transvexerint.** *Ut,* "even if," "although." See Z. § 573.

8. Potiores—auctores. Among them Polybius, 3, 66. Compare Cramer, as above.

Cʜ. XLVIII.—**28. Agmine profectus.** On the ablative without *cum* in this and in similar expressions, see A. and S. § 249, 111, Note; Z. § 473.

30. Minus—fefellit, "was less secret." On *fallere* in this sense, see n. B. 5, c. 47.

34. Digno, used absolutely; but the connection easily supplies *mora* as the word depending upon it. "With an adequate recompense for their delay."

38. Vulneris in via jactanti. It has been questioned whether *via jactans* be good Latin; and *jactati* (agreeing with *vuln.*) has been

Page

proposed, and by some editors adopted. But the above is the reading **129**
of the MSS. *Via jactans* is a rough, uneven, a *jolting road.*

CH. XLIX.—15. Fretum, sc. Siculum. **130**

28. Suos—intenderent—teneri. The *orat. obliqua* after *missi,*
as above, c. 29. Neither *ut* nor *qui* need be supplied with *intenderent.*
In *direct* discourse the mood would be imperative, *intendite;* hence
the subjunctive in indirect. With *teneri, necesse esse* may be supplied
to complete the sense. See Arn. Pr. Intr. P. I. 460; Z. § 603. Comp.
n. on *mollirent*, B. 1, c. 9.

32. Perque omn. oram; sc. ut essent, *qui—prospicerent.*

33–36. Simul itaque—præsensum tamen est. *Simul itaque,*
" as soon, therefore, as," " accordingly, as soon as," to be joined with
præs. est; tamen is added on account of the intervening clause,
quamquam, etc.

37. Sublatis armamentis veniebant. " Venire sublatis armamentis est navigare sublatis velis ad cursus celeritatem."—(Turnebus.)
" Under full sail."

CH. L.—29. Quibusdam volentibus novas res fore. *Quib.* **131**
volent. in the dat., in imitation of the Greek construction βουλομένῳ μοί
ἐστι. Render, " and that a revolution would be agreeable to some."
Comp. Tacitus, Agric. c. 18, *quibus bellum volentibus erat;* Hist. 3,
43, *ceterisque remanere—volentibus fuit.* Also Sallust, Jugurtha,
c. 84, *quia neque plebi militia volenti putabatur.*

CH. LI.—41. Sub corona venierunt. *Sub corona venire,* a common expression for the sale of a slave. Sometimes *sub hasta venire;* as
in Eng., *under the hammer.* Gellius, 7, 4, says: Mancipia, coronis induta,
idcirco dicebantur *venire sub corona.* So Festus, p. 306: *Suo corona
venire* dicuntur, *quia captivi coronati solent venire.* Thus it appears
that the captives were brought to market, *crowned with garlands,*
like the victims destined for sacrifice in the temple; hence *sub corona
ven.* W. A. Becker's Manual of Rom. Antiq., transl. in Bibliotheca
Sacr. vol. 2, p. 569.

9. Longis navibus. See n. above, c. 17. **132**

11. Ipse—oram Italiæ, etc. Polybius relates, 3, 61, 68, that the
army marched from Lilybæum to Messana, and, after crossing the strait,
went by land through the whole length of Italy; and that the march
was completed in forty days.

CH. LII.—18. Prælio uno. *Uno,* because Scipio had had *two*
equestrian engagements with Hannibal; one on the Rhone, and one on
the Ticinus, in the latter of which he had been defeated.—Heusinger.

35. Ut,—" though," as above, c. 47. *Alia* in nom. case.

37. Continendis—sociis; dat. of purpose, " that the best means
for keeping the allies to their allegiance, was," &c.

38. Primos quosque—censebat. The reading of the best MSS.
in this passage is primosque qui *coissent,* etc. But *coissent* being in-

Page

132 admissible, *eguissent*, the conjectural reading of Gronovius, has been
adopted by most editors. In the above reading, Alschefski retains the
que rejected by Gronovius, but inserts *quos*, which, from the similarity
of the letters, may be readily believed to have fallen out. *Primos
quosque*, "the very first." "That the very first (i. e. to let them see,
"that the very first") who had needed aid, had been defended."

40. Ferme ; to be joined with *mille. Peditum = ex peditibus.*

41. Trans Trebiam. The Romans were encamped on the left, or
the west bank of the Trebia ; Arnold says, "just where the stream
issues from the last hills of the Apennines." Hannibal was encamped
about five miles off from the Romans, directly between them and Placentia.

133 **1-4. Varia—fuit.** As *sequentesque* occurred in the MSS., the
elder Gronovius proposed *cedentes sequentesque*, which Heusinger
amended as in the present edition. The younger Gronovius proposed
sequente, which has been adopted by many editors.

Ch. LIII.—**5. Major justiorque,** i. e. victoria.

8. Militibus. On the dat., comp. n. on *sustinenti*, B. 1, c. 25 ;
and on *juveni*, ib. c. 26. Drakenborch gives a number of instances of
this use of the dative with such expressions as *augere, minuere, animum,*
etc., *alicui.* So also *crescere animus alicui*, as above c. 9, *Saguntinis
—crevissent animi ;* and many other passages quoted by Drakenborch.

21. Ditionis fecisse. See n. on this construction, B. 1, c. 25.

134 Ch. LIV.—**5. Centenos ;** the distributive, in reference to *pedite*
and *equite.*

10. Turmis manipulisque ; the former, the regular expression
for a *company* of cavalry ; the latter, for one of infantry.

12. Magoni—dimissis. *Magoni*, the *dativus commodi* (see Z.
§ 408) "for Mago," i. e. that they might aid Mago in this enterprise.

23. Omnes copias, i. e. his own, and Scipio's.

23. Ad destinatum—consilio. The neuter part. used substantively, as frequently in Livy. *Ad destinatum cons.* = "ad id quod
jam ante apud se statuerat."—Alschefski. See Z. § 637, Note, and
comp. n. B. 1, c. 53.

32. Egressis—omnibus. For the *dative* see n. preceding chapter,
on *militibus.*

Ch. LV.—**43. Ab cornibus—partem.** *Ab*, "on." See n. on
a—locis, B. 1, c. 33, and Z. § 304.

135 **10. Et fessi—integris.** The *et* is explanatory. It was not
only a contest between four thousand and ten thousand, but between
four thousand soldiers already weary and exhausted, and ten thousand
fresh and in full vigor.

17. Romanis. For the dative, see n. as above, c. 53.

21. Improvida, "without noticing them." See Z. § 682.

26. Verrutis. *Verrutum* was a dart used by the light infantry ;

from *veru, a spit*. Its shaft was three and a half feet long, its point **135** five inches. Dict. Antiqq. p. 489.

Ch. LVI.—**31.** **Quo novus terror additus.** *Quo, by which, whereby*. In the larger edition, Alschefski reads *quoque*. Bekker, following Gronovius, has *additusque novus*, etc.; Fabri, *additus quoque*.

33. **In orbem pugnarent,** i. e. *in omnes partes p.*, as the enemy were pressing upon the front, the rear, and on the flanks.

6. **Quod reliquum ex magna parte militum;** *ex magna* **136** *parte*, as *magna parte, maxima parte*, etc., " mostly," " for the most part." The meaning is the same as if the words were thus placed: *ex mag. parte quod*, etc. Alschefski, however, makes *ex magna parte militum* equivalent to " ex illis duobus exercitibus consularibus in aciem eductis," " and what remained of that great body of troops."

Ch. LVII.—**15.** **Quo—arcerent,** " with which to repel." Alschefski reads *quî* in the larger edition, *qua* in the smaller. *Quo* is the reading of Fabri and of Bekker.

18. **Quos—duces—esse.** The infinitive, because the words are in the *oratio obliqua*. See n. above, c. 31, *quid—esse*, and Z. § 603.

22. **Fallendi—falleret.** See n. on *fallere*, B. 5, 57. Compare above, n. c. 48.

27. **Quæque—erant.** *Quæque* for *quæcumque*. Alschefski refers to 21, 42, *cujusque sors exciderat*. Render : " wherever the country presented too many hinderances."

11. **Scribentibus,** i. e. *rerum scriptoribus*, " historians." **137**

Ch. LVIII.—**17.** **Ducit;** without an accusative. See n. on this word, B. 1, c. 23. " Marched."

20. **Ut—superaverit.** On the perf. subj. see n. B. 1, c. 3.

21. **Vento mixtus.** On the construction of *miscere*, see n. on *permixtum*, etc., 21, 14.

23. **Affligebantur.** See n. on this word, 21, 35.

27. **Captis auribus,** etc. Alschefski thinks that *captis* was written instead of *capti*, because the loss of sight and of hearing was only temporary. *Capti oculis* on the contrary would mean, " blind," a state of permanent blindness.

41. **Movere—recipere.** These words are not in the historical infinitive with *ut*, as this construction does not occur in Livy. They are in the same construction with *fieri*, depending upon *cœperunt*, which is easily supplied from *cœptus est*.

Ch. LIX.—**8.** **Bina castra.** The distributive is always used **138** with substantives which have no singular, and with those whose singular has a different meaning from the plural. See Z. § 119.

11. **Vincerent,** sc. *Romani*, which is readily supplied from *res Romana*.

21. **Pugna raro magis ulla ea et,** etc. This is the reading

Page

138 of Alschefski in the larger edition. With *magis* must be supplied *clara*. Fabri adopted Valla's conjecture, ulla magis *sæva*; Bekker reads magis *dubia*, the conjecture of Gronovius.

27. Major—quam pro numero. See above, first n. on c. 29.

29. Præfecti sociorum. The *præfecti* of the allies had the same rank as the *tribuni militum* of the Roman army.—Fabri.

Ch. LX.—**43. Omnem oram—ditionis fecit.** *Ditionis* depends upon *fecit*. See n. on this construction, B. 1, c. 25.

43. Conciliata clementiæ. Alschefski has *conc.* lenitatis *clementiæque*, supplying lenitatis by conjecture, because several MSS. have clementiæ*que*.

139 **1. Ferociores jam.** *Jam* is thus frequently joined with the comparative, in the sense of *etiam*, "even."—Hand, Turs. vol. 3, p. 129.

7. In aciem eduxit. See n. on *educere*, B. 1, c. 23.

14. Dux—capiuntur. On the number of the verb, see Z. § 375.

Ch. LXI.—**27. Quod ferme fit.** This is equivalent to *nam hoc ferme fit.*—Fabri.

38. Hostico cis. This is the elegant emendation of Alschefski. The MSS. have *stoicosis* and *stoicohis*. From *his* or *sis* Alschefski conjectures *cis*, and from *stoico, ostico* or *hostico*.

140 **10. Ut—fuerit.** On the perf. subj. see n. B. 1, c. 3.

12. Talentis. "Where talents are mentioned in the classical writers without any specification of the standard, we must generally understand the Attic."—Dict. Antiqq. p. 949. The value of the Attic talent was *circa* $1000.

Ch. LXII.—**17. Triumphum clamasse,** i. e. Io triumphe! as in B. 24, 10, *infantem—Io triumphe clamasse.* The Forum Olitorium was near the Porta Carmentalis, between the Tiber and the Capitol. The Forum Boarium was between the Circus Maximus and the Tiber.—See the Plan of Rome.

26. Lapidibus pluvisse. In B. 1, c. 31, *lapidibus pluisse.* Z. § 182, gives both *pluvi* and *plui;* also Madvig, and A. and S. *Pluere* is also construed with the accusative, but most frequently with the ablative.

26. Sortes extenuatas. Alschefski gives *extenuatas* as the reading of the best MSS., but remarks that it does not differ in meaning from *attenuatas*, used in 22, 1, and is equivalent to *imminui, minores fieri.* The *sortes*, lots, were little tablets of wood, used for the purposes of divination. The fact of their *becoming smaller, shrinking,* was considered a bad omen.—See Dict. Antiqq. under Sortes, Situla.

28. Libros; i. e. Sibyllinos, mysterious books, said to have been obtained from a Sibyl, or prophetic woman, and always consulted in case of prodigies and calamities. They were kept in the temple of Jupiter Capitolinus, and were under the care of ten men, (decemviri,)

five of whom were patricians, and five plebeians.—See Dict. Antiqq.
p. 895.

34. Ad Junonis. In the larger edition Alschefski has *et Junoni*,
from the MSS. The present reading is that of Gronovius, which
Alschefski had followed in the minor edition.

35. Lectisternium. This was a banquet in honor of the gods,
prepared on the occasion of extraordinary solemnities. The images of
gods were placed in a reclining posture upon the couches, and tables
and viands were put before them.—See Dict. Antiqq.

39. Genio, i. e. the Genius, the tutelary divinity of the city; in
accordance with the prevailing opinion that every place, as well as
every individual, had such a guardian spirit, who guided their fortunes,
and regulated their destiny.

Cн. LXIII.—**2. Edictum et litteras,** by hendiadys, for *edictum* 141
per litt. Alschefski cites, in illustration, Cic. Epp. ad Fam. 11, 2, 1.

5. Tribunus pl. et quæ postea—habuerat. Flaminius had been
tribune in the year 521, and had then carried an agrarian law for a
general assignation of the land formerly conquered from the Gauls near
Ariminum. He had been consul for the first time in the year 531.
After his appointment, when he was already engaged in the war with
the Gauls, the senate sent orders to both the consuls to return home
immediately. But Flaminius refused to obey the summons, and continued his operations till the end of the season with much success, and
on his return home, demanded a triumph. The senate refused it, but
he obtained it by a decree of the comitia.—See Arn. Hist. Rome, vol.
2, p. 267.

10. Ne quis senator—haberet. This law forbade all senators
and sons of senators from being the owners of a ship of more than 300
tons (*amphoræ*) burden. The express object of the law was to hinder
the Roman aristocracy from entering upon mercantile speculations, and
becoming, like the Venetian nobles, a company of wealthy merchants.
—See Arn. Hist. vol. 2, 26, 9; Schmitz' Hist. Rome, p. 301, n. 3.

16. Auspiciis ementiendis. *Auspicia ementiri est falsa auspicia nuntiare.*—Drakenborch. In his first consulship, Flaminius had
been ordered home, on the ground that dreadful prodigies had been
manifested, and that the omens had not been duly observed at the time
of his election.

17. Latinarum feriarum. This was a festival annually celebrated
by the ambassadors of the Latin people, under the direction of the consuls. The particular time for the celebration was always determined
by the consuls.

17. Consularibus—impedimentis, "devices for detaining the
consuls."

24. Spretorum, sc. et deorum et hominum; "from a conscious-
ness of having despised them."

141 **24. Capitolium—nuncupationem.** The commencement of the consulate was always celebrated by a solemn procession to the capitol, and a sacrifice there to Jupiter Capitolinus, associated with solemn vows and prayers; and after that, there was a great meeting in the senate.—Dict. Antiqq. p. 306.

30. Paludatis—lictoribus. In the minor edition, Alschefski had adopted the reading *paludatus*; but in the larger, he reads as above. The word means *clothed with the paludamentum*. It was the custom for a Roman magistrate, after he had received the *imperium* from the comitia curiata, and had offered up his vows in the capitol, to march out of the city, arrayed in the *paludamentum*, (*exire paludatus*, Cic. ad Fam. 8, 10,) attended by his lictors in similar attire, (*paludatis lictoribus*, as here, and also, B. 41, 10; 45, 39.)—Dict. Antiqq. p. 721.

36. Retrahendumque. *Retrahere* is said of one who is caught as a fugitive, and brought back by force. *Que* means " or rather."— Fabri.

44. Cruore. See n. on this word, B. 1, c 59.

BOOK XXII

Ch. I.—4–8. Gallis—odia. *Gallis,* the MS. reading, Alschefski **144**
adopts in his larger edition, in place of *Galli,* his reading in the minor
ed. It must be joined with *verterunt odia ;* see n. on this use of the
dat., B. 1, c. 5. *Pro eo—ut,* etc., *instead of this, that they themselves,*
&c., i. e. "instead of themselves plundering," &c. In like manner,
pro eo is joined with *quod, quantum.*—See Hand, Turs. 4, p. 587. As
Fabri has remarked, a more common expression than *rapere et agere,*
is *ferre et agere.* See just below, c. 3, *ferri agique.*

11. Errore etiam. *Error* (see n. B. 1, c. 24) means *uncertainty,*
doubt ; and hence *that which occasions uncertainty, leads into error.*
Here it means the *deception* which Hannibal practised to mislead his
enemies. *Etiam,* in connection with *insidiis,* means "too," "also,"
the idea being that he had secured himself against the snares of his
enemies " by deception also" on his own part. *Mutando—capitis,* explanatory of *err. et.,* specifies particular artifices to which he resorted.

17. Quod enim—esse. See n. on *quid—esse,* 21, 30. *Justum,*
regular, legitimate ; comp. n. on *justiore p.,* B. 5, c. 49. On *Lat.*
feriis—Capitolio, see notes on B. 21, c. 63.

27. Sanguine sudasse. *Sudare,* like *pluere,* (see B. 21, 62, and
n.,) and many other verbs, is construed with abl. or acc. Comp. Z.
§ 383.

1. Sortes attenuatas. See n. B. 21, 62. **145**
3. Appia via. This road, called by Statius, (Sylv. 2, 2, 12,)
regina viarum, was commenced u. c. 442, by the censor Appius Claudius Cæcus, (Liv. 9, 29 ;) it issued from the Porta Capena, and termi-
nated at Capua. For the abl. *via,* see Z. § 482.

14. Dii divinis carminibus. Alschefski thus reads instead of
divis carminibus, retaining *divinis,* which is found in nearly all the
MSS., but supplying, by conjecture, *dii,* which we can readily believe
may have fallen out before *divinis,* (di divinis.) The other dat. with
cordi is thus furnished in *sibi,* referring to *dii ;* a construction much
superior to *cordi—divis,—præfarentur,* sc. *dii.*

21. Quin et ut, etc., "*nay even* that," &c.

27. Saturnalia. See description of this festival in Dict. Antiqq

Ch. II.—34. Viam per paludem, etc. Hannibal "crossed the
Apennines, not by the ordinary road to Lucca, descending the valley

145 of the Macra, but, as it appears, by a straighter line down the valley of the Anser or Serchio; and leaving Lucca on his right, he proceeded to struggle through the low and flooded country, which lay between the right bank of the Arno, and the Apennines below Florence, and of which the marsh or lake of Fucecchio still remains a specimen."— Arn. Hist. Rome, vol. 2, p. 295.

35. Solito magis. *Solito*, abl. with *magis* as comparative. See Z. § 484; A. and S. § 256, R. 9. On the position of *solito*, see Z § 800.

35. Hispanos et Afros et—robur. The latter *et* is explicative; " and in general." Livy follows Polybius, 3, 9, who says, τοὺς Αἴβυας καὶ Ἴβηρας καὶ—δυνάμεως. If it be said that the *Hispani* and the *Afri* themselves formed the *robur veterani exercitus*, we may reply with Fabri, that many veteran soldiers served in Hannibal's army, who were neither Spanish nor African; as e. g. 21, 22, *Ligures*. So also, 21, 22, Livy distinguishes between *Libyphœnices* and *Afri*; 28, 4, *Carthaginienses* and *Afri*; ib., *Pœni veterani* and *Afri*. Alschefski explains the passage in the same manner.

42. Qua modo. *Qua* is equivalent to *quacumque via*, and *modo* is restrictive, = *dummodo*, " if only," " provided." The sense is, that they went *anywhere, if only* the guides *there* led the way.

146 **1. Neque—neque—aut, etc.** The negation in *neque—neque* belongs also to the clause *aut—sustinebant*. Fabri cites similar instances in Livy, 25, 9; 34, 7; 35, 12; also Cicero, Fam. 2, 19.

15. Vigiliis tamen. *Tamen* is the reading of the MSS., and, as Alschefski has clearly shown, is correct, and agrees well with Livy's manner. It refers to what precedes, the meaning being, that Hannibal, though he rode upon an elephant, to keep himself above the water, yet, as he had already suffered much from the spring weather, lost one of his eyes. The common reading, *tandem*, which is conjectural, is therefore unnecessary.

Ch. III.—24. Quæ cognosse in rem erant. *In rem esse = utile esse, expedire.* For the *perf.* infin. *cognosse*, see Z. § 590; also, Madvig's Lat. Gram. § 407.

28. Non modo—sed ne—quidem. See n. on this construction, B. 1, c. 40.

42. In consilio; " in the *council* of *war*, composed of persons of senatorian rank, the legates, tribunes, and first centurions."—Fabri.

147 **4. Cum dedisset, immo, etc.** The reading *cum dedisset* Alschefski adopts in his larger edition from the Harleian MS. The common reading is *proposuit;* but it rests upon doubtful authority. *Immo* from Alschefski, instead of *quia immo. Immo* is ironical = *aye.* " Aye, let us sit down," &c.

15. Num litteras, etc. See n. B. 21, c. 63, on *tribunus plebis*, etc.

20. In vulgus, instead of dat. *vulgo.* Compare n. B. 2, c. 8.

Ch. IV.—**25.** Ad loca nata insidiis. On the scene of this battle, Arnold thus remarks: "The modern road along the lake, after passing the village of Passignano, runs for some way close to the water's edge on the right, hemmed in on the left by a line of cliffs, which make it an absolute defile. Then it turns from the lake, and ascends the hills; yet, although they form something of a curve, there is nothing to deserve the name of a valley; and the road, after leaving the lake, begins to ascend almost immediately, so that there is a very short distance during which the hills on the right and left command it."—Hist. Rome, vol. 2, p. 296. Compare the Note on this passage, ib. p. 505.

29. Ubi—consideret. *Ubi* is relative, = *quo* or *in quibus;* and with *consideret* expresses purpose; "in which to post himself," &c., or "that he might post himself," &c. A. and S. § 264, 5; Z. § 567.

37. Tantum—erat. *Tantum—quod, so much—as; ex adverso, opposite* to him.

1. Pariter has reference to time; "at the same time."

2. Romanus—prius—quam—sensit. It is unnecessary, with Walch and Bekker, to change the position of *prius,* and place it directly before *quam.* Indeed, by such an arrangement, we might be misled, by supposing that *clamore orto* are in the ablative absolute. The meaning is this: "The Romans, by the shout that arose, before they could see distinctly, perceived that they were surrounded." With *cerneret* we may supply *se circumventum esse,* or *hostem. Cernere* means to *see distinctly,* in distinction from *videre,* simply *to see.*— Doederlein.

148

Ch. V.—**6.** Ut in re trepida. See notes on *ut,* B. 1, c. 57, and 21, 34.

14. Tantumque aberat, etc. "And the soldiers, so far from knowing—had scarcely sufficient presence of mind," &c. See Z. § 779.

19. Gemitus vulnerum; literally, *the groans* caused by *the wounds,* equivalent to *gem. vulneratorum,* "groans of the wounded."

29. Per principes, etc. According to the ordinary arrangement, the *hastati* formed the first line, the *principes* the second, and the *triarii* the third, as Livy himself has described it in B. 8, c. 8. In this passage he has principes hastatos*que,* because these two lines preceded the *signa,* (hence *antesignani,*) and formed, as it were, one body. So also in B. 34, 15. Compare Dict. Antiqq. p. 103.

37. Senserit. On the perf. tense after *fuit,* see n. on B. 1, c. 3.

Ch. VI.—**44.** Facie quoque, etc. *Consul, en,* the reading of Gronovius, instead of *consulem,* Alschefski has adopted; and it is unquestionably the true reading. Compare B. 2, 6, *ipse, en, inquit,* etc. In that passage, too, compare *facie quoque cognovit,* with the similar expression here. *Inquit* is joined here with a dative, *popularibus.*

Page

148 Compare B. 1, 32, *inquit ei, quem,* etc. So 23, 47 ; 45, 8. Also Cic. ad Att. 5, 1, 3, *inquit mihi.*

149 **9. Arta præruptaque.** These words refer to *montes.* Compare B. 5, 46, *per præruptum—saxum ;* 21, 32, *confragosa omnia præruptaque ;* 27, 18, *præcipitia et prærupta.*

14. Capessere fugam impellerit, for *ad capessendam fugam,* or *ut fugam capesserent.* See Z. § 615. This construction with the infinitive occurs very frequently in Tacitus, and also in the poets, but is otherwise rare. Fabri cites Tacitus, Ann. 6, 45 ; 13, 19 ; 14, 60.

33. Quæ—conjecit. On the expression *Punica rel.,* compare B. 21, 4. *Atque* is equivalent to *et ita, and so.*—Hand, Turs. 1, p. 478. Observe the change from the passive to the active, *servata— est, conjecit.* Fabri cites other instances in Livy, e. g. 1, 4, *sacerdos —datur ; pueros—jubet ;* 2, 2, *habita cura ; et—creant.* So 3, 49 ; 33, 3.

CH. VII.—35. Hæc—nobilis—memorata—clades. Observe the cautious and skilful manner in which Livy records this defeat. *Nobilis* may be used either in a good or a bad sense. *Memorata* is purposely used instead of *memorabilis* or *memoranda, memorable,* as the latter expression would be repulsive both to the historian and his Roman readers. *Memorata* is equivalent to *quæ memoratur,* and the historian prefers to say : " One among the few *recorded* defeats which the Roman people have suffered," rather than—" One among the few *memorable* defeats of the Roman people." In like manner, below, 42, *Claudii consulis—memorata navalis* clades ; but in B. 23, 44, *memorabilisque inter paucas fuisset* (*pugna.*)

42. Nihil haustum ex vano, etc. This, the reading of the MSS., is retained by Alschefski, in preference to the conjecture of Walch, *auctum ex,* etc., adopted by Bekker. *Haustum ex vano* means *drawn from an uncertain source,* a source not to be relied upon. As Weissenborn explains : petere ex fonte, unde non certa et vera, sed dubia— sumi possunt ; and Alschefski—ex eo haurire, quod aut nihil est, aut non id est, quod videri haberique velit.

43. Fabium. Q. Fabius Pictor, the earliest Roman historian. Comp. n. on B. 2, 40.

150 **1. Qui—nominis essent.** The subj., because the thought is referred by the writer to Hannibal, not to himself.—Comp. n. on B. 1, c. 6, *quoniam,* etc., and Z. §§ 545–549 ; Arn. Pr. Intr. P. I. § 58 ; A. and S. § 266, 3.

3. Flaminii—corpus—inquisitum non invenit : briefly for, Flaminii—corpus—inquiri jussit, sed inventum non est.—Alschefski.

10. In comitium et curiam versa in magistratus. The comitium occupied the upper or eastern end of the Forum ; it was separated from the Forum, in the narrower sense of that word, by the Rostra.

Page 150

—See the Plan of Rome.—The curia here mentioned was the Curia Hostilia, so called from the king who built it, which was on the north side of the Comitium. It was the most important of the buildings early erected upon the Comitium ; in it were held the meetings of the Senate, and around it the people were wont to gather, as at the time here referred to, on all occasions of great public interest.—Becker's Handbuch der Röm. Alt. 1, pp. 281, seqq. ; Classical Museum, No. xi. pp. 9, seqq. ; Dict. Antiqq. p. 451.

27. Cerneres. See n. on *timerem*, B. 2, c. 7.

Ch. VIII.—**43. Ex comparatione**, literally, in consequence of the comparison, i. e. in comparison with.

1-5. Ut—sentiretur, etc. *Magis* must be joined with *sentiretur*, 151 and *gravior* corresponds to *levis*, and agrees with *causa*. *Valido* is in the same construction with *affecto ;* as if it were written in full, *quam in valido corpore gravior*, etc. Fabri cites other instances of the omission of the preposition ; e. g. B. 3, 19, non in plebe coercenda quam senatu castigando ; 10, 26, a Gallo hoste quam Umbro. So 26, 41 ; 31, 39 ; 36, 11.—Observe the different tenses of the verbs *sentiretur*, *inciderit ;* the imperf. in the former, because the clause is hypothetical, the perf. in the latter, because the clause expresses what is conceived as an *actual* occurrence.—See Z. § 524, note 1.—*Æstimandum esse.* The acc. with the infinitive depends upon a verb easily supplied from the preceding *æstimare.*

11. Ante eam diem. On the gender of *dies*, see Z. § 86. Fabri says that with the pron. *is*, Livy generally, though not exclusively, has *dies* feminine.

Ch. IX.—**28. Satis quieti—gaudentibus.** The clause *præda— gaudentibus* gives the reason for the preceding words ; as the soldiers delighted more in plundering than in lying still, a short time was sufficient for rest. *Gaudentibus* is dat. depending upon *datum.*

30. Marsos. *Devastat* governs *Marsos* as well as *agrum*, also *Marrucinos* and *Pelignos*, as the name of the people stands here for the country itself.

37. Dictator iterum. Fabius had been appointed Dictator four years before.

43. Libros Sibyllinos. See n. B. 21, c. 62.

3. Ludos magnos. See n. on *spectacula*, B. 1, c. 35. 152

4. Erycinæ, from Mt. Eryx in Sicily, on which was a temple, sacred to Venus. Hence the epithet.

4. Lectisternium. See n. on B. 21, c. 62 ; and on *supplicatio*, see Dict. Antiqq. p. 938.

Ch. X.—**14. Velitis jubeatisne.** See n. B. 1, c. 46.

15. Populi Romani Quiritium. On this expression, see note on *Priscis Latinis*, B. 1, c. 32.

17. Quod duellum—sunt. These words Alschefski, following the

25*

152 MSS., has, in his larger edition, placed immediately after *Quiritium;* but they are so closely connected with *hisce duellis*, that I have preferred, with most editors, and also Alschefski in his minor edition, to place them immediately after those words.

19. Datum donum duit. Whether we take *datum* substantively, and read with Stroth and Fabri *datum, donum*, or explain *datum*, with Gronovius, as = *nunc voto datum*, the meaning is substantially the same. The expression has the usual characteristics of all the language of solemn forms. It may be compared with the form in B. 1, c. 32. Alschefski translates: so wird das Volk eine *Gabe zum Geschenk* darbringen. *Duit* Alschefski pronounces, on the authority of Festus, as = *dederit*, and translates it, as above, as a fut. perf. In connection with what goes before, it will then be thus translated: " If the Roman state, as I wish, be safely preserved in these wars, (in the war namely with the Carthaginians, and in the wars with the Gauls who dwell on this side the Alps,) then shall the Roman people offer as a gift," &c. On the other hand, with *duit*, in its usual force as a pres. subj., it seems necessary to supply *ut* dependent upon the preceding *sic fieri*.

21. Jovi fieri. *Fieri* = *sacrificari*, and the acc. with infin. depends upon *duit* above.

24. Profanum esto, neque scelus esto, = religione veris sacri non tenebitur nec ei erit fraudi, cui mortuum erit—Alschefski; " let it be common," i. e. regarded as not consecrated. *Scelus* = *noxa, nefas*, an *offence* to be visited with punishment.

26. Clepset, from *clepere*, κλέπτειν, found only in the earlier language. This form Alschefski has from the best MSS., instead of *clepsit*, the common reading ; it is = to *clepsisset;* and the change of the tenses *moritur, rumpet, faxit, clepset*, is peculiar to the ancient language, to which the whole passage belongs.

29. Anteidea, or *antidea*, ancient for *antea*. With *ac* it has the force of a comparative, *ac* meaning " than ;"—" earlier—than." See Z. § 340. In the larger edition, Alschefski reads *faxitur*, = *factum erit*.

153 Ch. XI.—**8. E republica,** " for the good of the state." See Zumpt on *e* or *ex*, § 309, at the end.

12. Ut—uti. Fabri refers to the remark of Drakenborch on the frequent repetition by Livy of *ut* or *uti* after an intervening clause. Examples are found in 5, 21 ; 8, 6 ; 34, 3 ; 36, 1 ; 38, 38 ; 42, 28.

16. Via Flaminia. On the abl. see Z. § 482. This road was commenced by the censor C. Flaminius, u. c. 534. It was called the Great North Road, and issued from the Porta Flaminia, (see Plan of Rome,) and proceeded to Ocriculum and Narnia, and thence to Spoletium and to Ariminum.—See Dict. Antiqq. p. 1045.

19. Viatorem; from *via*, a servant who executed the commands of the Roman magistrates. The higher magistrates had both *lictores* and *viatores*, the lower only *viatores*. Cic. do Senec. c. 16, explains the name: qui eos (i. e. senes, senatores) arcessebant, *viatores* nominati sunt.—Comp. Dict. Antiqq.

31. Minores—annis, "under thirty-five years of age." See Arn. Pr. Intr. P. 1, 307.—*Alii = ceteri*.

Ch. XII.—35. Quo diem, etc. I prefer this reading, with Fabri and Bekker, and Alschefski in the smaller edition, though it has the authority of but a single manuscript. *Quo* refers to *Tibur*, and the whole expression is in exact accordance with the words just above in c. 11, iis—Tibur diem ad conveniendum edixit. Alschefski has in the larger edition *quo die*.

37. Viam Latinam. See Dict. Antiqq. p. 1044. *Tranversis limitibus*, " by cross-roads." Comp. B. 2, c. 39.

39. Ad hostem ducit. See n. on *ducere*, B. 1, c. 23; also on *educeret*, just below, see same place.

44. Victos tandem suos Martios, etc. This conjectural reading Alschefski adopted in his smaller edition; and it seems to me preferable to any that has been suggested. *Romanis* has, in translation, the force of the genitive, and we may translate thus: " that the Romans too had at last lost their martial spirit." *Martios*, i. e. the spirit which they believed that they inherited from Mars himself. Alschefski, in the larger edition, reads *quos* Martios, etc., from the MSS., and translates thus: gesunken sei endlich den Römern *ihr einst wie* Kampflustiger Sinn; but these words, though sufficiently clear of themselves, seem to me by no means a legitimate translation of the Latin, and do not relieve the MS. reading *quos* of its difficulty.

3. Incessit, the reading of Muretus, sustained by one MS., adopt- ed by Fabri and Bekker, and by Alschefski in the smaller edition. In the larger, Alschefski has *incensus*, the reading of some later MSS.; but, as Fabri has observed, *incensus* does not seem suited at all to Hannibal's present state of mind; and besides, the construction itself *animum incensus*, the Greek acc., seldom occurs in Livy.

7. Hauddum; this word occurs seven times in Livy; 2, 52; 10, 6; ib. 25; 28, 2; 29, 11; 33, 11; and here. It means *not yet at all;* here it scarcely differs from *nondum, not yet.*—Hand, Turs. 3, p. 40.

14. Nisi—necessario cogeret. In the larger edition, Alschefski has *necessarii*, (genitive,) according to one MS. *Cogeret* may be taken absolutely, " required;" or we may easily supply *egredi* or *milites emittere*.

23. Non magis—quam, i. e. non *minus*—magistrum, *quam* Hannibalem; or *not only—but also*, &c.

25. Nihil aliud—habebat. *Nihil—moræ—habebat*, lit. *had no other hinderance*, i. e. " was kept by nothing but his inferiority in command, from ruining the state."

Ch. XIII.—41. Cum res major quam auctores esset, i. e. cum

154 res major esset, quam ut juvenum promissis fidem habere posset, Campanos se præsenti dedituros esse.—Alschefski. " Since the character of his advisers was not a sufficient warrant for the thing itself."

155 **6. Ab Latino nomine.** This is Alschefski's emendation of the MS. reading, *ab Latinorum nominum;* " but the Punic, differing from the Latin name," &c.

11. Ubi terrarum esset, " where in the world he was." See Z. § 434; A. and S. § 212, Rem. 4, N. 2.

20. Nec abnuebant—parere. *Abnuebant* to be joined with *quia,* like the preceding verb. The intervening clause *quod—est* belongs to the whole expression *abnuebant melioribus parere.*

Ch. XIV.—**26. Celerius solito.** See A. and S. § 256, Rem. 9; Z. § 484.

32. Ad rem fruendam, etc. *Ad* Alschefski reads from the MSS. instead of the conjecture of Gronovius, *ut. Ad rem fr.* must be joined with *venimus,* and *spectatumne* with *cædes et incendia.* " Have we come hither to a spectacle, on which our eyes may feast, to gaze upon the slaughter of our allies and the burning of their territory?"

33. Si nullius alterius, etc. " If for no one else, are we restrained by respect not even for these our fellow-citizens," &c. On this sense of *pudet* with the gen., see Z. § 443.

38. Tantum pro, etc. *Pro* is an interjection, " alas!" Z. § 359. " So much, alas! have we fallen from the spirit of our fathers," &c.

44. Læti spectamus. *Læti,* the reading of the best MSS., Alschefski has restored. The common reading is *lenti,* = *tardi, slow, insensible,* which gives indeed an elegant sense, but yet one no better than the MS. reading *læti.*

156 **13. Veios allatum est.** So Alschefski reads, and also Fabri and earlier editors, instead of *nuncius* or *rumor allatus est. Affertur, allatum est,* are frequently thus absolutely used by Livy, as Drakenborch has shown from numerous instances.

19. L. Papirius Cursor; in the second Samnite war. See Schmitz, Hist. c. 12.

22. Modo C. Lutatio, etc. The allusion is to the naval victory of C. Lutatius Catulus, b. c. 242, in the first Punic war. See Schmitz, p. 186. *Modo,* like *nuper, lately,* is used in reference to intervals of considerable length—here to one of 25 years—when from any circumstances they may appear short to the speaker. Here the victory of Lutatius, in comparison with the exploits of Papirius which had been just referred to, might well seem to have occurred recently.—Fabri.

Ch. XV.—**35. Fabius pariter,** etc. I follow, in this sentence, the reading of Alschefski's minor edition, and that of most editions. *Pariter* certainly seems redundant, as *haud minus* immediately follows; still, the clause *haud—hostes* we may consider with Fabri epexegetical of *pariter;*—" attentive alike, no less to his own than to the enemy." Alschefski, in the larger edition, reads thus: pariter *inter* suos—*ab aliis*—præstat.

44. Hæc refers back to the words *ut Hannibal—circumspectaret.* —Fabri.

3. Dirempta—dividit. "*Dividere* refers to a whole, of which **157** the parts are merely locally and mechanically joined, and accordingly severs only an *external* relation; but *dirimere* to a whole, of which the parts organically cohere, and accordingly destroys an *internal* relation. Liv. 22, 15, Casilinum urbs—*flumine dirempta—dividit—;* because the separation of a city into halves by a river is an *unnatural* one, and on the other hand the separation of two neighboring districts by a city is a *natural* one."—Doederlein.

21. Omni parte—impar. *Omni parte, in every respect—totally;* "totally unequal in strength."

27. Ne ab Sinuessa, etc. *Ab Sinuessa,* the conjectural reading of Gronovius, from the MS. reading *adminuisse,* Alschefski adopts; the rest according to the best MSS.

Cн. XVI.—**34. Cum expeditis equitibus.** Thus Alschefski reads, in preference to the reading of some MSS. *expeditis equitibus-que.* With the latter reading, inasmuch as *expeditis* alone would be incomplete, it would be necessary to adopt Weissenborn's conjecture, and supply *peditibus* before *equitibus.* But *expediti* may be said of *equites* as well as of *pedites,* as is clearly shown below, in c. 55, *equites expeditos et Appia,* etc. Thus the above reading is every way to be preferred.

35. Ad hostem carptim, etc. The meaning of *carptim* is clear from what follows: *procursando recipiendo que sese, at different points,* fighting here and there by separate detachments, *skirmishing.* So also the word occurs 44, 21, *carptim aggrediendo,* which is cited by Freund, together with the present passage. So *carpere* is used in passages, referred to by Fabri, below, c. 32; 3, 5; 6, 32; 8, 38; 27, 46. Hence the reading is preferable to the conjecture of Gronovius, adopted by Bekker, *capti impetus,* from a MS. reading *captim Pœni.*

38. Ab Romanis. See n. on *ab Sabinis,* 1, c. 12. The force of the expression is still more clear from what immediately follows; octing. *hostium.*

40. Tantum—divitum sociorum, "*so many* rich allies."

44. Cum per Casilinum, etc. Arnold has thus described the arrangements of Fabius for cutting off the escape of Hannibal: "He sent parties to secure even the pass of Tarracina, lest Hannibal should attempt to advance by the Appian road upon Rome; he garrisoned Casilinum on the enemy's rear; the Vulturnus from Casilinum to the sea barred all retreat southward; the colony of Cales stopped the outlet from the plain by the Latin road; while from Cales to Casilinum the

157 hills formed an unbroken barrier, steep and wooded, the few paths over which were already secured by Roman soldiers."—Hist. 2, p. 303.

158 **7. Præliganturque.** So Alschefski, from the best MSS., instead of *præligantur*. *Collectæ* here, as in numberless instances, for *collectæ sunt.—Aridi sarmenti* (gen.) from Alschefski, instead of *arida sarmenta.*

Cн. XVII.—**16. In adversos montes,** "*up* the hills."

17. Calorque jam, etc. Alschefski has restored *diu* upon the best MS. authority. *Ad vivum,* "to the flesh,"—just as we say, *to the quick.*

19. Quo—discursu. The relative, agreeing with *discursu,* though it really refers back to *boves;* instead of *quorum* disc. The same construction frequently occurs with the demonstrative pronoun. See Grysar, p. 204. The sense is also well given by Alschefski thus: qui cum—repente discurrissent.

25. Minime means here not "by no means," as frequently it does, but "least of all," the idea being that *fewer* fires glittered here *than anywhere else.* Gronovius, who restored *minime* to the text, aptly referred, in illustration, to Cæsar, Bell. G. 2, 33, *minime arduus;* Liv. 31, 8, (at the end;) to which Fabri adds Cic. Brutus, 57, placebat—maxime, vel dicam, *minime* displicebat, and De Nat. D. 1, 3, in similar contrast with *maxime;* and opposed to *plurimum,* Orator, 66.

32. Nox—neutros—tenuit. The whole sense, though here very briefly expressed, is manifestly this: *Neither party* renewed the fight, as *both* were restrained by an equal fear. *Neutros* strictly belongs only to *incipientes,* and we should expect *utrosque* with *tenuit.* Alschefski thus explains: cum nox—utrosque teneret, nec Romani,—nec Hannibalis levis armatura—incipere pugnam ausi sunt.

Cн. XVIII.—**38. Munimentis tenuit.** This construction of *teneṛe* with an abl. of place is frequent in Livy, especially *se tenere.* So 2, 45; ib. 48; ib. 62; 3, 26; 4, 21; 7, 38; 8, 13.—Fabri.

41. Ad id ipsum—pervenisset. *Ad id ips.,* "for that very purpose." *Pervenisset* is the reading of the MSS., and is retained by Alsch., as it had been by Fabri, in preference to *supervenisset,* the conjecture of Gronovius, adopted by Bekker, and to *prævenisset,* the reading of Kreyssig and of Baumgarten—Crusius. Fabri has sufficiently defended the absolute use of *pervenire* by parallel passages, e. g. 2, 40, *quamvis—perveneras. Nisi—pervenisset, had not arrived, come ı p.* Alsch. translates: zur rechten Zeit erschienen wäre.

42. Assuetior montibus. On the construction, comp. n. above, c. 33. I add here a remark of Siedhof, (Biblioth. Sacra, Vol. iv. No. xv. p. 423:) "to connect *assuescere, consuescere,* and *insuescere* with the dat. or *ad,* is a later use; in the time of Cicero, they govern the ablative."

44. Ac leviorque. So Alsch., instead of *ac levior;* "*and also*

more nimble." Alsch. compares above, c. 12, debellatumque *et* con- 158
cessum*que*.

17. Imitetur—censeret. On the difference of the tenses, see n. 159
on B. 1, c. 25, *fecissent*. Fabri remarks that here the present expresses
command, and the imperf. counsel, and hence that the latter better
agrees with *censere*.

21. Ab continuis—ac respirasse. This reading from Alschefski's *editio major* I adopt, as on the whole the best. It has certainly
the authority of the best MSS. The sense which it gives is also clear.
Ab with *contin. clad.* is equivalent to *post;* Hand, Turs. 1, p. 45.
Desisse, not for *desitum esse*, but in the same construction as *respirasse*, sc. Romanos. At the same time it must be conceded that there
is a harshness in the position of *ac respirasse*, from which the common
reading *et ab continuis cladibus resp.*, and the reading of Alschefski
in the minor edit., *ab contin. clad. resp.*, are free.

22. Hæc—profectus. These words must be taken in connection
with *revocatus—agens* above, from which they are divided by the intervening address of Fabius.—Heusinger.

Ch. XIX.—**28. Carthagine,** i. e. New Carthage.

32. Terra, abl. of place; so used alone, as well as in *terra
marique.* Comp. n. above, 21, c. 41.

33. Ingentem famam, etc., i. e. famam *ingentium*—auxiliorum.

34. Delecto—imposito. *Ad naves* to be joined, not with *milite,*
but with *delecto; soldiers levied for the ships,* i. e. *the marine service. Imposito,* absolute for *imp. in naves.*—Fabri. " Having em-
barked the soldiers levied for the marine service."

13. Alii, resolutis oris, etc. The *oræ* were the cables at the 160
stern, by which the ship was fastened to the shore; *anchoralia,* those
at the prow, by which the anchors were let down. *Evehi in anchoras,
to sail against the anchors.*—Freund. Gronovius thus explains the
meaning: quidam, funibus solutis—quibus naves ex puppi terræ alli-
gatæ erant, obliti ancoras vellere præ festinatione nimia, provecti contra ancoras adhuc tenentes propellunt easdem naves.

17. Capere—prohibentur. On the construction, see n. B. 1,
c. 39.

Ch. XX.—**42. Sublato,** sc. *eo,* the antecedent of *quod;* "having
taken away enough for their use."

6. Citeriora provinciæ. For the construction, Z. § 435, Note. 161

9. Facti sint, the reading of the best MSS., Alschefski retains,
because by the subjunctive is expressed the *uncertainty* of these new
acquisitions.

Ch. XXI.—**15. Fuissetque per,** etc. *Per, on account of, so
far as it concerns.* See Z. § 301. " And would have been, so far as
the Carthaginian foe was concerned."

22. Ut—manum. On the force of *ut,* see n. B. 21, 7.

Page
161 Ch. XXII.—**44.** Nec ullo viso hoste, "*and as no* enemy appeared," = *et, nullo,* etc.

162 **11.** Nihil—corpus. *Corpus* for *homo,* and expressive of contempt; "nothing but a worthless and infamous *creature.*"

14. Potestatis ejus, "*his* power," *ejus* depending upon *potestatis.* Fabri has illustrated, by numerous examples from Livy and other writers, this ambiguous construction of the genitive of a pronoun dependent upon a noun, which is also in the genitive, e. g. Livy 4, 16, *cujus dictaturæ;* 24, 44, *majestatis ejus;* 33, 39, *ditionis ejus.* So also Cic. Lael. 9, 30, *virtutis ejus;* Rosc. Am. 9, *filii—ejus;* ib. 51, *patris ejus.* On the construction of *potestatis,* see n. B. 1, c. 25, on *ditionis—facti.*

15. Eam unam rem maxime. *Unus* strengthens the superlative.—Z. § 691. That that thing *alone more than any thing else;* "that *nothing so surely as that* would gain for the Romans the friendship of the Spanish chiefs."

23. Abessent. The subj. because it is said in accordance with the sentiments of the Spaniards; and in the imperfect instead of the pluperfect, to express what was *yet going on* within the interval fixed by the words *ad eam diem.* The pluperfect would express the idea that a change had already taken place, and that things were now different.

32. Obsidium. Alschefski has this form from his MSS., and also just above, *obsidium custodes;* but *obsidum* is certainly the regular form.

35. Ad—ingenia. *Ad,* "in comparison with."—Z. § 296; Hand, Turs. 1, 107.

163 **4.** Quo si, i. e. *quo acta forent.*—Fabri. In this line Alschefski reads, in the larger edition, eundem *ordine,* and contends that *eundem* refers to Abelux. But as that reading is found but in a single MS., I retain *eundem ordinem.*

5. Romanorum gratia; favor *towards* the Romans, "the good will *gained by* the Romans."

6. Futura—fuerat, "would have been." Compare n. B. 2, c. 1, on *futuram fuit;* and see Z. § 519, *a, b.*

Ch. XXIII.—**17.** Cunctatio Fabii. The slow, defensive system—the "masterly inactivity"—in which Fabius wisely persisted, has rendered the *Fabian policy* proverbial among all nations. He was known by the appellation of *Cunctator.* Compare Cic. de Senec. 4. Hannibalem juveniliter exultantem patientia sua molliebat, (Fabius;) de quo præclare familiaris noster Ennius:

> Unus; qui nobis cunctando restituit rem;
> Non ponebat enim rumores ante salutem:
> Ergo magisque magisque viri nunc gloria claret.

28. Ea merces. The pronoun, though it refers to the preceding

proposition, yet takes the gender of *merces.* So also the relative pro- **163**
noun in similar constructions. Z. § 372.

34. Argenti pondo bina. For pondo, see Z. §§ 87, 428.

Cн. XXIV.—**7. Consilia calidiora.** *Calidiora* Alschefski ex- **164**
plains by "*temeraria violentaque et inconsulta.*" So also, Freund
defines *calidum—consil.* by *temerarium, præceps, rash, precipitate.*
Yet *calidiora* is found only in later MSS.; the best have *callidiora.*
Also in the parallel passages cited by Fabri and Freund, viz. Livy 35,
32; Cic. de Off. 1, 24, the readings *callida, callidius,* are found in
the best MSS.

11. Cum hostis; "*although* the enemy;" as it was the fact of
the enemy now being near, that made it appear strange that Hannibal
sent away *tertiam partem,* etc.

18. Ad quem capiendum—ceperunt. Gronovius wished to
strike out *ceperunt,* as unnecessary. But it is found in all the MSS.;
besides, it is agreeable to the Latin idiom, (as we have seen above, B.
21, 6, *quibus—denuntiarent,*) to use the relative thus in the subordinate
clause of a sentence. But in translation, the sense is certainly the
same as if *quem* grammatically belonged to *ceperunt,* e. g. quem, quia
si ad *eum* capiendum—iretur—præv. erat nocte—ceperunt. Compare
Z. § 803.

28. Pars—jam ferme, "a part was now generally absent."
The words *jam ferme* are emphatic; and, in accordance with the sug-
gestion of Heusinger, these words are, both by Fabri and Alschefski,
joined with *pars—aberat.* Hannibal was compelled to be constantly
sending out foraging parties, on account of his scanty supply of provisions.

36. Toto Samnio. For the construction, see Z. § 482.

43. Admodum, *about, in all.*

Cн. XXV.—**5. Ut—essent.** *Ut, though, even if;* "even if **165**
every thing were true." See Z. § 573, and compare B. 21, 47, *ut—
transvexerint.*

7. Id enim—negat. *Enim* has here the force of strong *asseve-
ration,* as in English, *really, now really;* "said that *really* that was
not to be borne."—Hand, Turs. 2, p. 388.

14. Quorum, etc. *Quorum* refers to *duos prætores.* The sense
is the same as if it were: cum neutra eorum (prætorum) provincia, etc.

17. In custodiam. So the best MSS. instead of the more usual
in custodia. Compare Livy 2, 14, *in potestatem—esset,* and also in
24, 1; 30, 10, *in animum habebat;* 8, 20, *in carcerem asservari.*—
Fabri.

24. Ut—abscesserit. *Ut,* "as soon as." Z. § 506.

27. Laturum fuisse; for the pluperf. of the *oratio recta;* "would
have proposed." See Z. § 593, note.—In the *editio major,* Alschefski
has *dein,* from two of his MSS.

165 **30. Nec—ne—quidem.** Two negatives, which do not destroy each other.—Comp. B. 3, c. 54, *nihil—ne—quidem*, and Z. § 754, note.

39. Bono imperatore. This reading Alschefski has, on the authority of the best MSS., instead of *imperatori*; and the sense is clear: *with a good commander*, i. e. *so soon as they had a good commander.*—Comp. Z. § 646, note, at the end.

166 Ch. XXVI.—**13. Togaque et forum.** *Toga*, the ordinary dress of a Roman when in public, and *forum*, the place for the transaction of public affairs, are here joined together to express the idea of *public life, the life of a statesman.*

18. Haud parum callide, with *not a little*, i. e. "*with great—shrewdness;*" as we sometimes say, *shrewdly enough.*

21. Æqui atque iniqui, "friends and foes." See n. B. 5, c. 45.

25. Litteris senatus consulti, the dispatch *of* the decree of the senate, i. e. "the dispatch *containing* the decree of the senate." The conjectural reading of Gronovius, adopted by Fabri, is *litt. senatusque consulto.*

27. Cumque invicto, etc. The *que* connects the words *cum—animo* with *satis fidens.*

Ch. XXVII.—**37. In tantum.** Alschefski in the *edit. major* reads *tantum* without *in*, on the authority of one MS.; and cites two passages in which *tantum* is so used, 5, 38; 37, 57. But as, on the other hand, *in tantum* is equally common, and besides, is the reading of most MSS., it is here retained.

44. Partitis, used passively. See n. on *experta*, 1, 17.

167 **5. Cum illo.** In the *edit. major*, Alschefski reads *alio*, and certainly on the authority of many and good MSS.; but the context is in favor of *illo.*

6. Parte, qua posset. *Pars = munus;* with *posset* must be supplied *res consilio gerere.*

Ch. XXVIII.—**27. Non modo—sed ne—quidem.** See n. B. 1, c. 40.

33. Necubi tamen. *Necubi = ne alicubi, lest anywhere;* "yet that nowhere." So above, c. 2, *necubi—deessent;* 16, *necubi—aggrederentur.* In like manner *necunde = ne alicunde* above, c. 23, *circumspectans, necunde—fieret.*—Hand, Turs. 4. p. 149.

36. Quem ante diximus, "*before-mentioned.*" Expressions of this kind, e. g. *so-called, above-mentioned*, the *present*, the *future*, &c., are given in Latin by a circumlocution with a relative. Thus the *so-called qui nominatur;* the *things above-mentioned, quæ supra dixi;* the *present*, (times,) *quæ nunc sunt; of that place*, qui—*ibi est;* the *future*, (orator, statesman, &c.,) *qui futurus est;* though in this last Livy uses the participle alone.—Grysar, p. 261.

44. Ut crescente certamine. On *ut*, see n. 21, 7. But this reading is not fully established, as most MSS. omit *ut.*

168 **6. Si justa—recta—esset.** On *justa pugna*, see n. B. 5, c. 49.

Recta pugna is opposed to *insidiæ* or *incursiones a tergo, a lateribus* factæ, one in which the parties meet face to face ; *open, honorable.*

Ch. XXIX.—26. Volventesque orbem. See Lev. Lexicon at the end. Fabri compares *orbem facere,* Cæsar, B. G. 4, 37 ; Sall. Jug. 97 ; *orbem colligere,* Liv. 2, 50 ; *coire in orbem,* Liv. 23, 27 ; *in orbem consistere,* Cæs. B. G. 5, 33.

33. Sæpe ego. On this whole passage Fabri aptly compares Hesiod, 'Εργα καὶ ἡμεραι, vv. 293, seqq. ; also Cic. Cluent. 31.

44. Si nihil aliud, *if nothing else,* " at least."

Ch. XXX.—7. Patronos consalutasset ; in the same sense as 169 *patrem appellasset,* and at the end of the preceding chapter, *patronos salutabitis ;* the direct forms were, perhaps, *Salve, pater, salvete, patroni.*

8. Quo fando possum, sc. *æquare.*—Fabri. ❦

12. Quod exercitibusque. The *que* is connected with *exercitibus,* because the additional thought lies in that word, and not in *quod.*

15. Magistri equitum. *Mag.* dependent upon *ordinem,* which may be easily supplied from *ordines.* This is the reading of Gronovius, adopted by Alschefski in the *edit. minor.* In the *edit. major* Alsch. reads *magisterio equitum.* Fabri reads *magisterium.*

28. Eam nubem, etc. In these words Hannibal compares the Roman army to a cloud hovering upon the mountains, as it was the policy of Fabius to keep upon the hills, and not come down to the plain, to give battle to the enemy.

Ch. XXXI.—39. Juxta, ac si, "just as if." So also Cic. post red. in sen. 8, 20, *juxta ac si meus frater esset ;* Sall. Jug. 45, 2, *juxta ac si—adessent.* These are the only instances given of this construction by Hand, Turs. 3, p. 541. A similar construction in Liv. 10, 6, *juxta—quam—viderent.*

43. Ad mille hominum. These words seem to be used as a substantive expression, in the abl. abs. with *amisso ;* " after about a thousand men, with them Semp. B., were lost."—*Mille* is generally used as an adjective, see Z. § 116. Yet other instances of its use as a substantive occur in Livy, as 21, 61, *millibus peditum ;* below, c. 37, *mille sagittariorum ;* 24, 40, *mille hominum.*

15. Titulum imaginis. See n. B. 3, c. 58, on *virum—imaginis.* 170

Ch. XXXII.—24. Adeoque inopiæ, "to such a degree of want." *Inopiæ* in the gen. depending upon *adeo,* in the same way as gen. depends upon *adhuc, eo,* and other adverbs.—Alschefski. Yet this construction is doubtful, as well as the reading itself. Most MSS. and most editions have *adeoque inopia.*

25. Abeundum, sc. esse. The common reading is *abeundo.* Alsch. cites 10, 36, ni cedenti instaturum alterum timuissent, in illustration of the use of the infinitive with verbs of fearing, especially in conditional sentences.

34. Geratur, sc. *bellum.*

170 **38. Fuisse oblaturos,** "would have offered." See n. B. 1, c. 46, *futurum fuisse.*

40. Duxissent—judicaverint. We have the pluperf. and the perf. both in dependence upon *facturum, sc. esse.* But Livy seems to have used the pluperf. *duxissent,* and the perf. *judicaverint,* because it was in accordance with the feelings of the Neapolitans, and with the style of their present address, to express by *dux.* something already *past;* and by *judic.* to give to the conception as much *actual reality* as possible. Comp. Z. § 524, Note 1.

171 Ch. XXXIII.—**11. Illyrios—ad stipendium.** See n. B. 21, c. 16.

16. Per seditionem militarem, " on *the occasion* of a military sedition."

20. Ædem—faciendam locaverunt, "*let out by contract* the *building* of a temple."

23. Quam jussissent, i. e. in *quam jussissent,* sc. comitia edici. —Fabri.

30. Vitio creatis. See Lev. Lexicon, *Vitium.*

Ch. XXXIV.—**38. Ab—opibus,** etc., i. e. *postquam* Fabii potestas fracta erat.—Hand, Turs. 1, p. 45. Comp. n. above, c. 18, on *ab cont. cladibus.*

44. Prohib.—perficere. On the infinitive with *prohibere,* see n B. 1, c. 39.

172 **4. Cum—universis,** " with four legions *together,*" i. e. with the two consular armies united.

15. Cui—apparere. See n. on *quid—esse,* 21, 30.

17. Ambos—morando, "by remaining both of them with the army."

Ch. XXXV.—**28. C. Terentius consul.** On the character of Varro, compare Arnold, Hist. 2, p. 308.

29. Comitia rogando collegæ. On the dat., see Z. § 665 ; comp. notes, 1, 35 ; 4, 4.

32. Sua prope ambustus evaserat, "had himself *barely* escaped condemnation." *Prope ambustus,* literally, *almost burnt,* often applied to a person prosecuted. Comp. below, c. 40, *se populare incendium—semiustum effugisse.* The expression may be illustrated by our more familiar one, *come off with a whole skin.*

35. Par magis in adversandum, "rather as a match for him as an opponent."

43. Fortibus ac strenuis. See n. 21, 4.

173 Ch. XXXVI.—**8. Millibus peditum.** See Z. § 119, where the distributive sense of *millia* in this passage is referred to.

11. Peditis depends upon *numerum.* In the *edit. maj.* Alsch. reads *pediti.*

20. Lapidibus pluvisse. See n. 21, 62.

20. Cæretes—calidas; the reading of Alsch. instead of *cædes,* aquas e fonte calidas. *Fonte gelido,* " though it was a warm spring."

Сн. XXXVII.—**31. Ut—moveri magis potuerit,** that he *could* 173
have been more moved. See Z. § 518; Arn. Pr. Intr. P. I. 125.

34. Se—misisse. *Se* seems to be here used instead of *eum,* because the ambassadors, inasmuch as they represent Hiero, speak, as it were, in his person.

42. Milite; for *pedite,* in connection with *equite.*—Fabri.

1. Mille—funditorum. See above, c. 37, n. on *mille hominum.* 174

2. Pugnacesque—gentes, "and other nations *accustomed to fight with* missile weapons." *Pugnax* occurs here in an unusual construction, as it is generally used absolutely, *fond of fighting, warlike.*

16. Firmam—stabilem. *Firmum,* something *steadfast,* inasmuch as it bids defiance to all attacks; *stabile,* as it is no more *subject to change, durable.*—Doederlein, 4, p. 165.

Сн. XXXVIII.—**24. Jurejurando.** *Jusjurandum,* a civil oath, by which a man confirms or promises something; *sacramentum,* a military oath, by which a soldier binds himself not to forsake his standard.—D.

28. Dec. equites—pedites. Each *ala* of the cavalry was divided into 10 *turmæ,* and each *turma* into three *decuriæ;* hence *decuriare.* On the other hand, the legions of the infantry were divided each into cohorts, maniples, and *centuriæ;* hence *centuriare.*

29. Sese fugæ, etc. These words, as well as those just below, *voluntario—fœdere,* refer to the usual *sacramentum.*

35. Denuntiantis, i. e. in quibus denuntiabat. On the use of the part. in Livy, comp. 21, 6, *orantes.*

41. Quodne qui, "what any general." *Quomodo,* the conjecture of Valla, is adopted by Fabri and Bekker; but the above is the reading of the MSS., and is restored by Alsch., as it yields an intelligible meaning.

6. Ad id locorum, = *ad id tempus.* See Z. § 434. 175

Сн. XXXIX.—**11. Collegæ—similis.** See n. B. 1, c. 20, on *Rom.—similes.*

17. Claudet; from *claudere, to be lame, to be weak.*

21. Et—si certaturus es, adversus, etc. This is the emendation of Alsch. The common reading is *sis certaturus; et adversus,* etc. The *et* connects *pugnandum—sit, sit oppugnaturus* with *nescio an.* "And, (whether—not,") &c.

28. Furere—insanit. In using these two words, the speaker means to say, that with Flaminius there had been an excitement of feeling, which occasioned, as it were, a *temporary* derangement; but that Varro appeared like one, who had long since quite lost his reason. —Fabri.

37. Adversus unum, "in comparison with (any) individual." Alsch. says: in *unum* inest, "quisquis ille unus est, sive bonus dux sive imperitus."

Page

175 **38. Et—excesserim,** "and I would exceed the bounds." See Z. § 527. *Ut,* which Alsch. reads in the *edit. major,* seems quite out of place in the present construction.

176 **3. Tempus diesque,** "the time, with every (passing) day." Heusinger, die Zeit mit jedem Tage.

12. Quamdiu, etc. The sentence is purposely abrupt and unfinished, for the sake of force and vivacity. It is the figure called *aposiopesis.* See A. and S. § 324, 33.

21. Famam rumoresque. *Rumor,* report, the uncertain, dark, often clandestine propagation of intelligence ; in opp. to authentic information. *Fama,* information, open and public propagation of intelligence, in opp. to ocular demonstration.—D.

29. Nec ego. *Volo* must be supplied, as *malo* occurs just before. Gronovius and Bekker read non fortuna *velim ;* Fabri reads *moneo* after *agatur.*

30. Potestatis. See n. on *ditionis,* B. 1, c. 25.

Ch. XL.—37. Quid—fore. See n. B. 21, c. 30, on *quid—esse.*

39. Semiustum. See above n. on *ambustus,* c. 35.

42. Ab hoc sermone. *Ab,* "immediately after." See above, c. 34, n. on *ab—opibus ;* and c. 18, on *ab—cladibus.*

44. Turba—deessent. *Cum* is the reading of the best MSS., and is restored by Alsch. ; *quam* is the common reading, though Fabri has also *cum. Turba* is abl. ; "attracting more attention by their great numbers." *Dignitates,* i. e. *homines alicujus dignitatis.*

177 **4. Consulum.** Such a partitive genitive depending upon a proper name, Fabri shows by numerous passages to be a common construction in Livy.

15. Fuerit. See n. B. 1, c. 3, on *ausi sint.* Comp. on this subject, Siedhof, Bibliotheca Sacra, Vol. 4, No. 15, p. 427.

Ch. XLI.—18. Tumultuario prælio ac, etc. *Prælio,* abl. of cause ; and *ac* is explicative.—Fabri. Comp. the use of *atque* above, at the end of c. 6. The sense is this: by a disorderly engagement, one, *namely,* which arose, &c.

23. Alternis, sc. diebus.

28. Omnia—hostium. *Hostium,* partitive gen. depending upon *omnia.* See Z. § 435.

30. Duas partes. See n. on this expression, B. 21, 40.

36. Medium agmen. These words are explanatory of *impedimenta.* Alschefski thus gives the sense : impedimenta ita traducit per convallem, ut medio in loco inter pedites equitesque essent.

178 **Ch. XLII.—2. Ut—reliquerint.** The perf. subj. because the clause depends upon *fit, nuntiantium ;* and in next clause *esset,* because *fit* is the *historic present.* Comp. n. on *fecissent,* B. 1, c. 25.

12. Speculatusque, etc. So Alschefski reads, instead of speculatusque—cura renuntiat. With *speculatus, est* must be supplied.

21. Auspicio—addixissent. *Auspicio,* abl. of instrument. On 178 *addicere,* in this connection, see Lexicon ; and on this kind of auspices, Dict. Antiqq., p. 130.

24. Claudiique, etc. See Schmitz, p. 184 ; Arnold, 2, p. 174. On *memorata,* see above, c. 7.

35. Suam. The reflexive pronoun is here used, because *ambitio alterius* is = *alter ambitione* (sua) or *per ambitionem* (suam.)

Сн. XLIII.—**7. Eo maturiora messibus.** *Eo, on that account.* 179 *Messibus,* dat. depending upon *maturiora.* Fabri compares Liv. 2, 5. The sense is : places in which the harvest was earlier.

12. Ultra—trans. The separation denoted by *ultra* is merely that of a boundary ; by *trans,* that of an obstruction.—D.

23. Ipsi aversi. The Vulturnus blew from the south ; and Hannibal's camp, as well as his army in the battle, faced the north. Schmitz refers to an account, " that on the day before the battle Hannibal had ordered the fields to be ploughed, in order to increase the dust."—Hist. p. 204.

Сн. XLIV.—**32. Trans Aufidum,** i. e. in reference to the greater camp. The main army of the Romans was now on the right bank of the river, and the *minora castra* on the right. Hannibal's also was still on the left bank.

35. Qua parte. See n. B. 21, 41, on this expression.

43. Vel usu cepisset. See n. on *usu,* B. 1, c. 46.

4. Videret, sc. Varro. See n. on *mollirent,* B. 1, c. 9 "He 180 might see to it."

Сн. XLV.—**14-17. Ut—tenuerit—fuerit.** Ut = *ita ut, so that ; tenuerit—ne—transirent,* etc., "kept the Romans from crossing," &c. Instead of *fuerit* we might expect *fuit,* as the clause expresses a fact ; but the verb follows the mood of the principal clause.

23. Id erat flumini propius. The whole army was now on the right bank of the river ; and from the above words it of course follows that the Roman army faced the south. Comp. above, c. 43, n. on *ipsi aversi ;* also, see Arnold, Hist. 2, pp. 311–313.

25. Extremi, etc. *Extremi* in opp. to *intra.* The cavalry of the allies were on the *extreme left,* then the allied infantry, joining the Roman legions who formed the centre.

29. Gemino Servilio. Cn. Servilius Geminus. See above, c. 31.

Сн. XLVI.—**34. Peditibus,** abl. of instrument, though in reference to *persons.* Comp. 21, 46, *Numidis.*

37. Crederes. See n. on *timerem,* B. 2, c. 7.

40. Dispares ac dissimiles. *Dispares,* in reference to the *quality* of the swords, and their *use ; dissimiles* in reference to their *form.*—Fabri.

43. Alius. See n. B. 2, c. 38. On *habitus,* B. 5, c. 41.

181   CH. XLVII.—21. Acrius—quam diutius. See A. and S. § 256,
Rem. 12; Z. § 690. So above, c. 38, *clarior quam gratior.*

24. Pares—Gallis Hispanisque. *Gallis Hispanisque*, dat. for
gen.; comp. 21, 53, *militibus.* With *pares* supply *Romanis.* In the
editio major, Alsch. reads *parum.*

25. Æqua fronte; *even front*, that is, forming a *straight line*, in
opp. to the enemy's line, which approached the form of a half-moon,
the Gauls and Spaniards being somewhat in advance. With *æqua
fronte*, comp. *recta fronte*, B. 5, c. 38.

31. Reductis alis, i. e. in relation to the Gauls and Spaniards.
See preceding note.

33. Æquavit frontem, made the *front even*, i. e. in falling back
they first came into a *straight line* with the rest of the troops. See
above, n. on *æqua fronte.*

36. Circumdedere alas, "outflanked."

41. Recentibus—vegetis. *Recens*, fresh in respect to *strength,
the energies; vegetus*, to *courage, spirit.*—Doederlein 4, p. 446, quoted by Fabri.

182   CH. XLVIII.—13. Cum—alibi—alibi—qui—jam. The first
alibi may refer to the left wing of the Romans, the second to the
legions, surrounded by the African troops. *Jam* is the emendation of
Alschefski. Hasdrubal at first was placed upon the left wing of the
Carthaginians, but *now* (*jam*) commanded the right.

15. Ex media acie, i. e. the centre, not of the whole line, but of
the *right wing*, on which the Numidians had been placed. So just
above, *in mediam aciem* was used in reference to the left wing of the
Romans.

CH. XLIX.—27. Quam mallem, etc. *Quam mallem* is ironical,
= quam *parum* mallem, or *non* mallem; *how* would I prefer, i. e. I
would *no more* prefer, *would like it no better; just as good, as if he
should deliver them to me in chains!*—*Quam* has often this force; as
Liv. 8, 33, *quam conveniens*, i. e. *minus conveniens;* Terence, Andr.
1, 5, 52, *quam utiles*, i. e. *parum utiles, inutiles;* ib. 4, 5, 16, *quam
—facile—utile*, i. e. *difficile—inutile*

35. Cruore. See n. B. 1, c. 59.

37. Dum et tibi—superest. Et tibi, *you also, you on your part.*
The clause must be joined with *comes—protegere.* The sense is: I
can protect you, so far as I am concerned, so long as *you also* have
any strength left.

41. Macte virtute. See n. B. 2, c. 12.

183   2. Vixisse adhuc et mori. This is the happy reading of Alschefski, instead of *et vixisse et adhuc mori;* "that I have lived up to
this time, and that I die."

14. Insertus. For *infestus*, the unintelligible MSS. reading,

various words have been proposed; but *insertus* seems to be the best. 183
Alschefski compares Ovid, Ars. Am. 1, 605, *insere te turbæ.*

Ch. L.—**27. Ut—sic.** See n. B. 1, c. 25.

32. Alterius morientis fuit. A marked instance of the construction of *esse* with the gen., as explained in n. B. 1, c. 25. *Belonged to*—i. e. "followed—in death the other consul."

38. Cur—venire. See n. B. 21, c. 30, on *quid esse.*

1. Civis sis, etc. Such a question would be asked, because a 184
Latin ally would be ransomed for a smaller sum than a Roman citizen. *Alteri* refers not to *socius,* but to the Carthaginians, who sought honor for themselves in the humiliation of their enemies. This is the explanation of Fabri, and every way preferable to that of Drakenborch. *Tua,* and below, *tu,* instead of *vestra* and *vos,* because more forcible and direct.

12. Hæc—vadit. As Fabri has observed, these words form one hexameter line, and part of another. Comp. first n. Preface.

Ch. LI.—**23. Noctisque.** *Noctis* depends upon *quietem;* and the preceding words, *diei quod reliquum esset = reliquum diei.* The sense of the whole is this: *reliquæ* partes diei et noctis insequentis quietem—sumeret.—Fabri.

31. Temporis opus esse. See A. and S. § 211, Rem. 11. Alsch. compares 23, 21, *argenti opus fuit.*

33. Mora—saluti—urbi. "There are moments when rashness is wisdom ; and it may be that this was one of them. The statue of the goddess Victory in the Capitol may well have trembled in every limb on that day, and have drooped her wings, as if forever; but Hannibal came not; and if panic had for one moment unnerved the iron courage of the Roman aristocracy, on the next their inborn spirit revived; and their resolute will, striving beyond its present power, created, as is the law of our nature, the power which it required."—Arnold, 2, p. 316.

Ch. LII.—**8. Brachio flumini objecto.** This is the order of the 185
words in all the MSS.; but in some of them the reading is *fluminis* and in others *flumine.* *Flumini* is the emendation of Sigonius, and was adopted by Alschefski in the minor edition, and seems to me correct. *Brachium* means here *outworks, line of outworks,* which Hannibal *threw up before*—or *over against*—*the river.* The reading of Gronovius, *brachio objecto, flumine,* though indeed yielding a good sense, varies too much from the MSS., and is besides unnecessary.

23. Ad vescendum facto, i. e. silver plate, table-service.

Ch. LIII.—**43. Quorum principem,** sc. esse, according to the usual construction in the *oratio obliqua.* Z. § 603, *c.*

7. Irent. See n. B. 1, c. 9, on *mollirent.* The imperf. because 186
negat is the *historic* present; comp. n. on *fecissent,* B. 1, c. 25.

12. Ex mei animi sententia. This is a strong form of affirma-

Page

186 tion; "*from my very soul—or on my conscience*—I declare, that, as I will not desert—so I will not suffer," &c.

CH. LIV.—**40. Occidione occisum.** *Occidione occidere* pro funditus, ad internecionem delere—Drakenborch; *utterly destroyed—to the last man.*

44. Edissertando—faciebant, sc. ceteri scriptores. *Fecero* is the common reading; *faciam* in Alschefski's minor edition. *Edissertare*, a word seldom found. Comp. n. on *occepit*, B. 1, c. 49.—"Even Livy felt himself unable adequately to paint the grief and consternation of that day; and the experience of the bloodiest and most imbittered warfare of modern times would not help us to conceive it worthily. But one simple fact speaks eloquently: the whole number of Roman citizens able to bear arms had amounted, at the last census, to 270,000; and supposing, as we fairly may, that the loss of the Romans in the late battle had been equal to that of their allies, there must have been killed or taken, within the last eighteen months, no fewer than 60,000, or more than a fifth part of the whole population of citizens above seventeen years of age. It must have been true, without exaggeration, that every house in Rome was in mourning."—Arnold, Hist. 2, p. 318.

187 **5. Hannibalis—factam.** See n. on *ditionis*, B. 1, c. 25.

7. Ad Ægates insulas. Compare n. B. 21, c. 41.

9. Vectigales ac stipendiarios. See n. B. 21, c. 41.

CH. LV.—**15–17. Dubitabant—venturum.** The accusative with the infinitive, with *dubito* and *non dubito*, in the sense of *to doubt*, is the prevailing construction in Livy. Drakenborch and Fabri at this place adduce numerous parallel passages. Compare Z. § 541.

19. Nondum palam facto, sc. qui vivi mortuique essent. A singular instance of the impersonal use of the participle in ablative absolute. See Z. § 648.

35. Exspectent. On the number of the verb, see n. on *pro se quisque*, B. 2, c. 6.

36. Egredi urbem. Accusative, as also 3, 57, *urbem egrederentur*, and 2, 37, *urbem excederent*, where see n.

CH. LVI.—**41. Pedibus issent.** See Lev. Lexicon, *pes;* and Dict. Antiqq. p. 868.

188 **9. In illa tempestate.** See Z. § 475, Note, and compare in tali tempore above, c. 35.

19. Provinciamque aliam R., i. e. *aliasque partes* provinciæ Romanæ.—Alschefski.

CH. LVII.—**26. Per commodum.** See Z. § 301, and n. on *per fœdus*, 21, 18.

32. Quos nunc, i. e. *scribas.* See Dict. Antiqq. p. 792.

36. Libros. See n. on this word, 21, 62.

89 **5. Magnis itineribus contendit,** "hastens by forced marches."

11. Arma, tela. See n. on these words, 1, 25.   189

15. Servitiis. See n. B. 2, 10.

Ch. LVIII.—**37.** Inclinarent, sc. Romani.—Fabri.

Ch. LIX.—**4.** Plus justo. Z. § 484; A. and S. § 256, R. 9. 190

23. Nec supersumus, i. e ii tantum supersumus, "only *those of us* survive" See Arn. Pr. Intr. P. I. 174.

29. Extulisse. See n. on *quiesse*, B. 3, c. 48.

40. Nam si. *Nam* is elliptical, as if had just been said: *Ourselves* I do not compare with them; *for if*, &c.—Fabri.

43. Si tamen—faciatis. These words are parenthetical. *Si tamen, if indeed*, though. Fully to complete the sense of *tamen* we may supply, with Alschefski, quamvis ea quæ dixi vos tam duros esse vix patiantur. *Merito* here in a bad sense, *fault; without our having deserved it*, i. e. *without any fault of ours.*

1. Qui vos, i. e. patres vestros.   191

11. Me dius fidius. See Z. § 361, Note.

14. Indigni, ut. See Z. § 567, Note. But the instances of this construction are so few and doubtful, that we may well question in the present passage the correctness of the text.

Ch. LX.—**30.** Prohibendos—redimi. See n. on *prohibere*, B. 1, c. 39.

37. Ullius—eorum, i. e. captivorum.

38. Quid—aliud quam—essetis. *What else—than*, i. e. *only.* "For I should *only* have needed to remind you." See n. on nihil aliud—quam, B. 2, c. 8.

6. Et cum, etc. *Et* is the reading of all the MSS., and is restored 192 by Alschefski. The sentence is closely connected with the preceding one: if they had followed Sempronius, they would now be in the Roman camp, not in the power of the enemy. *And although* they, &c.

23. Viam, etc. The whole sense is this: Those words (i. e. *moriamur, milites*, etc.) Sempronius neither said, nor could have said; but he pointed out the way that conducted no less to safety than to glory, and yet you would not follow him.

41. Conati sunt. See Z. § 519, *b*; and compare n. on *dedit*, B. 2, c. 10.

44. Quorum—similes. See n. on *Romuli—similes*, B. 1, c. 20.

9. Nisi quis credere, etc. "Unless any one can believe that 193 they were," i. e. that they were then *good and faithful citizens*, when, &c.

24. Vobis. See n. on *mihi*, Preface.

25. Decuerat. See Z. § 518; Arn. Pr. Intr. P. I. § 20.

Ch. LXI.—**7.** Ita—ne tamen, etc. Here appears the restrictive 194 force of *ita*, which distinguishes the meaning of this word from that of *sic*. (See Z. §§ 281, 726.) The addition of *tamen* renders the sense

194 more clear and emphatic. *Ne* seems also here to have the force of *ut —non.* Compare note on *inciderat, ne,* B. 1, c. 46.

8. Longius spe. Z. § 484; A. and S. § 256, R. 9.

17. Paucis sententiis, i. e. by a small majority.

39. Gratiæ actæ, quod de republica non desperasset. " Demosthenes dared not trust himself to the Athenian people after his defeat in Ætolia, but Varro, with a manlier spirit, returned to bear the obloquy and the punishment which the popular feeling, excited by party animosity, was so likely to heap on him. He stopped as usual without the city walls, and summoned the senate to meet him in the Campus Martius. The senate felt his confidence in them, and answered it nobly. All party feeling was suspended; all popular irritation was subdued; the butcher's son, the turbulent demagogue, the defeated general, were all forgotten; only Varro's latest conduct was remembered, that he had resisted the panic of his officers, and, instead of seeking shelter at the court of a foreign king, had submitted himself to the judgment of his countrymen. The senate voted him their thanks, ' because he had not despaired of the commonwealth.' "—Arn. Hist. 2, p. 320.

in Tuscany.
Arsia, a wood in the neighborhood of Rome.

27

"]
de
ob
pa
wi
Cı
sw
wi
ge
be
se
to
th
H

GEOGRAPHICAL INDEX.

A.

Ægātes insulæ, three islands on the western coast of Sicily, between Lilybæum and Drepanum; viz. Ægusa, Phorbantia, and Hiera; now the Agadian Islands, *Favignana, Levanso,* and *Maritimo.*

Æqui, or Æquicŏlæ. See Volsci, at the end.

Æsis, a river forming the northern boundary of Picenum, and the southern of Umbria, near the mouth of which stands Ancona.

Alba Longa, a town of Latium, southeast of Rome. *Albanus Mons,* a hill, on a ridge of which Alba stood, the scene of the *Latinæ Feriæ.*

Albŭla, the ancient name of the Tiber.

Algĭdus, a hill in Latium, in the territory of the Æqui.

Alia; see Note, B. 5, 37.

Allĭfa, or Allĭfæ, a town in Samnium; now *Alife,* in the Neapolitan Prov. Terra di Lavoro.

Allobrŏges, a people of Gaul, living on the Rhone, north of the Isère, who occupied most of what is called Savoy, and the northern part of Dauphiné. Capital was Vienna, now *Vienne.*

Amiternum, a town of the Sabines, on the Aternus.

Antemnæ, a Sabine town, on the Anio.

Antium, a town of Latium, south of Rome, about six miles from the mouth of the Tiber.

Apiŏlæ, a Latin town, taken by Tarquinius Priscus.

Apulia, a district of Lower Italy. Comp. Aufidus.

Arar, a river in Gaul, now the *Saone.*

Arbocala, according to Polybius and Livy, a town of the Vaccæi in Spain, (which word see;) according to others, of the Vettones in Lusitania.

Ardĕa, chief town of the Rutuli in Latium, not quite a mile from the sea; now *Ardea* in the Papal States.

Argiletum. See Note, B. 1, c. 1c.

Aricia, a town in Latium, on the Appian Way.

Ariminum, a town in Umbria, on the Adriatic Sea; now *Rimini* in the Papal States.

Arnus, a river in Etruria; now the *Arno.*

Arpi, a town in western Apulia, (Daunia.)

Arretium, an Etrurian town near the Apennines; the modern *Arrezzo,* in Tuscany.

Arsia, a wood in the neighborhood of Rome.

Atellani, inhabitants of *Atella*, a small town in Campania, between Nea-
polis and Capua; near the modern town *Aversa*, in the kingdom
of Naples.

Athanagia, chief town of the Ilergetes, in Spain. See Ilergetes.

Aventinus, sc. *mons*, or Aventinum, one of the seven hills of Rome. See
Plan.

Aufidus, a river in Apulia, dividing that district into two parts, of which
the eastern was called Daunia, and the western Peucetia; the
modern *Ofanto*.

Ausetani, a people of Spain, in the northeastern part of the modern *Catalonia*.

B.

Baleares, or Baleares insulæ, called by the Greeks *Gymnesiæ*, two islands
in the Mediterranean, which belonged to Hispania Tarraconensis;
Bal. major, now *Majorca*; *Bal. minor*, now *Minorca*. The inhabitants were called *Baleares*, and were celebrated as *slingers*,
βάλλειν. See Ebusus.

Bargusii, a people of Spain, near the Pyrenees. According to Mannert,
they formed a part of the Ilergetes.

Beneventum, a town in Samnium; now *Benevento*, in the Neapolitan
Province, *Farther Principato*, but belonging to the Papal States.

Boii, a powerful tribe in Cisalpine Gaul, whose settlements were on the
south of the Po, and extended beyond the modern *Parma*, *Modena*,
and *Bologna*.

Bovianum, a town in Samnium; now *Boiano*, in the Neapolitan Province
Molise.

Brixiani, inhabitants of *Brixia*, chief town of the Cenomanni in Gallia
Transpadana; the modern *Brescia*.

Bruttii, a people in the southern extremity of Italy, inhabiting the district
Bruttium, the modern *Calabria*. Comp. *Lucani*.

C.

Cænina, a Sabine town. Inhabitants, *Cæninenses*, *Cænini*.

Cære, a city in Etruria, northwest of Rome, now *Cerveteri* in the Papal
States. In the vicinity were springs, called *Cærites*, or *Cærētes*.

Calatia, a town in Campania; now *Capazzo*, in the Neapolitan Province,
Terra di Lavoro. *Calatinus*.

Cales, a town in Campania; now *Calvi*, in the Neapol. Prov., Terra di
Lavoro. *Calenus*.

Callicula, sc. mons, a mountain chain in Campania, stretching from Cales
eastward towards the Vulturnus.

Cannæ, a village in Apulia, on the right bank of the Aufidus; now *Canne*,
in the Neapol. Prov., Terra di Bari.

Canusium, a city in Apulia, near the right bank of the Aufidus; now
Canosa, in the Neapol. Prov., Terra di Bari.

Capena, a town in Etruria, north of Rome. It was probably near the
Tiber, not far from the site of the modern village of *Fiano*.

Capena, Porta, a gate of Rome, on the east, from which issued the road
leading to Capena. See Plan of Rome.

Capitolinus, Mons, one of the seven hills of Rome. See Plan.

Capua, the capital of Campania, situated near the modern village of *St. Maria*, in the Neapol. Prov., Terra di Lavoro.

Carpetani, a people of Spain, whose territory was bounded on the north by the *Durius*, (Duero,) on the west by *Lusitania*, on the south by the *Oretani*, and on the east by the *Celtiberi;* i. e. the modern Valladolid, south of the Duero, the provinces of Avila and Segovia, the greatest part of Guadalaxara, and most of the central part of Toledo. Cities: *Toletum*, (*Toledo*) *Contrebia, Segovia*, etc.

Cartala, capital of the Olcades, Liv. 21, 4. Others, however, read in that passage, *Carteia*, which Polybius, }, 13, mentions as a town on the Fretum Gaditanum. Another reading still is *Althæa*.

Carthago nova, a city in Spain; the modern *Carthagena* in Murcia.

Casilinum, a city in Campania, on the river Vulturuus; the modern *Capua*, in the Neapol. Prov., Terra di Lavoro.

Casinum, a town of the Volsci, in Latium, on the site of which is the modern town of *St. Germano*. Adject. *Casinas*.

Castŭlo, a city in Spain, near the source of the river Bætis; according to Mannert, the modern *Cazorla*, in Jaen.

Caudīnæ Furculæ, a mountain pass in Samnium, on the road from Capua to Beneventum.

Celtiberia, territory of the Celtiberi, the most numerous people of Spain, who lived in the southwestern part of the modern Arragonia, in the south of Navarra, in eastern Old Castile, (Prov. Soria,) and northeastern New Castile, (Prov. Cuença.)

Cenomāni, or Cenomanni, a Celtic people in Cisalpine Gaul, on the north side of the Po, in the neighborhood of he modern Brescia, Mantua, and Verona.

Cercīna, an island in the Syrtis Minor, on the coast of Africa; now *Kerkennas*, or *Kerkine*.

Circeii; see Note, B. 2, 39.

Clastidium, a town in Liguria; now *Chiasteggio*.

Clusium, an Etrurian town, northwest of Rome.

Cœlius, Mons, one of the seven hills of Rome. See Plan.

Collatia, a Latin town, a little to the north of Gabii.

Collīna, Porta, one of the gates of Rome. See Plan.

Corbio; see Note, B. 2, 39.

Coriŏli; see Note, B. 2, 39.

Cornicŭlum, a Latin town, taken by Tarquinius Priscus.

Cortōna, a city of Etruria, one and a half geographical miles northwest of *Lacus Trasimenus;* now *Cortona*, in Tuscany.

Cremōna, a city on the northern bank of the Po, in Cisalpine Gaul; now *Cremona*.

Cremonis jugum; otherwise called *Alpis Graia*, the modern *Little St. Bernard.* See Note on B. 21, 38; and the Map of the Passage of Hannibal.

Croton, or Croto, or Crotona, a city in Magna Græcia on the Gulf of Tarentum; now *Cotrone*.

Crustumerium, a town near Rome, colonized by Romulus.

Cures, a Sabine town, on the Via Salaria.

D.

Druentia, a river in Gaul; now the *Durance*.

Delphi, a town in Phocis, and the seat of the celebrated oracle of Apollo.

E.

Ebüsus insula, the largest of the islands called *Pityusæ*, off the coast of Spain ; now called *Ivica ;* by some ranked among the Balearic islands.—See Note, 21, 21.

Emporiæ, or Emporium, a Greek colonial town in Spain ; now *Empurias* in Catalonia.

Eryx, a mountain on the nort' west coast of Sicily, now called *St. Giuliano.*

Esquiliæ, one of the seven hills of Rome.—See Plan.

Etovissa, a town of the Edetani in Spain.

Euganei, a people who lived in the north of Italy.

F.

Fæsulæ, a city in Etruria ; the modern village of *Fiesole*, near Florence.

Falerii, a city of the Falisci in Etruria.

Falernus ager, a district of Campania, celebrated for its wines.

Ferentinum.—See Note, B. 2, 38.

Ficana, a town taken by Ancus Marcius.

Formiæ, a city in Latium, on the coast, near the site of which is the little town of *Mola.*

Fretum Siculum, the Straits between Italy and Sicily, now *Faro di Messina,* or *Straits of Messina.*

G.

Gabii, a Latin town between Rome and Præneste.

Gades, a city in Spain, now *Cadiz.* In its vicinity was a celebrated temple of Hercules.

Genua, a town in Liguria ; now *Genua, Genoa,* in the Kingdom of Sardinia.

Geronium, a town in Daunia.

H.

Heraclěa, a city in Magna Græcia near the mouth of the Siris.

Herculis Columnæ, *Pillars of Hercules,* two mountains on the opposite shores of the Gulf of Gibraltar ; *Calpe,* (Gibraltar,) in Spain, and *Abyla,* (Cape Serra,) in Africa.

Hermandica, a city of the Vaccæi, in Spain.

Hirpini, a people of Samnium, who occupied the country which is now the *Farther Principato* of the kingdom of Naples.

Hispaniæ. Livy frequently uses this plural, in reference to *Hispania citerior* and *Hispania ulterior ;* the former the eastern part of Spain, afterwards called *Tarraconensis,* and the latter the southern and western parts, *Lusitania* and *Bætica.*

Honosca ; see Onusa.

I.

Ibērus, the *Ebro,* river in Spain.

Ilergavonenses, or Lergavonenses, or Ilercaonenses, a people in Spain, east of the Edetani, on both sides of the Ebro, and near its mouth.

Ilergetes, the most extensive people living between the Ebro and the

Pyrenees. They occupied nearly the whole of what is now called Arragonia, together with Lerida.

Insubres, a people in Cisalpine Gaul, whose territory extended southward to the Po, on the west to the river Sesia, and on the north to the Alps.

Isara, *Isère*, river in France.

J.

Janiculum, a hill not included in the seven on which Rome was built; on the west side of the Tiber.—See Plan of Rome.

L.

Lacetania, territory of the Lacetani, extending from the Pyrenees down towards the Ebro, and embracing the northern half of the modern Catalonia.

Lacus Trasimenus. See Trasimenus.

Lanuvium, a town in Latium, now the village of *Civita Lavigna*.

Larinum, a town in the territory of the Frentani; now *Larino* in the Neapolitan Province *Capitanata*.

Lavici ; see note, B. 2, 39.

Libui Galli, a tribe in Cisalpine Gaul; according to Mannert, in the neighborhood of the modern *Bergamo* and *Brescia ;* according to others, the same as the Libici, who lived near Vercelli on both sides of the Sesia.

Ligŭres, inhabitants of Liguria, a country extending along the *Mare Ligusticum*, (Gulf of Genoa ;) now Genoa, Piedmont, and Nice.

Lilybæum, a city on the western coast of Sicily, where is now the city of Marsala.

Liparæ insulæ, also Æoliæ or Vulcaniæ Insulæ, islands north of Sicily.

Liternum, or Linternum, a city in Campania, north of the mouth of the river *Liternus ;* now Patria.

Locri, or Locrenses Epizephyrii, inhabitants of the town of Locri, and the surrounding country in Bruttium.

Longuntica, a city in Spain south of the Ebro, on the sea-coast.

Luca, Lucca, city in Etruria ; now *Lucca*.

Lucāni, a tribe in Lower Italy, separated from Campania and Apulia by the rivers Silārus and Bradānus, and from Bruttium by the Laus and Sybăris.

Luceria, a city in Daunian Apulia ; now *Lucera*.

Lusitania ; this name belonged first to the country between the Durius and the Tagus, from the sea as far as the eastern border of modern Portugal. Afterwards, as a Roman province, it embraced all of Portugal south of the Duero, Salamanca, the largest part of Estremadura, and the western extremity of the province of Toledo.

M.

Mæsia, the name of a wood, probably between Rome and the sea.

Marrucīni, a people who lived in the country which is now the *Hither Abruzzo* (*Abruzzo citeriore*) of the kingdom of Naples, on the right bank of the Aternus. Capital, *Teate*, now *Chieti*.

Marsi, a people in Samnium, north of Lacus Fucinus.

Masslcus mons, a range of hills on the borders of Latium and Campania, celebrated for the wines grown there.

Massilia, a city in southern Gaul, now *Marseilles.*
Melīta, or Melite; the island of *Malta.*
Menix or Meninx insula, an island in the *Syrtis minor*, on the coast of Africa.
Messāna, a city in Sicily; *Messina.*
Metapontum, a city in Magna Græcia, on the Gulf of Tarentum.
Mutīna, a Roman city in Cisalpine Gaul; now *Modena.*

N.

Neapŏlis, *Naples.*
Nova Classis, a place in Spain, whose exact situation is unknown.
Numīdæ, a people living on the north coast of Africa.

O.

Ocricūlum, the last southern city in Umbria, on the Tiber.
Olcādes, a people in Spain, probably in the southern part of the modern Cuença, in the mountains of Ortospeda.
Onusa, a city in Spain, south of the Ebro, on the sea-coast; according to some, the modern village of *Joyosa* in Valencia.
Oretani, a tribe in Spain, whose territory probably corresponded to the eastern part of *Estremadura*, most of the central part of *La Mancha*, the eastern extremity of *Jaen*, and the northern extremity of *Granada.*
Ostia, a town in Latium, not far from the mouth of the Tiber.

P.

Padus, the Po, chief river of Italy.
Pæstum, or Posidonia, a town in Lucania, near the mouth of the Silārus.
Pedum; see note, B. 2, 39.
Peligni, a people in Samnium, whose territory corresponded to the modern *Hither Abruzzo*, in the kingdom of Naples.
Peninus, (mons,) the modern *Great St. Bernard.*
Pentri, a Samnite people, whose capital was *Bovianum.*
Picenum, a district of Italy, nearly corresponding to the modern Mark *Ancona*, in the Papal States.
Pisæ, a city in Etruria, at the junction of the *Arnus (Arno)* and the *Ausar, (Serchio;)* now *Pisa.*
Placentia, a city on the Po; now *Piacenza.*
Pometia, a town of Latium, at one time the capital of the Volsci; called also Suessa, and Suessa Pometia.
Præneste, a city in Latium; now *Palestrina.*
Prætutianus ager. This district was separated from Picenum proper by the river Truentus, (Tronto,) and extended on the south to the river Vomānus, (Voman;) it corresponded to the modern *Teramo.*

R.

Rhodānus, Rhone, river in France.
Ruscīno, a city on a river of the same name in southern Gaul; now *la Tour de Roussillon*, not far from Perpignan.
Rutūli, a people on the coast of Latium; capital, *Ardĕa.*

S.

Sabini, an Italian people, who dwelt originally about Amiternum in the Apennines; afterwards they occupied a territory bounded on the

east by the Apennines, on the west by the Tiber, on the north by
the river Nar, and on the south by the Anio.

Sacer, (mons,) a hill about three miles from Rome, on the right bank of
the Anio.—Comp. note, B. 2, 34.

Saguntum, (neut.,) and Saguntus, (fem.,) a city of Spain on the Sinus Su-
cronensis, in the territory of the Edetani; its ruins are visible near
the modern town of *Murviedro*, which indeed derives its name
* from those ruins, (*Muri veteres.*)

Salassi, a people of Cisalpine Gaul, who lived in the valley of the Duria,
(*Doria Baltea*,) whose country corresponded to the mountain-
region in the northwestern part of Piedmont. They were probably
a branch of the Insubres.

Salyes, or Salluvii, a tribe of Gauls who lived on the Druentia and Rhoda-
nus, in the country corresponding to the modern *Provence.*

Samnium, the territory of the Samnites in Central Italy, which extended
from Campania northward as far as the Adriatic; divided into the
cantons of the Frentanians, Hirpinians, Pentrians, and Caudines.

Satricum; see note, B. 2, 39.

Scissis, or Cissa, a town in Lacetania, (which word see.)

Senönes, a tribe of Transalpine Gauls, who afterwards settled in Umbria.

Sidicīni, an inconsiderable Ausonian tribe, who occupied the northern
parts of Mons Massicus. Their chief town was Teanum Sidicinum; now *Teano.*

Sinuessa, a town in Latium on the sea-coast; on the via Appia, between
Minturnæ and Capua. Near it were hot baths, called *aquæ Sinu-
essanæ.*

Spolētum, or Spoletium, a city in Umbria; now *Spoleto*, in the Papal
States.

Stellas Campus, a fruitful Campanian district, south of Cales.

Suessa; see Pometia.

Sulci, an old Carthaginian town on the southern coast of Sardinia.

Surrentum, a city in Campania; now *Sorrento*, in the Bay of Naples.

Syracūsæ, an important city on the east coast of Sicily; now *Siragosa.*

T.

Tagus, the *Tajo*, river in Spain and Portugal.

Tannētum, first a village of the Boii, afterwards a city of Cisalpine Gaul,
on the road between Parma and Mutina; according to Mannert,
the modern village *St. Illario*, according to others, *Taneto.*

Tarentum, a celebrated city in Magna Græcia, on a gulf of the same
name, which is now the Gulf of Taranto.

Tarracīna, a city of the Volsci in Latium, called also Anxur, near the
Pontinian marshes; now *Terracina.*

Tarrăco, a town in the country of the Cosetani in Spain; from which the
name Hispania Tarraconensis was derived; now *Tarragona.*

Taurīni, a Ligurian tribe, south of the Salassi. Capital, *Augusta Taurinorum;* now *Turin.*

Telesia, a town in Samnium; now *Telese.*

Tellenæ, a Latin town taken by Ancus Marcius.

Tibur, one of the oldest cities of Latium, on the Anio; now *Tivoli.*

Ticinus, now *Tessino*, or *Ticino*, river in Cisalpine Gaul.

Trasimenus Lacus, a lake in Etruria; now *Lago di Perugia*, in the Papal States.

Trebia, a Latin town taken by Coriolanus; Liv. 2, 39.

Trebia, *Trebia*, a river in Cisalpine Gaul.

Tricastini; see note 21, 31.

Tricorii, a tribe in Gaul, east of the Vocontii, in the neighborhood of the modern *Briançon*.

Turdetani, a tribe in Spain, in the western part of Bætica. They afterwards extended westward along the coast, beyond the Anas (*Guadiana*) to the farthest limits of Spain.

U.

Umbria, a country in Central Italy, bounded on the north by the Rubico, west by the Tiber, northeast by the sea, south by the Nar.

Utens, a river in Cisalpine Gaul.

V.

Vaccæi, a Spanish tribe, who occupied the greatest part of the modern Valladolid, the northern extremity of Salamanca, the southeast extremity of Leon, southern Palencia, and the largest part of Toro. Chief town Palantia, now *Palencia*.

Vecilius, (mons). See note, B. 3, 50.

Veii, an Etrurian town, twelve miles northwest of Rome.

Velia. See note, B. 2, 7, and Plan of Rome.

Venusia, a town on the borders of Apulia and Lucania, but belonging to the former; now *Venosa*.

Vibonensis Ager, district of the city *Vibo Valentia*, on the western coast of Bruttium.

Victumviæ, in Cisalpine Gaul, not far from Placentia.

Viminalis, Collis, one of the seven hills of Rome.—See Plan.

Vocontii, a tribe in southeastern Gaul, whose territory embraced a part of the modern *Provence*, and the southeastern part of *Dauphiné*.

Volcæ, a Celtic tribe in southern Gaul, on the west side of the Rhone, who were divided into two branches: 1. Volcæ Arecomici, whose country extended from the river Orbis, (*Orbe*,) or, according to Mannert, the river Arauris, (*Herault*,) to the Rhone; 2. Volcæ Tectosäges, who lived westward of the former, towards the Pyrenees. The chief town of the *Arecomici* was Nimausus, *Nimes*; of the Tectosäges, Tolosa, *Toulouse*.

Volciani, tribe in Spain, near the Bargusii.

Volsci. From the Anio to the sea at Tarracina extends a line of highlands interrupted by a break, to the south of Præneste, and thereby divided into two parts of unequal length, the shorter one extending from Tibur to Præneste, the longer from Præneste to Tarracina and the sea. Of this mountain wall, the longer part was occupied by the Volscians, the shorter by the Æquians.—See Arnold's Hist. 1, p. 120.

Vulcani Insula, the most southerly of the Liparæan islands; also called Hiëra; now *Volcano*.

Vulturnus, now *Volturno*, river in Campania.

Z.

Zacynthus, an island in the Ionian sea; now *Zante*

INDEX TO THE NOTES.

A.

A or *ab*, = *a parte, apud*, i. 12; ib. 33; xxi. 5; expressing a cause, v. 47; xxi. 36; = *post*, xxii. 18; ib. 40.

Ablative, without *cum*, xxi. 48; of the gerund, instead of a conditional clause, xxi. 5; of instrument with *persons*, xxii. 46; *absolute*, expressing the circumstances under which something takes place, xxi. 5.

Abstinere, with the dative, i. 1.

Ac, explicative, xxi. 4; xxii. 41; "than," after *antidea*, xxii. 10.

Acies, meaning, i. 23.

Ad, "in the vicinity of," i. 33; after it, the accusative omitted, ib.; v. 47; "in consequence of," "by," iii. 48; "according to," xxi. 21; "about," xxi. 22; "in comparison with," xxii. 22; —*id locorum*, xxii. 38; —*mille*, for a substantive, xxii. 31; —*tempus*, xxi. 25; —*unum omnes*, xxi. 42; —*vivum*, xxii. 17.

Adeo, its meaning, at the end of the Preface.

Admodum, xxi. 36.

Adversi montes, xxii. 17; *adverso flumine, adversa ripa*, xxi. 27; *adversum femur*, xxi. 7.

Ædes, not expressed, i. 33; v. 47; xxi. 62.

Ædificium, atrium, domus, ædes, v. 41.

Ægro animi, ii. 36.

Æquare frontem, v. 38; xxii. 47; *æqua fronte*, ib.

Æqui atque iniqui, v. 45; xxii. 26.

Affertur, used absolutely, xxii. 14.

Affinitas, propinquitas, and *necessitudo*, iv. 4.

Affligi, xxi. 35.

Ager Tarquiniorum, ii. 4.

Alius, for *reliquus*, ii. 38; xxi. 26; *alium—alius*, for *alterum—alter* i. 25.

Ambustus, xxii. 35.

Anacoluthon, i. 40; ii. 12; xxi. 3; ib. 10.

Anceps, i. 25.

Anchoralia, xxii. 19.

Annona, ii. 34.

Antidea, xxii. 10.

Appia via, xxii. 1.

Apposition, proper name in apposition with dative, rather than with *nomen*, i. 1.

Ita sic, ii. 10.
Iter avertere, xxi. 23.

J.

Jactans via, xxi. 48.
Jam, with comparatives, in sense of *etiam*, xxi. 60.
Janus, i. 19.
Judicem dicere, iii. 56 ; —*ferre*, ib.
Jusjurandum and *sacramentum*, xxii. 38.
Justum prælium, v. 49 ; *justa acies*, xxi. 8 ; *justa pugna*, xxii. 8.
Justa ac si, xxii. 31.

L.

Latina via, xxii. 12.
Lectisternium, xxi. 62.
Libatæ vires, xxi. 29.
Licet, with the dat. and infinitive, xxi. 44.
Libertinus and *libertus*, iv. 3.
Litato, v. 38.
Ludis, abl. of time, ii. 36.
Lupercal, i. 4.

M.

Macte, ii. 12 ; xxii. 49.
Magis, with the ablative, xxii. 2.
Me dius fidius, xxii. 59.
Medio ædium, i. 47 ; v. 41.
Memorata, xxii. 7 ; ib. 42.
Meritum, in a bad sense, xxii. 59.
Mille, as a noun, xxii. 31 ; ib. 37.
Minime, "least of all," xxii. 17.
Minores gentes, i. 35.
Miscere, also *permiscere*, construction, xxi. 14 ; ib. 22.
Modo, "lately," xxii. 14 ;—after relative, xxii. 8.
Momentum, i. 47 ; v. 49 ; xxi. 43.
Munire rupem, xxi. 37.
Munitio, i. 8.
Mutare, construction, xxi. 45.

N.

Nam, elliptical, xxii. 59.
Naves longæ, xxi. 17.
Ne, in sense of *nedum*, iii. 52 ; *ne* with *obstare*, v. 35 ; *ne* after *ita*, i. 46 ; xxii. 61.
Nec—et, i. 4.
Necubi, necunde, xxii. 28.
Negatives, instances of two, which do not destroy each other, iii. 54 ; xxi. 35 ; xxii. 25.
Negare, = *dicere non*, i. 57.
Nescio an, ii. 2.
Ni, = *si non*, iii. 57.
Nihil aliud—quam, ii. 8.
Nimio plus, ii. 37.

Præfecti sociorum, xxi. 59.
Prærogativam, iii. 51.
Prepositions, wanting after *quam,* xxii. 8; wanting before *qui,* xxii. 33.
Present tense, historic, followed by a past tense, i. 7;—by a present and
    a past tense in same sentence, xxii. 18.
Prisci Latini, i. 32.
Pro, pro imperio, iii. 49; *pro concione,* iii. 54; xxii. 11; *pro eo, ut,* xxii.
    1; *pro victo,* xxi. 9; *pro se quisque,* with a plural verb, ii. 6.
Prodito fumo, xxi. 27.
Profligare bellum, xxi. 40.
Prohibere, construction, i. 39; v. 49; xxii. 19; xxii. 34.

Q.

Quam mallem, xxii. 49.
Quam pro, xxi. 29; ib. 32.
Quamquam, " nay more," xxi. 19.
Que, adversative, v. 45; xxi. 6; for *etiam, quoque,* ii. 13; " or rather,"
    xxi. 62.
Quia and *quod,* ii. 1; xxi. 5; ib. 9.
Quicumque, with the indicative, i. 32.
Quid aliud quam, xxii. 60.
Quin, meaning, i. 45; —*et ut,* xxii. 1.
Quippe qui, with subj., Preface; with indicative, iii. 53; v. 37.
Quoniam, its force, i. 6; when with the indicative and when with the
    subj., ib.

R.

Recta pugna, xxii. 28.
Relative, many English expressions translated by, with a circumlocution,
    xxii. 28.
Reliquum diei, xxii. 51.
Reliqui, alii, and *ceteri,* ii. 38.
Rex sacrificulus, ii. 2.
Robur and *vires,* xxi. 1.
Ruminalis, ficus, i. 4.
Rumor and *fama,* xxii. 39.
Rupes and *saxa,* xxi. 33.

S.

Sagmina, i. 24.
Salii, i. 20.
Sanguis and *cruor,* i. 59.
Satin' salve, i. 58.
Se for *eum,* xxii. 37.
Secundo Tiberi, secunda aqua, v. 46.
Sequius, ii. 37.
Sententiis paucis, xxii. 61.
Servitium and *servitus,* ii. 10.
Si nihil aliud, xxii. 29.
Sicut—ita, xxi. 35.
Similis and *dissimilis,* with the genitive in reference to *persons,* i. 20;
    xxii. 39.

T.

U.

V.

28*

A LIST

OF

NEW AND IMPROVED

EDUCATIONAL WORKS,

EXTENSIVELY ADOPTED AS

TEXT BOOKS

IN

VARIOUS COLLEGES AND SCHOOLS;

INCLUDING

M. Ollendorff's New Method

OF LEARNING TO READ, WRITE, AND SPEAK

THE FRENCH, SPANISH, ITALIAN, AND GERMAN LANGUAGES;

AND

ARNOLD'S CLASSICAL SERIES.

PUBLISHED BY

D. APPLETON & CO., 200 BROADWAY, N. Y.

AND

GEO. S. APPLETON, 148 CHESNUT-ST., PHILA.

1848.

I.
OLLENDORFF'S NEW METHOD
OF
LEARNING TO READ, WRITE, AND SPEAK
THE FRENCH LANGUAGE,

With an Appendix, containing the Cardinal and Ordinal Numbers, and full Paradigms of the Regular and Irregular, Auxiliary, Reflective, and Impersonal Verbs.

By J. L. JEWETT. One Volume, 12mo. $1.

II.
OLLENDORFF'S NEW METHOD
OF
LEARNING TO READ, WRITE, AND SPEAK
THE SPANISH LANGUAGE.

With an Appendix, containing a brief, but comprehensive Recapitulation of the Rules, as well as of all the Verbs, both Regular and Irregular, so as to render their use easy and familiar to the most ordinary capacity.

TOGETHER WITH

PRACTICAL RULES FOR SPANISH PRONUNCIATION, AND MODELS OF SOCIAL AND COMMERCIAL CORRESPONDENCE.

The whole designed for young learners and persons who are their own instructors.

By M. VELAZQUEZ and T. SIMONNE, Prof. of the Spanish and French Languages. One Volume, 12mo. of 560 pages. Price $1 50.

III.
OLLENDORFF'S NEW METHOD
OF
LEARNING TO READ, WRITE, AND SPEAK
THE GERMAN LANGUAGE.

Reprinted from the Frankfort edition, to which is added a Systematic Outline of the different Parts of Speech, their Inflection and Use, with full Paradigms, and a complete List of the Irregular Verbs.

By GEORGE J. ADLER, A B , Prof. of German in the University of the City of New-York. One Volume, 12mo. $1 50.

IV.
OLLENDORFF'S NEW METHOD
OF
LEARNING TO READ, WRITE, AND SPEAK
THE ITALIAN LANGUAGE.

With Additions and Corrections by FELIX FORESTI, Prof. of the Italian Language in Columbia College, New-York City. One Volume, 12mo. $1 50.

In separate Volumes, uniform with the Grammars,

A KEY TO THE EXERCISES.

Price 75 cents each.

2

CRITICAL OPINIONS ON
M. OLLENDORFF'S METHOD OF LEARNING
The French, German, Spanish, and Italian Languages

In an article in the "*Method's Quarterly Review*," entitled Modes of Teaching Languages, after describing the various modes of Teaching, it goes on to state : —

"Some ten years ago, it seems, Captain Basil Hall, of famous memory, first found out how to earn German. He had tried it again and again, but always found it impracticable until he stumbled on Herr OLLENDORFF, who was teaching German at the time in Paris, and who led him along not by the nose, but by the mouth, most gently and delectably, into a sufficient knowledge of that noblest of modern tongues. As the captain has always been distinguished for his gratitude, he repaid the skilful teacher a hundredfold, by a puff in 'Schloss Hainfeld,' that made him at once a man of notoriery and fortune.

"'After six months of close application, I can venture to pronounce, that by Mr. Ollendorff's method alone, so far as I have been able to understand the subject, can this very difficult, but very charming language be taught without confusion. By it the scholar advances step by step, understands clearly and thoroughly every thing he reads, and as he goes on, he becomes sensible that all he learns he retains, and all that he retains is useful and practically applicable. At the same time, he scarcely knows how he got hold of it, so slightly marked are the shades of daily progression ; and so gentle is the rise, that he feels no unpleasant fatigue on the journey. Of course, the student is called upon to exert no small degree of patient application, and he must consent to devote a considerable portion of his time to this pursuit ; but he will have the en couraging conviction, that every particle of effort is well bestowed.'

"Every body in Paris began to learn German *a la mode d' Ollendorff*, and in all German towns you might find Englishmen and Frenchmen thumbing the 'New Method,' and repeating its thousand phrases with commendable perseverance. In 1838 the system was introduced into England by the publication of the 'New Method of learning to read, write, and speak *a Language in Six Months, for the Use of Schools and Private Teachers ;*' and although the complete work extended to three octavo volumes, and was sold at an enormous price,* it soon acquired a great circulation. We have before us the fourth edition. Nor was the reputation of the work confined to Europe ; many copies were imported into this country, and of late the demand has been so great, that an American edition has been brought out in excellent style by the Messrs. Ap pletons, with the addition of a clear 'Systematic Outline of German Grammar,' prepared by Mr Adler, of the University of New-York. Nor has this success been by any means undeserved : the book certainly goes further in smoothing the rugged road to German than any other book extant ; and that too, not by attempting to dispense with the industry of the pupil, but by making all his industry profitable.

"It takes all that is good in the Hamiltonian method, by giving the words to be used at once to the student, and not sending him to the Dictionary to hunt them out ; and it involves Jacotot's best principle of fixing the forms of the language by constant repetition, and supplying grammatical principles only as they are required. These are its chief excellences, and they are essential to any good system. The book, especially with Mr. Adler's appendix, is infinitely better adapted for use as an introduction to the German language than any other that we know of, and we hope it will obtain a wide circulation." •

* "Teaching is worse paid than any other kind of labour ; but it seems that when any particular teacher becomes the *rage*, he takes revenge on the public, and 'puts money in his purse.' We see from an advertisement at the end of Herr Ollendorff's second volume, that he teaches German in London at the pleasant price of £12 12s. sterling per quarter !"

New Orleans Commercial Times.

"Mr. OLLENDORFF'S new method of teaching languages—a method founded upon an analytical system, which simplifies and connects information, and proceeds by gradations from the easy to the difficult—has found more favour among teachers than any previous system. It has been applied with the utmost success, and has elicited the approbation of the best minds in the country. The system is one which it requires the patient study of a German to elaborate, but when once framed, its results are practical, complete, and speedy of attainment. We have no doubt that an intelligent person will master the intricacies of the French tongue, by the assistance of this work, in half the time it would require to wade through the interminable exercises of Wanostrocht and Levizac."

3

Critical Opinions on Ollendorff's Method of Learning Languages.

CONTINUED.

New-York Commercial Advertiser.

"NEW METHOD OF LEARNING THE FRENCH LANGUAGE.—This grammar must supersede all others now used for instruction in the French language. Its conception and arrangement are admirable,—the work evidently of a mind familiar with the deficiencies of the systems, the place of which it is designed to supply. In all the works of the kind that have fallen under our notice, there has been so much left unexplained or obscure, and so many things have been omitted—trifles, perhaps, in the estimation of the author, but the cause of great embarrassment to the learner—that they have been comparatively valueless as self instructors. The student, deceived by their specious pretensions, has not proceeded far before he has felt himself in a condition similar to that of a mariner who should put out to sea without a compass to direct him. He has encountered difficulty after difficulty, to which his grammar afforded no clue; when, disappointed and discouraged, he has either abandoned the study in disgust or if his means permitted, has resorted to a teacher to accomplish what it was not in his power to effect by the aid of his 'self-instructor.'

"Ollendorff has passed his roller over the whole field of French instruction, and the rugged inequalities formerly to be encountered no longer discourage the learner. What were the difficulties of the language, are here mastered in succession; and the only surprise of the student, as he passes from lesson to lesson, is, that he meets none of these 'lions in the way.'

"The value of the work has been greatly enhanced by a careful revision, and the addition of an appendix containing matter essential to its completeness either as a book for the use of teachers or for self-instruction."

Buffalo Commercial Advertiser.

"By Ollendorff's method, and its general use, applied to both the dead and living languages, we hope this reproach upon our country's character for elegant scholarship will be wiped away. When by reasonable application, a person of but ordinary attainments, and quickness of perception, can easily acquire another tongue, it is a shame not to do so, and nothing will more essentially aid him, whether he turn his attention to the German, French, or Italian, than Ollendorff's system."

Whig Review.

"Ollendorff's works on the German, French, and Italian, have met with marked approbation from those who are critical judges, and his system is pronounced 'the best, the only one of the kind for all who desire a practical knowledge of the language.'"

Catholic Magazine.

"The elementary works of Ollendorff have met with the most ample encouragement and success in England, and so far as they have been tested, in America also; and in both countries the use of them has become daily more extensive. ` * * * The distinguished feature in Ollendorff's method of imparting a knowledge of the language is, that it follows that of nature herself."

New Haven Herald.

"OLLENDORFF'S FRENCH METHOD.—The same plan of teaching the principles of the language and their application is presented in this admirable text-book as that developed in the German method. It is the only correct system of teaching modern languages.

"This method is in perfect accordance with the order of nature. In the old system, the learner does not commence speaking and writing the language until he is supposed to be acquainted with etymology and syntax. The rules are learned with difficulty, and amid unnecessary perplexities, to be forgotten before their application is attempted; and consequently large numbers abandon the study as irksome and useless, instead of finding it pleasant and profitable, as they would, were it not for reversing the order of nature.

"In this method, speaking and writing French is commenced with the first lesson, continued throughout, and thus is made the efficient means of acquiring almost imperceptibly, a thorough knowledge of grammar; and this without diverting the learner's attention for a moment from the language itself, with which he is naturally most desirous of becoming familiar.

"The general use of such a series of text-books will give us a very different class of French scholars in this country. Our systems of learning the French language have been a mere burlesque, instead of being at once a useful and ornamental branch of education. We most warmly recommend the Ollendorff series to teachers and all others interested, as philosophical and natural in arrangement, and as the only text-books involving correct principles of acquiring an available knowledge of modern languages."

United States Gazette.

"OLLENDORFF'S ITALIAN GRAMMAR.—The system of learning and teaching the living languages by Ollendorff is so superior to all other modes, that in England and on the continent of Europe, scarcely any other is in use, in well-directed academies and other institutions of learning. To those who feel disposed to cultivate an acquaintance with Italian literature, this work will prove invaluable, abridging, by an immense deal, the period commonly employed in studying the language."

Critical Opinions on Ollendorff's Method of Learning Languages.

CONTINUED.

New-York Courier and Enquirer.

"OLLENDORFF'S SPANISH GRAMMAR.—This is another number of the admirable series of elementary books of instruction in the language of Modern Europe, for which the public is indebted to the Appletons. Ollendorff's method of teaching languages, especially living languages, is now in universal use, and enjoys a very decided pre-eminence over any other now in use, inasmuch as it combines the merits, and avoids the faults of all others, and has, besides, many very marked and admirable peculiarities. No other books are now in general use, and his elementary treatises have won a unanimous favor not often accorded to any work in any department of human knowledge. Their chief peculiarity consists in this, that they lead the learner, by gradual steps, each perfectly simple and easy, from the first elements even to the nicest idioms of the various languages, comprehending, in the process, a complete mastery of Grammatical rules and colloquial phrases They are in common use, not only in this country, but throughout Europe, and are likely to supersede, every where, all similar works

"This method of learning SPANISH, which has just been issued, is likely to be even more widely useful, especially in this country, than those which have preceded it, since recent events have rendered a knowledge of Spanish more than usually important to all classes of our people. The editors of the work are widely known as accomplished scholars and distinguished teachers, and the book derives still higher authority from their connection with it We commend it with great confidence to all who desire to become acquainted with the Castilian tongue."

The Tribune.

"The admirable system of teaching and learning modern languages, by Mr. Ollendorff, has attained a popularity and extension unprecedented in the history of education. Its effect upon the community of learners especially, is even now evident, and as time elapses will become still more so in the ease and correctness with which German, French, Italian, and Spanish are acquired and applied to the practical purposes of life. Mr. Ollendorff's books have now been some time before the public, not only in Europe, where he practically carries out the plans of instruction, but also in America, where the system has been faithfully tried and is appreciated by our best teachers and by thousands of learners. The present work seems to be prepared by gentlemen thoroughly conversant with the system in all its details. It is well worthy the attention of those desirous to become familiar with the noble Castilian tongue, that tongue which Charles V. once said those who spoke it used to speak like kings. The mechanical execution and appearance of the volume are in the usual style of clearness and beauty which characterizes Messrs. Appleton's publications."

Evening Post.

"OLLENDORFF'S METHOD APPLIED TO SPANISH—D. Appleton & Co. have published "Ollendorff's new method of learning to write and speak the Spanish language, by M. Velasquez and S. T. Simonne. The authors of this work are experienced instructors in the Spanish language. To Mr. Velasquez, many of our citizens are indebted for their acquaintance with the harmonious and majestic dialect which its admirers delight in calling Castilian.

"The method of Ollendorff is admirably suited to many minds—to young persons in particular, by whom the peculiar forms of a language are most easily learned by practice and a mere effort of memory. To persons of any period of life it is useful in imparting an accurate acquaintance with the idioms and conversational peculiarities of a language and nobody could go through the course prescribed by it without some essential improvement in the accuracy with which he speaks the language.

"The work is neatly got up as respects its typographical execution."

Hunt's Merchant's Magazine.

"OLLENDORFF'S new method of Learning to Read, Write, and Speak the German Language, with a systematic outline of German Grammar by George J. Adler, is one of those rare works which leave nothing to be desired on the subjects of which they treat. The learner's difficulties are so fully and exactly provided for, that a constant sense of satisfaction and progress is felt from the beginning to the end of the book. A bare inspection of one of the lessons will satisfy any one acquainted with the elements of German grammar, that it adapts itself perfectly to his wants With the systematic outline of grammar by Prof. Adler, the new method is substantially perfect, and it is probably second in its advantages only to residence and intercourse with educated Germans."

Protestant Churchman.

"The study of the German is becoming so essential a part of an ordinary education, that every work tending to facilitate the acquisition of the language should be welcomed. An American edition of Ollendorff has been much wanted. His system is based upon natural principles. He teaches by leading the student to the acquisition of phrases, from which he deduces the rules of the language. The idioms are also carefully taught, and the entire construction of the system is such that, if adhered to with fidelity and perseverance, it will secure such a practical knowledge of the German as can be acquired by no other mode, so rapidly and thoroughly. We heartily commend the book to all who really wish to understand a tongue which contains so many treasures."

Critical Opinions on Ollendorff's Method of Learning Languages.

CONTINUED.

Newark Daily Advertiser.

" We have already expressed our opinion upon Ollendorff's method of teaching languages as decidedly the best extant. His method is so simple, and divests the process of teaching of so much of its drudgery both as teacher and scholar, that when generally known it must be generally adopted."

Hartford Courant.

" We have already pronounced the Ollendorff series to be far superior to any other system for imparting an available knowledge of modern languages. These works, including those of the German, the French, the Italian, are but the transcript of nature's own method of teaching language ; and hence they form a most complete and valuable series of text-books, alike adapted to the wants of the most critical student of these modern languages, or of those who wish to acquire merely a conversational use of the same.

" We most cordially and unqualifiedly recommend these books to Teachers and Friends of Education as decidedly the best series we have ever examined."

The Publishers have received over two hundred Letters from practical teachers, expressing their great satisfaction in the merits and usefulness of M. Ollendorff's Grammars. The following few are selected :

Hobart Hall, April 23d, 1847.

Messrs. D. Appleton & Co — * * * Ollendorff's German Grammar acts like a charm, and with a use of only three months my German class can speak the German with great facility. The fact is, that Ollendorff has discovered the secret, the long-sought desideratum for overcoming the difficulties pertaining to the attainment of a new language. He only copies nature, and the dry mechanical arrangement of most Grammars being cast aside, he follows the natural way, and I can say, without hesitation, that he succeeds perfectly.

Very gratefully,   L. H. DeLOSS CRANE

Blue-Hill Academy.

For beginners, Ollendorff's Grammars are worthy to supercede every other work ; and even on the table of the scholar, by the side of the most elaborate German Treatises, they will not lie useless.   ISAIAH DOLE, A. M.

Princeton, Dec. 3d, 1846.

Messrs. Appleton & Co. Gentlemen—I am in the daily use of Ollendorff's German Grammar, and consider it decidedly superior to any other elementary work in this language. Immediately on the appearance of the French Grammar, I procured a copy of it, and have made some use of it, sufficient to satisfy myself that Ollendorff has applied his principles to the instruction of this language with the same success as that of the German.

Very respectfully, yours,   LYMAN COLEMAN.

Kinderhook Academy, April 7th, 1847.

Messrs. D. Appleton & Co. Gentlemen—We have introduced the entire course of French Books, re-published by your house in a style that does credit to American taste. We think Ollendorff's French Book decidedly superior to Manesca's Course in exciting and retaining the interest of the pupil ; and we are well satisfied with the proficiency which our classes have made by the aid of this work. The elegant arrangement of the *verbs*, both regular and irregular, deserves special notice ; and in our opinion the work is worthy of a place in every academy in the land.   Very respectfully, yours,

SILAS METCALF.

Theological Sem. and Pa. College.

Messrs. Appleton—Having introduced Ollendorff's method of teaching German into my classes as an experiment, and tested it for one session, I have become fully satisfied that it is the one best calculated to impart to the learner a readiness in the use of the language ; in the acquisition of modern languages it is now almost universally conceded that this plan is the best.

Respectfully yours,   CHARLES H. RAY.

THE
STANDARD PRONOUNCING DICTIONARY
OF THE
FRENCH AND ENGLISH LANGUAGES.
IN TWO PARTS.
PART I. FRENCH AND ENGLISH.—PART II. ENGLISH AND FRENCH.

The FIRST PART comprehending words in common use—Terms connected with Science—Terms belonging to the Fine Arts—4000 Historical Names—4000 Geographical Names—1100 terms lately published, with the PRONUNCIATION OF EVERY WORD, according to the French Academy and the most eminent Lexicographers and Grammarians; together with 750 *Critical Remarks*, in which the various methods of pronouncing employed by different authors are investigated and compared with each other.

The SECOND PART containing a copious vocabulary of English words and expressions, with the pronunciation according to Walker.

THE WHOLE PRECEDED BY
A Practical and Comprehensive System of French Pronunciation.
BY GABRIEL SURENNE, F. A. S. E.,
French Teacher in Edinburgh; Corresponding Member of the French Grammatical Society of Paris, &c., &c.
Reprinted from a duplicate cast of the stereotype plates of the last Edinburgh edition.
One stout volume, 12mo., of nearly 900 pages. Price $1 50.

A FEW CRITICISMS ON ITS MERITS.

Kinderhook Academy, April 7, 1847.

Surenne's French Dictionary is in many respects superior to those of "Meadow" and "Boyer." The Proper Names at the bottom of each page, and the method of explaining the pronunciation, (by the French sounds of the vowels, with which the pupil has become familiar,) are in my opinion distinguishing excellences.
SILAS METCALF.

Princeton, Dec. 13, 1847.

We use habitually the admirable Dictionary of Surenne.
LYMAN COLEMAN.

National Magazine.

"This work must have been one of very great labour, as it is evidently of deep research. We have given it a careful examination, and are perfectly safe in saying, we have never before seen any thing of the kind at all to compare with it. Our space will not permit us to give more than this general testimony to its value. Long as the title is, and much as it promises, our examination of the work proves that all the promises are fulfilled, and we think that no student of the French language should, for a moment, hesitate to possess himself of it. Nor, indeed, will it be found less useful to the accomplished French scholar, who will find in it a fund of information which can nowhere be met with in any one book. Such a work has for a long time been greatly needed, and Mr. Surenne has supplied the deficiency in a masterly style. We repeat, therefore, our well digested opinion, that no one in search of a knowledge of the niceties of the French language, should be without it."

New-York Observer.

"Every student of the French language, and every person of taste who is fond of reading French, and wishes to become proficient in that tongue, should possess this comprehensive but complete dictionary. It embraces all the words in common use, and those in science and the fine arts, historical and geographical names, etc., with the pronunciation of every word according to the French Academy, together with such critical remarks as will be useful to every learner. It is published in a form of extreme condensation, and yet contains so full a compilation of words, definitions, etc., as scarcely to leave any thing to be desired."

Boston Courier.

"This is, we believe, the first French pronouncing dictionary that has appeared in the English field of French education, and the compiler, Mr. Surenne, may well felicitate himself on the decided success which has attended his efforts to furnish us with this long expected desideratum. Mr. S. has rendered precise what was before uncertain, clear what had hitherto been obscure, in short, put into the hands of both teachers and scholars, an authority in philology and pronunciation, as good, as correct, as authoritative as Johnson, Walker, or Webster, in the English tongue. The method adopted for representing the sounds of words, is for the English or American eye and ear, so that faultless pronunciation may be depended upon. The phraseology is often that of the French Academy, consequently of the highest authority, and is both copious and practical. The English pronunciation is precisely after the plan of Webster, imitated or followed with the scrupulous accuracy, thus giving two extraordinary advantages in one work, viz., a dictionunciation, with words and meanings, and a standard of English pronunciation, teachers, parents, guardians, all interested in the education of youth, to of industry and ingenuity, and they will see and recognize its su—

7

ACCOMPANIMENT TO OLLENDORFF'S GERMAN GRAMMAR.

A PROGRESSIVE GERMAN READER,

PREPARED WITH REFERENCE TO

OLLENDORFF'S GERMAN GRAMMAR,

WITH COPIOUS NOTES AND A VOCABULARY,

BY G. J. ADLER,

Prof. of the German Language and Literature in the University of the City of New-York.

One neat Volume, 12mo. $1.

The favourable reception which Ollendorff's German Grammar has received from the American public, has induced the Publishers and the Editor to comply with the very general demand for a *German Reader*.

Complaints, more or less loud, have been made both by teacher and learner, against most of the Readers heretofore offered to the public in this country, as well as in England and Germany. Books of this kind now in the market, may be reduced to two classes: 1st. *Selections from the German Classics*, or *Elegant Extracts*, corresponding somewhat to our English Readers. Of these, two deserve special notice, viz., GEORGE MUHL'S PROSE ANTHOLOGY, (Carlsruhe and London, 1839,) and in this country, FOLLEN'S GERMAN READER. The objections to the former are, that it contains no poems, and hence lacks an essential element of an introduction to German Literature, and presents too little variety to the learner; it has, moreover, no vocabulary, and the most difficult passages are often left unnoticed in the annotations. The latter is, as it regards the variety and the good taste exhibited in its matter, far superior to any other similar work, and has for many years been almost the only Reader in use among us. To learners not classically educated, however, (and to many that are,) the pieces near the beginning are by far too difficult, and the assistance too scanty. The arrangement is not progressive, so that pieces near the end of the book are much easier than many in the beginning or middle.

2d. The second class of Readers are such as profess to *facilitate* the business of reading. They are generally based on the *Hamiltonian* method, i. e., the pieces are accompanied with translations, either *interlinear* and *literal*, or *free* and *opposite*. The difficulty with the books of this class is, that they leave the learner where they found him, unable by himself to account for the grammatical construction of a sentence; and when he lays aside the book to take up another, he finds that it is one thing to read by the aid of a translation and quite another to read understandingly. The principal books of this class are *Zimmer's German Teacher*, (Heidelberg and London, 1839,) *Gand's Literary Companion*, (Frankfort, 1841,) better in its selections than the first, and *Bokum's German Reader*, (Philadelphia.)

The plan of this German Reader is as follows, viz.:

1. The pieces are both prose and poetry, selected from the best authors, and are so arranged as to present sufficient variety to keep alive the interest of the scholar.

2. It is progressive in its nature, the pieces being at first very short and easy, and increasing in difficulty and length as the learner advances.

3. At the bottom of the page constant references to the Grammar are made, the difficult passages are explained and rendered. To encourage the first attempt of the learner as much as possible, the twenty-one pieces of the first section are analyzed, and all the necessary words given at the bottom of the page. The notes, which at first are very abundant, diminish as the learner advances.

4. It contains *five* sections. The *first* contains easy pieces, chiefly in prose, with all the words necessary for translating them; the *second*, short pieces in prose and poetry alternately, with copious notes and renderings; the *third*, short popular tales of GRIMM and others; the *fourth*, select ballads and other poems from BUERGER, GOETHE, SCHILLER, UHLAND, SCHWAB, CHAMISSO, etc.; the *fifth*, prose extracts from the first classics.

5. At the end is added a VOCABULARY of all the words occurring in the book.

ACCOMPANIMENT TO OLLENDORFF'S ITALIAN GRAMMAR.

CRESTOMAZIA ITALIANA:

A COLLECTION OF

SELECTED PIECES IN ITALIAN PROSE

DESIGNED AS A

CLASS READING-BOOK FOR BEGINNERS

IN THE STUDY OF

THE ITALIAN LANGUAGE.

By E. FELIX FORESTI, LL.D.,

PROFESSOR OF THE ITALIAN LANGUAGE AND LITERATURE IN COLUMBIA COLLEGE AND IN THE UNIVERSITY OF THE CITY OF NEW-YORK.

One neat Volume, 12mo.   Price $1.

South Carolinian.

"These selections are from different authors, and on various subjects, exhibiting the manifold peculiarities of style and idiom found in this mellifluous tongue. Dr. Foresti has consulted the American taste of his readers, in judiciously selecting from the works of those authors who are most imbued with the liberal sentiments which belong to our own age and clime. He has done this to enlist the sympathy of the student, and thereby facilitate his progress in the language. This is a capital thought. We perceive that C. Botta is laid under contribution for two or three articles, in which some of our American worthies appear in Italian costume. A glossary accompanies each lesson—anglicizing those idiomatic phrases which present peculiar difficulty to the student. As the work is a companion to Ollendorff's Italian Grammar, it will of course be adopted by all who adopt his unrivalled system of teaching or acquiring a foreign language."

Savannah Republican.

"The *Italian Reader* is compiled by Mr. Foresti, Professor of the Italian Language in the Columbia College and the University of New-York. It appears to be designed to follow the study of Ollendorff's Italian Grammar, on which work many correct judges have pronounced that no important improvement can well be made. In making selections for the book before us, Mr Foresti has preferred modern Italian writers to the old school of novelists, historians, and poets. In this he has done a good thing ; for the Italian Reader contains the modern language. True, there are some innovations, some changes which many would deem a departure from original purity, but nevertheless it is *the* language which one finds and hears spoken in Italy. These changes have gone on under the eye and against the stern authority of the Academy *della Crusca,* and in their magnificent new dictionary now in process of publication, they have found themselves compelled to insert many words which are the growth not only of modern necessity, but of caprice.

"The selections in the Italian Reader are from popular authors, such as Botta, Manzoni, Machiavelli, Villani, and others. They are so made as not to constitute mere exercises, but contain distinct relations so complete as to gratify the reader and engage his attention while they instruct. This is a marked improvement on that old system which exacted much labor without enlisting the sympathies of the student. The selections from Manzoni, for example, are from the "*Promessi Sposi,*" one of the noblest works of fiction ever issued from the press—a work so popular as to have gone through an incredible number of editions in Italy, while it has been translated into every language of Europe. There have been, we believe, no less than three distinct English translations made, two of which were done in this country. The Reader contains six extracts from this novel, among which are the beautiful episodes of Father Cristoforo and the Nun of Monza, and a description of the famine and plague of Milan in the year 1630. The account of the plague rivals the celebrated one of Bocaccio in his Decameron. The idioms that occur in the selections are explained by a glossary appended to each. The Italian Reader can with confidence be recommended to students in the language as a safe and sure guide. After mastering it, the Italian poets and other classicists may be approached with confidence."

NEW MODERN FRENCH READER.

MORCEAUX CHOISIES DES AUTEURS MODERNES,

A LA USAGE DE LA JEUNESSE;

With a Vocabulary of the New and Difficult Words and Idiomatic Phrases
adopted in Modern French Literature.

By F. ROWAN.

Edited by J. L. JEWETT, Editor of Ollendorff's French Method.

One Volume, 12mo. 75 cents.

The chief object of the present volume is to offer the means of making the youth acquainted with the French Language, as it is spoken in the present day, and as it is presented in the works of the modern authors of France, without the risk of sullying the mind of the young reader, by an introduction to such scenes and principles, as but too often disgrace the pages of writers who would be an honor to humanity, were their moral qualities but equal to their genius.

The second is to facilitate the task of the teacher, by endeavoring to render the work attractive in the eyes of the pupil; and such selections have therefore been made, as will, it is hoped, be interesting and entertaining to the young reader, while, at the same time, they will prove worthy specimens of the peculiar style of their respective authors, and sufficiently demonstrate the great idiomatic revolution which has taken place in the French Language within the last quarter of a century.

The American edition of the work is rendered still more valuable and interesting by the addition of extracts from the writings of Sismondi and Mignet, modern historians of distinguished merit. The vocabulary of new and difficult words and idiomatic phrases is also more conveniently arranged for reference, and considerably enlarged; while the whole has undergone thorough revision, with a view to accuracy in every particular; and the orthography has been made to conform to that of the Dictionary of the Academy and the usage of modern writers.

List of Authors.—Alex. Dumas, Alex. de Tocqueville, Alfred de Vigney, Alph. Karr, Aug. Thierry, Bignon, Capetigue, De Balzac, De Lamartine, E. Souvestre, Eugène Sue, F. Soulié, Guizot, Gust. de Beaumont, Jules Janin, Leon Goslan, D'Aubigné, Mérimée, Michelet, Salvandy, Lavallée, Thiers, Victor Hugo, Villemain, Sismondi, Mignet.

NEW ELEMENTARY FRENCH READER.

AN

INTRODUCTION TO THE FRENCH LANGUAGE:

CONTAINING

Fables, Select Tales, Remarkable Facts, Amusing Anecdotes, etc.

WITH

A DICTIONARY

OF ALL THE WORDS, TRANSLATED INTO ENGLISH

By M. DE FIVÁS, Member of several Literary Societies.

One neat Volume, 16mo. Price 50 cents.

This work has passed through five editions in England, and rapidly found its way as a class-book into the most eminent public and private seminaries.

The pieces contained in this volume comprehend a great variety of subjects, and are generally of a lively and familiar style, the phrases will serve as elements of conversation, and enable the student to read with facility other French books.

In the Dictionary at the end, is given the meaning of every word contained in the book.

The explanatory words are placed at the end of the book, instead of at the foot of the page; by this method learners will derive considerable benefit.

Though this work is designedly for the use of schools, the author has borne in mind, that many of the learners of French are adults, therefore while it is adapted for youthful students, an endeavor has also been made to make it acceptable to those of more advanced age.

NEW DRAMATIC FRENCH READER.

CHEFS-D'ŒUVRES DRAMATIQUES

DE LA

LANGUE FRANCAISE.

Mis en Ordre Progressif, et Annotés, pour en faciliter L'Intelligence.

PAR A. G. COLLOT,

Professeur de Langues et de Litterature.

One Volume. 12mo of 520 pages.   Price $1.

Courier and Enquirer.

"We have examined this book with great interest, and can confidently recommend it to students and teachers of the French language, as better adapted to the purposes of a reading-book than any other with which we are acquainted. It is made up of fourteen complete dramas, taken from the works of the best and purest writers, among which are the great names of Corneille, Racine, Moliere, and Piron. The pieces are systematically arranged in progressive order, and the idiomatical difficulties of the language are fully and clearly explained in the notes. To those who are desirous of speaking French this book is invaluable, as the conversational and idiomatic phrases, so indispensable to this accomplishment, are met with on every page ; and to those who wish to cultivate their taste, and to obtain a knowledge not only of the French language, but of the writings of its most eminent dramatists, this volume will supply the place of voluminous collections not easy to be obtained. Its typographical accuracy and appearance has seldom been equalled in any French book that has heretofore issued from the press of this country."

Christian Examiner.

"This book is made up of pieces of progressive difficulty, as exercises in the study of French. We have first a Proverb or two in the simplest style, with foot-notes explanatory of idiomatic phrases ; then a couple of Berquin's pieces, intended for learners ; then some half dozen of Scribe's popular dramas, full of action, and exhibiting many peculiarities of French manners and language ; Moliere's Misanthrope ; Voltaire's Mérope ; Racine's Athalie ; and, lastly, the Cinna of Corneille—*all entire;* which is, certainly, an improvement on all other French reading-books, the fragmentary style of which has often vexed us. The whole appears to us admirably adapted for its purpose."

Tribune.

"This work is intended as a reading-book for students of the French language ; and for two very important reasons, we consider it better adapted to its purpose, and likely to be of far greater utility, than any other that has hitherto been compiled. First, the language is easy, the constructions are simple, and the whole is in the form of dialogue, the only kind of reading that can afford the scholar any efficient aid in speaking French   Secondly, the engrossing interest of the most elegant and vivacious drama now in existence is brought to the aid of the student in enabling him to endure with patience the labour necessary to perform his task. There is little fear that any one who has read twenty pages of this book will ever lay it down until he has mastered its entire contents. Professor Collot has been remarkably successful in his selection, and the pieces are in every respect unexceptionable, and well adapted to varieties of taste. The humour of Moliere, the beautiful comedies of Scribe and Berquin, and the tragic grandeur and pathos of a Corneille, a Racine, and a Voltaire, need no recommendation."

Protestant Churchman.

"This new French reader is precisely the kind of book which an intelligent teacher of the language will desire to place in the hands of his advanced pupils   At least such is our opinion. The selections are made with great judgment, and consist not of mere disjointed fragments, but of entire works of the best dramatic authors, in sufficient variety, ' from grave to gay, from lively to severe.' While they offer peculiar facilities for acquiring the language, by a free exhibition of all its peculiarities, their effect upon the literary taste of the student must be no less salutary."

Evening Mirror.

"The dramatic pieces embraced in this volume are all complete, and they comprise some of the best and most unexceptionable performances of Berquin, Scribe, Piron, Moliere, Voltaire, Racine. and Corneille, arranged so that the learner takes up first those which present the fewest difficulties, and then advances to the higher departments of dramatic writing. The dramatic portion of French literature is generally considered its best. Such a book as this, therefore, is necessary for every student who wishes to become acquainted with the master-pieces of the French writers."

11

ARNOLD'S CLASSICAL SERIES.

I.

A FIRST AND SECOND LATIN BOOK

And Practical Grammar. By Thomas K. Arnold, A.M. Revised and carefully Corrected, by J. A. Spencer, A.M. One vol. 12mo., 75 cts.

II.

LATIN PROSE COMPOSITION:

A Practical Introduction to Latin Prose Composition. By Thomas K. Arnold, A.M. Revised and Corrected by J. A. Spencer, A.M. 12mo. $1.

III.

A FIRST GREEK BOOK;

With Easy Exercises and Vocabulary. By Thomas K. Arnold, A.M. Revised and Corrected by J. A. Spencer, A M. 12mo. 62½ cts.

IV.

GREEK PROSE COMPOSITION:

A Practical Introduction to Greek Prose Composition. By Thomas K. Arnold, A.M. Revised and Corrected by J. A. Spencer, A.M.
One volume, 12mo. 75 cts.

V.

GREEK READING BOOK,

For the Use of Schools; containing the substance of the Practical Introduction to Greek Construing, and a Treatise on the Greek Particles, by the Rev. Thomas K. Arnold, A.M , and also a Copious Selection from Greek Authors, with English Notes, Critical and Explanatory, and a Lexicon, by J. A. Spencer, A.M. One vol. 12mo. $1 50.

VI.

CORNELIUS NEPOS;

With Practical Questions and Answers, and an Imitative Exercise on each Chapter. By Thomas K. Arnold, A.M. Revised, with Additional Notes, by Prof. Johnson, Professor of the Latin Language in the University of the City of New-York. 12mo.
A new, enlarged edition, with Lexicon, Index, etc. $1 00.

"Arnold's Greek and Latin Series.—The publication of this valuable collection of classical school books may be regarded as the presage of better things in respect to the mode of teaching and acquiring languages. Heretofore boys have been condemned to the drudgery of going over Latin and Greek Grammar without the remotest conception of the value of what they were learning, and every day becoming more and more disgusted with the dry and unmeaning task; but now, by Mr. Arnold's admirable method—substantially the same with that of Ollendorff—the moment they take up the study of Latin or Greek. they begin to learn sentences, to acquire ideas, to see how the Romans and Greeks expressed themselves, how their mode of expression differed from ours, and by degrees they lay up a stock of knowledge which is utterly astonishing to those who have dragged on month after month in the old fashioned, dry, and tedious way of learning languages.

"Mr. Arnold, in fact, has had the good sense to adopt the system of nature. A child learns his own language by *imitating* what ho hears, and constantly *repeating* it till it is fastened in the memory; in the same way Mr. A. puts the pupil immediately to work at Exercises in Latin a. 1 Greek, involving the elementary principles of the language—words are supplied—the mode of putting them together is told the pupil—he is shown how the ancients expressed their ideas; and then, by repeating these things again and again—*iterum iterumque*—the docile pupil has them indelibly impressed upon his memory and rooted in his understanding.

"The American Editor is a thorough classical scholar, and has been a practical teacher for years in this city. He has devoted the utmost care to a complete revision of Mr. Arnold's works, has corrected several errors of inadvertence or otherwise, has rearranged and improved various matters in the early volumes of the series, and has attended most diligently to the accurate printing and mechanical execution of the whole. We anticipate most confidently the speedy adoption of these works in our schools and colleges. '—*Cour. & Enq.*

*** Arnold's Series of Classical Works has attained a circulation almost unparalleled in England, being introduced into nearly all the great Public Schools and leading Educational Institutions.

ARNOLD'S CLASSICAL SERIES.

OPINIONS OF SCHOLARS.

PRINCETON, December 3, 1846.

GENTLEMEN,—In reply to your letter, I have to say that I can, from the most satisfactory experience, bear testimony to the excellence of your series of Text Books for Schools. I am in the daily use of Arnold's Latin and Greek Exercises, and consider them decidedly superior to any other Elementary Works in those Languages.   LYMAN COLEMAN, D., D.,
Prof. of the German, Greek, and Latin Languages.

DEAR SIR,—I am much pleased with *Arnold's Latin Books.* A class of my older boys have just finished the first and second books. They had studied Latin for a long time before but never *understood* it, they say, as they do now.   CHAS. M. BLAKE,
Classical Teacher in Brown's Prince-street Academy, Philadelphia.

ARNOLD'S LESSONS | Latin I find unsurpassed ; and, if the Greek Lessons by the same author shall prove as useful, they will form the commencement of a new era in the study of the classics in this country. I wish you abundant success in so noble an enterprise as furnishing our schools and scholars with such valuable books.   SETH DAVIS,
Rector of Zion's Church, Rome.

ARNOLD'S LATIN AND GREEK COMPOSITION. In the skill with which he sets forth the *idiomatic peculiarities,* as well as in the directness and simplicity with which he states the facts of the Ancient Languages, Mr. Arnold has no superior. I know of no books so admirably adapted to awaken an *interest* in the study of language, or so well fitted to lay the foundation of a correct scholarship and refined taste.   N. WHEELER,
Principal Worcester County High School.

MESSRS. APPLETON :   PENN. COLLEGE, GETTYSBURG, Oct. 29, 1846.

Dear Sirs,—The friends of education are under great obligations to you for the valuable service you have rendered by the recent publication of Arnold's Cornelius Nepos. I have examined the edition with much interest, and it gives me pleasure to say that I highly approve of it. A text-book prepared by a man so distinguished for scholarship, experience, and success in teaching, as Dr. Arnold, cannot fail to secure universal favor. The mechanical execution, and the great accuracy which prevails throughout, are highly creditable to the American editor and the publisher.

I have determined to introduce the edition at once into the Academical Department of Pennsylvania College, and have accordingly directed our book merchants to procure copies.
Respectfully, yours,
M. L. STOERER, A. M.,
Prof. of History in Pennsylvania College, and Principal of the Academical Department.

MESSRS. APPLETON & CO. :   OAKLAND HIGH SCHOOL, April 28, 1846.

Gentlemen,—I acknowledge with many thanks the receipt of T. K. Arnold's First and Second Latin Book, and his Introduction to Latin Prose Composition. The style in which the books are got up is not their only recommendation. With thorough instruction, on the part of the teacher using these books as text-books, I am confident a much more ample return for the time and labor bestowed by our youth upon Latin must be secured. The time certainly has come when an advance must be made upon the old methods of instruction. I am glad to have a work that promises so many advantages as Arnold's First and Second Latin Book to begin I have little doubt of the result of the experiment.   Very respectfully,
A. B. RUSSELL.

Extract from a Report of an Examination of the Male Department of the Parochial School of St. Paul's Church, Rome, N. Y., on Friday, March 26, 1847.

* * * * " But were we to single out any part of the examination as worthy of special notice I would be that upon " Arnold's First Book in Latin." Many an Academician, who has studied Latin in the ordinary way for two years, could not sustain an examination as did the lads of this class, who have studied Arnold's First Lessons only about six months. Arnold's method is admirable for making *thorough* scholars and accurate grammarians ; but then it needs a thorough and industrious teacher to use it to advantage. Such, evidently, is Mr. Platt. He has not been content to put his pupils upon *writing out* the exercises, but they have been required to commit thoroughly to memory the vocabulary of words in each lesson, beginning with nouns and verbs ; and as soon as they have learned the words they begin to make sentences. Then they learn occasionally a declension, and immediately are made to put it to use by constructing sentences that require the cases of that declension. A similar method was pursued in the English Grammar and in the French."

GREEK READING BOOK,
FOR THE USE OF SCHOOLS:
CONTAINING THE SUBSTANCE OF THE PRACTICAL INTRODUCTION TO GREEK CONSTRU-ING, AND A TREATISE ON THE GREEK PARTICLES.

BY THOMAS KERCHEVER ARNOLD, M.A.
AND ALSO
A COPIOUS SELECTION FROM GREEK AUTHORS, WITH ENGLISH NOTES, CRITICAL AND EXPLANATORY, AND A LEXICON.

BY REV. J. A. SPENCER, A.M.,
Editor of the "New Testament in Greek, with Notes on the Historical Books," "Arnold's Series of Greek and Latin Books," &c.

One Volume, 12mo. Price $1 50.

LIVY,
WITH ENGLISH NOTES, GRAMMATICAL AND EXPLANATORY,
TOGETHER WITH A
•GEOGRAPHICAL AND HISTORICAL INDEX.
BY J. L. LINCOLN,
Professor of Latin in Brown University.

One Volume, 12mo. Price $1.

The publishers believe that, in the edition of Livy herewith announced, a want is supplied which has been universally felt; there being previous to this no American edition furnished with the requisite apparatus for the successful prosecution of the study of this Latin author.

The extracts selected for this edition will secure the material for an amount of reading in Livy equal to that which is accomplished in any of our colleges, and comprise the finest as well as the most useful and interesting passages in the writings of the great Latin historian. They are taken chiefly from the first five books (the first nearly entire), the twenty-first, twenty-second, and the subsequent books on the Second Punic War, with such other portions as could be introduced without increasing the volume beyond the size suited to its intended purpose.

The text is based upon that of Drakenborsch, with some changes from subsequent editors, and especially, in the earlier books, from the recent valuable work of Dr. Alschefski, of Berlin, of which the first volume was published in 1841, the second in 1843, and the third has just appeared.

The notes consist of selections from the best commentators, as Drakenborsch, Crevier, &c., and smaller school editions; and, to a considerable extent, of original matter, embodying the results of the editor's own labors and experience in reading Livy with his classes in college. They are partly *grammatical*, aiming at the solution of difficulties, and the illustration of the language, with constant references to the grammars and other helps most in use in this country, as Andrews and Stoddard's Grammar, Zumpt's Grammar by Schmidtz, T. K. Arnold's Latin Prose Composition, Krebs' Guide for Writing Latin, &c.; and partly *explanatory*, giving the necessary information on all obscure matters, and especially in regard to the early history of Rome, furnishing, so far as practicable and useful, the results of the researches of Niebuhr, Arnold, and other modern writers, together with references to Smith's Dictionary of Greek and Roman Antiquities.

The notes are fullest on the first two books and the beginning of the third; on the fifth and sixth, and on the twenty-first and twenty-second books.

The edition is furnished with a sufficiently copious Geographical and Historical Index, and accompanied by a Plan of the City of Rome, (from the recent German work of Becker on Roman Antiquities,) together with some other useful illustrations.

HORATII OPERA.
WITH
CRITICAL AND PHILOLOGICAL NOTES, INDEX, &c.
BY J. L. LINCOLN,
Professor of Latin in Brown University.

One Volume, 12mo. (In Press.)

SPENCER'S CÆSAR.

C. JULIUS CÆSAR'S COMMENTARIES

ON THE

GALLIC WAR.

WITH ENGLISH NOTES, CRITICAL AND EXPLANATORY; A LEXICON, GEOGRAPHICAL AND HISTORICAL INDEXES, &c.

By the REV. J. A. SPENCER, A. M.,

Editor of "Arnold's Series of Greek and Latin Books," etc.

One handsome vol. 12mo, with Map. Price $1.

" The press of Messrs. Appleton is becoming prolific of superior editions of the classics used in schools, and the volume now before us we are disposed to regard as one of the most beautiful and highly finished among them all, both in its editing and its execution   The classic Latin in which the greatest general and the greatest writer of his age recorded his achievements, has been sadly corrupted in the lapse of centuries, and its restoration to a pure and perfect text is a work requiring nice discrimination and sound learning. The text which Mr. Spencer has adopted is that of Oudendorp, with such variations as were suggested by a careful collation of the leading critics of Germany. The notes are as they should be, designed to aid the labors of the student, not to supersede them. In addition to these the volume contains a sketch of the Life of Cæsar, a brief Lexicon of Latin words, a Historical and a Geographical Index, together with a map of the country in which the great Roman conqueror conducted the campaigns he so graphically describes. The volume. as a whole, however, appears to be admirably suited to the purpose for which it was designed. Its style of editing and its typographical execution reminds us of Professor Lincoln's excellent edition of Livy—a work which some months since had already passed to a second impression, and has now been adopted in most of the leading schools and colleges of the country."—*Providence Journal.*

TYLER'S TACITUS.

THE GERMANIA AND AGRICOLA

OF

CAIUS CORNELIUS TACITUS.

WITH NOTES, FOR COLLEGES.

By W. S. TYLER,

Professor of the Greek and Latin Languages in Amherst College.

One very neat volume, 12mo. 62½ cents.

" We welcome the book as a useful addition to the classical literature of our country. It is very correctly and elegantly prepared and printed. Thirteen pages are occupied by a well written Life of Tacitus, in which not merely outward events are narrated, but the character of the historian, both as a man and a writer, is minutely and faithfully drawn   The notes to each of the treatises are introduced by a general *critique* upon the merits and matter of the work. The body of the notes is drawn up with care, learning, and judgment.   Points of style and grammatical constructions, and historical references, are ably illustrated. We have been struck with the elegant precision which marks these notes ; they hit the happy medium between the too much of some commentators, and the too little of others."—*North American Review.*

Among the numerous classical Professors who have highly commended and introduced this volume are FELTON of Howard, LINCOLN of Brown University, CROSBY of Dartmouth, COLEMAN of Princeton, NORTH of Hamilton, PACKARD of Bowdoin, OWEN of New-York, CHAMPLIN of Waterville, &c., &c.

BOJESEN AND ARNOLD'S
MANUALS of GREEK and ROMAN ANTIQUITIES

I.
A MANUAL OF GRECIAN ANTIQUITIES.
BY DR. E. F. BOJESEN,
Professor of the Greek Language and Literature in the University of Soro.

Translated from the German.

EDITED, WITH NOTES AND A COMPLETE SERIES OF QUESTIONS, BY THE REV. THOMAS K. ARNOLD, M. A.

FIRST AMERICAN EDITION, REVISED WITH ADDITIONS AND CORRECTIONS.
One neat volume, 12mo. Price 62½ cents.

II.
A MANUAL OF ROMAN ANTIQUITIES.
WITH A SHORT
HISTORY OF ROMAN LITERATURE.
BY DR. E. F. BOJESEN.
EDITED BY THOMAS K. ARNOLD, M. A.
One neat volume, 12mo. Price 62½ cents.

*** THE ABOVE TWO VOLUMES BOUND IN ONE. PRICE $1.

The present manuals of Greek and Roman Antiquities are far superior to any thing on the same topics as yet offered to the American public. A principal Review of Germany says of the Roman Manual :—"Small as the compass of it is, we may confidently affirm that it is a great improvement (on all preceding works of the kind). We no longer meet with the wretched old method, in which subjects essentially distinct are herded together, and connected subjects disconnected, but have a simple, systematic arrangement, by which the reader easily receives a clear representation of Roman life. We no longer stumble against countless errors in detail, which, though long ago assailed and extirpated by Niebuhr and others, have found their last place of refuge in our Manuals. The recent investigations of Philologists and jurists have been extensively, but carefully and circumspectly used. The conciseness and precision which the author has every where prescribed to himself, prevents the superficial observer from perceiving the essential superiority of the book to its predecessors, but whoever subjects it to a careful examination will discover this on every page."

The Editor says :—"I fully believe that the pupil will receive from these little works a correct and tolerably complete picture of Grecian and Roman life ; what I may call the POLITICAL portions—the account of the national constitutions and their effects—appear to me to be of great value ; and the very moderate extent of each volume admits of its being thoroughly mastered—of its being GOT UP and RETAINED."

From Professor Lincoln, of Brown University.

I found on my table after a short absence from home, your edition of Bojesen's Greek and Roman Antiquities. Pray accept my acknowledgments for it I am agreeably surprised to find on examining it, that within so very narrow a compass fo so comprehensive a subject. the book contains so much valuable matter, and indeed so far as I see, omits noticing no copics essential. It will be a very useful book in Schools and Colleges, and it is far superior to any thing that I know of the same kind. Besides being cheap and accessible to all students, it has the great merit of discussing its topics in a consecutive and connected manner."

A MANUAL OF ANCIENT AND MODERN HISTORY.

COMPRISING

I. ANCIENT HISTORY, containing the Political History, Geographical Position, and Social State of the Principal Nations of Antiquity, carefully digested from the Ancient Writers, and illustrated by the discoveries of Modern Scholars and Travellers.

II. MODERN HISTORY, containing the Rise and Progress of the Principal European Nations, their Political History, and the Changes in their Social Condition; with a History of the Colonies Founded by Europeans. By W. Cooke Taylor, LL. D., of Trinity College, Dublin. Revised, with Additions on American History, by C. S. Henry, D. D., Professor of History in the University of N. Y., and Questions adapted for the Use of Schools and Colleges. One handsome vol., 8vo., of 800 pages, $2,25; Ancient History in 1 vol., $1,25, Modern History in 1 vol., $1,50.

The ANCIENT HISTORY division comprises Eighteen Chapters, which include the general outlines of the history of Egypt—the Ethiopians—Babylonia and Assyria—Western Asia—Palestine—the Empire of the Medes and Persians—Phœnician Colonies in Northern Africa—Foundation and History of the Grecian States—Greece—the Macedonian Kingdom and Empire—the States that arose from the Dismemberment of the Macedonian Empire—Ancient Italy—Sicily—the Roman Republic—Geographical and Political Condition of the Roman Empire—History of the Roman Empire—and India—with an Appendix of important illustrative articles.

This portion is one of the best Compends of Ancient History that ever yet has appeared. It contains a complete text for the collegiate lecturer; and is an essential hand-book for the student who is desirous to become acquainted with all that is memorable in general secular archæology

The MODERN HISTORY portion is divided into Fourteen Chapters, on the following general subjects:—Consequences of the Fall of the Western Empire—Rise and Establishment of the Saracenic Power—Restoration of the Western Empire—Growth of the Papal Power—Revival of Literature—Progress of Civilization and Invention—Reformation, and Commencement of the States System in Europe—Augustan Ages of England and France—Mercantile and Colonial System—Age of Revolutions—French Empire—History of the Peace—Colonization—China—the Jews—with Chronological and Historical Tables and other Indexes. Dr. Henry has appended a new chapter on the History of the United States.

This Manual of Modern History, by Mr. Taylor, is the most valuable and instructive work concerning the general subjects which it comprehends, that can be found in the whole department of historical literature. Mr. Taylor's work is fast superseding all other compends, and is already adopted as a text-book in Harvard, Columbia, Yale, New York, Pennsylvania, and Brown Universities, and several leading Academies.

GESENIUS' HEBREW GRAMMAR.

FOURTEENTH EDITION, AS REVISED BY DR. E. RÖDIGER.

Translated by T. J. CONANT, Professor of Hebrew in Madison University, N. Y

With the Modifications of the Editions subsequent to the Eleventh,
By Dr. DAVIES, of Stepney College, London.

To which are added. A COURSE OF EXERCISES IN HEBREW GRAMMAR, and a HEBREW CHRESTOMATHY, prepared by the Translator. One handsomely printed volume, 8vo. Price $2.

Extract from the Translator's Preface.

"The fourteenth edition of the Hebrew Grammar of Gesenius is now offered to the public by the translator of the eleventh edition, by whom this work was first made accessible to students in the English language. The conviction expressed in his preface to that edition, that its publication in this country would subserve the interests of Hebrew literature, has been fully sustained by the result. After a full trial of the merits of this work, both in America and in England, its republication is now demanded in its latest and most improved form.

"Of the general character of this grammar it is unnecessary to speak. It passed through thirteen editions with continual improvements from the author's own hand. The fourteenth edition was prepared, after the death of Gesenius, by his friend and former pupil, Prof. Rödiger, one of the most accurate oriental scholars of the age, who for some time lectured on Hebrew Grammar in the University at Halle, with the work of Gesenius for his text-book. Traces of his accurate scholarship are found, in the form of corrections and additions, in every part of the work; and some portions have been re-written, but on the same general philological principles, and in the same spirit as the preceding editions.

"The exercises, which follow the translation, are designed to facilitate the study of the grammar. They were prepared after several years' observation, as a teacher, of the difficulties which embarrass the student in his first attempt to learn an oriental language. They have been used with great advantage by a teacher under my direction during the last seven years, and by teachers in other Institutes.

"The notes to the Chrestomathy have been prepared on the plan which every teacher of experience will appreciate, of re-printing nothing which is contained in the grammar; and what is equally important, of repeating nothing which has once been stated and learned. On a different plan, the same amount of information might easily have been extended over a hundred pages, and with no other effect than to retard the real proficiency of the learner. The Exercises and Chrestomathy have been carefully revised, and the numerous references, in which it is believed not an error remains, have been adapted to this edition of the grammar.

A NEW SCHOOL AND REFERENCE DICTIONARY.

A

DICTIONARY OF THE ENGLISH LANGUAGE

CONTAINING THE

PRONUNCIATION, ETYMOLOGY, AND EXPLANATION

OF ALL WORDS AUTHORIZED BY EMINENT WRITERS;

TO WHICH ARE ADDED,

A VOCABULARY OF THE ROOTS OF ENGLISH WORDS,

AND AN ACCENTED LIST OF GREEK, LATIN, AND SCRIPTURE PROPER NAMES

BY ALEXANDER REID, A.M.,
Rector of the Circus School, Edinburgh.

WITH A CRITICAL PREFACE,

BY HENRY REED,
Professor of English Literature in the University of Pennsylvania,

AND

AN APPENDIX,

Showing the Pronunciation of nearly 3000 of the most important Geographical Names.

One volume 12mo, of near 600 pages, neatly bound in leather.   Price $1 00.

Among the wants of our time was a good Dictionary of our own language, especially adapted for academies and schools.   The books which have long been in use were of little value to the 'unior students, being too concise in the definitions, and unmethodical in the arrangement. Reid's English Dictionary was compiled expressly to develop the precise analogies and various properties of the authorized words in general use, by the standard authors and orators who use our vernacular tongue.

Exclusive of the large numbers of proper names which are appended, this Dictionary in cludes four especial improvements—and when their essential value to the student is considered, the sterling character of the work as a hand-book of our language will be instantly perceived.

The primitive word is distinguished by a larger type; and where there are any derivatives from it, they follow in alphabetical order, and the part of speech is appended, thus furnishing a complete classification of all the connected analogous words of the same species.

With this facility to comprehend accurately the determinate meaning of the English word, is conjoined a rich illustration for the linguist.   The derivation of all the primitive words is distinctly given, and the phrases of the languages whence they are deduced, whether composite or simple; so that the student of foreign languages, both ancient and modern, by a reference to any word, can ascertain the source whence it has been adopted into our own form of speech. This is a great acquisition to the person who is anxious to use words in their utmost clearness of meaning.

To these advantages is subjoined a Vocabulary of the Roots of English Words, which is of peculiar value to the collegian.   The fifty pages which it includes, furnish the linguist with a wide-spread field of research, equally amusing and instructive.   There is also added an Accented List, to the number of fifteen thousand, of Greek, Latin, and Scripture Proper Names.

With such novel attractions, and with such decisive merits, the recommendations which are prefixed to the work by Professors Frost, Henry, Parks, and Reed, Messrs. Baker and Greene, principals of the two chief grammar schools at Boston, and by Dr. Reese, Superintendent of Common Schools for the city and county of New-York, are justly due to the labors of the author.   They fully corroborate the opinion expressed by several other competent authorities, that "Reid's English Dictionary is peculiarly adapted for the use of schools and families, and is far superior to any other existing similar compilation."

18

ENGLISH SYNONYMES,

CLASSIFIED AND EXPLAINED,

WITH

PRACTICAL EXERCISES.

DESIGNED FOR SCHOOLS AND PRIVATE TUITION

By G. F. GRAHAM,

Author of 'English, or the Art of Composition,' &c.

WITH AN INTRODUCTION AND ILLUSTRATIVE AUTHORITIES

By HENRY REED, LL. D.,

Prof. of English Literature in the University of Penn.

One neat Vol. 12mo. $1.

CONTENTS.—SECTION I. (Generic and Specific Synonymes.) II. (Active and Passive Synonymes.) III. (Synonymes of Intensity.) IV. (Positive and Negative Synonymes.) V. (Miscellaneous Synonymes.) Index to Synonymes. General Index.

Extract from American Introduction.

"This treatise is republished and edited with the hope that it will be found useful as a text-book 'n the study of our own language. As a subject of instruction, the study of the English tongue does not receive that amount of systematic attention which is due to it, whether it be combined or no with the study of the Greek and Latin. In the usual courses of education, it has no larger scope than the study of some rhetorical principles and practice and of grammatical rules, which, for the most part, are not adequate to the composite character and varied idiom of English speech. This is far from being enough to give the needful knowledge of what is the living language, both of our English literature and of the multiform intercourse—oral and v ritten—of our daily lives. The language deserves better care and more sedulous culture ; it nee s much more to preserve its purity and to guide the progress of its life. The young, instead of having only such familiarity with their native speech as practice without method or theory gives, should be so taught and trained as to acquire a habit of using words—whether with the voice or the pen—fitly and truly, intelligently and conscientiously.

"For such training this book, it is believed, will prove serviceable. The '*Practical Exercises,*' attached to the explanations of the words, are conveniently prepared for the routine of instruction. The value of a course of this kind, regularly and carefully completed, will be more than the amount of information gained respecting the words that are explained. It will tend to produce a thoughtful and accurate use of language, and thus may be acquired, almost unconsciously, that which is not only a critical but a moral habit of mind—the habit of giving utterance to truth in simple, clear and precise terms—of telling one's thoughts and feelings in words that express nothing more and nothing less. It is thus that we may learn how to escape the evils of vagueness, obscurity and perplexity—the manifold mischiefs of words used thoughtlessly and at random, or words used in ignorance and confusion.

"In preparing this edition, it seemed to me that the value and literary interest of the book might be increased by the introduction of a series of illustrative authorities. It is in the addition of these authorities, contained within brackets under each title, and also of a general index to facili-tate reference, that this edition differs from the original edition, which in other respects is exactly reprinted. I have confined my choice of authorities to poetical quotations, chiefly because it is in poetry that language is found in its highest purity and perfection. The selections have been made from three of the English poets—each a great authority, and each belonging to a different period, so that in this way some historical illustration of the language is given at the same time. The quotations from Shakspeare (born A. D. 1564, died 1616) may be considered as illustrating the use of the words at the close of the 16th and beginning of the 17th century ; those from Milton (born 1608, died 1674) the succeeding half century, or middle of the 17th century : and those from Wordsworth (born 1770) the contemporary use in the 19th century.

PROFESSOR MANDEVILLE'S NEW ENGLISH READER.
A COURSE OF READING
FOR COMMON SCHOOLS AND ACADEMIES,
ON THE PLAN OF THE AUTHOR'S 'ELEMENTS OF READING AND ORATORY.'
BY H. MANDEVILLE,
Professor of Moral Science and Belles Lettres in Hamilton College, N. Y.
One neat Volume, 12mo.   Price 75 cents.

This work is divided into three parts. The first relates to Grammar; it contains a description of the different letters of the alphabet and their various sounds, of syllables, and also of words as parts of speech. The sec nd part contains a classification and description of all the sentences or formulas of thought in every degree of expansion, to be found in the English language. Part the third contains a series of exercises on paragraphs: the sentences not detached and classified as in part second, but appearing in the connections and relations of ordinary discourses.

All who acknowledge any degree of interest in having the young acquire the largest amount of information in the shortest possible time, and at the least possible expense, will be led to examine the method this work proposes to substitute for the prevailing one. To further illustrate the plan of the Author, the following Extract from the Preface is given:

" 1. It will impart a kind of knowledge which can be acquired in no other way, and which indeed no one has hitherto attempted to teach; a knowledge of sentential structure; of the anatomy, the bones, nerves, and muscles of the language; of the various forms of expression which thought assumes in obtaining utterance in conversation or books.

" 2. It lays a foundation in the nature of things, in the very structure of language, for a correct, intelligent, and graceful delivery, in reading and speaking.

" 3. It will prepare the pupil for the study of grammar. There are few teachers, I presume, who have not felt the want of an intermediate stage of instruction between that study and reading; of something to bridge the chasm between the two, and render the transition from the one to the other less abrupt and difficult. To pass at once, with a mere capacity to put the words of a sentence together and make sense out of them, to the study of grammar, is equivalent to a leap from arithmetical enumeration to the abstraction of algebra. Perceiving this, not a few teachers of eminence have recommended the study of the Latin language, as a preparation for that of English grammar; and in the present state of things the recommendation is, in my opinion, a judicious one. I distinctly remember, that I myself obtained more knowledge of the principles of English grammar from a few weeks' study of the Latin, than I obtained during a year of previous application to the English alone. But the study of Latin is not pursued in our common schools; and if it were, an immense majority of the youth taught in them have neither the means, time, nor inclination to pursue it. If possible, therefore, a substitute should be provided. In the following work I have attempted this; and it cannot be read, I think, more than once, certainly not more than twice through, if read with any degree of care, without fixing in the mind of the pupil some very important grammatical ideas; and this while yet ignorant, perhaps, of what the word 'grammatical' means.''

Preamble and Resolutions passed by the Oneida County Normal Institute, at the close of its Session at Rome, October 16, 1846.

Whereas, in our opinion, reading is the most important branch of education taught in our schools, demanding the best qualifications in teachers, as well as an *improved method* of instruction; and whereas it has been hitherto, to a lamentable extent, underrated and neglected, or if cultivated with due diligence, cultivated on principles which afford but little hope of improvement; and whereas Professor Mandeville, of Hamilton College, has made it clear to us that a better method than the prevailing one may and ought to be substituted—a method which, if adopted, *must* produce striking improvement, and feeling grateful to him for the information he has imparted to us; therefore

Resolved, As the settled conviction of the Board of Instruction, and of the members of this Institute, that the system taught by Professor Mandeville is the *system of nature*; at once scientific and practical, sound in its theory and principles, simple in its statements, and pertinent and ample in its illustrations; and that this work, in which this system is most beautifully developed, should be carefully studied and mastered by every practical teacher.

At a Meeting of the Special Committee appointed to examine and recommend books for the use of the Common Schools of Oneida County, this work was examined and adopted as a Text Book.

MANDEVILLE'S ELEMENTARY READER.
AN INTRODUCTION TO THE AUTHOR'S
"Course of Reading" and "Elementary Reading and Oratory."
BY H. MANDEVILLE, D.D.,
Professor of Moral Science and Belles Lettres, in Hamilton College.
In two Parts, boards, Price 38 cents each.

This work may be used independently; but teachers will derive much advantage from its use in connection with the "Course of Reading," in which the Author's theory and practice of elocution is fully developed.

PROF. MANDEVILLE'S COURSE OF READING.

OPINIONS OF ITS MERITS.

[Letter from the Rev. J. R. Boyd, Author of the "Elements of Rhetoric and Literary Criticism," and "Eclectic Moral Philosophy."]

WATERTOWN, Dec. 28, 1846.

Having examined, with some care, the recent work of Prof. Mandeville, entitled a "Course of Reading," I am free to express the opinion that it possesses transcendent claims to public acceptance and use. It is not a mere collection of pieces in Prose and Verse, like the reading books in common use, but a work on the art of reading, constructed upon a plan that seems peculiarly well adapted to accomplish more by far than other reading books. It embraces a philosophical analysis of the English language, in its letters, elementary sounds, and various forms of sentences. The nature and uses of the various parts of speech are very properly and minutely explained as a preliminary to the classification and description of all the sentences or formulas of thought to be found in the English language. Numerous examples of each kind of sentence are given *separately*, and instructions for the manner of reading them are furnished. By this process the acquisition of the art of reading must be greatly facilitated. The next process carries the student forward to the reading of paragraphs, as found in the connections and relations of ordinary discourse, and these are to be analyzed into their component parts according to instructions previously given and acted upon in the reading of separate and classified sentences.

I agree with the author in the belief that his work is peculiarly well adapted to impart a knowledge of the structure of the English language; that it lays a broad and just foundation for an intelligent and correct delivery; that it prepares the pupil for the study of English Grammar and indeed introduces him to a practical and useful acquaintance with not a small part of what properly belongs to the science of Grammar, but not less so to the art of Reading; and further, that it furnishes a very happy introduction to the art of Rhetoric, or of English Composition.

The peculiarities of the work are briefly set forth by the author in the following words—"Every sentence in the language is described; and every sentence has its own delivery. The structure learned therefore by one, two, or at most three reviews, it is learned forever. Henceforward as soon as a sentence falls under the observation of the pupil, he knows how it should be read; and while he can read it, he can give a solid reason for its being read in that particular manner."

Such being the general features of the work under consideration, I shall consider it a pleasing duty to make an experiment of its value with classes under my care, and to recommend the same experiment to other instructors.

J. R. BOYD,
Principal Jefferson County Institute.

November 27, 1846.

DEAR SIR,—Having examined with considerable care "Mandeville's Course of Reading," I consider it of far more practical value, as a means of making correct readers, than any other that has come under my observation; and although sensible of the inconvenience arising from a frequent change of books, I cannot avoid the conviction that the introduction of the work under consideration, would greatly facilitate the progress of the pupil in this elegant and useful accomplishment. The author has not attempted a servile imitation of what others have done, but has originated an entirely new plan—a plan as scientific as it is original, and as useful as it is beautiful. I cannot but deem it a valuable accession to the means of instruction employed in our common schools and academies. I shall introduce it into my own school.

Very respectfully,
J. H. PURKITT.

MT. PLEASANT BOARDING AND DAY SCHOOL,
Roxbury, Mass.

HISTORY OF ENGLAND,

From the Invasion of Julius Cæsar to the Reign of Queen Victoria.

BY MRS. MARKHAM.

A new edition, with Questions, adapted for Schools in the United States.

BY ELIZA ROBBINS,

Author of " American Popular Lessons," " Poetry for Schools," &c.

One volume, 12mo   Price 75 cents.

Extract from the American Editor's Preface.

There is nothing more needed in our schools than good histories; not the dry compends in present use, but elementary works that shall suggest the moral uses of history, and the providence of God, manifest in the affairs of men.

Mrs. Markham's history was used by that model for all teachers, the late Dr. Arnold, master of the great English school at Rugby, and agrees in its character with his enlightened and pious views of teaching history. It is now several years since I adapted this history to the form and price acceptable in the schools in the United States. I have recently revised it, and trust that it may be extensively serviceable in education.

The principal alterations from the original are a new and more convenient division of paragraphs, and entire omission of the conversations annexed to the chapters. In the place of these I have affixed questions to every page that may at once facilitate the work of the teacher and the pupil. The rational and moral features of this book first commended it to me, and I have used it successfully with my own scholars.

PRIMARY LESSONS:

BEING A SPELLER AND READER, ON AN ORIGINAL PLAN,

In which one letter is taught at a lesson, with its power; an application being immediately made, in words, of each letter thus learned, and those words being directly arranged into reading lessons.

BY ALBERT D. WRIGHT,

Author of " Analytical Orthography," " Phonological Chart," &c.

One neat volume, 18mo, containing 144 pages, and 28 engravings.   Price 12¼ cents, bound.

In this new work on an original plan, for teaching the rudiments of reading, the following are some of its peculiar features:

1. One letter of combination is presented at a lesson, and at the same time its elementary sound is taught.

2. As fast as the letters are learned, an application is immediately made, by using them synthetically in familiar words.

3. No word is given, in which a letter occurs, that has not been previously learned, in the above synthetic method.

4. The capital letters are taught one at a time, and by review in reading lessons.

5. The plan of putting the letters, with their elementary sounds, together into words, by this original system of synthesis, it is believed will greatly facilitate the acqusition of words, and of letters and their powers.

6. The words are systematically presented in the synthesis, being classified by their vowel sounds and terminating consonants ; and generally, at the end of each class, they are arranged into little spelling lessons.

7. The learner is immediately initiated into reading lessons. composed of words of two or three letters, and is then led, progressively, into more difficult words.

8. The reading lessons are composed entirely of the words previously presented in the synthesis, or the spelling lessons.

9. The cuts are intended to illustrate the reading lessons, to attract the attention of the young, and to suggest thoughts for oral instruction, and for conversation to children.

10. The book constitutes a Primary Spelling Book and Reader,—thus combining two books in one of 144 pages, adapted to families and schools.

The advantages of a system of *application*, by which the child is permitted to use the letters as fast as they are learned, by forming little words with them, and then by arranging these words into easy sentences, must be obvious to every parent and teacher.

At a Meeting of the County and Town Superintendents of the County of Greene, Oct. 27, 1846,

It was unanimously Resolved, that we are favorably impressed with the method of teaching the Alphabet, and an early course of reading, as exhibited in the plan and arrangement of Wright's Primary Lessons—and believing that instruction in this branch of education will be much facilitated by the use of that work, we recommend it to the teachers, and to those who have children to be instructed ; and add it to the list of Text Books recommended in this County.

WM. F. TERHUNE, *County Superintendent*, CHAIRMAN.

HISTORICAL
AND
MISCELLANEOUS QUESTIONS.

BY

RICHMAL MANGNALL.

FIRST AMERICAN, FROM THE EIGHTY-FOURTH LONDON EDITION. WITH LARGE
ADDITIONS : EMBRACING THE

ELEMENTS OF MYTHOLOGY, ASTRONOMY, ARCHITECTURE, HERALDRY, ETC.

ADAPTED FOR SCHOOLS IN THE UNITED STATES BY

MRS. JULIA LAWRENCE.

Illustrated with numerous Engravings. One volume 12mo. $1.

CONTENTS.

A Short View of Scripture History, from the Creation to the Return of the Jews—Questions from the Early Ages to the time of Julius Cæsar—Miscellaneous Questions in Grecian History—Miscellaneous Questions in General History, chiefly ancient—Questions containing a Sketch of the most remarkable Events from the Christian Era to the close of the Eighteenth Century—Miscellaneous Questions in Roman History—Questions in English History, from the Invasion of Cæsar to the Reformation—Continuation of Questions in English History, from the Reformation to the Present Time—Abstract of Early British History—Abstract of English Reigns from the Conquest—Abstract of the Scottish Reigns—Abstract of the French Reigns, from Pharamond to Philip I—Continuation of the French Reigns, from Louis VI to Louis Phillippe—Questions Relating to the History of America from its discovery to the Present Time—Abstract of Roman Kings and most distinguished Heroes—Abstract of the most celebrated Grecians—Of Heathen Mythology in general—Abstract of Heathen Mythology—The Elements of Astronomy—Explanation of a few Astronomical Terms—List of Constellations—Questions on Common Subjects—Questions on Architecture—Questions on Heraldry—Explanation of such Latin Words and Phrases as are seldom Englished—Questions on the History of the Middle Ages.

PREFACE TO THE AMERICAN EDITION.

Having for many years made use of "Mangnall's Questions" in the education of my own children, I was tempted to introduce them into my school ; although they were not in general use ; it being an expensive book, and at that time (seven years since) difficult to obtain. I then discovered many deficiencies, which I had not before thought of, particularly in having no portion allotted to the history of the United States, so necessary in the education of all Americans ; and too much space appropriated to the English Constitution, together with many sentences, the application of which are entirely local. These considerations have tempted me, feeling the value of the work in its original form, and being convinced that no book of the kind has ever been compiled so well calculated—to use the words of the author's preface—"to awaken a spirit of laudable curiosity in young minds," and satisfy that curiosity when awakened in a manner the most concise and clear, to rearrange the work, adapting it more particularly for the use of schools in this country, by adding what has been entirely omitted, and curtailing those portions which, from their diffuseness on matters not particularly interesting to young Americans, are unnecessary. I claim no merit for this effort, even should it prove successful, as the portions of American history I have added have been compiled from standard works—those of Prescott, Bancroft, and Wooster—simplified as much as possible, and arranged according to the plan pursued in the English work. The chronological table has been arranged on Mrs. Willard's plan, in her excellent "History." The "Common Subjects" have been enlarged, and many errors corrected. As a knowledge of Mythology is necessary to the understanding and enjoyment of the Classics, and as I know of none, *in English*, adapted to ladies' schools, I have added to this book a translation of Noel and Chapsall's well-known work, with some slight alterations and additions. In the English book there is only an alphabetical list of the deities, etc. A taste for Architecture is so rapidly increasing in this country, that it becomes necessary for every young person to understand the different orders, and terms made use of, to discriminate between the pure and mixed styles, and to give different portions, of sacred edifices particularly, their proper names ; I have therefore devoted a few pages to this subject, which I hope will be found useful.

I have endeavored, in the few pages on the subject of Heraldry, to give as concise an account of it as possible to convey a clear idea of the terms made use of, the orders of knighthood, titles, etc., which are constantly met with in reading history, and which it is difficult to explain to the pupil totally unacquainted with the subject. The plates will give a correct idea of the appearance of the escutcheons, etc. I trust this short explanation will not be thought out of place in our republican country.

IN PREPARATION.

I.

CICERO'S SELECT ORATIONS,
WITH CRITICAL AND PHILOLOGICAL NOTES, INDEXES, ETC.
BY E. A. JOHNSON,
Professor of Latin in the University of the City of New-York.

II.

CICERO DE SENECTUTE ET DE AMICITIA,
WITH CRITICAL NOTES, INDEXES, ETC.
BY E. A. JOHNSON,
Professor of Latin in the University of New-York.

III.

CICERO DE OFFICIIS,
WITH CRITICAL AND PHILOLOGICAL NOTES, INDEXES, ETC.
BY PROF. THATCHER,
Of Yale College, New Haven.

IV.

SALLUST'S CATILINE AND JUGURTHA,
WITH CRITICAL, PHILOLOGICAL, AND EXEGETICAL NOTES, INDEXES, LEXICON, ETC.
BY NOBLE BUTLER, M.A.

V.

TACITUS' HISTORIES,
WITH CRITICAL NOTES, ETC.
BY W. S TYLER,
Professor of the Greek and Latin Languages in Amherst College.

VI.

HORATII OPERA,
WITH CRITICAL AND PHILOLOGICAL NOTES, INDEX, ETC.
BY J. L. LINCOLN,
Professor of Latin in Brown University.

VII.

A NEW DICTIONARY OF THE GERMAN AND ENGLISH LANGUAGES.
PART I. GERMAN AND ENGLISH. PART II. ENGLISH AND GERMAN.
BASED ON THE DICTIONARIES OF HILFERT, FLUGEL, GRIEB, ETC.
BY G. J. ADLER,
Prof. of the German Language and Literature in the University of the City of New-York.
One vol. large 8vo.

VIII.

AN ABRIDGMENT OF THE ABOVE. One vol. 12mo.

IX.

A NEW SPANISH READER,
ARRANGED IN PROGRESSIVE ORDER, WITH ESPECIAL REFERENCE TO THOSE WHO WISH
TO OBTAIN A PRACTICAL KNOWLEDGE OF THE LANGUAGE BY THE OLLENDORFF
METHOD, WITH NOTES, LEXICON, ETC.
BY MARIANO VELAZQUEZ DE LA CADENA,
Editor of Ollendorff's Spanish Grammar.

X.

DE FIVAS' ADVANCED FRENCH READER,
WITH A FULL AND COMPLETE LEXICON OF ALL THE WORDS, TRANSLATED INTO ENGLISH.
BY J. L. JEWETT,
Editor of Ollendorff's Method of Learning French.

24